es 1544

edition suhrkamp

Neue Folge Band 544

Neue Historische Bibliothek
Herausgegeben von Hans-Ulrich Wehler

Die vorliegende Untersuchung verknüpft zwei Perspektiven miteinander: eine im engeren Sinne historische Perspektive, die historische Wahl- und Wähleranalyse als spezifischen Zugang zur Interpretation einer vergangenen Epoche begreift, und eine historisch-politikwissenschaftlich akzentuierte, gegenwartsbezogene Perspektive, die das Wahlverhalten vergangener Epochen und dadurch grundgelegte Wählertraditionen systematisch als Schlüssel zum Verständnis gegenwärtigen Wahlverhaltens und gegenwärtig existierender Parteiensysteme zu nutzen versucht.

Eine erste Grundannahme der Darstellung ist also die, daß man die Geschichte kennen muß, wenn man Gegenwart und Entwicklungsmöglichkeiten von Wählerverhalten und Parteiensystemen in ihren Tiefenstrukturen erfassen will.

Eine zweite Grundannahme, die eng mit der oben genannten verknüpft ist, lautet, daß Sozialstrukturen, sofern sie jeweilige Parteiensysteme tragen, stets im hohen Maße historisch-kulturell überformt sind.

Eine dritte Grundannahme ist, daß sich ein vertieftes Verständnis des Wählerverhaltens und der Parteienlandschaft in Deutschland nur gewinnen läßt, wenn man regionale Dimensionen angemessen berücksichtigt.

Karl Rohe ist Professor für Politikwissenschaft in Essen.

Karl Rohe
Wahlen und Wählertraditionen in Deutschland

Kulturelle Grundlagen deutscher Parteien und Parteiensysteme im 19. und 20. Jahrhundert

Suhrkamp

Für Bernd-Patrick und Katharina

edition suhrkamp 1544
Neue Folge Band 544
Erste Auflage 1992

Erstausgabe

Satz: Fotosatz Otto Gutfreund, Darmstadt
Druck: Nomos Verlagsgesellschaft, Baden-Baden
Umschlagentwurf: Willy Fleckhaus
Printed in Germany

1 2 3 4 5 6 – 97 96 95 94 93 92

Inhalt

Vorwort

Beim Verfassen dieses Bandes, vor allem bei den empirischen Arbeiten, die dem Schreiben des Textes vorausgingen, haben mich viele unterstützt. Zu danken habe ich vor allem Wolfgang Jäger, Uwe Dorow, Wolfgang Seck, Thomas Habig und Andreas Dörner sowie Axel Hansmeier, Thomas Scheidt und Sven Borghs. Ein besonderer Dank gilt auch den Kollegen Peter Steinbach, Stefan Immerfall und Karl Schmitt, die mir den Zugang zu umfangreichen Datensätzen über das Kaiserreich und die Bundesrepublik Deutschland ermöglichten und zahlreiche statistische Berechnungen für mich durchführten oder durchführen ließen. Umfangreiche statistische Berechnungen zu den Wahlen der Weimarer Republik wurden auf der Grundlage des von Jürgen W. Falter erarbeiteten Wahldatensatzes zur Weimarer Republik von Dr. Wolfgang Seck, Essen, durchgeführt. Wegen des begrenzten Umfanges, der zur Verfügung stand, konnten allerdings nur Teile der dabei erzielten Ergebnisse in dem vorliegenden Band ihren Niederschlag finden. Angelika Poretschkin, vor allem aber Karin Lentes, habe ich dafür zu danken, daß sie in bewährter Effizienz verschiedene Fassungen des Manuskriptes geschrieben haben.

1. Wahl- und Parteienanalyse im historisch-kulturellen Kontext

1.1 Gegenstand und Fragestellung

In seiner Studie über den Zusammenhang von Sozialstruktur und Parteiensystem in Deutschland hat M. Rainer Lepsius das traditionelle deutsche Parteiensystem zwischen Reichsgründung und Ende der Weimarer Republik als politischen Ausdruck vier nebeneinander bestehender »sozialmoralischer Milieus« interpretiert, die in ihrer Mehrzahl bereits vor der Gründung des Kaiserreichs existiert hätten. »Sozialmoralische Milieus« sind für ihn »soziale Einheiten, die durch eine Koinzidenz mehrerer Strukturdimensionen wie Religion, regionale Tradition, wirtschaftliche Lage, kulturelle Orientierung, schichtspezifische Zusammensetzung der intermediären Gruppen gebildet wurden«. Erst gegen Ende der Weimarer Republik sei dieses traditionelle System der Milieuparteien im Zuge fortschreitender Industrialisierung, wachsender Mobilität und sozialer Differenzierung allmählich erodiert und durch den Aufstieg der NSDAP sei dieser Niedergang definitiv besiegelt worden.[1]

Das Milieukonzept und eine darauf gestützte Interpretation der deutschen Wahl- und Parteiengeschichte ist wiederholt kritisiert worden. Mit Blick auf das Kaiserreich etwa wurde moniert, daß es zu statisch, zu eng und in gewisser Weise zu ahistorisch sei.[2] Umgekehrt wurde bezweifelt, ob die Endphase der Weimarer Republik tatsächlich das definitive Ende der Milieuparteien dargestellt habe.[3] Ein Teil dieser Kritik ist gut begründet und wird in der folgenden Darstellung berücksichtigt. Gleichwohl stellen die Thesen von Lepsius einen geeigneten Ausgangspunkt dar, um den Gegenstand und die Fragestellung der folgenden Abhandlung zu verdeutlichen. Denn die Kernfrage ist die nach dem Zusammenhang von Sozialstruktur, Parteiensystem und Wahlverhalten in Deutschland und seines Wandels in der Zeit.

Es geht im folgenden also weder um eine umfassende Geschichte der Wahlen[4] noch um eine umfassende Geschichte der politischen Parteien in Deutschland.[5] Wer eine Geschichte der Parlamentsfraktionen, eine Geschichte der ideologisch-programmatischen Entwicklung der Parteien oder eine Geschichte der Parteiorganisationen, also einen bis in die Gegenwart verlängerten Nipperdey[6] erwartet, wird notwendigerweise enttäuscht sein. Am ehesten berührt sich die Darstellung mit sozialgeschichtlichen Ansätzen in der Parteienforschung.[7] Denn in der Tat geht es darum, Wahlgeschichte und Parteiengeschichte so zu verknüpfen, daß Kontinuität und Wandel der gesellschaftlichen Grundlagen von Parteien und der historischen Parteiensysteme sichtbar werden.

Sehr bewußt wird dabei von Parteiensystemen und nicht nur von Parteien gesprochen. Sicherlich handelt es sich im folgenden über weite Strecken wesentlich auch darum, die historisch-gesellschaftlichen Grundlagen einzelner Parteien und Parteiblöcke herauszuarbeiten. Aber auch wer sich in erster Linie *dafür* interessiert, tut gut daran, das Ensemble der Parteien insgesamt und die Art und Weise ihrer Koexistenz in den Blick zu nehmen, weil die Opportunitäten, die für eine einzelne Partei auch auf dem Wählermarkt, nicht nur bei parlamentarischen Koalitionsbildungen existieren, ganz wesentlich davon abhängig sind, welche konkurrierenden Parteien mit welchem Profil im gleichen Raum und in der gleichen Zeit versammelt sind und welche dauerhaften Bündnisse diese mit bestimmten Bevölkerungsgruppen eingehen. Es versteht sich von selbst, daß bei einer solchen Fragehaltung jene Ansätze auf ein besonderes Interesse stoßen müssen, die sich nicht mit einer formalen Typologie von Parteiensystemen begnügen, sondern bemüht sind, die historisch-gesellschaftlichen Grundlagen von Parteiensystemen systematisch zu erfassen. Eben das trifft für den sogenannten »Cleavage«-Ansatz im hohen Maße zu, der vor allem mit dem Namen des norwegischen Politikwissenschaftlers Stein Rokkan verknüpft ist.[8]

Was den eigenen Zugang mit der Milieu-These von Lepsius und auch mit dem »Cleavage«-Ansatz verbindet, das ist zunächst einmal die Annahme, daß ein Klassenansatz, in welch modifizierter Form auch immer, weder Entstehung und Struktur des deutschen Parteiensystems noch das historische Wahlverhalten in Deutschland hinreichend erklären kann. Mehr als das: Die Skepsis ist grundsätzlich gegen Versuche gerichtet, das historische deutsche Parteiensystem und das beobachtbare Wahlverhalten von einem eindimensionalen Ansatz her zu begreifen und zu erklären. Das gilt beispielsweise auch für den Versuch von Otto Büsch, dem die deutsche historische Wahlforschung zahlreiche Impulse verdankt, das Vier- bzw. Fünf-Parteiensystem des Kaiserreichs »von dem

Modell der einander gegenüber stehenden und sich gleichwohl durchdringenden Parteien der vorindustriell-ständischen und gouvernemental orientierten Gesellschaftsschichten einerseits und der Parteien der industriell bestimmten, anti-gouvernemental gesinnten Gesellschaftsschichten andererseits« zu begreifen.[9] Dieser Vorbehalt gilt jedoch nur für weite Strecken der deutschen Wahl- und Parteiengeschichte und bedarf insofern der historischen Relativierung. Denn eine Partei- und Wahlanalyse »im historischen Kontext«[10] muß ganz selbstverständlich auch mit der Möglichkeit rechnen, daß die eigenen Kategorien und Modellannahmen selber wiederum der historischen Veränderung unterliegen.

Ein zweite Gemeinsamkeit mit der Milieu-These von Lepsius besteht in dem Ernstnehmen von Region, die immer wieder eine Faszination auf Wahl- und Parteienforscher ausübt, es bislang jedoch weitgehend verstanden hat, ihr »Geheimnis«[11] zu wahren. Die eigentliche Crux besteht darin, daß Region ganz offensichtlich eine Variable darstellt, die sich in komplexer Weise mit anderen Faktoren verbinden kann. Sie ist der Möglichkeit nach auf der Wählerebene *und* der Parteienebene wirksam und daher nicht nur dort vorhanden, wo nach Kontrolle aller anderen Variablen ein »regionales Residuum« verbleibt. Umgekehrt muß man stets auch fragen, ob sich ein »regionales Residuum« nicht möglicherweise sehr schnell auflöst, wenn man zusätzliche allgemeine Variablen zur Erklärung heranzieht.

Es macht deshalb wenig Sinn, sich immer aufs neue auf die Suche nach der »Region an sich« zu begeben oder sie als »Restgröße« zu begreifen, deren Wirkung man angeblich auf die Kommastelle genau quantifizieren kann und die dann erst heranzuziehen ist, wenn die üblichen allgemeinen Variablen in ihrer Erklärungskraft erschöpft sind. Das meint keinen Verzicht auf einen statistisch-quantitativen Zugriff auf die Region. Trotz aller Begrenzungen, die ihm aus den obengenannten Gründen anhaften, ermöglicht er eine Selektion theoretisch interessanter Regionen. Man sollte aber einen regionalen Ansatz nicht als Residualansatz, sondern als Alternativansatz begreifen, der eigene Erkenntnismöglichkeiten bietet.

Bereits Heberle war sich der je unterschiedlichen Forschungslogik bewußt, die sozialstrukturellen Ansätzen auf der einen und regionalen Ansätzen auf der anderen Seite zugrundeliegt.[12] Regionale Ansätze sind gleichsam eine Art von zusätzlicher »Brille«, durch die man auf die politische Wirklichkeit blickt. Sie lenken den Blick auf politische Parteien als Vermittler zwischen lokal/regionalen Sozialstrukturen auf der einen und nationalen politischen Institutionen auf der anderen Seite und damit auf die regional gegebenenfalls sehr unterschiedlichen Sinnbezüge, die sich mit der Wahl einer bestimmten Partei verbinden können. Das sind allesamt Fragen, die in der traditionellen Wahl- und Parteienforschung systematisch vernachlässigt werden.[13]

Freilich weisen solche Studien nur dann über ein bloß regionalhistorisches Interesse und den Bereich der Hypothesenbildung hinaus, wenn sie bewußt, wie es der amerikanische Politikwissenschaftler Ekstein einmal formuliert hat, als »disciplined-configurative studies« angelegt werden[14], welche die politischen Besonderheiten einer Region mit möglichst verallgemeinerbaren Faktoren zu erklären versuchen. Wenn das gewährleistet ist, stellen namentlich regional vergleichende Studien einen unverzichtbaren Beitrag zur Analyse der Existenzbedingungen eines nationalen Parteiensystems dar, insbesondere ihrer kulturellen Voraussetzungen. Denn was theoretisch geleitete vergleichende Regionalstudien, wenn sie von systematischen Fragestellungen ausgehen – also z. B. von der Frage, warum in protestantischen Agrarregionen teils die Konservativen, teils die Nationalliberalen, teils die Linksliberalen und teils die Antisemiten dominieren, oder von der Frage, warum sich in einigen katholischen Stadtregionen die SPD sehr früh durchsetzt, in anderen dagegen nicht, auch wenn sich der soziale und politische Kontext zumindest auf den ersten Blick nicht nennenswert unterscheiden –, zumindest im Prinzip leisten könnten, ist ein Aufdecken der kulturellen Sinnbezüge, die hinter Sozialstrukturvariablen wie Klassen- oder Berufs- und Religionszugehörigkeit stehen.

»Weiche« kulturelle Variablen werden daher nicht herangezogen, um den »Rest« zu erklären, der mit den üblichen »harten« Sozialstrukturvariablen nicht mehr hinreichend erklärt werden kann, sondern regionale Abweichungen im Wahlverhalten bei annähernd gleicher Sozialstruktur – z. B. eine extrem hohe oder eine extrem niedrige Ausnutzung des katholischen Wählerpotentials durch das Zentrum – dienen umgekehrt als Schlüssel dazu, um die kulturellen Sinnbezüge aufzuspüren, die sich nicht nur im konkret abweichenden Fall, sondern auch generell hinter Sozialstrukturvariablen wie Klasse und Konfession verbergen. Denn es ist einigermaßen absurd, anzunehmen, daß kulturelle Variablen wie Klassenbewußtsein, Säkularisationsgrad oder Ausmaß und Intensität von Gemeinschaftsbildung nur in Ausnahmefällen eine politische Rolle spielen, während im Normalfall die Sozialstrukturvariablen alles erklären. Das Gegenteil ist der Fall. Wirksam sind solche Faktoren in allen Fällen, sichtbar werden sie jedoch nur in wenigen.

Die generelle Schlußfolgerung, die aus theoretisch kontrollierten Regionalvergleichen zu ziehen ist, lautet deshalb, daß es so etwas wie Sozialstruktur »an sich« gar nicht gibt, sondern, von Grenzfällen abgesehen, stets nur Sozialstruktur, die in dieser oder jener Weise kulturell überformt worden ist. Politisch wirksam werden Sozialstrukturvariablen wie Klasse, Konfession usw. immer nur dann und nur insofern, wie sie mit kulturellen Sinnbezügen aufgeladen sind. Politische Eliten, die um die Stimmen von Wählern nachsuchen, finden deshalb im Regelfall keine isolierten Individuen vor, die sich durch Sozialstrukturmerkmale wie Katholik, Industriearbeiter, Landbewohner oder eine Kombination dieser Merkmale bereits hinreichend beschreiben lassen, sondern typischerweise Wähler, deren Mentalität bereits in bestimmter Weise kulturell geprägt worden ist, die in bestimmten sozialkulturellen Vergemeinschaftungen und Öffentlichkeiten leben und überdies regelmäßig bestimmten kulturellen Einflüssen ausgesetzt sind.

Daß gleichwohl in bestimmten historischen Epochen bereits eine Kenntnis der einschlägigen Sozialstrukturvariablen eine einigermaßen verläßliche Wahlprognose und in diesem Sinne eine statistische Erklärung erlaubt, muß dem nicht widersprechen. Es kann seine Ursache einmal darin haben, daß es in einer bestimmten Phase der gesellschaftlichen Entwicklung, keineswegs automatisch für alle Zeiten und alle Räume, zu vergleichsweise gleichförmigen kulturellen Überformungen gegebener Sozialstrukturen gekommen ist, die unter bestimmten Rahmenbedingungen zu einer vergleichsweise homogenen Politisierung führen können, und zum anderen darin, daß einschneidende politische Ereignisse zu zumindest zeitweiliger politischer Homogenisierung und Solidarisierung von kulturell sehr heterogenen Gruppierungen geführt haben. Diese kulturellen Unterschiede können jedoch zu einem späteren Zeitpunkt durchaus wieder politisch relevant werden.

In jedem Fall ist man gehalten, kulturelle Variablen in die Analyse mit einzubeziehen, wenn man nicht nur prognostizieren will, daß Katholiken, Arbeiter oder Bürger mutmaßlich so oder so wählen werden, sondern wissen will, warum sie das tun und welche Sinnbezüge sie wahrscheinlich damit verbinden.

1.2 Sozialstruktur, Kultur und politisches Verhalten

Welcher Art die kulturelle Prägung von Sozialstrukturmerkmalen sein kann und wie der Zusammenhang mit politischem Verhalten ist, läßt sich vielleicht am besten mit Hilfe eines vielzitierten Satzes von Max Weber verdeutlichen: »Interessen (materielle und ideelle), nicht: Ideen, beherrschen unmittelbar das Handeln der Menschen. Aber: die ›Weltbilder‹, welche durch ›Ideen‹ geschaffen wurden, haben sehr oft als Weichensteller die Bahnen bestimmt, in denen die Dynamik der Interessen das Handeln fortbewegte.«[15] Was Weber unter ideellen Interessen versteht, ist nicht immer klar. Häufig fungieren sie bei ihm als eine Art Residualkategorie. Es ergibt jedoch seinen guten Sinn, die Unterscheidung zwischen materiellen und ideellen Interessen mit einer anderen Differenzierung von Weber, nämlich der zwischen Klassenlagen und ständischen Lagen, zu korrelieren und materielle Interessen auf Klassenlagen und ideelle Interessen auf ständische Lagen, oder noch allgemeiner: auf Lebensweisen zu beziehen.[16] Man hätte es demnach mit drei unterschiedlichen Manifestationen von Kultur zu tun, die in unterschiedlicher Weise auf soziale Realität bezogen sind und die eine kulturalistische Analyse von politischer Wirklichkeit allesamt zu berücksichtigen hat, nämlich Lebensweisen/Lebensführungen/ »*ways of life*« und darin verwurzelte ideelle Interessen, »Weltbilder« sowie Ideen im engeren Sinn.

Lebensweisen existieren zwar niemals ohne eine materielle Basis, aber in letzter Instanz sind sie kulturelle Erscheinungen. Sie stellen gleichsam »*designs for living*« dar, die nicht in der Mappe des Designers verblieben sind, sondern in die gesellschaftliche Wirklichkeit als ideelle Formkräfte eingelassen wurden oder eingelassen werden sollen. Es handelt sich um Ideen, die nicht mehr zum Bereich des »Überbaus« gehören, sondern zu einem festen Bestandteil der materiellen »Basis« geworden sind, und damit zu ideellen Interessen, die mindestens so real und so rational sind wie materielle Interessen. Aaron Wildavsky hält sie sogar für realer als bloß materielle Interessen und unterstellt deshalb, daß es in letzter

Instanz der *»way of life«* ist, den rationale Menschen verteidigen.[17] Selbstverständlich heißt das nicht, daß Menschen in der Politik ständig damit beschäftigt sind, Lebensweisen zu verteidigen. »Politikhaltig« werden Lebensweisen erst dann, wenn sie durch andere herausgefordert werden. Im politischen Tagesgeschäft kann deshalb durchaus die materielle Interessenauseinandersetzung dominieren. Das darf jedoch nicht vergessen machen, daß ideelle Interessen, die auf Lebensweisen oder allgemeiner: auf Grundfragen der gesellschaftlichen und politischen Ordnung bezogen sind, besonders tief gelagerte Interessen darstellen, denen im Konfliktfall Vorrang zu geben geradezu ein Gebot politischer Rationalität darstellt.

Weil Fragen der Lebensweise und Fragen der politischen und gesellschaftlichen Verfassung prinzipieller Natur sind, sind sie nicht zufällig in der Regel auch affektiv besetzt. Darauf bezieht sich bewußt oder unbewußt die geläufige Redewendung, daß es allemal die Emotionen sind, die die härtesten Fakten im politischen Leben darstellen. Politische Emotionen, sofern sie nicht künstlich und manipulativ erzeugt werden, kommen überall dort ins Spiel, wo es darum geht, Lebensweisen zu verteidigen oder eigene Vorstellungen von richtiger politischer und gesellschaftlicher Ordnung durchzusetzen. Damit relativiert sich zugleich der Gegensatz von rationalem und affektivem Verhalten in der Politik. In gewisser Weise muß man sogar sagen, daß Fragen um so emotionaler werden, je prinzipieller sie sind. Erforderlich ist deshalb nicht nur ein erweiterter Interessenbegriff, sondern auch ein erweitertes Rationalitätsverständnis, das Emotionen und Affekte nicht von vornherein und unbesehen als irrational abqualifiziert.

Solche Grundannahmen haben in vielfacher Hinsicht Konsequenzen für das Verständnis von Wählerverhalten. Zweifellos gibt es auch irrationales Wahlverhalten. Aber man sollte nicht vorschnell darauf rekurrieren, sondern von einer generellen Rationalitätsvermutung beim Wähler ausgehen. Tut man das, wird man sehr viel zurückhaltender sein, von politischer Manipulation oder politischer Mobilisierung wider die eigenen Interessenlagen oder von »Widersprüchen zwischen Sozialstruktur, der sich daraus ergebenden sozialökonomischen Interessenlage und dem Wahlverhalten der Bevölkerung«[18] zu sprechen. Denn was sich aus der Perspektive eines aufs Materielle reduzierten Interessenbegriffs als irrational darstellen mag, kann aus der Perspektive eines umfassenderen Interessenbegriffs ein höchst vernünftiges gesellschaftliches Verhalten sein.

Hinzu kommt, daß Interessenlagen auf Interpretation angewiesen sind und daß materielle und ideelle Interessenlagen historisch so konkretisiert sein können, daß sie sich hart im Raume stoßen. Welches Interesse sich dann im Konfliktfall durchsetzt, hängt, folgen wir Max Weber, immer auch von der Beschaffenheit der »Weltbilder« ab, die sich als mentale Auskristallisierung von Kultur, als Mentalität, begreifen lassen. Anders als mit den in die Sozialstruktur eingelassenen Lebensweisen sind mit der Mentalität zwar unmittelbar keine Interessenlagen verbunden, aber sie fungiert laut Weber als wichtiger »Weichensteller«, durch die Interessenlagen interpretiert werden. Historische Wahl- und Wählerforschung hätte demnach im Idealfall auch Mentalitätsforschung[19] zu sein und müßte stets mit der Möglichkeit von unterschiedlicher Logik, Wert- und Präferenzstruktur rechnen.

Und schließlich hat es eine so verstandene kulturalistische Wahl- und Parteienforschung immer mit der Bedeutung von Ideen im engeren Sinne zu tun, wobei an dieser Stelle zwischen Ideen und Ideologien nicht weiter differenziert werden soll. Dabei kann es sich einmal um Ideen handeln, die von den Betroffenen selbst auf Grund ihrer Erfahrung mit der politischen und gesellschaftlichen Wirklichkeit produziert werden – die Menschen machen sich stets auch ihren eigenen Vers auf ihre Erfahrung mit der Wirklichkeit. Erfahrungsräume prägen nicht nur die Mentalität, sondern generieren auch Ideen. Dabei kann es sich zum anderen um Ideen handeln, die als Sinn- und Deutungsangebote von außen einströmen und gegebenenfalls von einer spezialisierten Deutungsklasse religiöser oder zivilreligiöser Orientierung produziert werden.

Anders als jene Ideen, die zu einem integrierten Bestandteil von gesellschaftlichen oder mentalen Strukturen geworden sind, kann man diese Ideen zunächst in der Tat zum klassischen »Überbau« rechnen. Gleichwohl sind es ideelle Form- und Wirkkräfte, die nicht nur die Mentalität, sondern auch die Lebensführung und Gemeinschaftsbildung nachhaltig prägen und als »ideologisches« Interesse an politischer und gesellschaftlicher Veränderung zu einer wesentlichen Antriebskraft politischen Handelns werden können, vor allem dann, wenn es sich um eine hochgradig institutionalisierte Deutungskultur handelt, die regelmäßig auf die Menschen einwirken kann. Eine Deutungskultur schafft aus sich heraus keine neuen Lebensweisen, aber Reichtum, Anpassungsfähigkeit und Entwicklungsstand von Lebensweise und Mentalität, die man unter dem Begriff Sozialkultur zusammenfassen kann, hängen zwar niemals allein, aber eben doch stets auch entscheidend davon ab, welche Formgebungs- und Sinnbildungsprozesse auf eine Soziokultur einströmen und wie auf der Ebene der Deutungskultur die vorgegebene Mentalität und Lebensweise thematisiert wird.

Explizit von einer Deutungskultur, nicht aber einfach von Ideen oder Ideologien zu sprechen, die in einer Kultur produziert und ausgetauscht werden, soll einmal den inneren Zusammenhang von Sozialkultur und Ideen ins Bewußtsein heben. Deutungskultur ist gleichsam eine Kultur der Kultur, deren Sinn und Zweck nicht zuletzt darin besteht, Sozialkultur zu thematisieren. Von Deutungskultur zu sprechen, provoziert automatisch die Frage, für wen die Sinn- und Deutungsangebote gemacht werden, für eine nationale Gesellschaft insgesamt, eine regionale Gesellschaft, eine transnationale Gesellschaft oder für spezifische Milieus und Teilgruppen innerhalb einer Gesellschaft, und wer die Ideen produziert: vorrangig eine milieuexterne Deutungsklasse oder Milieuangehörige selbst, die sich ihren eigenen Vers auf ihre Erfahrung mit der Wirklichkeit machen.

Der Begriff Deutungskultur will zum anderen darauf aufmerksam machen, daß die Produktion und Kommunikation von Ideen in der Regel nicht völlig beliebig und freischwebend ist. Kultur auf der Ebene von Deutungskultur lebt zwar typischerweise vom Dialog und Austausch von Ideen und Zeichen, weil ohnedies kaum die eigentlichen Leistungen von Deutungskultur für Sozialkultur erbracht werden können, nämlich gesellschaftliche Sachverhalte mit Sinn zu versehen, den Blick für neue Denk- und Handlungsmöglichkeiten zu öffnen und damit eine Anpassung an veränderte gesellschaftliche Verhältnisse zu erleichtern.

So gesehen kann man auch formulieren, daß, anders als Sozialkultur, Deutungskultur nicht durch »geteilten Sinn«, sondern durch gemeinsame Themen, durch »points of reference« zusammengehalten wird, mag es sich dabei um ein Verfassungsdokument, einen kanonischen Text oder eine gemeinsame Tradition handeln, die von unterschiedlichen Positionen und unterschiedlichen Perspektiven immer neu ausgelegt und dadurch verändert wird. Gleichwohl ist zu sehen, daß auch Deutungskultur, obwohl sie davon lebt, Selbstverständlichkeiten auf der Ebene der Sozialkultur in Frage zu stellen, und zwar auch dann, wenn sie sich grundsätzlich zu dieser affirmativ verhält, wie alle Kultur mit dem Verzicht auf Möglichkeiten beginnt, die an sich existieren.

Deutungskulturen haben ihre ungeschriebenen Selbstverständlichkeiten, Vor-Urteile und Tabus. Auch auf dieser Ebene von Kultur kann nicht alles öffentlich gesagt werden, wenn man nicht Gefahr laufen will, zu einem gesellschaftlichen Außenseiter zu werden, der mit sozialen Sanktionen rechnen muß. Anders formuliert heißt das, daß Deutungskultur, deren Träger ja gegebenenfalls in ganz anderen gesellschaftlichen Zusammenhängen leben als die Angehörigen einer Sozialkultur, sich wiederum als Sozialkultur auf die ihr immanenten Beschränkungen hin analysieren läßt. Deutungskultur kann daher unter Umständen den Charakter eines spezifischen Milieus annehmen, in dem bestimmte Sinnbezüge geradezu systematisch ausgeblendet werden.

Somit ließen sich drei unterschiedliche Auskristallisierungen von Kultur oder von Ideen unterscheiden: Es sind Öffentlichkeit, Mentalität und Lebensweise, mit denen jeweils unterschiedliche Programmierungen verbunden sind. Öffentlichkeit legt fest, was »man« öffentlich sagen kann; Mentalität bestimmt, was »man« überhaupt denken kann; und eine Lebensweise, die man mit anderen teilt, legt fest, was »man« tun oder unterlassen muß, wenn man nicht mit sozialen Sanktionen rechnen will. Die unterschiedlichen kulturellen Programmierungen greifen in unterschiedlicher Weise in das Leben und Verhalten von Menschen ein und benötigen im Normalfall allesamt viel Zeit, bevor sie hinreichend institutionalisiert oder auch, wenn sie einmal etabliert sind, wieder abgebaut werden können. Hier liegt im übrigen einer der wesentlichen Gründe dafür, warum Religion und Konfession in der Regel einen stärkeren Einfluß auf das Wahlverhalten haben als Klassenzugehörigkeit, wenn beide Faktoren zusammen auftreten[20], und warum man, trotz der homogenisierenden Wirkung, die von der Lohn- und Fabrikarbeit ausging, vielleicht gut daran tut, sich eher darüber zu wundern, warum eine ökonomisch bestimmte Klassenlage überhaupt zur Grundlage einer auch politisch relevanten Gemeinschaftsbildung werden konnte, als umgekehrt zu fragen, warum relevante Teile der Arbeiterschaft nicht »klassengerecht« wählen.[21]

1.3 Milieu, Lager und »Cleavage«: Einige begriffliche Klärungen

Vielleicht wird vor dem Hintergrund solcher Überlegungen klarer, was den Bedeutungskern des Milieubegriffs ausmacht und welche Art von Rationalität hinter einem Milieuwahlverhalten stehen kann. Der Milieubegriff verweist auf unterschiedliche kulturelle Manifestationen, auf Lebensweise, Mentalität und Deutungskultur. Aber konstitutiv für den Begriff ist letztlich nicht eine bestimmte Denkweise, sondern eine bestimmte Lebensweise. Kultur als Lebensweise kann man nur mit anderen zusammen haben. Milieu ist deshalb stets ein soziales, nicht ein bloß mentales Phänomen, auch wenn die Grenzen zwischen Lebensweise und Mentalität fließend sind. Angehörige unterschiedlicher Milieus denken nicht nur anders und deuten nicht nur die Alltagswelt anders aus, sie leben tatsächlich anders. Ihr Tag ist anders strukturiert, und ihr Verhalten folgt einem jeweils anderen Rhythmus und anderen Mustern.

Eben deshalb können sich mit Milieu auch Vorstellungen von rechter Ordnung und ideelle Interessenlagen verbinden, die genauso rational sind wie materielle Interessenlagen, vorausgesetzt selbstverständlich, die Lebensführungen werden als wertvoll und prinzipiell bewahrenswert angesehen. Und deshalb ist es auch fragwürdig, ein milieugestütztes Wahlverhalten implizit als irrational zu qualifizieren. Das kann so sein, muß aber nicht so sein. Der Milieubegriff zielt jedoch stets auf sozialkulturelle Basisphänomene, im Unterschied zum Begriff der Subkultur bzw. Teilkultur, von der auch dann gesprochen werden kann, wenn keine gemeinsame Lebensweise, aber eine auf eine bestimmte Bevölkerungsgruppe zugeschnittene und nur für diese relevante institutionalisierte Deutungskultur gegeben ist.

Die Begriffe Milieu und Subkultur bzw. Teilkultur sind mithin nicht deckungsgleich, gleichwohl aufeinander bezogen. Denn ein Milieu bedarf in der Regel, wenn es nicht in regionaler Abgeschiedenheit existiert, einer es stützenden institutionalisierten Deutungskultur, mag es sich dabei um lokal-regionale Honoratioren, um Kirchen oder Institutionen der Arbeiterbewegung handeln; es kann auf Dauer kaum überleben, wenn es längerfristig dem Einfluß heterogener und rivalisierender Deutungskulturen ausgesetzt ist. Milieu gründet – wie bereits mehrfach betont – nicht in gemeinsamen materiellen Interessenlagen und kann deshalb auch ein gewisses Maß an materiellen Interessengegensätzen verkraften, soweit und solange sie nicht das verbindende Band einer gemeinsamen und als wertvoll empfundenen Lebensweise tangieren. Allerdings werden einschneidende Veränderungen der materiellen Lebensumstände von Milieuangehörigen, wie sie sich z. B. als Folge sozialer Differenzierung oder als Folge von Dauerarbeitslosigkeit ergeben können, auf Dauer auch auf die durch Kommunikation und Interaktion gekennzeichneten Beziehungen zwischen den Milieuangehörigen durchschlagen und damit zur Milieuzerstörung führen.

Ob aber Milieu im Sinne einer gemeinsamen Lebensweise überhaupt vorliegt oder nicht, ob ein ursprünglich bestehender gemeinsamer Lebenszusammenhang sich inzwischen sozial und kulturell so ausdifferenziert hat, daß man besser von mehreren nebeneinander existierenden Teilmilieus sprechen sollte, oder ob sich einstmals bestehende Milieugrenzen so abgeschliffen haben, daß von getrennten Milieus sinnvoller Weise nicht mehr gesprochen werden kann, und welche sozialen Bezüge, Berufslagen, konfessionelle Lagen oder ethnischen Lagen sich unter dem Vorzeichen gesellschaftlicher Differenzierung als für die Gemeinschaftsbildung maßgebend erweisen: Das alles sind Fragen, die rein theoretisch nicht zu beantworten sind und überdies je nach Raum und Zeit auch unterschiedliche Antworten verlangen.

Dasselbe gilt für die Frage, ob das Milieu stets ein lokal/regionales begrenztes Phänomen ist oder nicht.[22] Das mag in vielen historischen Fällen so sein, nicht zuletzt in Deutschland. Grundsätzlich sollte man sich aber die Möglichkeit offenhalten, z. B. auch von einem nationalen Milieu oder einem katholischen Milieu in Deutschland zu sprechen; vorausgesetzt, es liegen in der Tat gleiche oder ähnliche Lebensweisen vor. Ob das der Fall ist oder nicht, ist eine empirische Frage. Für die Wahrnehmung sich wandelnder gesellschaftlicher und kultureller Realität dürfte es sich empfehlen, den Begriff nicht zu eng zu definieren, vielmehr statt dessen unterschiedliche Typen der Milieubildung zu unterscheiden. Dazu gehört etwa die Unterscheidung zwischen lokal/regional begrenzten »parochialen« Milieus auf der einen, in denen jeder von außen Kommende ein Fremder ist, und prinzipiell überlokal ausgerichteten Milieus auf der anderen Seite, die sich räumlich zwar irgendwo niedergelassen haben, aber nicht in räumlichen Grenzen definierbar sind. Damit nicht deckungsgleich, wenngleich sich überlappend, ist die Unterscheidung zwischen organisationszentrierten und personenzentrierten Milieus[23] sowie die weitere Unterscheidung zwischen sozialstrukturell determinierten Milieus, in die man hineingeboren wird, und Milieus, die man bis zu einem gewissen Grad frei wählen kann.

An dieser Stelle wird aber bereits die Grenze zwischen Milieukonzept und Lebensstilkonzept oder dem Konzept des »persönlich-politischen Kontaktfeldes«[24] fließend. Von Lebensstil im Unterschied zu Milieu sollte man immer dann und überall dort sprechen, wo Momente der Wahl, des Wechsels, der Mode dominieren und überdies das Element der sozialen Kontrolle und des sozialen Zwanges, die für klassische Milieus so charakteristisch waren, nur noch in Resten vorhanden ist. Ein gewisses Maß an lebensbiographischer Konstanz, effektiver Gemeinschaftsbildung und sozialer Verbindlichkeit muß gegeben sein, wenn man von Milieu redet.[25] Nichts spricht jedoch grundsätzlich dagegen, das Milieukonzept auch in Fällen zu verwenden und gleiche ideelle Interessenlagen zu unterstellen, in denen zwischen den Milieuangehörigen kein direkter Kommunikations- und Interaktionszusammenhang besteht.

Aber selbst wenn man den Milieubegriff, wie vorgeschlagen, flexibel hält, gerät er an die Grenzen seiner Fassungs- und Erklärungskraft. Wer die deutsche Wahl- und Parteiengeschichte des 19. und 20. Jahrhunderts überblickt, stößt immer wieder auf kulturelle Phänomene, auch auf kulturell begründete Zusammengehörigkeitsgefühle, die sich von einem Milieubegriff her schlechterdings nicht mehr fassen lassen. Genau an dieser Stelle wird ein Begriff wie der des politischen Lagers interessant, wie er von Adam Wandruszka und anderen zur Analyse der politischen Struktur im Österreich der Ersten Republik entwickelt worden ist.[26]

Ein politisches Lager lebt in seinem Zusammenhalt im Unterschied zu einem Milieu stärker von der Abgrenzung gegen andere als von eigenen positiven Gemeinsamkeiten und kann deshalb im Prinzip sogar sehr heterogene Milieus enthalten, die irgendwann einmal, aus gegebenenfalls sehr unterschiedlichen Gründen, eine historische Koalition mit politischen Eliten eingegangen sind. Ein Milieu trägt sich u. U. aus sich heraus, ein Lager dagegen bedarf des Gegenüber. Ein politisches Lager kann nicht nur verschiedene Parteien, sondern auch unterschiedliche sozialmoralische Milieus umschließen, darüber hinaus Menschen, die aus lokalen und überlokalen Milieuzusammenhängen überhaupt herausgefallen sind. So gesehen ist das Lager ein weniger integriertes kulturelles Gebilde als das Milieu.

Das aber schließt nicht aus, daß sich die Angehörigen unterschiedlicher Lager mit größerer Militanz gegenüberstehen als die Angehörigen unterschiedlicher Milieus. In gewisser Weise ließe sich sogar umgekehrt argumentieren, daß die nach außen gewendete symbolische und gegebenenfalls auch reale Militanz nicht zuletzt Ausdruck und Folge der Tatsache ist, daß sich einstige Milieugrenzen abgeschliffen haben und ein Lager für seinen Zusammenhalt deshalb stärker auf ideologische Polarisierung angewiesen ist. Gleichwohl ist ein politisches Lager mehr als eine Zweckkoalition unterschiedlicher Parteien und Milieus, die sich zur Verfolgung gemeinsamer materieller Interessen zusammengefunden haben; vielmehr ist es ein historisch-kulturelles Gebilde, das nicht zuletzt in historischen Erinnerungen und Mentalitäten sowie in den damit verknüpften Emotionen und Aversionen tief verwurzelt ist. Lagergrenzen sind deshalb politisch nur schwer passierbar. Das Vorhandensein eines Lagersystems, das ein Mehrparteiensystem strukturiert, zeigt sich deshalb nicht zuletzt daran, daß die »Beweglichkeit« der Wähler innerhalb eines Lagers groß, zwischen den Lagern dagegen sehr gering ist.

Die Entstehung und die Dauer der politischen Lager sowie das Ausmaß und die Intensität der politisch-kulturellen Verwerfungslinien, die durch die Lagergrenzen markiert werden, lassen sich am besten verstehen und erklären, wenn man das Lagerkonzept mit dem »Cleavage«-Konzept verbindet, wie es von Lipset und Rokkan formuliert und dann vor allem im Umkreis von Stein Rokkan weiter entwickelt worden ist. »Cleavages« können am besten als in der Sozialkultur verankerte Hauptspannungslinien begriffen werden, die dauerhaft politisiert worden sind. Wie das Lagerkonzept und das Milieukonzept geht also auch das »Cleavage«-Konzept davon aus, daß Parteiensystem und Wahlverhalten einer Gesellschaft ihre Grundlage in einer »politisierten Sozialkultur« besitzen.[27] Das ist nicht selbstverständlich. Grundsätzlich wäre sehr wohl denkbar, daß Spannungslinien, die eine Gesellschaft durchziehen, sich nicht unmittelbar in den politischen Raum hinein verlängern oder nur in einem Verbandssystem, nicht jedoch in einem Parteiensystem und einem damit verbundenen Wahlverhalten ihren politischen Ausdruck finden.

Das Besondere der »Cleavage«-Theorie besteht darin, daß sie die Hauptspannungslinien, die für eine Politisierung infrage kommen, zu systematisieren versucht und sodann in einer komplexen Argumentation, die auch den Faktor Koalitionsbildung durch Eliten berücksichtigt, die Struktur der jeweiligen Parteiensysteme in den europäischen Gesellschaften zu erklären versucht. Lipset und Rokkan gehen davon aus, daß in den Prozessen der Nationalstaatsbildung und der Industrialisierung, die alle europäischen Gesellschaften durchlaufen, typischerweise vier Zentralkonflikte auftreten: der zwischen Zentrum und Peripherie, zwischen Staat und Kirche, zwischen agrarischem und industriellem Sektor sowie zwischen Arbeitern und Unternehmern.

Das ist ohne Zweifel eine nützliche und sinnvolle Systematisierung. Im Prinzip kann man davon ausgehen, daß diese Grundkonflikte in allen europäischen Gesellschaften aufgetreten sind. Allerdings muß man flexibel mit dem Schema umgehen, wenn man es auf jeweilige nationale Gesellschaften überträgt. Beispielsweise ist der für das deutsche Parteiensystem so charakteristische Konfessionskonflikt nicht ohne weiteres deckungsgleich mit dem Säkularisationskonflikt der »Cleavage«-Theorie. Ein reiner Säkularisationskonflikt bzw. Staat-Kirche-Konflikt hätte zu politischen Konfliktfronten führen müssen, deren Verlauf nicht ohne weiteres mit den Konfessionsgrenzen deckungsgleich gewesen wäre. Der politisierte Konfessionskonflikt in Deutschland besitzt in nicht geringem Maße auch Züge eines kulturell aufgeladenen Zentrum-Peripherie-Konfliktes. Im Grunde fällt der Konfessionsgegensatz aus dem Schema von Lipset-Rokkan heraus. Er ist in gewisser Weise ein älterer Konflikt, der den Prozessen der Nationalstaatsbildung und Industrialisierung bereits vorausgeht, gleichwohl in allen gemischt-konfessionellen Staaten eine Parteiensystem bildende Kraft besitzt. Man tut deshalb gut daran, das »Cleavage«-Modell nur als Suchinstrument zu verwenden, ohne sich ihm blindlings anzuvertrauen.

Zwei Aspekte des »Cleavage«-Konzeptes bedürfen vor allem einer ausführlichen kritischen Thematisierung. Lipset und Rokkan unterscheiden in ihrem Modell zwischen stärker kulturell und stärker ökonomisch verankerten Konfliktlagen. Das ist an sich eine sinnvolle Unterscheidung. Dennoch muß man fragen, ob beide eigentlich in gleicher Weise parteibildend sind, wie das »Cleavage«-Modell unterstellt. Tatsächlich spricht viel für die Annahme, daß rein ökonomische Interessenlagen nur zu Verbandsbildungen, nicht jedoch zu dauerhaften Parteibildungen führen, und daß nur jene Konfliktlagen, die kulturell aufgeladen sind, eine dauerhafte politische Auskristallisation ermöglichen.

Das gilt auch für die beiden Konflikte, die mit dem Industrialisierungsprozeß verbunden sind, dem Konflikt zwischen Arbeitern und Unternehmern und dem Konflikt zwischen dem agrarischen und industriellen Sektor. Die Wahrscheinlichkeit, daß diese beiden Konfliktlinien ein Parteiensystem in einem Lande dauerhaft tragen, wächst in dem Maße, wie sie kulturell aufgeladen, erfahren und ausgedeutet werden. Der ökonomische Gegensatz zwischen primärem und sekundärem Sektor muß gleichsam zu einem sozialkulturellen Gegensatz von Stadt und Land und der wirtschaftliche Interessengegensatz von Arbeitern und Unternehmern zu einem Klassenkonflikt mit einer kulturellen Dimension werden, wenn sie dauerhaft politisierbar sein sollen. Hier dürfte im übrigen einer der Gründe dafür liegen, warum es in den USA langfristig zwar eine gewerkschaftlich organisierte Arbeiterbewegung, aber keine relevante sozialistische Partei gegeben hat. Materielle Interessen ohne kulturelle Überformung verhalten sich, so will es scheinen, stets wie Prostituierte, die ihren Partner je nach Zeit und Umständen wechseln, jedenfalls keine verläßliche Basis für eine dauerhafte politische Koalition mit politischen Eliten darstellen.

Der zweite problematische Aspekt des »Cleavage«-Konzeptes besteht in seinem Hang zu einem soziologischen Determinismus, obwohl man einräumen muß, daß Rokkan im Unterschied zu älteren Traditionen der Politischen Soziologie nicht von einer einseitigen Bestimmung der Politik durch gesellschaftliche Prozesse ausgeht. Dennoch gilt, daß das »Cleavage«-Konzept trotz seines Wissens um die Bedeutung von Koalitionsbildungen für die konkrete politische Ausformung von Parteiensystemen die Rolle politischer Eliten bei der Generierung von Hauptspannungslinien und der Übersetzung von sozialstrukturell verankerten Konflikten in das politische System zu stark vernachlässigt. Die soziologische Perspektive, gemäß der Parteiensysteme das Resultat vorgegebener gesellschaftlicher und kultureller Konfliktlagen sind, muß ausbalanciert werden durch eine stärker politologische Perspektive, gemäß der politische Eliten die eigentlichen Schöpfer von Konfliktsystemen sind. Politische Eliten – so das Modell – finden die Konflikte nicht vor, sondern schauen auf die Gesellschaft, um dort Gegensätze oder auch nur Unterschiede zu entdecken, die sich dauerhaft politisieren lassen. Insofern bedarf die »Cleavage«-Theorie in der Tat der Ergänzung durch eine Elitentheorie.[28]

Daher ergibt sich: Die Politisierung einer gesellschaftlichen Hauptspannungslinie muß stets auch als ein politischer Auswahl- und Entscheidungsprozeß politischer Eliten begriffen werden. Realistisch ist freilich die Annahme, daß politische »Cleavages« nicht beliebig gemacht werden können und daß nur jene Konflikte, die in der Gesellschaft eine stabile Basis besitzen, ein dauerhaftes Parteiensystem begründen können.[29] Die von Lipset und Rokkan skizzierten Hauptkonflikte, die im Prozeß der Nationswerdung typischerweise auftreten, sind demnach als Chancen möglicher Parteibildung zu interpretieren, die genutzt werden können, aber nicht genutzt werden müssen.

Was für die Entstehung von Parteiensystemen gilt, trifft grundsätzlich auch auf ihre Aufrechterhaltung zu. Kontinuität versteht sich nicht von selbst. Zwar kann man grundsätzlich davon ausgehen, daß es so etwas wie einen Primat des Etablierten gibt. Eben deshalb ist es so wichtig, Schwellenzeiten, in denen sich ein Parteiensystem gesellschaftlich breiter auskristallisiert, in denen die »ursprüngliche politische Akkumulation« stattfindet, besondere Aufmerksamkeit zu widmen. Dennoch gilt: Parteiensysteme und damit die Beziehungen zwischen Wählern und politischen Eliten bedürfen der ständigen Pflege und symbolischen Erneuerung, wenn sie nicht erodieren sollen. Umgekehrt heißt das: Der Wandel von Parteiensystemen kann seine Ursache nicht nur darin haben, daß ihre gesellschaftliche und kulturelle Basis gleichsam »weggerutscht« ist, sondern auch darin, daß politische Eliten es bewußt oder unbewußt versäumt haben, die »politische Koalition« mit bestimmten Wählersegmenten stets aufs Neue symbolisch zu erneuern.

Indirekt ist damit bereits ein etwas formalistisches Verständnis von Partei angeklungen. Das Bündnis zwischen Parteien und ihren Stammwählern wird vereinfacht als eine »politische Koalition« begriffen, die zwischen bestimmten politischen Eliten und bestimmten Gruppen bzw. Segmenten der Gesellschaft geschlossen worden ist.[30] Politische Eliten sind demnach in der Tat so etwas wie politische Unternehmer mit Eigeninteressen, die – aus welchen Gründen und zu welchen Zwecken auch immer – um politische

Macht und Einfluß kämpfen und dafür um politische Unterstützung in der Gesellschaft nachsuchen.

Es ist einzuräumen, daß dieses Modell historischen Situationen, in denen politische Eliten mehr politischen Missionaren als politischen Unternehmern gleichen oder in denen politische Parteien auf sozialen Bewegungen aufruhen, die mehr kulturorientiert als machtorientiert sind, auf den ersten Blick wenig gerecht wird.[31] Das Modell muß deshalb behutsam und flexibel eingesetzt werden. Sein großer Vorteil besteht jedoch darin, daß es auf Probleme aufmerksam macht, die leicht aus dem Blick geraten, wenn man Parteien allzu kurzgeschlossen als Ausdruck von sozialen Bewegungen, von sozialmoralischen Milieus oder von sozialen Konflikten interpretiert, die sich gleichsam naturwüchsig in den politischen Raum hin verlängert haben und damit die Vermittlungsprobleme zwischen Zentren und lokal-regionaler Basis, zwischen Eliten und Massen, zwischen Parteiorganisationen und Wählern, systematisch ausklammert.

Das Vermittlungsproblem ist stets auch ein »technisches« Problem. Das soll heißen: Eine »politische Koalition«, die auf Dauer gestellt werden soll, ist stets auf »technische« Mechanismen und Medien angewiesen, die zwischen Eliten und Wählerschaft vermitteln. Das Spektrum solcher Medien bzw. Mechanismen reicht grundsätzlich von lokal-regionalen Honoratioren, einer meist gleichfalls regional beschränkten Milieupresse über ausgebildete Parteiorganisationen bis hin zu modernen Massenmedien, die zumindest der Tendenz nach die Bedeutung von Parteiorganisationen relativieren. Dabei hängt es stets vom Charakter und Entwicklungsstand einer Partei ab, je nachdem ob sie zentralinstanzlich organisiert ist oder im Kern nichts anderes als ein lockerer Zusammenschluß von regionalen Eliten auf zentralinstanzlicher Ebene darstellt, ob z. B. regionale Eliten eher als Vermittlungsmechanismen oder mehr als politische Akteure zu begreifen sind, denen eigenständige politische Definitionsmacht zukommt. Wichtig ist jedenfalls die grundlegende Einsicht, daß Erfolg oder Mißerfolg einer politischen Partei stets auch davon abhängig ist, ob sie Zugang zu und Verfügungsgewalt über Medien besitzt und ob sich diese noch auf der Höhe der Zeit befinden.

Das Vermittlungsproblem ist aber niemals nur ein »technisches«, sondern stets auch ein »inhaltliches« Problem. Eliten und Wähler müssen nicht nur »technisch«, sondern auch »inhaltlich«

zusammenkommen. Wähler müssen sich in den Signalen und Zeichen, die eine Partei aussendet, mit ihren Interessen »wiederfinden« können. Das ist nicht einfach eine Frage von Parteiprogrammen, die ohnehin mehr der Integration der Mitglieder als der Wähler dienen, sondern eine Frage des wahrgenommenen Parteicharakters, der eine komplexe Größe darstellt und aus einer Vielzahl von realen und symbolischen »Politiken« gebildet wird. Dafür ist freilich nicht unterschiedslos jede konkrete Politik, die eine Partei aufgreift, in gleicher Weise bedeutsam. Wichtig sind vor allem jene »Politiken« und »issues«, die den Nexus berühren, um derentwillen die »politische Koalition« einst eingegangen wurde, und das sind, bezogen auf die Stammwählerschaft, stets Politikinhalte mit einer kulturellen Dimension. Entscheidend ist deshalb die vor allem durch Führungspersonal und Politiker vermittelte Fähigkeit einer Partei, ihrer Kernklientel wenigstens von Zeit zu Zeit deutlich zu machen, wofür sie grundsätzlich steht. Zu recht betont deshalb Anthony Heath, daß es der »fit between the general character of a party and the voters own general ideology« sei, der »best accounts for electoral choice«.[32]

Diese Übereinstimmung zwischen einer Partei und Teilen der Wählerschaft kann grundsätzlich auf zweierlei Art und Weise erreicht werden: einmal dadurch, daß sich die Partei ihren Wählern anpaßt, und zum anderen dadurch, daß sie ihre Wähler langfristig erzieht. Im ersten Falle haben wir es mit einer »Anpasser-Partei«, im zweiten Fall mit einer »Kultivierer-Partei« zu tun. Wenn man will, läßt sich auch sagen, daß »Anpasser-Parteien« primär machtorientiert, »Kultivierer-Parteien« dagegen primär kulturorientiert sind. Angemessener ist es aber, zwischen Parteien zu unterscheiden, die eine kurzfristige, und solchen, die eine langfristige Machtstrategie verfolgen. Eine langfristige Machtstrategie zielt darauf ab, gesellschaftliche und kulturelle Rahmenbedingungen so zu verändern, daß Mentalität und Interessenlage der Wähler besser zum »allgemeinen Charakter« der eigenen Partei passen, sei es durch ideologische Beeinflussung, sei es durch Änderung der konkreten Lebensumstände. Das läßt sich selbstverständlich am ehesten verwirklichen, wenn eine Partei die Regierungsmacht besitzt und damit z. B. die Möglichkeit erhält, die Zahl der Haus- und Aktienbesitzer in einer Gesellschaft erheblich zu vergrößern. Aber auch eine Partei ohne Zugang zur Regierungsmacht ist nicht allein auf das Mittel der ideologischen Beeinflussung angewiesen: Gerade die deutsche Parteiengeschichte hält mit der historischen SPD ein Musterexemplar für die Möglichkeit bereit, daß auch von einer Partei ohne Regierungsmacht ein erheblicher kulturbildender Einfluß ausgehen konnte.

Das Beispiel der Arbeiterbewegungskultur, oder, wie andere sagen, der sozialdemokratischen Solidargemeinschaft[33], demonstriert zugleich, daß das Verhältnis zwischen sozialmoralischen Milieus und politischen Parteien grundsätzlich als ein zweiseitiges angesehen werden muß. Sozialmoralische Milieus wurden von den politischen Parteien nicht einfach vorgefunden, sondern bis zu einem gewissen Grade auch von ihnen politisch gemacht. Politische Parteien sind der Möglichkeit nach nicht nur ein wesentlicher Bestandteil von politischer Deutungskultur, sondern auch eine milieuformende Kraft. Allerdings konnte das Verhältnis zwischen sozialmoralischem Milieu und politischer Partei nicht nur zwischen den Parteien, sondern auch innerhalb der gleichen Partei sehr unterschiedlich sein. Um es am Beispiel der historischen Sozialdemokratie zu demonstrieren: In Teilen des Reiches war sie eine sozialistische Milieupartei par excellence, deren Wähler in erster Linie das Feld reflektierten, das rund um die Arbeiterbewegung entstanden war; in anderen Regionen läßt sie sich dagegen besser als eine Partei begreifen, die eine »politische Koalition« mit präexistierenden Arbeitermilieus eingegangen war, ohne diese nachhaltig kulturell prägen zu können.[34]

Nicht nur von einzelnen Parteien, sondern auch von Parteiensystemen insgesamt, kann ein nachhaltiger politisch-kultureller Einfluß ausgehen. Parteiensysteme reflektieren niemals nur kulturell überformte gesellschaftliche Verhältnisse, sondern wirken umgekehrt selber wiederum kulturprägend auf diese zurück, wenn sie in der Lage sind, längerfristig Einfluß auf diese auszuüben. Dabei ist nicht allein an die von den Parteien in Wort, Schrift und Bild offerierten expliziten politischen Sinnbezüge und Deutungsangebote zu denken, obwohl diese in Deutschland vor dem Hintergrund einer reich ausdifferenzierten Milieupresse nicht gering zu veranschlagen sind, sondern einfach an die Tatsache ihrer relativ dauerhaften Existenz und die damit verbundenen Gewöhnungseffekte. Dadurch wurde die Mentalität geprägt, wurden politische Gewohnheiten geschaffen, die gegebenenfalls auch den Zusammenbruch eines Parteiensystems überdauern können.

Es gibt daher nicht nur Wählertraditionen im engeren Sinne[35], langfristige Bindungen der Wählerschaft an eine Partei bzw. an eine Nachfolgepartei aus dem gleichen ideologischen Spektrum, sondern politische Traditionen mehr subtiler und verschlungener Art. Damit ist gemeint, daß Parteien zum Erbe und Fortsetzer politischer Traditionen werden können, die in der Vergangenheit von den nicht zur eigenen Parteifamilie gehörenden Parteien bestimmt und geprägt worden sind. Sobald das geschieht, wird die Partei unmerklich zu einer ganz anderen Partei, als sie es in der Vergangenheit gewesen ist, auch wenn ein nicht geringes Maß an Kontinuität auf der Organisations- und Programmebene existiert. Denn eine Partei, die z. B. in der Vergangenheit in einer Region bei der Zehn-Prozent-Grenze gelegen hat, heute dagegen mühelos zwischen 50 und 60 % der Wähler zu mobilisieren vermag, ist ganz einfach zu einer anderen Partei geworden, weil sie bewußt oder unbewußt regionale Traditionen in sich aufgenommen hat, die einst einen anderen parteipolitischen Ausdruck gefunden hatten. Parteifestschriften und Parteihistoriographen, die diesen grundlegenden Sachverhalt nicht berücksichtigen und von einer ungebrochenen Kontinuität ausgehen, schaffen politische Mythen.[36]

So jedenfalls stellt sich die Lage aus der Perspektive einer Parteigeschichte und Parteianalyse »von unten« dar, die nicht von den zentralinstanzlichen Parteiorganisationen und Parteiprogrammen her, sondern von den freilich der historischen Veränderung unterliegenden lokal-regionalen Traditionen her denkt und fragt, wie diese unter veränderten historischen Umständen ihren jeweiligen parteipolitischen Ausdruck finden.

2. Wahlen und Parteiensystem in Deutschland vor Gründung des Norddeutschen Bundes

2.1 Wahlen, Wahlrecht und Wahlbeteiligung vor 1867

Die Wahlen zum Konstituierenden Reichstag des Norddeutschen Bundes vom 12. Februar 1867 in Verbindung mit den Zollvereinswahlen des Jahres 1867 in Süddeutschland, die beide auf der Basis eines allgemeinen, gleichen, geheimen und direkten Wahlrechts erfolgten, markieren den Eintritt in eine neue politische Gesellschaft. Das Neue bestand einmal darin, daß durch das neue Wahlrecht die Anzahl der Staatsbürger, die nunmehr überhaupt oder mit gleichem Stimmgewicht zu Mitgliedern der politischen Gesellschaft wurden, beträchtlich erweitert wurde; zum anderen darin, daß sich die Zahl der Bürger, die von ihrem Wahlrecht auch tatsächlich Gebrauch machten, auf einen Schlag ungefähr verdoppelte.[1] Zwar fiel die Wahlbeteiligung bei den folgenden Wahlen wieder etwas zurück, aber innerhalb eines Jahrzehnts hatte sie sich doch annähernd auf diesem Niveau stabilisiert. Während dieser Dekade war es zu einem Partizipationsschub gekommen, der Parteien und Parteiensysteme auf völlig neue Grundlagen stellte. Selbst wenn sie eine mehr oder minder ungebrochene Organisations- und Programmkontinuität besaßen, hatten sich doch ihre politischen Reproduktionsbedingungen so entscheidend verändert, daß man mit einiger Berechtigung von einem Umschlag von der Quantität in die Qualität sprechen kann. Der politische Körper, auf dem das Parteiensystem nach 1867/68 aufruhte, war daher, von allen anderen Veränderungen einmal ganz abgesehen, nur noch bedingt mit dem vergleichbar, der vor diesem Zeitraum bestand.

Das Prinzip der Wahl selbst war nicht neu. Das gilt sowohl für die staatliche als auch für die kommunale Politik in Deutschland im 19. Jahrhundert. Die kommunale Realität war durch unterschiedliche Formen eines eingeschränkten und abgestuften Wahlrechts gekennzeichnet gewesen. Das mit der preußischen Städteordnung von 19. November 1808 zum ersten Male in Deutschland eingeführte allgemeine, gleiche, direkte und geheime Männerwahlrecht war nur eine vorübergehende Erscheinung geblieben.[2] Auch die Abgeordneten der Zweiten Kammer in den Einzelstaaten verdankten ihr Amt überwiegend einem Wahlakt, selbst wenn in vielen deutschen Staaten noch ständische Strukturen überwogen. Der Artikel 13 der Wiener Bundesakte vom 10. Juni 1815, der vorsah, daß »in allen Bundesstaaten eine landständische Verfassung stattfinden«[3] werde, war von den einzelnen deutschen Staaten in sehr unterschiedlicher Weise umgesetzt worden. In den norddeutschen Staaten wurde mit zumeist geringfügigen Modifikationen die alte landständische Verfassung beibehalten. In Preußen kam es nicht zu der zugesagten Landesrepräsentation, sondern zu einer Neubelebung der Provinzialstände, die sich aus den nicht paritätisch, sondern im Normalfall im Verhältnis 3 : 2: 1 vertretenen drei Ständen der Ritterschaft, der Städte und der Landgemeinden zusammensetzten.[4] In den süddeutschen Staaten wie Baden, Bayern, Hessen-Darmstadt, Nassau und Württemberg, die in ihrem territorialen Bestand zumeist stark verändert worden und um eine politische Integration zwischen alten und neuen Landesteilen bemüht waren, wiesen die Verfassungen dagegen bereits moderne konstitutionelle Prinzipien auf.

Generell typisch war, daß sich zwar einerseits die Berechtigung zur Teilnahme an den Landtagen ausgeweitet hatte, da nunmehr auch die bäuerliche Bevölkerung durch Repräsentanten vertreten war, andererseits aber das Wahlrecht für die Zweite Kammer in vielfacher Hinsicht beschränkt blieb. Von wenigen Ausnahmen in einigen kleineren Staaten abgesehen, in denen auch Frauen, zumeist Rittergutsbesitzerinnen, wahlberechtigt sein konnten, handelte es sich allenthalben um ein Männerwahlrecht. Angesichts der Altersstruktur im Vormärz, in dem mehr als die Hälfte der Bevölkerung unter 25 Jahre alt war, und in Kombination mit der Mindestalterbestimmung, die für das aktive Wahlrecht in der Regel bei 25 Jahren, für das passive Wahlrecht bei 30 Jahren lag, hatte das zur Folge, daß der Kreis der Wahlberechtigten von vornherein auf maximal 20-23 % der Gesamtbevölkerung beschränkt war.[5]

Durch die Festlegung weiterer Wahlvoraussetzungen, die von vielen Männern über 25 nicht erbracht wurden – wie das Staatsbürgerrecht, die Ansässigkeit im Staatsgebiet oder Wahlbezirk, die rechtliche Unbescholtenheit, das christliche Glaubensbekenntnis, die wirtschaftliche Selbständigkeit, das Bestehen geordneter Vermögensverhältnisse und in den meisten Staaten auch der Besitz des Ortsbürgerrechts –, reduzierte sich der Kreis der Wahlberechtigten auf durchschnittlich 10-16 % der Gesamtbevölkerung. In Baden und Württemberg, den beiden Flächenstaaten mit dem progressivsten Wahlrecht[6], lag dieser Anteil mit 15-16 % der Gesamtbevölkerung aber höher.

Unterschiede in der Wahlberechtigung ergaben sich nicht zuletzt deshalb, weil der Begriff der Selbständigkeit sehr unterschiedlich interpretiert wurde. Während er in Baden alle Personen erfaßte, die nicht unter Vormundschaft standen, schloß er in anderen Staaten oft auch Personen ohne eigenen Hausstand oder Personen aus, die in einem abhängigen Dienstverhältnis standen. Trotz solcher Beschränkungen sollte nicht übersehen werden, daß bereits im Vormärz ca. 40-70 % der erwachsenen deutschen Männer wahlberechtigt waren und daß demnach nicht nur der Großbesitz, sondern auch der Mittel- und Kleinbesitz an der Bestellung von Wahlmännern in nicht geringem Maße beteiligt war.

Das Wahlgesetz für das Parlament der Paulskirche, in den Worten Veit Valentins »grundsätzlich das Modernste der Zeit«[7], weil es allgemeine und gleiche Wahlen vorschrieb und alle volljährigen selbständigen männlichen Staatsangehörigen mit dem Wahlrecht ausstattete, ließ die Frage offen, ob die Wahlen öffentlich oder geheim, direkt oder indirekt erfolgen sollten, und überließ es den Einzelstaaten, die Selbständigkeitsforderung konkret zu füllen. Daraus ergaben sich erhebliche einzelstaatliche Unterschiede. Überwiegend wurden in Urwahlen Wahlmänner gewählt, die dann in einem weiteren Durchgang den Abgeordneten wählten. Nur Württemberg, Kurhessen, Schleswig-Holstein und die Stadtrepubliken hatten sich für direkte Wahlen entschieden. Unterschiedlich war auch die Interpretation der Selbständigkeit.

Durchweg galt als unselbständig, wer Armenunterstützung bekam, keinen eigenen Hausstand besaß und sich gegen Lohn und Kost in ein abhängiges Dienstverhältnis begeben hatte. Wurden solche Bestimmungen streng praktiziert, konnte die Zahl der wahlberechtigten volljährigen Männer nicht unerheblich eingeschränkt werden. Die ältere Forschung hat deshalb auch mit Blick auf die Wahlen des Jahres 1848 gelegentlich von einem Mythos allgemeiner und gleicher Wahlen gesprochen.[8] Botzenhart hat jedoch überzeugend nachgewiesen[9], daß mindestens 75 % der volljährigen männlichen Deutschen bei den Wahlen im Frühjahr des Jahres 1848 wahlberechtigt waren, in Preußen sogar erheblich mehr. Das war für die damalige Zeit eine außergewöhnlich breite demokratische Grundlage. Berücksichtigt man zudem, daß die

Wahlbeteiligung mindestens 40 % wie in Holstein und Sachsen und maximal 75 % wie z. B. in Württemberg betrug, läßt sich mit Fug und Recht sagen, daß die Wahlen des Jahres 1848 einen immensen Politisierungsschub für die deutsche Gesellschaft bedeutet haben.

Freilich wird man diese Aussage differenzieren müssen. Die Wahlen zur Paulskirche, aber auch die Wahlen zu den verfassungsgebenden Parlamenten der Einzelstaaten, blieben wohl nach wie vor in hohem Maße »Honoratiorenwahlen«.[10] Das bedeutet einmal, daß die lokalen Notablen, die auch das vorpolitische Vereinswesen im Vormärz dominiert hatten und deshalb nicht nur einen Vorsprung an gesellschaftlichem Ansehen, sondern auch an organisatorischer Fähigkeit besaßen, sowohl auf der Abgeordnetenebene als auch auf der Wahlmännerebene das Feld beherrschten. Für Angehörige der Unterschichten war es schwer, »das Sieb der indirekten Wahl«[11] zu durchdringen.

»Honoratiorenwahlen« können aber auch bedeuten, daß lokale Honoratioren wegen ihrer gesellschaftlichen Stellung und nicht wegen ihrer politischen Überzeugungen zu Wahlmännern und Abgeordneten bestellt wurden. Es ist eine offene Frage, wie weit ein solches Wählen ohne (politisches) Auswählen verbreitet war. Für Baden ist unlängst der hohe Politisierungsgrad auch in kleinen Gemeinden bereits für die Zeit des Vormärz betont worden.[12] Aber namentlich auf dem flachen Land stieß die Politisierung der Gesellschaft doch allenthalben auf die Beharrungskraft parochialer Verhältnisse. Das gilt in gewisser Weise selbst dort, wo es, vor allem in Gebieten mit Realteilung und fortdauernder Standesherrschaft, im März 1848 zu breit verankerten ländlichen Protestbewegungen kam.[13]

Parochiales Wahlverhalten ist nicht gleichbedeutend mit konservativem Wahlverhalten. Honoratioren konnten gegebenenfalls weitaus radikaler sein als Urwähler. Zu Recht ist darauf aufmerksam gemacht worden, daß sich bei den Wahlen des Jahres 1848 in Preußen, dem Land mit dem weitestgehenden Wahlrecht, mehrheitlich konservative und konstitutionelle Abgeordnete durchsetzten, während in Ländern mit stärkeren Wahlrechtsbeschränkungen wie Baden und Sachsen die Demokraten dominierten.[14] Bereits während der Revolutionsjahre gab es, wenn man sich vom Phänomen des ländlichen Radikalismus nicht blenden ließ, vielerlei Hinweise, die ein konservatives Kalkül abstützten, daß nämlich das einfache Volk im Normalfall konservativer gesinnt sei als die besser gestellten Schichten.

Das im Prinzip allgemeine und gleiche Männerwahlrecht der Revolutionsjahre, eine wichtige Voraussetzung für den Politisierungsschub, den die deutsche Gesellschaft erfuhr, blieb ein Intermezzo. Erst 20 Jahre später erlebte es mit den Wahlen zum Reichstag des Norddeutschen Bundes im Jahre 1867 und mit den Wahlen zum Zollparlament im Februar des Jahres 1868 eine Renaissance. Nach den Revolutionsjahren waren fast alle Einzelstaaten dazu übergegangen, Korrekturen vorzunehmen, die die Allgemeinheit und Gleichheit des aktiven und passiven Wahlrechts in irgendeiner Weise beschränkten und in aller Regel indirekte Wahlen und öffentliche Stimmabgabe vorsahen. Verglichen mit dem Wahlrecht, das während des Jahres 1848 praktiziert wurde, ganz zu schweigen von dem Reichswahlgesetz vom 2. März 1849, das für die Wahl zur Zweiten Kammer, vom Volkshaus, allgemeine, gleiche, direkte und geheime Wahlen vorsah, handelt es sich um eine drastische Reduzierung der politischen Partizipation von Gesetzes wegen. Nur in Baden und Bayern blieb das Wahlrecht des Jahres 1848 erhalten.[15] In Baden handelte es sich dabei um das alte und für die damalige Zeit ungemein progressive Wahlrecht des Vormärz, das aber beim passiven Wahlrecht einschneidende Zensusbestimmungen kannte, um den wohlhabenderen Klassen der Bürgerschaft gegenüber den Minderbemittelten und Besitzlosen einen gesetzlich abgestützten Vorsprung zu verschaffen. Nicht wieder aufgenommen wurde eine 1848 entfallene Wahlvoraussetzung des Vormärz, die Zugehörigkeit zu einer christlichen Religion.

Am schroffsten war der Übergang in Preußen. Die oktroyierte Verfassung vom 5. Dezember 1848 oder genauer: das Wahlgesetz vom 6. Dezember des Jahres 1848 hatte zunächst noch an der Allgemeinheit und Gleichheit des Wahlrechts für die Wahl zur Zweiten Kammer festgehalten, nicht jedoch das mit der Verordnung vom 30. Mai 1849 erlassene neue Wahlrecht, für die das Dreiklassenwahlsystem der rheinischen Gemeindewahlordnung vom 23. Juli 1845 als Vorbild diente. Es hielt zwar an der Allgemeinheit der Wahlen fest, beseitigte aber ihre Gleichheit. Verändert wurden nicht die Zugangsvoraussetzungen für den Eintritt in die politische Gesellschaft, da die vergleichsweise wenig restriktiven Bestimmungen über das aktive und passive Wahlrecht in Kraft blieben.

Neu geschaffen wurde dagegen eine gestufte politische Gesellschaft – und zwar horizontal wie vertikal.[16]

Damit ist gemeint, daß die Einteilung der Wahlberechtigten einer Gemeinde – seit 1891 eines Urwahlbezirks – in drei Klassen entsprechend ihrer Steuerleistung nicht nur zur Folge hatte, daß die politische Gesellschaft Preußens in eine reiche, mittelreiche und arme Schicht zerfiel, sondern daß diese Gliederung zusätzlich noch im hohem Maße lokal gebrochen wurde. Angesichts der regional und lokal höchst unterschiedlichen Wirtschafts- und Sozialstruktur war es keine Seltenheit, daß in wohlhabenden Gemeinden Urwähler mit einer jährlichen Steuerleistung von über 500 Talern in der dritten Klasse, in ärmeren Gemeinden dagegen Urwähler mit einer Steuerleistung, die unter zehn Talern lag, in der ersten Klasse wählen konnten. Die 1891 im Gefolge der Miquelschen Steuerreformen eingeführte Drittelung nach Urwahlbezirken hatte überdies zur Folge, daß nunmehr auch innerhalb derselben Gemeinde eine sozialräumlich bedingte politische Ungleichheit auftrat, und zwar vor allem dort, wo eine starke sozialräumliche Segregation vorherrschte, wo es also gute und schlechte Wohnviertel gab. Eben deshalb konnte die Straße, in der man wohnte – etwa in Berlin – einen weitaus größeren Einfluß auf das Wahlrecht haben als die Steuerleistung.[17]

Eine Abkehr nicht nur von den Bestimmungen des preußischen Wahlgesetzes vom 6. Dezember 1848, sondern auch von langlebigen preußischen Traditionen bedeutete die nunmehr verankerte Öffentlichkeit und Mündlichkeit des Wahlverfahrens. Sowohl die preußische Städteordnung vom November des Jahres 1808 als auch die Wahlordnung für die Provinziallandtage sahen eine geheime Stimmabgabe vor. Allerdings darf dabei nicht übersehen werden, daß das Institut der öffentlichen Wahl an sich, keineswegs nur in Deutschland, einem konservativen Grundverständnis entsprach, gemäß dem bei der Wahl nicht isolierte Individuen, sondern Gemeinschaften ihren politischen Willen zum Ausdruck bringen.[18] Denn Konservative – unter ihnen auch Bismarck, der ursprünglich für das Wahlgesetz des Norddeutschen Bundes die Öffentlichkeit der Stimmabgabe vorgesehen hatte[19] – gingen grundsätzlich davon aus, daß eine Wahlbeeinflussung durch Staat, Kirche und lokale Notablen als natürlich und legitim anzusehen sei. Welche Einflüsse sich als stärker erwiesen, wenn diese »Autoritäten« nicht in die gleiche Richtung wirkten, hing von den konkreten Umständen vor Ort ab und unterschied sich nach Raum und Zeit. In ethnisch und konfessionell gemischten Gebieten oder in proletarischen Wohnquartieren konnte es gegebenenfalls auch sozialen Druck von unten geben, ganz zu schweigen von Einflüssen, die von seiten der »peers« ausgingen.[20]

Daraus folgt, daß die Wahlen zum Preußischen Landtag nicht nur im hohen Maße einen lokalen, sondern auch einen sozialen Charakter besaßen, der durch das Institut der indirekten Wahl noch verstärkt wurde. Mit den Wahlmännerkollegien, die, wie es die »Grenzboten« einmal prägnant formulierten, auf der »lokalen Präponderanz irgendeines sozialen Elementes«[21] beruhten, bildete sich eine Personengruppe heraus, die auf Grund ihrer sozialen Stellung vor Ort eine politische Funktion ausübte und während der Konfliktzeit in Preußen, als eine Landtagswahl in kurzen Zeitabständen auf die andere folgte, den Charakter einer permanenten Körperschaft annahm. Die politische Gesellschaft Preußens zerfiel daher nicht nur in drei durch ihre Steueraufkommen definierte Klassen, sondern darüber hinaus, sich mit der Klasseneinteilung partiell überschneidend, faktisch auch in zwei politische Schichten. Die erste bestand aus der Schicht der Wahlmänner, die in ihrer Eigenschaft als lokale Honoratioren in der Regel auch das politische Leben ihrer Gemeinde kontrollierten. Die zweite politische Schicht bestand aus den Urwählern, die gleichsam die »Hintersassen« der politischen Gesellschaft darstellten.

Die Art der Beziehung, die zwischen beiden politischen Schichten bestand, läßt sich nur schwer, schon gar nicht unabhängig von Zeit und Raum, eindeutig bestimmen. Die preußische Statistik weist zwar bereits für die am 20. Oktober 1863 stattfindenden Urwahlen die Parteistellung der zur Wahl erschienenen Urwähler aus.[22] Aber diese Angaben, die auf Erhebungen der Wahlvorsteher beruhen, sind mit einiger Vorsicht zu genießen, wie zeitgenössischen Statistikern sehr wohl bewußt war. Ursprünglich hatten die Wahlmänner weitgehend freie Hand, auch wenn es gelegentlich vorkam, daß sie »ehrenwörtlich« auf einen bestimmten Kandidaten verpflichtet wurden. Sehr häufig war es jedoch noch so, daß die Kandidaten für ein Parlamentsmandat erst nominiert wurden, nachdem die Wahlmänner bereits gewählt worden waren. Dem entspricht die Aussage des preußischen Innenministers v. Flottwell vom März 1859, daß sich eine »bäuerliche Bevölkerung sowie die Klasse der kleinen Bürger und Arbeiter in den Städten« zwar an den Wahlen beteiligt habe, aber durch die eingetretenen Veränderungen nicht sonderlich berührt und wie bisher den »gegebenen Impulsen« – »von oben« gefolgt sei.[23] Konsequenterweise setzte deshalb auch die eigentliche Wahlbewegung erst nach den Urwahlen ein, weil sich das Hauptinteresse der Parteien auf die Wahlmänner und nicht auf die Urwähler richtete.

Allerdings gab es Veränderungen in der Zeit. Man muß überlegen, ob während der Konfliktzeit in Preußen mit der Teilnahme an den Urwahlen nicht doch bereits eine Art politischer »Prinzipienerklärung« verbunden war, ohne daß daraus eine konkrete Festlegung auf bestimmte Parteien oder bestimmte Personen notwendig folgte. Vielleicht läßt sich deshalb auch die preußische Wahlgeschichte, obwohl die wahlrechtlichen und politischen Voraussetzungen sehr unterschiedlich waren, mit der Formel beschreiben, die Hartwig Brandt zur Charakterisierung der württembergischen Wahlgeschichte zwischen den zwanziger und sechziger Jahren benutzt hat, daß sie »eine Periode der Konkurrenz zwischen dem Honoratioren- und dem Parteiprinzip« gewesen sei.[24]

Mehr als das. Auch nachdem sich das Parteiprinzip weithin durchgesetzt hatte, ruhte es in der Regel immer noch auf einer Gesellschaft auf, die qualitativ wie quantitativ erst in einem eingeschränkten Maße politisiert war und in der die Verbindung zwischen Parteien bzw. Abgeordneten und Wählern immer noch in einem nicht geringen Maße durch einen vorpolitischen Nexus vermittelt war. Der Extremfall eines solchen »vorpolitischen« Wahlverhaltens, das unterschiedliche Grade und Ausdrucksformen besitzen und sich teils stärker an staatlichen, teils primär an kirchlichen, teils aber auch in erster Linie an gesellschaftlichen Autoritäten wie den lokalen Notablen orientieren konnte, war sicherlich das Wahlverhalten in den preußischen Militärwahlbezirken. Beispielsweise beteiligten sich bei der preußischen Landtagswahl vom 19. November 1861 in der Stadt Aachen in jenen Civilwahlbezirken, die in etwa dieselben Abteilungsgrenzen wie die Militärbezirke besaßen, in der dritten Abteilung nur 3 % der Urwähler, in den Militärwahlbezirken dagegen 77 %. Bei derselben Wahl nahmen in der Garnisonsstadt Quedlinburg 94 % der militärischen Urwähler an den Wahlen teil.

Das Beispiel der Civilwahlbezirke Aachens verweist auf den grundlegenden Sachverhalt, daß es stets nur eine Minderheit der wahlberechtigten Bevölkerung war, die vor 1867 in Preußen überhaupt von ihrem Wahlrecht Gebrauch machte. Zu Recht ist deshalb bereits von Zeitgenossen gesagt worden, daß die niedrige

Wahlbeteiligung die Meinung nahelege, »als ob der Constitutionalismus in der Masse des preußischen Volks bis jetzt weder sehr tiefe und feste Wurzeln geschlagen, noch seit seinem Beginn große Fortschritte gemacht habe«.[25]

Freilich muß man in Preußen, stärker als in allen anderen deutschen Staaten, regional differenzieren. Die Juliwahlen 1849 lassen bereits ein Muster hervortreten, das über die Jahre hinweg konstant blieb, auch wenn es 1849 besonders kraß zutage trat, nämlich den Unterschied zwischen preußischen Westprovinzen und preußischen Ostprovinzen, der primär den unterschiedlichen Grad der Identifikation mit dem preußischen Staat reflektierte. Während die beiden westpreußischen Provinzen Rheinland (mit Hohenzollern-Sigmaringen) und Westfalen (mit Jadegebiet) 1849 nur eine durchschnittliche Wahlbeteiligung von 10,5 % und 11,9 % aufweisen, sind die entsprechenden Werte für die ostelbischen Provinzen Pommern (40,9 %), Posen (54,9 %) und Schlesien (42,5 %) um ein Vielfaches höher. Die Provinz Sachsen liegt mit 28,1 % in der Mitte (vgl. Tab. 2a).

Gewiß waren die Verhältnisse nicht überall so wie in Preußen. Die süddeutschen Staaten besaßen einen historisch angelegten politischen Partizipationsvorsprung. Namentlich Baden entwickelte sich in der »Neuen Ära« zum politischen Exerzierfeld Deutschlands.[26] Aber auch hier lag die Wahlbeteiligung im Durchschnitt ähnlich niedrig wie in Preußen, wo sie nur bei einer Wahl ein Drittel der Wahlbeteiligten überschreiten konnte. Erst bei den Zollvereinswahlen kam es zu einem Partizipationsschub, der die Wahlbeteiligungsraten nach oben schnellen ließ. Deshalb gilt, daß der Übergang zu einem allgemeinen, gleichen und geheimen Wahlrecht überall einen tiefen qualitativen Einschnitt und einen Sprung ins Ungewisse bedeutete, nicht zuletzt deshalb, weil die jeweiligen Parteiensysteme bislang nirgendwo tief in die politische Gesellschaft eingedrungen waren.

2.2 Parteiensysteme in Deutschland vor der Reichsgründung

Welche Parteiensysteme lassen sich unterscheiden und wann sind sie entstanden? Die Antwort auf diese Fragen hängt davon ab, welchen Parteibegriff man zugrunde legt. Je nachdem, ob man bei Parteien auf die Existenz ideenpolitischer Grundpositionen in einer Gesellschaft, auf Parlamentsfraktionen oder auf gesellschaftliche Vereinigungen abhebt, die außerhalb und unabhängig von parlamentarischer Repräsentation existieren, oder gar auf eine dauerhafte Verankerung in der Wählerschaft, verschieben sich die Anfänge, und man ist gehalten, unterschiedliche Ursprungsgeschichten zu erzählen.[27]

Bei aller Anerkennung der prinzipiellen Berechtigung, bereits für den Vormärz auf der ideenpolitischen Ebene ein mehrgliedriges Parteiensystem ansatzweise zu unterscheiden, darf gleichwohl nicht übersehen werden, daß es unhistorisch wäre, diesen Ausdifferenzierungen, die später einmal große Bedeutung erlangen sollten, für die Zeit selber bereits eine konstitutive Bedeutung für die politische Gesellschaft zuzuschreiben. Für die politische Gesellschaft des Vormärz läßt sich über weite Strecken immer noch am besten mit einer Zweiteilung in die beiden Gesinnungsgruppen der »Ordnung« und »Bewegung« arbeiten, auch wenn die ideenpolitischen Unterschiede zwischen Demokraten und Republikanern – oder in anderer Formulierung: die latente und gelegentlich manifest werdende Spannung zwischen dem Partizipationsprogramm und dem Emanzipationsprogramm des progressiven Lagers – nicht bestritten werden sollen. Auch eine Analyse des Abstimmungsverhaltens der Abgeordneten in der Berliner und Frankfurter Nationalversammlung, wie sie etwa Mattheisen und Best vorgenommen haben[28], führt nicht unbedingt zu einer Einteilung in eine Ordnungs- und in eine Bewegungspartei, aber doch zu einer Zweiergruppierung an Hand des Rechts-Links-Gegensatzes, selbst wenn offenbleiben muß, ob und inwieweit vom Abstimmungsverhalten der Abgeordneten auf politische Grundeinstellungen der Wähler rückgeschlossen werden kann.

Eine veränderte Parteienkonstellation, die nicht mehr vom Links-Rechts-Schema her zu begreifen ist und bis zu einem gewissen Grade schon spätere Entwicklungen antizipiert, tritt in der Frankfurter Nationalversammlung bei der Entscheidung über die künftige territoriale Gestalt des deutschen Nationalstaates hervor. Während für die Eingruppierung auf der Links-Rechts-Achse, von den katholischen Klerikern einmal abgesehen, die Konfession keine Rolle spielte, tritt bei der Frage »Kleindeutsch oder Großdeutsch« außer einem regionalen auch ein konfessionelles Muster hervor. Die katholischen Abgeordneten aus der preußischen

Rheinprovinz votierten überwiegend gegen, die protestantischen Abgeordneten aus Mittel- und Oberfranken überwiegend für eine kleindeutsche Lösung.

Maßgebend war diese außenpolitische bestimmte Konfiguration des Parteiensystems für die nächste Zukunft ebensowenig wie eine Fünfergliederung des Parteiensystems. Maßgebend blieben die Gegensätze zwischen konservativ und liberal, gouvernemental bzw. ministeriell und oppositionell, links und rechts. Solche Gegensätze bestimmten auch die Wahlen und Parteiensysteme in den meisten Landtagen, selbst wenn das Grundschema wiederholt durch das Auftreten von Mittelparteien durchbrochen wurde, in Württemberg z. B. zeitweilig durch das Auftreten einer liberalen Partei neben der Volkspartei und Regierungspartei, in Preußen etwa durch die Bildung einer Katholischen Fraktion. Die preußische Regierung der Reaktionsära unterschied primär zwischen konservativen und oppositionellen Abgeordneten, gruppierte dazwischen die Klerikalen, die manchmal teils zu den Konservativen, teils zu den Oppositionellen geschlagen[29], manchmal auch nicht weiter ausdifferenziert wurden. Nur das Auftreten von nationalen Minderheiten wie den Polen sprengte grundsätzlich das Links-Rechts-Schema, das auch bei einer Einteilung in Rechte, Linke und Zentrum im Prinzip gewahrt wurde.[30]

Inhaltlich konnte das Schema je nach Raum und Zeit unterschiedlich gefüllt werden. Das gilt auch für den Gegensatz von gouvernemental und oppositionell, der nicht ohne weiteres mit dem Gegensatz von konservativ und liberal gleichgesetzt werden kann, auch wenn in der zeitgenössischen Terminologie oft nicht genau unterschieden wurde. Wenn man jedoch bedenkt, daß es Konservativen erst während und nach der Revolution gelang, sich als eine wirklich in der Gesellschaft verankerte Partei von Bürgern durchzusetzen, die parteisoziologisch nicht mehr allein von den Beamten und der von ihnen abhängigen Klientel lebte[31], mag man Zweifel haben, ob selbst ein Zweiparteienschema der mentalen und politisch-sozialen Realität des Vormärzes gerecht wird. Ursprünglicher als der Gegensatz von liberal und konservativ ist der Gegensatz von gouvernemental und oppositionell, von Volk und Regierung, von Gesellschaft und Staat. Das entsprach weithin auch einem frühliberalen Selbstverständnis, das in manchen Elementen durchaus bis in die Zeit der Reichsgründung hinein überlebte, so wenn z. B. die liberale *Essener Zeitung* den Sieg des Regierungskandidaten bei den Wahlen zum Norddeutschen Reichstag im Wahlkreis Essen mit den Worten kommentierte, an sich sei die in drei Richtungen gespaltene »Volkspartei« bei den Wahlen stärker gewesen als das Regierungslager.[32]

Bezieht man die Aspekte der gesellschaftlichen Verankerung von politischen Ideenkreisen und der politisch-kulturellen Selbstverständnisse stärker mit ein, kann man in einer gewissen Stilisierung davon sprechen, daß sich erst allmählich aus einem ursprünglichen Einparteiensystem, das nur eine »Volkspartei« kennt, die dem vornehmlich durch die Bürokratie repräsentierten Staat gegenübersteht, etwa um die Jahrhundertmitte der Übergang zu einem Zweiparteiensystem vollzieht. Freilich ist dieser Übergang fließend, und er erfolgt nicht überall zum gleichen Zeitpunkt. Man muß deshalb stets nicht nur mit regionalen Unterschieden, sondern auch mit der »Gleichzeitigkeit des Ungleichzeitigen« rechnen, eine Formel, die man, ohne sie geschichtsphilosophisch aufzuladen, als Hilfsmittel benutzen kann, um zwischen dem, was sich zum jeweiligen Zeitpunkt als maßgebend, und dem, was sich erst in der Zukunft tatsächlich, nicht geschichtsnotwendig als maßgebend herausstellt, klarer zu unterscheiden.

Eben das gilt es auch zu beachten, wenn man von Parteien als »organisierten Gruppen«[33] und damit von einem Parteiverständnis ausgeht, das eine über den Tag hinausgehende außerparlamentarische Verankerung für den Parteienbegriff als konstitutiv ansieht. Mit guten Gründen läßt sich bereits für den Vormärz, mit Sicherheit aber für die Revolutionsjahre von politischen Parteien und darüber hinaus von der vereinsmäßigen Abstützung eines fünfgliederigen Parteiwesens[34] sprechen. Organisatorisch waren die Abgrenzungen aber auch während der Revolutionszeit oft noch unscharf. So wie eine Scheidung der politischen Fronten häufig eher »das Ergebnis der Wahlen war, als daß sie den Wahlkampf von Anbeginn bestimmt hätte«, war es anfänglich durchaus noch möglich, in führender Position gleichzeitig einem demokratischen »Vaterlandsverein« und einem liberalen »Deutschen Verein« anzugehören; und nicht selten wurde der Gegenkandidat des Abgeordneten zu dessen Stellvertreter gewählt.[35]

In Süddeutschland, aber nicht nur dort, waren überdies liberale und konservative Kräfte häufig in denselben Vereinen organisiert. In Preußen dagegen hatte der Konservativismus 1848/49 mancherorts bereits ein eigenes Vereinswesen entwickelt, bezeichnenderweise vor allem dort, wo er sich durch die Nähe zum urbanen Leben in seinen selbstverständlichen Prämissen herausgefordert fühlen mußte.[36] Hinzu kam das Engagement kirchlich gebundener Kräfte, des Pietismus vor allem in einigen Regionen Westfalens und Württembergs, und des politischen Katholizismus vor allem in den preußischen Westprovinzen und in Bayern.[37] Rechnet man die Arbeitervereine hinzu[38], zeigt sich im Aggregat in der Tat bereits 1848/49 das Grundmuster eines auch vereinsmäßig abgestützten fünfgliederigen Parteiensystems in Deutschland. Gleichzeitig ist jedoch mit Nachdruck zu betonen, daß es sich weder auf der parlamentarischen Ebene voll entfaltet hatte noch auf der außerparlamentarischen Ebene, von wenigen regional-lokalen Ausnahmen abgesehen, die politische Lebenswirklichkeit vor Ort bestimmte.[39]

Auch zeitgenössische Beobachter waren keineswegs überzeugt, daß sie es bereits mit einem mehrgliedrigen Parteiensystem zu tun hatten oder daß die Entwicklung einigermaßen zwangsläufig darauf hinauslaufen würde. Der preußische Statistiker Dr. Engel glaubte jedenfalls noch in der Mitte der sechziger Jahre, daß parteipolitische Differenzierungen wie fortschrittlich, liberal, konservativ oder katholisch letztlich doch nur »feine Schattierungen« darstellten, die sich »in die zwei großen Gruppen der Liberalen und Konservativen unterbringen« ließen.[40]

Obwohl es in der Folge zu gravierenden Rechts-Links-Verschiebungen vor allem in Preußen kam[41], wird das Schema an sich, klammert man die polnischen Abgeordneten aus, nicht wirklich aufgehoben. Kurz vor der Reichsgründung ergibt sich vor allem in Preußen, nachdem auch die Katholische Fraktion ein Opfer der Verfassungskämpfe geworden war, ein Parteiwesen, das sich geradezu wie im Bilderbuch auf einer Links-Rechts-Achse verorten läßt. Dabei ist es gleichgültig, ob man von einer Zweigliederung in Konservative und Liberale, einer Dreiergliederung oder einer Vierergliederung ausgeht. Bis zur Reichsgründung kann man mit diesem Schema, das inhaltlich vor allem durch den Gegensatz von liberal und konservativ gefüllt wird, die politische Wirklichkeit einigermaßen differenziert begreifen. Selbst das politische Auftreten des Katholizismus sprengt es nicht notwendigerweise, da katholische Gruppierungen, wo immer sie zwischen Vormärz und Reichsgründung in Erscheinung traten, in nichtreligiösen Fragen selten als geschlossener Block fungierten und sich in der Regel durchaus mit Hilfe eines Rechts-Links-Schemas erfassen lassen.

Erst die parteipolitischen Veränderungen in der Reichsgründungsphase lassen die überlieferten Schemata in wachsendem Maße obsolet werden. Allerdings war es bereits vorher zu einer schleichenden Veränderung des Parteiensystems gekommen. Es waren politische Artikulationslücken entstanden, die wiederum eine wesentliche Voraussetzung für die parteipolitischen Neugründungen der sechziger Jahre darstellen. Der Kern dieser schleichenden Veränderungen war ein Charakterwandel des Liberalismus.

Vorbereitet schon im Jahrzehnt nach der Revolution, war der Liberalismus nicht nur preußisch-kleindeutscher, sondern gleichzeitig auch, eng damit zusammenhängend, protestantischer und wirtschaftsliberaler geworden, als er das in seinen Anfängen gewesen war.[42] Die qualitative Veränderung, die das Parteiensystem in dieser Zeit erfuhr, bestand also nicht nur darin, daß sich durch die Spaltung des Liberalismus und die katholischen und sozialistischen Parteigründungen die politische »Speisekarte« erweiterte, sondern auch darin, daß, teils als Ursache, teils als Folge, das bisherige politische Spektrum oft unmerklich verändert wurde. Mehr oder minder gleichzeitig mit der gegen Ende der sechziger Jahre erfolgenden Wahlrechtsänderung, die neue Wettbewerbsbedingungen setzte, vollzog sich ein tiefgreifender Wandel auf der politischen Angebotsseite.

Beide Entwicklungen legen es nahe, in der Reichsgründungszeit einen tiefen Einschnitt zu setzen und parteipolitische Kontinuitätslinien über diesen Zeitraum hinweg, die es ohne Zweifel gibt, nur behutsam und mit aller gebotenen Vorsicht durchzuziehen. Die politischen Koordinaten hatten sich einschneidend verändert. Weder von einer Organisations- noch von einer Programmkontinuität und demzufolge auch weder von einer Identität der Kernklientel noch von einer der politischen Sinnbezüge auf seiten der Wählerschaft kann ohne weiteres ausgegangen werden. Gleiche oder ähnliche Namen stehen nicht unbedingt für den gleichen Inhalt. Das gilt grundsätzlich für den Katholizismus[43], den Konservativismus und den Liberalismus gleichermaßen, für diesen jedoch insbesonders.

Gewiß war der Wirtschaftsliberalismus immer im liberalen Programm angelegt gewesen, aber er war nicht etwas, was im Vormärz die Identität eines Liberalen ausmachte. Gewiß hatte der Liberalismus personell wie ideologisch stets eine Affinität zum Protestantismus besessen, aber er war nicht der Verkünder einer bürgerlichprotestantischen Fortschrittsideologie gewesen. Gewiß war in ihm von Beginn an auf Grund seiner Herkunft aus der Aufklärung ein Spannungsverhältnis zu Kirche und Religion angelegt – stets handelt es sich ja auch um die Konkurrenz zweier Deutungseliten –, aber solange er eine vorrangige Identität als politische Verfassungsbewegung besaß, mußte daraus kein Kulturkonflikt mit der katholischen Kirche folgen.

Vielleicht werden die Entwicklungen verständlicher, wenn man davon ausgeht, daß sich von Beginn an im Liberalismus – der hier als Synonym für die »Bewegungspartei« und das Fortschrittslager insgesamt steht, unter Einbezug von demokratischen und republikanischen Strömungen – zwei Grundtendenzen unterscheiden lassen, die sich im Idealfall überlappen, gegebenenfalls aber auch in eine starke Spannung zueinander geraten können. Die erste Grundtendenz meint den Liberalismus als antiabsolutistische Verfassungs- und Partizipationsbewegung; die andere den Liberalismus als Emanzipationsbewegung, die den Liberalismus in erster Linie von seinen »liberalen« oder »progressiven« gesellschaftlichen Inhalten her begreift – von Zielen, die zumindest der Intention nach der Freisetzung des Einzelnen und der Erweiterung seiner Lebenschancen dienen. Von einer liberalen Position ist demnach solange, aber auch nur solange zu sprechen, wie dieses Spannungsverhältnis nicht einseitig aufgelöst wird. Als nichtliberal sind folglich sowohl progressive Bürokraten zu qualifizieren, die um des gesellschaftlichen Fortschritts willen dauerhaft oder für die absehbare Zukunft politische Partizipationsrechte verweigern, als auch politische Bewegungen, die zwar grundsätzlich konstitutionell orientiert sein können, aber die politische Partizipation nicht zuletzt deshalb anstreben, um liberale gesellschaftliche Ziele zu verhindern oder rückgängig zu machen.

So gesehen hatte der Liberalismus zwar keinen grundlegenden Charakterwandel durchgemacht von einer Verfassungsbewegung hin zu einer Bewegung, die sich nunmehr durch ihre liberalen politischen Ziele definierte, aber doch die Akzente neu gesetzt und die Gewichte neu verteilt. Der Liberalismus war in einem weit über die deutsche Frage hinausgehenden Sinn »preußischer« geworden. Eben das beeinflußte auch die Einstellung zur deutschen Frage. Waren die einen überzeugt, daß Preußen grundsätzlich nicht demokratisierbar sei und daß die kleindeutsche Lösung deshalb auf eine Zerstörung des alten Liberalismus als einer auch stark föderalistisch orientierten Partizipations- und Verfassungsbewegung hinauslaufen werde, so die anderen, daß gerade eine kleindeutsche Lösung mit progressivem gesellschaftlichen Inhalt verbunden sein werde.

Daß katholische Politiker wie der Bischof Ketteler[44] vor dem Hintergrund solcher Veränderungen das Gefühl überkam, es mit einem »falschen Liberalismus«, jedenfalls nicht mehr mit dem »Altliberalismus«, zu tun zu haben, dessen national- und verfassungspolitische Positionen, wie das Beispiel Windthorst zeigt, teilweise in den politischen Katholizismus einflossen[45], erscheint verständlich. Was Ketteler und andere aber übersahen, war der Umstand, daß auch der Katholizismus selber nicht mehr der alte war und daß beide Veränderungsprozesse in komplexer Weise aufeinander bezogen waren.

2.3 Gesellschaftliche und kulturelle Grundlagen der Parteiensysteme vor der Reichsgründung

Wer und was die grundlegenden Parteigegensätze von Konservativismus und Liberalismus vor der Reichsgründung trägt und strukturiert, darauf läßt sich im Grunde nur nach einer gebührenden Differenzierung nach Raum und Zeit eine halbwegs befriedigende Antwort geben, selbst wenn man dem Liberalismusbegriff nicht jede Kontur nimmt. Was Liberalismus genauer meinte und wofür er konkret politisch stand, das konnte, vom Konservativismus ganz zu schweigen, in den Einzelstaaten recht unterschiedlich sein. Das hatte seine Ursache unter anderem darin, daß namentlich Preußen und die süddeutschen Staaten in der Reformära, auch wenn es sich in allen Fällen um »Reformen von oben« handelte, unterschiedliche Wege gegangen waren. Die süddeutschen Monarchen hatten, nicht zuletzt aus dem Bestreben heraus, ihre in der Rheinbundära und auf dem Wiener Kongreß gewonnenen territorialen Gewinne mit ihren bisherigen Territorien zu einem einheitlichen Staat politisch zu integrieren, allenthalben Landtage und Verfassungen geschaffen, während in Preußen die alten Provinziallandstände neu belebt wurden, gleichzeitig aber die Wirtschaft in weitaus stärkerem Maße als in Süddeutschland liberalisiert wurde. Das schuf unterschiedliche Voraussetzungen für die Entstehung eines Parteiensystems.

Sinnvollerweise mag man deshalb für die Zeit des Vormärzes und darüber hinaus eher von einem Nebeneinander von Parteiensystemen in Deutschland als von einem deutschen Parteiensystem sprechen, zumal auch die wechselseitige Kommunikation zwischen den liberalen Eliten der Einzelstaaten lange Zeit nur schwach entwickelt war und sich erst in den vierziger Jahren verdichtete. Es kann deshalb im folgenden auch nur darum gehen, vorsichtig zu fragen, ob und inwieweit bestimmte sozialstrukturelle und kulturelle Merkmale mit politischen Grundüberzeugungen positiv oder negativ korrelieren, wobei Unterschiede in Raum und Zeit weitgehend unberücksichtigt bleiben müssen.

Die Partei der »Bewegung«, um den Begriff des Vormärz zu verwenden, der zwischen Liberalen und Demokraten nicht weiter unterscheidet, besaß ihr gesellschaftliches Fundament ohne jeden Zweifel stärker in den Städten als auf dem flachen Lande, freilich keineswegs nur in den großen und von der Frühindustrialisierung bereits erfaßten Städten. Das gleiche gilt für die liberale Bewegung in den Jahrzehnten nach der Revolution. Das hing mit dem höheren Politisierungsgrad in den Städten zusammen, aber nicht nur. Beispielhaft läßt sich das anhand der Abgeordnetenhauswahlen in Preußen vom 20. Oktober 1863 demonstrieren.[46] Bei dieser Wahl, die mit 30,9 % eine vergleichsweise hohe Wahlbeteiligung aufweist, stehen sich die beiden politischen Großlager relativ klar geschieden gegenüber, sieht man von den 26 polnischen und den 26 Abgeordneten der katholischen Fraktion ab. Das konservative Lager wird durch die preußische konservative Partei repräsentiert, die zwar nur 35 Mandate erringt, deren gesellschaftliche Verankerung jedoch deutlich wird, wenn man darauf hinweist, daß auf sie immerhin 30,6 % der Urwählerstimmen entfallen. Dem stehen 48,8 % für das durch die Fortschrittspartei und durch das linke Zentrum repräsentierte liberale Lager gegenüber.

Die Mehrheit der auf das liberale Lager entfallenen Stimmen stammt aus den Städten. Dort erzielt es 67,4 % der Urwählerstimmen gegenüber 37,4 % auf dem flachen Land. Allerdings machen die absoluten Vergleichszahlen von 281 504 Stimmen in den Städten gegenüber 254091 Stimmen auf dem Lande deutlich, daß die Unterschiede so gewaltig nicht sind und daß fast die Hälfte der auf die Liberalen abgegebenen Stimmen vom Lande kommt, ein Zeichen dafür, daß das liberale Lager zu diesem Zeitpunkt *auch* auf dem platten Lande verankert ist, freilich nicht in gleicher Weise wie in den Städten.

Noch sichtbarer wird der unterschiedliche Grad der gesellschaftlichen Verankerung bei einem Vergleich mit dem konservativen Lager. Mit 252906 Stimmen auf dem flachen Land gegenüber 82727 Stimmen in den Städten stammen mehr als drei Viertel aller konservativen Stimmen vom platten Lande. Dort erweist sich das konservative Lager selbst bei diesen für den Liberalismus ungemein erfolgreichen Wahlen mit 37,2 % als gleich stark, während die Liberalen in den Städten mit 67,4 % gegenüber 19,8 % für die Konservativen ein erdrückendes Übergewicht besitzen. Immerhin sollte festgehalten werden, daß auch in den Städten fast 20 % der Wähler für die Konservativen votieren, in der ersten Klasse mit 21,8 % sogar etwas mehr – ein erster vorsichtiger Hinweis darauf, wo in Zukunft in den Städten konservatives Potential stecken könnte –, während die Befunde auf dem Lande genau in die umgekehrte Richtung verweisen. Hier dominiert das konservative Lager in der dritten Klasse, während sowohl in der ersten als auch in der zweiten Klasse, in der ersten Abteilung deutlicher als in der zweiten, die Liberalen jeweils eine klare Mehrheit besitzen.

Die Befunde unterstreichen zwar das Stadt-Land-Gefälle innerhalb der politischen Gesellschaft. Sie stützen auch die These von den liberalen Städten, nicht unbedingt aber die gegenteilige These von einem naturgegebenen Konservativismus des flachen Landes. Bereits die relativ starke Verankerung der Demokraten auf dem Lande während der Revolutionsjahre legt es nahe, differenzierter zu argumentieren. Allerdings gilt es zu sehen, daß sich in Wahlergebnissen auch kurzlebige Stimmungen und Protestphänomene spiegeln können und daß nur der Vergleich in der Zeit etwas über die dauerhafte gesellschaftliche Verankerung von politischen Ideenkomplexen aussagt.

Der ländliche Radikalismus des Jahres 1848 war in der Tat ein vorübergehendes Phänomen und gibt deshalb wenig Anlaß, die These von der Affinität von Konservativismus und flachem Land grundsätzlich zu modifizieren. Anders der vielzitierte Gutsbesitzerliberalismus vor allem in Ostpreußen, der mit dazu beitrug, daß im Vormärz und darüber hinaus die von ihrer konfessionellen, ökonomischen und sozialen Verfassung so unterschiedlichen Flügelprovinzen des preußischen Staates, nämlich Preußen und das Rheinland, zu den Kernlandschaften des preußischen Liberalismus gehörten. Gewiß waren auch in der Provinz Preußen seit den Tagen des Vormärzes die großen Städte, nicht zuletzt Königsberg[47], die Vorhut des Liberalismus. Bei den Abgeordnetenhauswahlen des Jahres 1863 hatte die liberale Bewegung dort mit 64,6 % der Urwählerstimmen gegenüber 35,4 % auf dem Lande ihre Hochburgen. Gleichzeitig ist jedoch zu sehen, daß die Liberalen bei diesen Wahlen in der Provinz Preußen auch auf dem Lande besser abschnitten als die Konservativen und daß als Folge des geringen Urbanisierungsgrades die übergroße Mehrheit der liberalen Stimmen mit gut 51000 gegenüber gut 33000 in den Städten vom flachen Lande stammte. Es gibt daher das Phänomen eines vergleichsweise dauerhaft verankerten ländlichen Liberalismus und darüber hinaus das besondere Phänomen eines Gutsbesitzerliberalismus in der Provinz Preußen. Charakteristisch für die Abgeordnetenhauswahlen des Jahres 1863 ist nämlich, daß die Liberalen dort in der ersten Steuerklasse auf dem Lande um ca. 10 % besser abschneiden als in der zweiten und dritten Steuerklasse.

Grundsätzlich bieten sich zwei Erklärungsansätze an, dieses Phänomen zu interpretieren. Einmal könnte man auf eine regionale Sonderentwicklung abheben und Besonderheiten durch Besonderheiten erklären. Bewußt oder unbewußt arbeitet man dabei mit der Hypothese, daß jemand aus ganz unterschiedlichen Gründen der gleichen politischen Bewegung nicht nur vorübergehend, sondern dauerhaft angehören kann. Gutsbesitzer hätten demnach ihre guten Gründe, liberal zu sein, aber ihre Gründe seien eben andere, als man sie typischerweise beim städtischen Bürgertum oder genauer: als man sie bei traditionellen Stadtbürgern, der neuen Bourgeoisie und dem Bildungsbürgertum, die ihrerseits wiederum ihren je besonderen Zugang besitzen, unterstellen muß. Obenaus' Erklärung, »daß das Motiv für eine Wendung zum Liberalismus bei den Rittergutsbesitzern vor allem bei der ungelösten Frage der Landgemeindeordnung und damit der Stabilität der gesellschaftlichen Ordnung auf dem Lande überhaupt lag«[48], tendiert in diese Richtung.

Man kann jedoch auch den Versuch machen, Besonderheiten durch möglichst allgemeine Faktoren zu erklären. Ausgangspunkt könnte hier die bekannte Tatsache sein, daß der Provinziallandtag der Provinz Preußen im Unterschied zu anderen Provinziallandtagen von Beginn an eine größere Anzahl von bürgerlichen Rittergutsbesitzern umfaßte. Verallgemeinert man diese Argumentation, liefe sie auf die These hinaus, daß der Liberalismus überall dort eine große Chance besaß, politisch zu reüssieren, wo ihm eine durch Begriffe wie Rationalität der Lebensführung, Individualität, Aufklärung, Fortschrittsglaube und Bildung näher zu qualifizierende und wie auch immer vermittelte bürgerliche Denk- und Lebensweise entgegenkam, sofern die ökonomische Interessenlage dem nicht widersprach. Eine solche Denk- und Lebensweise ist zwar primär im städtischen Kontext zu finden, aber sie muß nicht darauf beschränkt sein, sondern kann grundsätzlich auch auf dem Lande und bei sozialen Schichten anzutreffen sein, die man, sei es an Hand ökonomischer, sei es an Hand rechtlicher Kriterien, nicht als bürgerlich definieren würde. Im konkreten Fall des ostpreußischen Gutsbesitzerliberalismus würde das auf die Hypothese hinauslaufen, daß in der Tat erst ein bürgerlicher kultureller Vorlauf und ein daraus resultierender Horizont die Gutsbesitzer befähigte, eine konkrete Interessenlage in einer konkreten Konstellation so zu interpretieren, daß die eigenen Schlußfolgerungen mit liberalen Programmformeln längerfristig parallel liefen. Bei aller Unsicherheit bezüglich der Randklientel wird die Kernklientel des Liberalismus von Schichten gebildet, die sich sowohl in liberalen Verfassungs- und Partizipationsforderungen als auch in den gesellschaftspolitischen Forderungen des Liberalismus »wiederfinden« können. Und das ist nicht das einfache Volk, sondern das sind Schichten, die von ihrer Denk- und Lebensweise her als bürgerlich zu qualifizieren sind.

Die für den Liberalismus diskutierten Befunde und Beispiele legen zugleich im Umkehrschluß die Hypothese nahe, daß eine gleichsam natürliche Affinität zum Konservativismus dort vermutet werden darf, wo sich die bürgerlich-städtische Lebensweise nicht durchgesetzt hatte und liberale Deutungsangebote als Herausforderung begriffen wurden. Das ist typischerweise auf dem flachen Lande zu erwarten, und zwar gerade dort, wo die Berührung mit städtischen Einflüssen zu einer Verunsicherung der ländlichen Lebensweisen und Gewohnheiten und nicht zur Übernahme der städtischen Lebensweisen geführt hatte. Die gleichen Dispositionen können jedoch auch in städtischen Kontexten auftreten, und zwar vor allem bei Personengruppen, die sich durch Kirchennähe und Staats- bzw. exakter: Verwaltungsabhängigkeit genauer definieren lassen. Oder in den Worten des ostpreußischen

Landrats Moritz v. Lavergne-Peguilhen, der grundsätzlich zwei Dispositionen unterschied, die zum Konservativismus führen könnten: einmal den Glauben an »bürokratisch-bevormundende Verwaltungsformen«, zum anderen den »Pietismus«, der in der »rationalistischen Richtung, in der daraus hervorgegangenen Vernachlässigung des religiösen und kirchlichen Lebens, in dem Mangel eines gläubigen Gottvertrauens den Grund aller Übel« sah.[49]

Was primär partizipationsskeptische staatskonservative und primär emanzipationsskeptische gesellschaftskonservative Gruppierungen über alle Unterschiede hinweg verband und dafür sorgte, daß das politische Bündnis zwischen ihnen mehr war als eine bloß negative Koalition, war die tiefsitzende Skepsis, daß der Liberalismus tatsächlich die grundlegende Ordnungsproblematik politischer Gesellschaften zu lösen imstande sei. Von solchen Zweifeln blieben auf Dauer auch die »von der Staatsgewalt unabhängigen Elemente« nicht verschont, in denen der aus Essen gebürtige spätere nationalliberale Parteiführer Hammacher 1865[50] noch die eigentlich tragende Schicht des Liberalismus gesehen hatte. Damit eröffnete sich für die Zukunft dem Konservativismus ein weiteres Potential auch in Kreisen, die sich weder durch eine besondere Kirchennähe noch Staatsnähe auszeichneten.

Die Kernklientel des Konservativismus, der sich am besten als eine auf den »zweipoligen« Liberalismus in komplexer Weise bezogene Gegenbewegung begreifen läßt, sind demnach Gruppierungen, die von ihrer gesellschaftlichen Lage und ihrer mentalen Befindlichkeit her sowohl das Partizipations- als auch das Individualisierungsprogramm der liberalen Gesellschaftspolitik als Affront begreifen mußten. Grundsätzlich können beide Programmvarianten des Liberalismus, das Partizipations- und das Individualisierungsprogramm, zum Ausgangspunkt für die Entwicklung konservativer Identität werden. Aber das ideale konservative Potential lag dort, wo sowohl eine Empfänglichkeit für staatskonservative als auch für gesellschaftskonservative Sinn- und Deutungsangebote bestand. Entsprechend läßt sich das Bild des idealtypischen konservativen Wählers zeichnen, bei dem die Wahrscheinlichkeit, daß er jemals liberal wählte, am geringsten war. Wo soziale Gruppen sich nur in einer konservativen Deutungsvariante »wiederfinden« konnten, bestand immer die Möglichkeit, daß es zu einer nicht nur taktisch gemeinten »politischen Koalition« mit dem Liberalismus kam, so wie es umgekehrt kein Zufall war, daß sich später altliberales Potential mit dem Konservativismus und dem politischen Katholizismus verband. Ohnehin ist mit Blick auf den Altliberalismus einmal zu fragen, ob zwischen ihm und dem späteren Liberalismus nicht zumindest teilweise ein ähnliches Verhältnis existiert wie zwischen Liberalismus und Whiggismus in Großbritannien, nämlich ein historisch kontingentes Verhältnis politischer Kooperation bei nur teilweiser Übereinstimmung in verfassungs- und gesellschaftspolitischen Grundpositionen.

Indirekt ist damit bereits gesagt, daß es gerade dann, wenn man von der Vorstellung eines doppelpoligen Liberalismus und eines darauf bezogenen doppelpoligen Konservativismus ausgeht, die Möglichkeit zu Zwischenpositionen und zur konservativ-liberalen Synthese gibt. Gilt das schon für die Programmebene, dann um so mehr für die Ebene der Parteien und Wahlkämpfe, wo letztlich die Programme im engeren Sinne niemals zählen, sondern der »allgemeine Charakter« einer Partei, jenes komplexe Gemisch von Parteiprogrammen, politischer Propaganda, Führungspersonal, basisnahen Aktivisten und inhaltlicher Politik, die zusammen insgesamt erst das ausmachen, wofür eine Partei grundsätzlich steht.

In beiden Fällen handelt es sich um einen generalisierenden Zugriff, welcher der Differenzierung nach Raum und Zeit bedarf. Während der Ära des Frühliberalismus gilt das nicht zuletzt für das Kriterium der »Staatsnähe«. Zumindest Teile des »bürokratischen Liberalismus« müssen wohl, trotz der für die Träger des Frühliberalismus in Süddeutschland oft so kennzeichnenden Abneigung gegen die Beamten, auch dann zu den konstitutiven Elementen des Frühliberalismus gerechnet werden, wenn man den Liberalismusbegriff grundsätzlich an die Leitidee der staatsbürgerlichen Mitwirkung auf der Basis eines repräsentativen Verfassungsstaates bindet. Hans Gerth hat in der liberalen Beamtenschaft, die sich von ihrer Ausbildung und Interessenlage her mit dem Bildungsbürgertum in der Ablehnung einer geburtsständischen Privilegiengesellschaft verbunden wußte, sogar die eigentliche Integrationskraft des deutschen Frühliberalismus gesehen.[51] Und auch in den Jahrzehnten vor der Reichsgründung gab es in allen Einzellandtagen, so unterschiedlich die Verhältnisse auch lagen, stets eine nicht geringe Zahl von Beamten mit liberalen Positionen, von den »liberalen Richtern« ganz zu schweigen. Allerdings war auch eine reformbereite Beamtenschaft letztlich kein dauerhafter Partner der liberalen Bewegung, sondern nur so lange und nur dann, von opportunistischen Erwägungen abgesehen, wenn das bürokratische Interesse an einer Stärkung der staatlichen Effizienz mit dem liberalen Ziel der Schaffung und des Ausbaus eines Verfassungsstaates übereinstimmte.[52]

Der Differenzierung bedarf auch die Aussage über den Zusammenhang von Konservativismus und Kirchlichkeit, weil das Verhältnis der beiden Größen stets entscheidend davon abhing, welche Strömungen und Erneuerungsbewegungen sich im kirchlichen Raum durchgesetzt hatten. Diese Aussage gilt grundsätzlich nicht nur für die protestantische, sondern auch für die katholische Kirche, wenngleich an der generellen Aussage kaum zu zweifeln ist, daß der deutsche Liberalismus stets eine vorwiegend von Protestanten getragene Bewegung gewesen ist. Das war im übrigen, so wie die Verhältnisse in Deutschland lagen, auch der Konservativismus. Unstrittig ist jedoch, daß Katholizismus und Liberalismus nicht nur während des Vormärzes und während der Revolutionsjahre, sondern auch noch zur Zeit der Reaktion ein gutes Stück gemeinsam gehen konnten, zusammengehalten durch ein gemeinsames Interesse am Verfassungsstaat, auch wenn die Begründung oft unterschiedlich war. Immerhin stießen im Gefolge der Kölner Wirren und eines »von der Staatsverwaltung geförderten Anti-Katholizismus« bürgerliche Kreise zur ultramontanen Partei im Rheinland, die »ursprünglich vielfach liberal eingestellt waren«[53] und ihre früheren Überzeugungen nicht einfach an der Garderobe abgaben, nachdem sie sich zum politischen Katholizismus bekannt hatten.[54]

Die große Nähe von Liberalismus und Protestantismus kommt nicht zuletzt dadurch zustande, daß es im protestantischen Bereich – ein Musterbeispiel ist die bayerische Pfalz, in der sich der Aufklärungsprotestantismus fast ungebrochen behaupten konnte[55] – Entsprechungen von kirchlichem und politischem Liberalismus gibt, die sich mit gleichem Gewicht im Katholizismus kaum nachweisen lassen. Am ehesten ist noch an den südwestdeutschen »Liberalkatholizismus« in den zwanziger und dreißiger Jahren des 19. Jahrhunderts zu denken, der in der Tradition der nicht zuletzt mit dem Namen Wessenberg verbundenen katholischen Aufklärung steht und der in seinen Antrieben und kirchenpolitischen Forderungen nur vor dem Hintergrund des zeitgenössischen politischen Liberalismus angemessen begriffen werden kann.[56] Damit waren im übrigen durchaus langlebige Folgen verbunden. Die für katholische

Gegenden außergewöhnlich starke Stellung des Liberalismus in Südbaden zur Zeit des Kaiserreichs hat durchaus mit dieser historischen Tradition zu tun.

Auch an den Hermesianismus, die in Rheinland und Westfalen verbreitete Variante der katholischen Spätaufklärung, ist in diesem Zusammenhang zu denken, obwohl seine kirchenpolitische Reformforderungen sehr viel gemäßigter waren. Für die Stadt Köln hat Konrad Repgen in einer kleinen Studie, die den gelungenen Versuch einer »Parteigeschichte von unten« darstellt, überzeugend nachgewiesen, daß der auf Grund unterschiedlicher Sozialisationen während der Seminarausbildung in »Altkirchliche« und »Jungkirchliche« gespaltene Kölnische Diözesanklerus »auch politisch gesehen keine homogene Schicht war« und daß deshalb, obwohl der rheinische Katholizismus 1848 in das politische Leben machtvoll eingriff, von einem »politischen Katholizismus« im späteren Sinne des Wortes zum damaligen Zeitpunkt für das Rheinland nicht gesprochen werden könne.[57]

Offenbar gibt es nicht nur im Protestantismus, sondern auch im Katholizismus nicht nur bei religiösen Oppositionsbewegungen wie den »Deutschkatholiken«, die ebenso wie die protestantischen »Lichtfreunde« außerhalb der etablierten Kirchen standen und enge Beziehungen zum politischen Liberalismus besaßen[58], nicht zufällige Zusammenhänge zwischen kirchlichen und allgemeinpolitischen Positionen. Allerdings gilt es zu sehen, daß sich der Katholizismus nach 1848 im Gefolge religiöser Erneuerungsbewegungen und einer Verstärkung der innerkirchlichen Frömmigkeit in seinen kirchlichen und politischen Möglichkeiten zunehmend verengte und damit eine parteipolitische und lagermäßige Auskristallisierung des Katholizismus, wie sie sich nach 1870 vollzog, zwar nicht determinierte, aber doch wesentliche innere Voraussetzungen dafür schuf.

Inwieweit sich solche politisch relevanten milieuhaften Verdichtungen bereits vor der Reichsgründung herausbildeten, muß offen bleiben. Jonathan Sperber[59] glaubt, für die katholischen Gegenden des Rheinlandes und Westfalens in den fünfziger und sechziger Jahren zwei Gruppen lokaler Notablen identifizieren zu können, eine katholisch-klerikale und eine liberale Gruppe, die sich nicht unbedingt hinsichtlich ihres Reichtums, wohl aber, von anderen Faktoren wie berufs- oder regionalbedingten »antiklerikalen« Traditionen einmal abgesehen, in bezug auf ihre Einstellung zur kapitalistischen Marktwirtschaft unterschieden hätten. Zwischen beiden Honoratiorengruppen und ihrer jeweiligen Klientel habe es kaum Übergänge gegeben.

Solche Thesen weisen in der Tat in die Richtung auf eine milieuhafte Auskristallisierung des Katholizismus bereits vor der Reichsgründung. Dreierlei gilt es indes zu bedenken. Zumindest bei zwei Wahlen, bei den Januarwahlen des Jahres 1849 und den Februarwahlen des Jahres 1867 zum Konstituierenden Norddeutschen Reichstag, kam es vielerorts zu einem Bündnis zwischen Demokraten und militanten Klerikalen gegen gemäßigte liberale und konservative Katholiken, ein Zeichen dafür, daß das katholische Milieu zu diesem Zeitpunkt politisch noch durchlässig war. Hinzu tritt, daß die Klerikalen seit Beginn der »Neuen Ära« im Rheinland stark zurückfielen und die Liberalen vor allem in den Städten überragende Erfolge erzielten, die man nur angemessen erklären kann, wenn man unterstellt, daß sich »im Konflikt zwischen einer nach rechts orientierten klerikalen und einer nicht gerade kirchenfeindlichen liberalen Partei ... die Mehrheit der rheinischen Katholiken für den Liberalismus« entschied.[60]

Weiter ist zu bedenken, daß eine politisch relevante katholische Milieubildung in den einzelnen preußischen Provinzen sehr unterschiedlich weit vorangeschritten war, am weitesten offensichtlich in Westfalen, sehr viel weniger weit im Rheinland und kaum in Schlesien. Im Unterschied zum rheinischen Katholizismus ist der westfälische Katholizismus auch in den Städten, und zwar gerade in der ersten und zweiten Steuerklasse, bereits relativ stark vertreten, obwohl er in den sechziger Jahren auch in Westfalen sehr viel schwächer ist als der Liberalismus.[61] Immerhin verweisen die westfälischen Befunde in der Tat auf Ansätze einer Milieubildung, die wohlhabende und ärmere Schichten, Honoratioren und Volk, Stadt und Land integrierte. Wenn man jedoch an die in den preußischen Westprovinzen extrem niedrige Wahlbeteiligung denkt, sind politisierte katholische Milieus vor 1870 bestenfalls wie kleine Inseln in einem großen trägen Meer, das noch nicht zum politischen Leben erwacht war.

Binnendifferenzierungen innerhalb des Reformlagers und ihre mögliche Fundierung in bestimmten gesellschaftlichen und kulturellen Lagen sind bislang kaum erwähnt worden. Bekannt ist die unterschiedliche sozialstrukturelle Zusammensetzung und politische Affinität der Turner und Sänger, die am Vorabend der Revolution Züge einer Massenbewegung angenommen hatten. Während die Sänger, unter denen die Handwerksmeister dominierten, auf liberalkonstitutionellem Boden verblieben, öffnete sich die Turnbewegung, bei der die Handwerksgesellen dominierten und in der das Besitzbürgertum fehlte, wogegen das Bildungsbürgertum in beiden Organisationen vertreten war, für demokratische Ideen. Das hatte zur Konsequenz, daß sich die Turnbewegung während der Revolutionsjahre in einen liberalen und einen demokratischen Turnverband spaltete.[62]

Ob und inwieweit über soziale Differenzierungen hinaus auch kulturelle Lagen und Generationslagen[63] dafür verantwortlich sind, daß man sich in einem Falle stärker vom Deutungsangebot eines liberalen Konstitutionalismus, im anderen stärker von dem der bürgerlichen Demokratie angesprochen wußte, muß vorerst dahingestellt bleiben. Für diese Vermutung spricht die Tatsache, daß sich beide Richtungen nicht nur ihrer Einstellung gegenüber den bestehenden Regimen, sondern auch in ihrer Einstellung zu grundlegenden Ideen wie Tugend, Interesse, Eigennutz, Gleichheit, Solidarität und Partizipation, Staat und Gemeinde unterscheiden. Anders formuliert heißt das, daß Demokraten und Liberale nicht nur hinsichtlich der Radikalität ihrer Partizipations- und Verfassungsziele, sondern auch in ihren langfristigen gesellschaftspolitischen Leitvorstellungen deutlich divergieren.

Was jedoch eine »kulturalistische« Ausdeutung der Befunde so schwierig macht, ist einmal die Tatsache, daß die demokratische Partei in den Einzelstaaten, z. B. in Sachsen und Württemberg, offensichtlich recht unterschiedliche Mitgliederstrukturen besaß, die in Württemberg bürgerlich blieben, in Sachsen aber vorrangig von Arbeitern und Handwerkern bestimmt wurden.[64] Daraus ergab sich mit einiger Wahrscheinlichkeit auch ein unterschiedlicher wählerpolitischer Appell. Da ist weiter die Tatsache, daß Demokraten und Liberale über lange Zeit parlamentarisch und außerparlamentarisch verschmolzen waren. Und nicht zuletzt die wiederholt angesprochene Tatsache, daß namentlich in der Stimmabgabe für die Demokraten auf dem Lande, freilich nicht nur dort, in erster Linie ein »sozialer Radikalismus«, nicht aber ein »kultureller Radikalismus«, politisch zum Ausdruck kam, d. h. ein in aktuellen Situationen und Sozialstrukturen und nicht in langlebigen Überzeugungen, Mentalitäten und Lebensweisen verankerter Radikalismus.

Allerdings kann die Möglichkeit eines »kulturellen Radikalismus« für ländliche Räume nicht von vornherein ausgeschlossen werden. Anders als ein kulturell verankerter bäuerlicher Liberalismus, der stets so etwas wie Verbürgerlichungsprozesse auf dem Lande voraussetzt, dürfte ein demokratischer Radikalismus durchaus Anknüpfungspunkte in überlieferten bäuerlichen Lebensweisen und kommunal-bündischen Traditionen besitzen.[65] Selbst hinter den oft antisemitisch gefärbten ländlichen Protestbewegungen des Kaiserreichs steht möglicherweise ein Moment von »kulturellem Radikalismus«, also nicht bloßer Protest gegen bestehende Zustände, sondern auch ein Entwurf von Zukunft, der freilich an bäuerliche Traditionen zurückgebunden war.

3. Die Ära der ursprünglichen politischen Akkumulation

Akzeptiert man die Annahme, daß dauerhafte politische Konfliktsysteme stets das komplexe Resultat von gesellschaftlichen Vorgegebenheiten und bewußter politischer Gestaltung sind, folgt daraus, daß es in der politischen Entwicklungsgeschichte einer Gesellschaft so etwas wie Inkubationszeiten gibt, daß mithin bestimmte Perioden wichtiger sind als andere, weil in ihnen die entscheidenden Weichen gestellt und die langfristig wirksamen politischen Strukturentscheidungen getroffen werden. Das heißt nicht, daß es fortab keiner politischer Anstrengungen mehr bedarf, um einmal getroffene Strukturentscheidungen aufrecht zu erhalten. Im Prinzip gilt sogar, daß nicht nur das Schicksal einzelner Parteien, sondern das Parteiensystem insgesamt bei jeder Wahl stets aufs Neue zur Disposition steht. Gleichzeitig gilt jedoch, daß, wer zuerst da ist, unleugbare Konkurrenzvorteile besitzt. Es bedarf in der Regel schon besonderer Umstände oder schwerer Versäumnisse der Altparteien, um ein Parteiensystem, nachdem es sich einmal hinreichend gesellschaftlich auskristallisiert hat, aus den Angeln zu heben. Eben diese Überlegungen rechtfertigen es, das Reichsgründungsjahrzehnt als eigentliche Inkubationszeit des deutschen Parteiensystems zu begreifen. Was in dieser Periode an Grundlagen geschaffen wurde, war nicht zuletzt das Dreilagersystem, das die deutsche Parteienlandschaft für die nächsten Jahrzehnte prägen sollte.

3.1 Zwischen Alt und Neu: Die Ausbildung eines neuen Konflikt- und Parteiensystems im Norddeutschen Bund und in Süddeutschland

Die Wahlen zum Konstituierenden Norddeutschen Reichstag, die für den 12. Februar des Jahres 1867 angesetzt wurden und auf der Basis des allgemeinen, gleichen, direkten und geheimen Männerwahlrechts erfolgten, läuten eine neue Epoche der deutschen Wahl- und Parteiengeschichte ein. Mit einer Wahlbeteiligung, die im Preußen des Gebietsstandes seit 1866 bei 64,9 %, im Preußen des alten Gebietsstandes bei 65,5 % lag, hatte sich die Beteiligung, verglichen mit den letzten Landtagswahlen des Jahres 1866, die mit 30,4 % für preußische Verhältnisse eine hohe Wahlbeteiligung aufgewiesen hatten, mehr als verdoppelt. Statt der einst 1,45 Millionen Wähler vom 25. September 1866 traten nunmehr am 12. Februar 1867 (bezogen auf die älteren Provinzen) 2,57 Millionen Wähler an, um von ihrem Wahlrecht Gebrauch zu machen. Dabei gaben 20270 Wähler eine ungültige Stimme ab.

Innerhalb eines halben Jahres hatte es einen gewaltigen Partizipationsschub gegeben. Viele Wähler, wahrscheinlich die überwiegende Mehrheit, machten zum ersten Male in ihrem Leben von ihrem Wahlrecht Gebrauch, und das unter neuen Bedingungen. Keine offene mündliche Stimmabgabe mehr, sondern geheime Wahlen, die freilich in allen Fällen so geheim wieder nicht waren. Es gab keine amtlichen Stimmzettel, sondern die Parteien waren gehalten, ihre Stimmzettel außerhalb des Wahllokals »an den Mann« zu bringen. Da diese Stimmzettel sich oft deutlich unterschieden, fiel es den »Autoritäten« gelegentlich nicht schwer herauszubekommen, wer welche Partei gewählt hatte.

Das Partizipationsniveau, das bei den Wahlen zum Konstituierenden Norddeutschen Reichstag über Nacht erreicht wurde, konnte auf kurze Sicht nicht gehalten werden (vgl. Tab 2 b). Bei den Wahlen zum Reichstag des Norddeutschen Bundes vom 31. August 1867 sank die Wahlbeteiligung fast wieder auf ein Niveau, das man von den Landtagswahlen in Preußen gewohnt gewesen war, auf 40,5 % in Preußen insgesamt, davon 42,9 % in den älteren und 29,2 % in den neueren Provinzen. Bei dieser Wahl lagen aber einige besondere Umstände vor, welche die niedrige Wahlbeteiligung erklärbar machen, nicht zuletzt eine Wahlmüdigkeit der Wähler, die in den letzten Jahren oft mehr als einmal zu den Urnen gerufen worden waren. Nach und nach kletterte sie jedoch bei den Reichstagswahlen der siebziger Jahre annähernd wieder auf die Höhe, die im Februar 1867 erreicht worden war. In Preußen lag sie 1877 bei 58,0 %, während die entsprechende Vergleichszahl für das Reich 60,6 % lautet. Der große Trend wies in die gleiche Richtung. Die Wahlbeteiligung vom Februar des Jahres 1867 war kein einmaliges Ereignis geblieben, sondern hatte sich im Verlauf der siebziger Jahre stabilisiert. Am Ende der Dekade ruhte das Parteiensystem, das sich mit dem Zusammenschluß der Lassalleaner und der Eisenacher auf dem Gothaer Vereinigungsparteitag 1875 und der Neukonstituierung der preußischen Konservativen als Deutschkonservative Partei im Jahre 1876 stabilisiert hatte, auf einer politischen Gesellschaft auf, die sich zu etwa 60 % regelmäßig an den Wahlen beteiligte und damit das Parteiensystem reproduzierte. Mit einiger Berechtigung läßt sich deshalb sagen, daß Ende der siebziger Jahre die Phase der ursprünglichen politischen Akkumulation abgeschlossen war.

Das neue Wahlrecht und der damit einhergehende Partizipationsschub stellte alle Parteien vor große und neuartige Probleme, insbesondere die Liberalen, die die eigentlichen Profiteure des preußischen Dreiklassenwahlrechts gewesen waren und die deshalb die Einführung eines direkten, geheimen und gleichen Wahlrechts an einer ihrer empfindlichsten Stellen traf. Die Liberalen waren mit dem preußischen Dreiklassenwahlrecht nicht nur darum so gut gefahren, weil die Einteilung in Steuerklassen eine reiche liberale Bourgeoisie begünstigte, sondern nicht zuletzt auch deshalb, weil die mit dem indirekten Wahlverfahren verbundene Wahlmännerdemokratie – für Bismarck so etwas wie eine »destillierte Bourgeoisie« – diejenige politische Richtung begünstigte, die die öffentliche Meinung beherrschte. Und das war in dieser Ära der Liberalismus.[1]

Unter den veränderten Bedingungen waren die gewohnten Mittel der Wahlbeeinflussung nur noch bedingt einsetzbar. Das demokratische Wahlrecht stellte qualitativ neuartige Anforderungen an die Agitation und Organisation. Darauf waren weder die Liberalen, obwohl sie organisatorisch gefestigter waren als die Konservativen, noch die Konservativen vorbereitet, trotz der Unterstützung durch den Staatsapparat und die Ortsgeistlichkeit, die auch bei diesen Wahlen in gewohnter Weise für die konservative Seite tätig waren.

Trotz des veränderten Wahlrechts, trotz der neuartigen Herausforderungen für das Parteiensystem und trotz des gewaltigen Partizipationsschubes wirken die Wahlen zum Konstituierenden Norddeutschen Reichstag, blickt man auf das regionale Muster der Wahlbeteiligung, auf die Parteienkonstellation und auf die Wahlergebnisse, zumindest auf den ersten Blick nicht wie der Beginn einer neuen Epoche, sondern wie die letzten Wahlen der bisherigen preußischen Wahl- und Parteiengeschichte. Wie bei den früheren Landtagswahlen war die Wahlbeteiligung am höchsten in den Gegenden mit gemischter deutsch-polnischer Nationalität, wie

Bromberg (89 %), Posen (85,3 %) und Marienwerder (81,7 %); in den ostelbischen Provinzen, im Regierungsbezirk Stralsund (81 %), in Ostpreußen (70,6 %) und schließlich im städtearmen Regierungsbezirk Gumbinnen mit 74,0 % lag sie nicht zufällig deutlich höher als im Regierungsbezirk Königsberg mit 68,4 %. Das Schlußlicht bildeten wiederum die beiden preußischen Westprovinzen Rheinland und Westfalen, obwohl mit 55,5 % für das Rheinland und 58,8 % in Westfalen die Abstände gegenüber den ostelbischen Provinzen deutlich niedriger geworden waren.

Die Interpretation dieser Befunde ist nicht leicht. Wenn man alle Sonderfälle ausklammert, in denen nationale, konfessionelle oder parteipolitische Gegensätze die Wahlbeteiligung nach oben trieben, dürfte sich als generelles Muster ergeben, daß bei der Wahlbeteiligung ein ländlicher, ein protestantischer und ein altpreußischer Faktor wirksam waren und daß sich in den Beteiligungsgraden in erster Linie die grundsätzliche Stellung zum preußischen Staatsgebilde widerspiegelt. Auffällig ist nicht zuletzt die Tatsache – und darin lag ein gewisser Unterschied zu früheren Befunden –, daß die Wahlbeteiligung dort am größten war, »wo der Anteil der Landwirtschaft gegenüber Industrie und dem Dienstleistungssektor besonders hoch war«[2], also gerade dort, wo ein Parteiwesen erst schwach entwickelt und die Autorität staatlicher, kirchlicher und gesellschaftlicher Führungsschichten noch vergleichsweise ungebrochen war.

Es war nicht zuletzt die Landbevölkerung in den alten preußischen Kernprovinzen, die zu der hohen Wahlbeteiligung beitrug, während die Stadt Berlin, die stets, vor allem aber zur Zeit des Verfassungskonfliktes in den sechziger Jahren, durch eine extrem hohe Wahlbeteiligung hervorgetreten war, nunmehr mit 58,6 % ähnlich niedrige Wahlbeteiligungsraten aufwies wie die Regierungsbezirke in den preußischen Westprovinzen. Man geht deshalb kaum fehl, wenn man annimmt, daß hinter der hohen Wahlbeteiligung zum Konstituierenden Reichstag des Norddeutschen Bundes in erster Linie nicht ein Votum für die deutsche Einheit, sondern ein Bekenntnis zum traditionellen preußischen Militär- und Agrarstaat steht.

Anders sind die Befunde in den annektierten Provinzen zu bewerten, wo der Plebiszitcharakter der Wahlen die Wahlbeteiligung mit durchschnittlich 62,2 % gegenüber 65,5 % in den älteren Provinzen nach oben getrieben hatte. Am niedrigsten lag die Wahlbeteiligung in den nichtpreußischen Mitgliedsstaaten des Norddeutschen Bundes, wo sie sich durchschnittlich um 50 % bewegt haben dürfte, im einzelnen aber starke Schwankungen aufwies.[3]

Parteiensystem und Konfliktstruktur in (Alt-)Preußen während der Wahlen zum Norddeutschen Bund: Kontinuität und Realignment

Das Konfliktmuster, das den Wahlen zum Konstituierenden Norddeutschen Reichstag zugrunde lag, unterschied sich nicht grundsätzlich von dem der vorausgegangenen Landtagswahlen, obwohl inzwischen neue Parteien angetreten waren. Die Grundkonstellation wurde allenthalben dadurch bestimmt, daß ein gouvernementaler Kandidat einem oppositionellen Kandidaten, in einigen Wahlkreisen auch mehreren oppositionellen Kandidaten gegenüberstand. In den ostelbischen Gebieten war der typische Regierungskandidat ein konservativer Gutsbesitzer, und zwar auch dann, wenn dieser eine ultrakonservative Position einnahm, die der Regierung nicht unbedingt behagte. Der Einfluß der Landräte und Regierungspräsidenten auf die Aufstellung der Kandidaten war beschränkt, weil die konservativen Wahlkomitees auf ihrer Unabhängigkeit bestanden und auf dem Lande zumeist ein ungeschriebenes Gesetz bestand, gemäß dem der sozial angesehenste Gutsbesitzer auch der »natürliche« Wahlkreiskandidat war. Wo solche »natürlichen« Kandidaten fehlten, wie in Sachsen, bot sich der Domänenpächter als typischer Regierungskandidat an.[4]

In den Westprovinzen dagegen herrschten völlig andere Verhältnisse. Hier blieb den Regierungspräsidenten und Landräten oft gar nichts anderes übrig, als zu den bewährten Methoden der Vergangenheit zurückzukehren und Verwaltungsbeamte als gouvernementale Kandidaten ins Feld zu schicken. Der typische Regierungskandidat war daher ein Konservativer, wobei bei der Kandidatenaufstellung die Parteirichtung konservativ oder freikonservativ keine Rolle spielte. Daneben trat sowohl im Westen als auch im Osten neben einigen unabhängigen Kandidaten auch eine Reihe Altliberaler als Regierungskandidaten auf.

Trotz der veränderten Grundkonstellation und obwohl sich als Folge von Bismarcks deutscher Politik und seiner Zugeständnisse an die national-liberale Richtung das Verhältnis zwischen preußischer Staatsregierung und preußisch-konservativer Partei erheblich gelockert hatte, dominierte bei den Wahlen zum Konstituierenden Norddeutschen Reichstag noch einmal das traditionelle Konfliktmuster, das politisch vom Gegensatz zwischen Konservativismus und Liberalismus und parteisoziologisch von den Unterschieden zwischen Stadt und Land lebte. Das gesellschaftliche Muster, das den machtpolitischen und ideenpolitischen Gegensatz trug, kam bei diesen Wahlen sogar deutlicher zum Vorschein als in der Vergangenheit. Bereits bei den Landtagswahlen des Jahres 1866 hatte sich angekündigt, daß sich die Konservativen auf dem flachen Lande allenthalben auf dem Vormarsch und die Liberalen auf dem Rückzug befanden. Dieser Trend setzte sich bei den ersten Wahlen auf der Basis des neuen gleichen, geheimen und direkten Wahlrechts fort.

Daß es sich dabei nicht um einen kurzlebigen Ausschlag handelte, der der exzeptionellen Situation und dem politischen Partizipationsschub zu verdanken war, zeigten die Augustwahlen des Jahres 1867 zum Norddeutschen Reichstag, die sich mit einer Wahlbeteiligung von 42,9 % in den älteren preußischen Provinzen wieder dem von den Landtagswahlen der sechziger Jahre gewohnten Partizipationsniveau annäherten. Nimmt man die Landtagswahlen des Jahres 1863 als Vergleichspunkt, tritt sehr deutlich hervor, daß der Konservativismus in ländlich bestimmten Provinzen wie Pommern, wo er selbst 1863 noch stärker geblieben war als der Liberalismus, mit nunmehr 69,7 % ein erdrückendes Übergewicht besaß und daß sich in einer Provinz wie Preußen, in der 1863 noch eindeutig die Liberalen dominiert hatten, die Verhältnisse fast umgekehrt hatten. Aus einer liberalen Mehrheit von 48,6 % gegenüber 28 % für die Konservativen im Jahre 1863 war eine konservative Mehrheit von 44,5 % gegenüber 31,7 % für die Liberalen geworden, wobei die liberalen Ergebnisse noch der genaueren Aufschlüsselung bedürfen, da sie in ihren politischen Sinnbezügen nicht mehr ohne weiteres mit den Resultaten des Jahres 1863 vergleichbar sind.

Von den für liberale Parteien abgegebenen 31,6 % entfielen 16 % auf die nach wie vor oppositionelle Fortschrittspartei und 10,9 % auf die Nationalliberalen, die inzwischen faktisch den Charakter einer »ministeriellen« Partei besaßen. Gleichwohl mag es für einen Moment erlaubt sein, von den veränderten gesamtpolitischen Konstellationen und den dadurch veränderten politischen Sinnbezügen zu abstrahieren und das liberale Wählerpotential insgesamt in den Blick zu nehmen und auf seine Veränderung in der Zeit hin zu analysieren. Das geschieht am besten dadurch, daß wir die auf konservative und liberale Parteien entfallenden Stimmenanteile nicht auf gültige Stimmen, sondern auf Wahlberechtigte prozentuieren. Dadurch wird deutlich, daß das liberale Milieu mit 15,6 % im Jahre 1867 gegenüber 16,4 % im Jahre 1863 faktisch stagniert, während das konservative Milieu mit 25,8 % im Jahre 1867 gegenüber 10,3 % im Jahre 1863 immer tiefer in die politische Gesellschaft der Provinz Preußen hineinwächst. Diese Entwicklung wird langfristig auch nicht durch die Schwierigkeiten aufgehalten, in die der preußische Konservativismus als Folge seiner Konflikte mit der Regierung Bismarck gerät, auch wenn diese sinnfällig demonstrierten, daß ein oppositioneller Konservativismus, der nicht mehr die Unterstützung der Staatsorgane besaß und ausschließlich auf den Einfluß der gesellschaftlichen »Autoritäten« angewiesen war, eine schwierige und auf Dauer kaum tragfähige Angelegenheit in Preußen war.

Die Befunde für die Provinz Preußen sind mit einiger Vorsicht zu interpretieren. Sie legen jedoch die These nahe, daß das, was sich in diesem Zeitraum vollzieht, nicht so sehr ein »Realignment«-Prozeß ist, ein dauerhafter Übergang bisheriger liberaler Wähler zu den Konservativen, sondern in erster Linie eine teils durch generationelle Faktoren, teils eine durch die Ausweitung der politischen Partizipation bedingte grundlegende Veränderung der politischen Landschaft auf dem Lande war. Denn der Rückhalt konservativer und klerikaler Kandidaten bei den weniger wohlhabenden Schichten ließ eine Stärkung des Konservativismus durch die Erweiterung des Wahlrechts erwarten, während der ländliche Liberalismus eine solche Perspektive nicht besaß, da er, übrigens auch in katholischen Gegenden, primär von wohlhabenden Bauern getragen wurde – vom preußischen Gutsbesitzerliberalismus ganz abgesehen.[5]

Daß Stadt-Land-Unterschiede bei den ersten Wahlen auf der Grundlage eines gleichen, geheimen und direkten Wahlrechts in Deutschland eine große Bedeutung besaßen, zeigt auch das Wahlverhalten in industrialisierten Regionen. In allen Ruhrgebietswahlkreisen, also in den Wahlkreisen Arnsberg 5 (Bochum), Arnsberg 6 (Dortmund), Düsseldorf 5 (Essen) und Düsseldorf 6 (Duisburg), finden liberale Kandidaten allenthalben eine deutlich stärkere Unterstützung in den Städten als auf dem Lande, obwohl dort in einigen Orten der Anteil der in Industrie und Bergbau Beschäftigten gegebenenfalls höher sein konnte als in den Städten.[6] Der Essener Landrat Devens, zugleich konservativer Kandidat für den Wahlkreis Essen, wußte, wovon er sprach, wenn er schrieb, daß es gelte, die »gutgesinnten Bauern und Arbeiter auf dem Lande« möglichst zahlreich an die Wahlurne zu bringen.[7]

Ganz offensichtlich handelte es sich beim Stadt-Land-Gefälle nicht um einen primär ökonomisch zu definierenden Gegensatz von industriellen und landwirtschaftlichen Interessen, wie es die »Cleavage«-Theorie von Rokkan nahelegt. Genau besehen geht es auch nicht eigentlich um den Gegensatz zwischen einer agrargesellschaftlich-traditionellen und einer industriegesellschaftlichen Sozialstruktur, sondern (wie schon in Kapitel 2.3 diskutiert) um den im Kern kulturellen Gegensatz von traditioneller und bürgerlicher Denk- und Lebensweise.

Wie die Parteienkonstellation und Konfliktstruktur der Februarwahlen des Jahres 1867 zeigt, waren es vorrangig die auf dem flachen Land versammelten gesellschaftlichen und kulturellen Lagen, mit denen der preußische Militär- und Beamtenstaat eine politische Koalition gegen die vornehmlich in den Städten verankerte bürgerliche Gesellschaft zu schließen versuchte. Er ging bewußt auf die Dörfer und holte dort seine Anhänger buchstäblich aus den Häusern, um sie gegen die Städte zu mobilisieren. Gleichzeitig stand jedoch mit dem Nationalliberalismus bereits eine politische Kraft bereit, die seine gesellschaftliche Verankerung in den Städten und industrialisierten Regionen des Landes beträchtlich erweitern und die dort bislang schon wirksamen Bindungsmechanismen der Staats- und Kirchennähe um zusätzliche Mechanismen vermehren sollte.

Die Entstehung eines neuen »nationalen Lagers« in den neupreußischen Provinzen und außerpreußischen Mitgliedsstaaten des Norddeutschen Bundes

Damit rückte gleichzeitig eine neue Konfliktdimension in den Vordergrund, die auch schon bei den Wahlauseinandersetzungen für den Konstituierenden Norddeutschen Reichstag mehr untergründig präsent gewesen war, nämlich der durch zusätzliche Konfliktdimensionen angereicherte Gegensatz von kleindeutsch-nationalem Lager auf der einen und großdeutsch-katholisch-partikularistischen Kräften auf der anderen. Was daraus parteisoziologisch folgte, wurde schlagartig deutlich bei einer Nachwahl zum Konstituierenden Norddeutschen Reichstag im März des Jahres 1867, und zwar im Sauerlandwahlkreis Olpe-Meschede-Arnsberg. Bei der Nachwahl kam es zu einer Koalition zwischen den konservativen und nationalliberalen Kräften, die als gemeinsamen Kandidaten einen führenden Industriellen des Kreises aufstellten, der in der Vergangenheit einer der wichtigsten lokalen Repräsentanten der Fortschrittspartei gewesen war. Dieser Kandidat erhielt ganz offensichtlich auch, und zwar entgegen einer Anordnung des Arnsberger Regierungspräsidenten, bei der Wahlkampfauseinandersetzung mit seinem katholischen Gegenkandidaten, dem bekannten Altparlamentarier Peter Reichensperger, die Unterstützung der Landräte. Das Entscheidende und Zukunftsweisende dieser Nachwahl war, daß das Neuarrangement auf der politischen Elitenebene von der Wählerschaft ohne weiteres nachvollzogen wurde. Die alten Hochburgen der oppositionellen Fortschrittspartei waren über Nacht zu Hochburgen eines »gouvernementalen« Nationalliberalismus geworden.

Was sich bei dieser Nachwahl abzeichnete, freilich erst ansatzweise, da es außerhalb des katholischen Bereichs kaum einen verwurzelten Konservativismus in dieser Landschaft gegeben hatte, das ist die Fusionierung der ehemals gegensätzlichen politischen Traditionen von Liberalismus und Konservativismus, wie sie fortab für weite Teile der beiden preußischen Westprovinzen typisch werden sollte. Allenthalben entstand ein nationales Lager[8], in dem liberale und vorwiegend protestantisch bestimmte konservative Traditionen zusammenflossen und das idealtypisch durch einen nationalliberalen Kandidaten, gegebenenfalls aber auch – zumindest anfänglich – durch einen Vertreter der Fortschrittspartei oder der Freikonservativen politisch repräsentiert werden konnte. Ihm stand typischerweise ein katholisches Lager gegenüber, auch wenn es gelegentlich, so in den achtziger Jahren in den Wahlkreisen Dortmund und Bochum, machtpolitisch bedingte Koalitionen zwischen Katholizismus und Linksliberalismus geben konnte.

Diese neuartige Konfliktkonstellation, die den alten Gegensatz von Liberalismus und Konservativismus relativierte und für die der Nationalliberalismus der entscheidende Dreh- und Angelpunkt war, hatte sich bei den Februarwahlen, wenngleich mit jeweils etwas anderer Einfärbung in den neupreußischen Provinzen bereits deutlich abgezeichnet. Vergleicht man die Entwicklung in

Schleswig-Holstein, Hannover und Hessen[9], springen bei allen historisch bedingten Unterschieden, die vor allem darin zum Ausdruck kommen, daß in Hessen zunächst das nationale Lager, in Schleswig-Holstein dagegen das partikularistische Lager die politische Szene beherrscht, während sich im Königreich Hannover von Anfang an zwei gleichgewichtige Lager gegenüberstehen, doch einige grundlegende Gemeinsamkeiten ins Auge. Das jeweilige Parteiensystem wird nicht mehr durch den traditionellen Gegensatz von Liberalismus und Konservativismus, sondern durch eine mit zusätzlichen Konfliktdimensionen angereicherte und gesellschaftlich keineswegs inhaltsleere »außenpolitische« Hauptspannungslinie bestimmt. Die zweite Gemeinsamkeit liegt darin, daß in allen genannten Landschaften ein vorrangig vom Bildungs- und Wirtschaftsbürgertum getragenes, aber auch vielfach in den ländlichen Führungsschichten verankertes, nicht nur interessenmäßig, sondern auch gefühlsmäßig auf den kleindeutschen Nationalstaat bezogenes nationales Lager entsteht, das sich später zwar parteipolitisch in Konservative, Nationalliberale, Linksliberale, Antisemiten und bäuerliche Protestbewegungen ausfalten kann, wie das namentlich im hessischen Raum, vor allem in Kurhessen geschieht, aber in einer auch emotional tief verwurzelten Ablehnung von Partikularisten, Schwarzen und Roten eine nicht nur negative Gemeinsamkeit besitzt.

Das dritte verbindende Moment zwischen den drei zu Preußen geschlagenen Großlandschaften ist die Tatsache, daß das nationale Lager zunächst überall vorrangig durch den Nationalliberalismus repräsentiert wird, der sich geradezu als *die* Partei der neupreußischen Provinzen darstellt, während die Fortschrittspartei im Kern eine altpreußische Oppositionspartei bleibt. Bei den Augustwahlen des Jahres 1867 zum Reichstag des Norddeutschen Bundes wird das besonders deutlich. Die Nationalliberalen erzielen in den älteren preußischen Provinzen 13,8 % der gültigen Stimmen, in den neupreußischen Provinzen dagegen 39,9 %, während die Fortschrittspartei in den älteren Provinzen auf 14,2 % der gültigen Stimmen kommt, in den neueren Provinzen dagegen nur auf 6,3 %, wobei noch zu berücksichtigen ist, daß die in Hessen-Nassau für die Fortschrittspartei abgegebenen Stimmen faktisch auf dem Konto der Nationalliberalen zu verbuchen sind.

Die Nationalliberalen waren nicht nur die Partei der neupreußischen Provinzen, sondern oft in noch stärkerem Maße die

Partei der außerpreußischen Mitgliedsstaaten des Norddeutschen Bundes. In den mitteldeutschen Kleinstaaten, also in Sachsen-Anhalt und in Thüringen[10], wo die Nationalliberalen zumeist einfach als »nationale Partei« auftraten, beherrschte ein kleindeutsch-national orientierter Liberalismus, von wenigen Fällen abgesehen, in denen es zu einer Konfrontation mit dem heimischen Konservativismus kam oder in denen auch die Reichspartei antrat, ähnlich konkurrenzlos die politische Szene wie im Hessischen. Dieser Trend setzte sich bei den Landtagswahlen der siebziger Jahre fort.[11] Sieht man einmal von den politischen Binnendifferenzierungen innerhalb Thüringens ab, das auch konservative, linksliberale und sehr früh bereits sozialdemokratische Farbtupfer kennt, die einer genaueren vergleichenden Analyse bedürften, ergibt sich ein breiter, aus thüringisch-hessischen Gebieten bestehender mitteldeutscher Landgürtel, der bis tief in die siebziger Jahre fast mühelos vom Nationalliberalismus beherrscht wird.

Komplexer war von Anfang an die Situation im Regierungsbezirk Wiesbaden, wo zwar, wenn man den politischen Katholizismus und vielleicht auch die Volkspartei ausklammert, die bis einschließlich 1881 regelmäßig das Mandat in der Stadt Frankfurt gewann, partikularistische Bewegungen keine große Rolle spielten, das bürgerliche Lager sich aber von Beginn an in Nationalliberalismus und Fortschrittspartei ausdifferenzierte.[12] Diese frühe Ausdifferenzierung darf jedoch die grundlegende Tatsache der Existenz eines nationalen Lagers nicht vergessen machen. Es ist allenthalben latent vorhanden, wird jedoch nur dort regelmäßig manifest, wo es auf das Gegenüber eines mehrheitsfähigen politischen Katholizismus oder Partikularismus und später dann eines mehrheitsfähigen sozialistischen Lagers stößt.

Was für die meisten mitteldeutschen Kleinstaaten gilt, daß nämlich ein nationaler Liberalismus in der Dekade der Reichsgründung fast konkurrenzlos das Feld beherrscht, gilt in gleicher Weise für das Großherzogtum Oldenburg und das Herzogtum Braunschweig.[13]

Auch in anderen Klein- und Mittelstaaten, wie den Fürstentümern Waldeck und Schaumburg-Lippe, nicht dagegen in Lippe-Detmold, konnte sich der Nationalliberalismus in den siebziger Jahren gegen den Konservativismus durchsetzen. Während der konservative Widerstand in den beiden letzteren Staaten zunächst beträchtlich war, erzielte der Nationalliberalismus in Waldeck schon 1871 ein Rekordergebnis von 99,9 %.[14]

Einer gesonderten Betrachtung bedürfen das Königreich Sachsen und die beiden Mecklenburgs. Im Königreich Sachsen konnten die Nationalliberalen, denen man mit Erfolg das »Odium des Landesverrats« angehängt hatte[15], bei den Wahlen zum Konstituierenden Norddeutschen Reichstag kein einziges Mandat gewinnen. Die nationalliberale Richtung litt darunter, daß sie für die Stichwahlen weder links noch rechts Koalitionspartner finden konnte. Zwar hatte ein nationalliberaler Kandidat in Leipzig, dem Zentrum des sächsischen Wirtschaftslebens und eines liberal gesinnten Bürgertums, mit 48,8 % die höchste Stimmenzahl erreicht. Bei der anschließenden Stichwahl unterlag er jedoch einem Kandidaten des konservativen sächsischen Wahlkomitees, der – für diese Zeit auch in Hannover und anderswo ein nicht ungewöhnlicher Vorgang – von einer antipreußisch gesinnten politischen Linken unterstützt wurde.

In den siebziger Jahren drang aber auch das »nationale Lager« im Königreich Sachsen weiter vor, aufweisbar an den Reichstagsmandaten, die von Nationalliberalen und von der Reichspartei errungen wurden.[16] Wichtiger war vielleicht noch, daß der sächsische Konservativismus, der in der Residenzstadt Dresden auch ein großstädtisches Fundament besaß und vor allem in den achtziger Jahren einen bemerkenswerten Aufschwung erlebte, allmählich seinen partikularistischen Charakter verlor.

Erleichtert wurde das durch die 1876 erfolgende Umformung der – wie Gerhard Ritter überzeugend herausgearbeitet hat –[17] von Haus aus partikularistischen »konservativen Partei Preußens« in die »Deutsch-Konservative Partei«. Gewiß kann man argumentieren, daß es sich bei der Umstellung der konservativen Kreise in Preußen von einer preußisch-partikularistischen hin zu einer reichspositiven Position nicht um einen Wesenswandel, sondern um eine Änderung der Parteitaktik gehandelt hat[18], und weiter, daß die Deutsch-Konservative Partei im Kern stets eine Partei der ostelbischen preußischen Kernlande geblieben ist. Dennoch besaß die Neugründung des Jahres 1876 einen nicht geringen symbolischen Wert, zumal er es auch sächsischen und mecklenburgischen Konservativen erleichterte, sich auf den neuen Nationalstaat und das Bündnis mit den preußischen Konservativen unbefangener einzulassen.

Typologisch lassen sich im Norddeutschen Bund zwei Grundmodelle bei der Ausbildung eines nationalen Lagers unterscheiden: Beim ersten Grundtypus, zu dem mit gewissen Einschränkungen auch die Hansestädte gehören, kommt es für eine bestimmte Zeitspanne, die freilich unterschiedlich dauern kann, zu einer »Nationalliberalisierung« der politischen Landschaft, bevor sich diese wiederum parteipolitisch stärker ausdifferenziert. Beim zweiten Typus stößt das idealtypisch durch den Nationalliberalismus repräsentierte nationale Lager auf einen häufig auch von der politischen Linken unterstützten partikularistisch gesinnten autochthonen Konservativismus, der freilich, von Hannover abgesehen, ebenso wie der ursprünglich partikularistische preußische Konservativismus selber bereits in den siebziger Jahren durch Inkorporation zu einem Bestandteil des nationalen Lagers wird, auch wenn ältere Traditionen nicht völlig verschwinden. Einen gewissen Sonderfall stellt Lippe-Detmold dar, das auf Grund besonderer Umstände das Konfliktmuster Preußens aus den sechziger Jahren konserviert.

Die Konstellation in den süddeutschen Ländern seit den Zollvereinswahlen des Jahres 1868

In Süddeutschland kristallisierten sich die neuartigen Konfliktstrukturen und Parteikonstellationen bereits endgültig bei den Zollvereinswahlen heraus, die im Februar und März des Jahres 1868 stattfanden und insgesamt jenen Kräften einen großen Erfolg brachten, die sich aus unterschiedlichsten Gründen gegen eine »Verpreußung« Süddeutschlands wandten. In Hessen-Darmstadt und Baden errang zwar der nationale Liberalismus die Mehrheit der Mandate, aber in Bayern und Württemberg triumphierten die antipreußischen Partikularisten. Von 48 bayerischen Abgeordneten sprachen sich 30 gegen eine weitere politische Anlehnung an Preußen aus, und in Württemberg gingen alle Mandate an großdeutsch-gesinnte, konservative oder demokratische Partikularisten. Die »Deutsche Partei«, die nationaldemokratische, nationalliberale und nationalkonservative Elemente enthielt und als politischer Ausdruck des nationalen Lagers fungierte, gewann zwar 46000 von insgesamt 176000 abgegebenen Stimmen, ging aber bei den Mandaten leer aus. Auch bei den Landtagswahlen im gleichen Jahr tat sie sich ungemein schwer, sich gegenüber der scharf antipreußisch gerichteten Agitation ihrer politischen Gegner zu behaupten.[19]

Am württembergischen Beispiel läßt sich sehr schön demonstrieren, wie die Veränderungen der sechziger Jahre zu einer Verwerfung der bisherigen Konfliktstrukturen und zu völlig neuartigen politischen Koalitionen zwischen den politischen Eliten führen, die dann aber alsbald auch von der Wählerschaft ratifiziert werden. In der »Deutschen Partei«, die zunächst einen schweren Stand hat, sich aber seit den Landtagswahlen 1870 erdrutschartig ausbreitet, finden sich politische Kräfte zusammen, zwischen denen in der Vergangenheit eine auch emotional fundierte Distanz bestanden hatte, nämlich radikale Demokraten mit einer 1848er Vergangenheit, Liberale und konservative Pietisten, die der Revolutionsschock in das konservativ-monarchistische Lager getrieben hatte und die den preußischen Sieg von 1866 als »Gottesurteil« interpretierten.[20]

Im anderen Lager standen gleichfalls Demokraten mit einer 1848er Vergangenheit, großdeutsch-gesinnte Liberale, partikularistische Konservative und nicht zuletzt der württembergische Katholizismus, der bei aller internen politischen Ausdifferenzierung doch ein gemeinsames Fundament in seiner Abneigung gegen eine kleindeutsch-protestantische Lösung der deutschen Frage besaß. Von den 68 Reichstagsmandaten, die bei Wahlen in den siebziger Jahren in Württemberg zu gewinnen waren, errang die Volkspartei nur sechs, und das Zentrum zehn. 58 Mandate entfielen in diesem Zeitraum auf Abgeordnete des nationalen Lagers, von denen sich die meisten zum Nationalliberalismus, aber immerhin 24 zur Freikonservativen Reichspartei bekannten.[21]

Anders die Situation in Baden, wo sich bereits 1868 bei den Wahlen zum Zollparlament die interessante Konstellation abzeichnete, daß zwei evangelisch-konservative Kandidaturen, von denen eine erfolgreich war, von den Katholiken unterstützt wurde. Diese »informelle Allianz von Ultramontanen und orthodox-pietistischen Wählern«[22], die sich bereits während des badischen Kulturkampfes angebahnt hatte, brachte den badischen Konservativen in den folgenden Jahrzehnten eine Reihe von Reichstagsmandaten ein, die sie ohne diese Unterstützung nicht hätten erringen können. Allerdings war es die christlich-konservative und antiliberale Orientierung dieser kleinen protestantischen Partei, wohl auch ihre schlechte Behandlung durch die Nationalliberalen, die eigentliche badische Staatspartei, die in Baden all das an staatlicher Unterstützung genoß, was in Preußen der Konservativen Partei zugute kam, und nicht badischer Partikularismus, der das informelle Bündnis zwischen politischem Katholizismus und orthodoxem Pietismus in Baden begründete.

Das eigentliche politische Ereignis der Zollvereinswahlen des Jahres 1868 in Baden war der Durchbruch des politischen Katholizismus. Dieser hatte zunächst, durch die Folgen von Königgrätz zutiefst verunsichert, ähnlich wie die großdeutschen Demokraten mit dem Gedanken einer Wahlabstinenz geliebäugelt, sich dann aber doch, für die Liberalen überraschend, an den Wahlen beteiligt und, gestützt auf ein vornehmlich von Klerikern getragenes Vertrauensmännersystem, einen außerordentlichen Wahlerfolg erzielt, der die eigenen kühnsten Erwartungen übertraf. Die katholischen Kandidaten erhielten 78000 Stimmen, wozu noch 12000 Stimmen für die beiden evangelisch-konservativen Kandidaten zu rechnen sind, während die Liberalen 86000 und die unabhängigen Kandidaten 13000 Stimmen erhielten. Das Gros der Stimmen für die Katholiken kam vom flachen Land, wogegen die Liberalen wesentliche Erfolge in Städten mit einer Einwohnerzahl von über 5000 erzielten.[23] Der badische Katholizismus hatte sich damit bereits 1868 definitiv als eigenständiges politisches Lager auf der Wählerebene auskristallisiert. Die politische Konfliktstruktur in Baden wurde fortab, bevor seit den neunziger Jahren die Sozialdemokraten hinzukamen, durch den Gegensatz zweier großer Lager bestimmt, wobei das so gut wie ausschließlich durch den Nationalliberalismus repräsentierte nationale Lager in den ersten beiden Jahrzehnten des Kaiserreichs eindeutig dominierte.

Anders als in Württemberg stieß der Nationalliberalismus hier nicht auf die Dauerkonkurrenz einer partikularistisch orientierten demokratischen Volkspartei, sondern hatte sich nur im Wahlkreis Mannheim regelmäßig mit den Demokraten und in einigen anderen Wahlkreisen sporadisch mit den Linksliberalen auseinanderzusetzen.

Das Gewicht des partikularistischen Faktors verbindet die bayerische Konstellation stärker mit Württemberg, die Bedeutung des Kulturkampfes indes stärker mit Baden. Wie die katholische Volkspartei in Baden verdankt auch die Patriotenpartei in Bayern, die zum eigentlichen politischen Ausdruck des bayerischen Partikularismus und bayerischen Katholizismus wird, ihren plötzlichen Durchbruch bei den Wahlen zum Zollvereinsparlament im Jahre 1868 vor allem der Mobilisierung ländlicher Wähler. Beide katholischen Volksbewegungen erwuchsen aus einem sozialkulturellen Boden, auf dem traditionellerweise der politische Konservativismus aufruhte. Wie in Baden wäre in Bayern der plötzliche politische Durchbruch nicht möglich gewesen ohne die organisatorische Infrastruktur, die von der katholischen Pfarrgeistlichkeit bereitgestellt wurde. Hier wie dort fungierte der katholische Klerus nicht als Führer, auch nicht als Verführer, wie es in zeitgenössischen Wahlanalysen von liberaler Seite hieß, sondern als Wortführer des katholischen Volkes[24], das den nationalen, antiklerikalen und wirtschaftlichen Liberalismus als einheitliche Bedrohung wahrnahm und gegen den es bei den Zollvereinswahlen zum ersten Male seine gebündelte Abneigung zum Ausdruck brachte.

Die Konfession, die bislang kein entscheidendes Moment war, wurde von nun ab, wenngleich regional unterschiedlich, zu einem bestimmenden Faktor des bayerischen Wahlverhaltens. Dafür war nicht so sehr der Kulturkampf verantwortlich, der gerade zu diesem Zeitpunkt in Bayern besonders intensiv ausgefochten wurde und deshalb für Katholiken eine preußische Option nahegelegt hätte, sondern die deutsche Frage. Der bayerische Protestantismus votierte fast geschlossen für einen nationalen Liberalismus, während der bayerische Katholizismus mehrheitlich auf bayerisch-partikularistischen Positionen verharrte. Freilich war das regionale Muster unterschiedlich. Während Altbayern (Ober- und Niederbayern, Oberpfalz) bis auf wenige Ausnahmen, wie München, mehrheitlich partikularistisch votierte, wählte das protestantische Franken die Fortschrittspartei und deren kleindeutsches Programm. Im katholischen Neubayern dagegen, in Schwaben und im katholischen Franken, die bislang überwiegend liberal gewählt hatten, eroberten in den meisten Wahlkreisen katholisch-konservative Kandidaten das Mandat, wenn auch häufig nur mit knappen Mehrheiten[25] und mit einigen bemerkenswerten Ausnahmen. Dieses Muster erhält sich im Kern auch in den siebziger Jahren, teilweise bis zum Ende des Kaiserreiches, nachdem 1871 zunächst in einigen Wahlkreisen noch liberale Kandidaten, vor allem Kandidaten der liberalen Reichspartei, obsiegt hatten.

Durch und durch nationalliberal, anfänglich in einigen wenigen Fällen auch reichsliberal und linksliberal, ist die bayerische Pfalz, obwohl auch hier in zwei Wahlkreisen, nämlich Germersheim und

Zweibrücken eine katholische Bevölkerungsmehrheit von 55 % existiert. Die Pfalz ist damit das genaue Gegenstück zur klerikalen Oberpfalz. Grundsätzlich gilt, daß sich die neue Konfliktstruktur, wie sie zum ersten Male bei den Zollvereinswahlen des Jahres 1868 manifest wird, in allen bayerischen Landesteilen in den siebziger Jahren verfestigt und sich in ihren räumlichen Mustern im Prinzip bis zum Ende des Kaiserreiches erhält.

3.2 Die Ausbildung eines separaten katholischen politisch-sozialen Milieus

Die gesellschaftliche Auskristallisierung eines neuen Parteien- und Konfliktsystems war vor der Gründung des Deutschen Reiches am Ende der sechziger Jahre in den außerpreußischen Gebieten sehr viel weiter vorangeschritten als in Preußen selber. Das gilt insbesondere für die Ausbildung eines katholischen Lagers in Baden und Bayern. Zwar war es auch im Rheinland und in Westfalen bei den Wahlen zum Konstituierenden Norddeutschen Reichstag zu katholischen Kandidaturen gekommen, von denen in Westfalen zwei, im Rheinland drei erfolgreich waren. Aber die Gesamtkonstellation war doch völlig anders als in Baden und in Bayern. Der kirchennahe Katholizismus war noch nicht als geschlossene und einheitlich handelnde Größe vorhanden. Bei den August-Wahlen des Jahres 1867 traten aber katholische Kandidaten teilweise auch in Wahlkreisen auf, in denen sie bei den Februar-Wahlen noch nicht präsent gewesen waren, z. B. im Wahlkreis Essen. Der Essener Landrat und »gouvernementale« Abgeordnete Devens, der bei den Februar-Wahlen die große Mehrheit der katholischen Stimmen erhalten hatte und ohnehin beunruhigt war über Nachrichten, daß zahlreiche »ultramontan Gesinnte zu Gunsten der deutschen Partikularisten und deshalb mit den Radikalen wählen« würden[26], bat deshalb seine vorgesetzte Behörde, bei der katholischen Geistlichkeit für seine Wahl zu intervenieren. Wenig später konnte er jedoch voller Genugtuung konstatieren: »Die Ultramontanen finden bei den katholischen Pfarrern des Kreises keinesfalls Unterstützung. Einige jüngere katholische Geistliche sind ihnen zugetan, während die größere Zahl der Pfarrer bereits ausdrücklich zugesagt hat, meine Kandidatur unterstützen zu wollen.«[27]

Bei dieser Wahl zeigt sich ein Muster, das auch anderenorts, in

Bayern oder Schlesien[28], immer wieder sichtbar wird, daß nämlich ein jüngerer und entschieden ultramontan gesinnter Pfarrklerus das eigentliche aktive Element der katholischen Bewegung auf lokaler Ebene darstellt, während der ältere und der höhere Klerus, wohl nicht nur aus »staatsmännischer« Vorsicht, sondern auch aufgrund einer anderen Generationsprägung, zu größerer Zurückhaltung neigt. 1867 befand sich die erstgenannte Gruppierung noch in der Minderheit, wenige Jahre später nicht mehr. Der radikale Umschwung, der sich innerhalb von drei bis vier Jahren im rheinischen und westfälischen Katholizismus vollzog, läßt sich sehr gut am Essener Beispiel demonstrieren. Der gleiche katholische Kandidat, der Landtagsabgeordnete und Journalist Dr. Krebs, der 1867 noch deutlich abgeschlagen hinter seinem Konkurrenten Devens rangiert hatte, errang bei den Reichstagswahlen des Jahres 1871 70,3 % der gültigen Stimmen im Wahlkreis Essen.[29] Das entsprach einem Prozentsatz von 41 % der Wahlberechtigten, ein Anteil, der in den siebziger Jahren nicht mehr überschritten wurde.

Die Frühmobilisierung im Essener Raum kann nicht ohne weiteres verallgemeinert werden; sie dokumentiert jedoch einen Trend und zeigt besonders dramatisch, wie hochmobilisiert die katholische Wählerschaft bereits vor dem Einsetzen der eigentlichen Kulturkampfgesetzgebung war und in welch starkem Ausmaß sich eine neue Parteien- und Konfliktstruktur, die 1867 von den meisten lokalen und regionalen Eliten noch nicht einmal ansatzweise antizipiert worden war, zu diesem frühen Zeitpunkt auf der Wählerebene durchgesetzt hatte.

Die neue Konfliktkonstellation wurde zum ersten Male bei den preußischen Landtagswahlen im November 1870 im Rheinland und in Westfalen in breiter Front manifest. Statt liberaler und konservativer, statt oppositioneller und gouvernementaler Kandidaten standen sich plötzlich allenthalben klerikale Kandidaten auf der einen und fortschrittsparteiliche, nationalliberale und freikonservative Kandidaten auf der anderen gegenüber, die angesichts der »klerikalen Herausforderung«, wie es in der zeitgenössischen Presse hieß, alle früheren und auch noch jetzigen politischen Differenzen zurückstellten und ihre Gemeinsamkeit als »nationales Lager« hervorkehrten.[30]

Für den westfälischen und rheinischen Katholizismus waren die Landtagswahlen von 1870 eine Generalprobe für die Reichstagswahlen des Jahres 1871. In allen überwiegend katholischen Wahlkreisen Westfalens setzen sich katholische Kandidaten durch; auch im nördlichen Rheinland, in den Regierungsbezirken Düsseldorf, Köln und Aachen, erlangten sie die Mehrheit der Mandate. Diese Mehrheit konnte bei den Reichstagswahlen des Jahres 1871 noch ausgebaut werden. Von den 27 überwiegend katholischen Wahlkreisen im nördlichen Rheinland und in Westfalen eroberte das Zentrum nicht weniger als 25.[31]

Was für das nördliche Rheinland zutrifft, gilt im Prinzip auch für das südliche Rheinland, für die Regierungsbezirke Koblenz und Trier. Gleichfalls hochmobilisiert sind 1871 bereits die katholischen Enklaven auf altpreußischem Territorium in Thüringen und Ostpreußen, nicht dagegen in Schlesien, von zwei Ausnahmen abgesehen.

Für zehn oberschlesische Wahlkreise und einen niederschlesischen Wahlkreis, die in späteren Wahlen zu festen Zentrumshochburgen werden sollten, gilt, daß sie sich 1871, in drei Fällen sogar auch noch 1874, fest in der Hand des mit zwei Ausnahmen durch freikonservative Abgeordnete repräsentierten nationalen Lagers befinden.

Der Mobilisierungszeitpunkt ist eine, das Mobilisierungsniveau eine andere Sache.[32] Der Mobilisierungszeitpunkt läßt gewisse Rückschlüsse zu auf die zentralen Motive, welche die Katholikenmobilisierung in den verschiedenen Regionen auslösen. Ein Vergleich des regionalen Mobilisierungsniveaus öffnet dagegen den Blick auf die Faktoren, die über die katholische Konfession als notwendige Voraussetzung hinaus eine Mobilisierung der katholischen Massen durch das Zentrum erleichtern oder erschweren, wenn man dabei zugleich das Mobilisierungsniveau des sozialistischen und des nationalen Lagers berücksichtigt. Denn ein niedriges Mobilisierungsniveau kann seine Ursache darin haben, daß das Zentrum konkurrenzlos auf weiter Flur steht oder daß nationale Minoritäten im katholischen Raum mit eigenen Kandidaten antreten.

Schon ein flüchtiger Blick auf die Regierungsbezirke und Einzelstaaten macht deutlich, daß sich die regional unterschiedliche Mobilisierungskraft des Zentrums nicht nur vom Industrialisierungs- oder Urbanisierungsgrad her sinnvoll erklären läßt, sondern daß offenbar auch unterschiedliche kulturelle Prägungen von Landschaften und damit verknüpfte unterschiedliche politische Traditionen eine entscheidende Rolle spielen. Es sind Phänomene wie die katholische Spätaufklärung, der kirchliche Liberalismus oder die Prägung bestimmter Landschaften durch den Liberalismus und Radikalismus seit den Tagen des Vormärzes, aber auch Staatsidentifikation oder ihr Gegenteil, an die man zuerst denken muß, wenn man versucht, das dem Befund zugrundeliegende Muster zu entdecken.

Dieser Eindruck verstärkt und modifiziert sich zugleich, wenn man einige Wahlkreise genauer ansieht, in denen trotz deutlicher katholischer Bevölkerungsmehrheit der politische Katholizismus nicht erfolgreich ist. So besitzt z. B. der Nationalliberalismus bzw. die liberale Reichspartei bei allen Wahlen der siebziger Jahre, mit Ausnahme der Reichstagswahl 1878 im Wahlkreis Freiburg, in allen südbadischen Wahlkreisen eine deutliche Mehrheit – trotz einer katholischen Bevölkerungsmehrheit, die nur in einem Wahlkreis die 65 %-Marke unterschreitet und teilweise sogar über 90 % liegt. Die beträchtlich über dem Reichsdurchschnitt liegende Wahlbeteiligung weist diese nationalliberale Vorherrschaft zudem als breit verankert und nicht als Resultat verspäteter politischer Mobilisierung aus.

Diese Dominanz verliert sich zwar in der Folge, in einigen Wahlkreisen früher, in anderen später. Aber in allen südbadischen Wahlkreisen hält sich gleichwohl bis an das Ende des Kaiserreichs ein stabiles nationalliberal besetztes nationales Lager, das z. B. in dem mit 94,7 % fast rein katholischen Wahlkreis Überlingen–Meßkirch–Konstanz 1912 immerhin noch 35,6 % der Wahlberechtigten umfaßt, denen 44,5 % für das Zentrum gegenüberstehen. Angefangen von den Wahlen zum Zollparlament im Jahre 1868 bis hin zur letzten Reichstagswahl des Kaiserreichs existieren in diesem fast rein katholischen südbadischen Raum zwei annähernd gleichgewichtige Milieus, ein stärker städtisch verankertes, liberal getöntes nationales Milieu auf der einen und ein stärker ländlich fundiertes kirchennahes katholisches Milieu im engeren Sinne, die beide tief in die regionale Gesellschaft eingelassen waren.[33]

Das bayerische Pendant zu den südbadischen Wahlkreisen ist der zu 91 % katholische Wahlkreis Schwaben 6 (Immenstadt), der nicht nur im ersten Jahrzehnt des Kaiserreichs bei den Reichstagswahlen, wie schon bei den Zollvereinswahlen 1868, nationalliberale Mehrheiten ergeben hatte, sondern in der Folge noch zweimal – das letzte Mal bei den Reichstagswahlen des Jahres 1912. Auch hier finden wir eine Aufspaltung des katholischen Raums in zwei fast gleichgewichtige Milieus, wobei das nationalliberale Milieu eine erhebliche Verstärkung durch eine kleine, aber einflußreiche und vornehmlich in den Städten beheimatete protestantische Minderheit von 9 % und wohl auch durch den Altkatholizismus erfuhr, der in Bayern außer in München im Allgäu sein Zentrum besaß.[34]

So überraschend die Stärke des Liberalismus in diesem katholischen und halbagrarischen Gebiet ist, so sehr man deshalb bestimmte sozialökonomische Besonderheiten des Allgäus herauskehren muß, um dieses Phänomen zu erklären, eine marktorientierte, hochspezialisierte und effiziente Milchwirtschaft, so sehr ist andererseits zu betonen, daß dieser Südteil von Bayerisch-Schwaben im Grunde nichts anderes als der historische Rest eines einstmals umfassenderen liberalen Gesamtzusammenhangs darstellt, wie er seit 1848/49 zwar nicht für die altbayerischen Lande, aber doch für Schwaben und Franken auch in seinen katholischen Regionen kennzeichnend gewesen war. Überdies darf man nicht übersehen, daß auch die restlichen Wahlkreise des bayerischen Regierungsbezirks Schwaben, die mit einer Ausnahme 1871 allesamt Abgeordnete der liberalen Reichspartei in den Reichstag entsandt hatten, stets beträchtliche liberale Minderheiten aufwiesen, die bis zu einem Drittel der Wahlberechtigten reichen konnten, obwohl auch diese Wahlkreise durchweg katholische Bevölkerungsmehrheiten mit über 80 % aufwiesen. Insbesondere in den Städten hatte sich die einstige liberale Hegemonie noch sehr viel länger gehalten, da die Patriotenpartei zunächst doch in erster Linie eine Volksbewegung des flachen Landes gewesen war. Sichtbarster Ausdruck eines solchen urban und katholisch verankerten Liberalismus war der zu 86 % katholische Wahlkreis München 1, gleichbedeutend mit der Stadt München in den Grenzen des Jahres 1867, der mit einer Ausnahme stets liberale Mehrheiten bei den Hauptwahlen aufwies, bevor er seit 1890 an die Sozialdemokraten überging.

Das sind Beispiele für liberale Dominanz in Wahlkreisen, deren Bevölkerung mindestens zu zwei Dritteln, teilweise sogar zu über 90 %, katholisch war. Im Grunde gehört auch der zu 66,8 % katholische Wahlkreis Hessen 9 (Mainz) in dieselbe Kategorie, da er in den siebziger Jahren bei den Hauptwahlen stets nationalliberale oder demokratische Mehrheiten, und seitdem, von einer Ausnahme abgesehen, sozialdemokratische Mehrheiten aufwies. Das

Zentrum war zwar an diesem Ort, dem Bischofssitz Kettelers und einem der Zentren des deutschen Katholizismus, von Anfang an als relevante Teilkultur präsent, lag aber selbst zur Hochzeit des Kulturkampfes mit seiner Mobilisierungskraft deutlich unter 50 %.

Um diese regionalen Unterschiede plausibel und rational nachvollziehbar zu machen, muß man einmal auf die historische Prägung der Regionen, auf die, wenn man so will, unterschiedliche historisch-kulturelle Überformung der Sozialstrukturvariablen Konfession abheben und zum anderen auf aktuelle soziale und politische Kontexte und Situationen. Beide Faktoren zusammen wirken sich wiederum auf die strategischen Entscheidungen von regionalen Eliten aus und die Art und Weise, wie sie die Wählerschaft ansprechen. Es ist deshalb auch kein Zufall, daß sich die Aufrufe des schlesischen, des rheinischen und des westfälischen Zentrums zur Reichstagswahl 1874, auf dem Höhepunkt des Kulturkampfes, der im Prinzip alle in gleicher Weise betraf und deshalb der Tendenz nach regionale Unterschiede einebnete, gleichwohl in charakteristischer Weise unterschieden. Das westfälische Wahlkomitee artikulierte die katholischen Ordnungsvorstellungen von Staat und Gesellschaft – eine Art Synthese konservativer und altliberaler Positionen – und stellte sie als die sicherste Bürgschaft für eine dauerhafte und friedliche Entwicklung von Staat und Gesellschaft hin, und der rheinische Aufruf entbehrte nicht »volksoppositioneller« Züge. Dagegen zeichnete sich der schlesische Aufruf durch einen dezidiert konservativen Antiliberalismus aus und vermied es peinlich, den preußischen Staat und Bismarck selbst zu attackieren und für den Kulturkampf verantwortlich zu machen.[35]

Berücksichtigt man die unterschiedlichen historischen Ausgangslagen des politischen Katholizismus in den Regionen und Teilstaaten, lassen sich durchaus einige allgemeine Faktoren entdecken, von denen die politische Mobilisierungskraft des Zentrums abhängig war. Da aber die den »allgemeinen Charakter« der Partei prägenden strukturellen Gegebenheiten regional nach wie vor stark variierten, macht es wenig Sinn, die möglichen Zusammenhänge, die zwischen strukturellen Faktoren und der politischen Mobilisierungskraft des Zentrums bestehen, in der Form von statistischen Korrelationen zu fassen. Statt dessen sollte man sich damit begnügen, einige Zusammenhänge idealtypisch zu skizzieren.

Als erster Faktor ist der Einfluß staatlicher und gesellschaftlicher »Autoritäten« zu nennen. Viele Einzelbeispiele zeigen, daß der Einfluß solcher »Autoritäten«, wenn diese quer zum Einfluß kirchlicher Autoritäten standen, die politische Mobilisierungskraft des Zentrums nicht unerheblich reduzieren konnten. Stumm-Halberg profitierte davon in seinem saarländischen Wahlkreis ebenso wie Krupp, als er 1893 bei den Reichstagswahlen im Wahlkreis Essen für die Freikonservativen antrat und diesen Wahlkreis, der bei allen anderen Wahlen fest in der Hand des Zentrums war, für das nationale Lager eroberte. Solche Einflüsse waren im übrigen nicht nur bei der katholischen, sondern auch bei der sozialdemokratischen Wählerschaft wirksam, wie gerade das Essener Beispiel demonstriert. Die lokalen Parteiführer der SPD sahen sich außerstande, die eigenen Anhänger bei der Wahl 1893 davon abzuhalten, für den, wie der Essener Delegierte auf dem Bremer Parteitag der SPD zur großen Gaudi der Delegierten in einem Versprecher sagte, »Genossen Krupp« zu stimmen.[36]

Als zweiter Zusammenhang zu nennen sind Faktoren, die man vielleicht am besten als modernisierend-säkularisierende Einflüsse zusammenfassen kann. Sie stehen, will es scheinen, als gemeinsame Wirkursache hinter auf den ersten Blick so unterschiedlichen Phänomenen wie dem Stadt-Land-Unterschied, dem Unterschied zwischen Regionen, die durch die katholische Spätaufklärung geprägt wurden, und solchen, in denen sie nicht wirksam war, sowie hinter dem Unterschied zwischen einem durch eine marktorientierte, effiziente Landwirtschaft und städtisch-bürgerliche Einflüsse geprägten katholischen Allgäu und anderen landwirtschaftlich geprägten katholischen Regionen.

Freilich bedarf der Faktor Säkularisierung sowohl der Differenzierung als auch der Ergänzung durch den Faktor Antiklerikalismus. Antiklerikalismus tritt der Möglichkeit nach nicht nur als Begleiterscheinung von Modernisierungsprozessen auf, sondern auch in einer traditional geprägten bäuerlichen Welt. Vor allem einige wählerpolitische Befunde in Bayern lassen sich nur von einem solchen Konzept her sinnvoll interpretieren. Gemeint sind damit nicht nur die Erfolge des antiklerikal orientierten bayerischen Bauernbundes in den altbayerischen Landen seit den neunziger Jahren, sondern auch die bemerkenswerten Früherfolge der Sozialdemokratie in katholischen Gegenden Bayerns, nicht zuletzt in München. Zu Recht ist betont worden, daß im katholischen Bayern der

Katholizismus kein Minderheitenphänomen war und daß deshalb die katholische Konfession, anders als in anderen Teilen Deutschlands, kaum als Sperre für das Vordringen der Sozialdemokratie fungierte. Die Mobilisierungserfolge der Sozialdemokratie im protestantischen Nürnberg lagen mit ca. zehn Prozent nicht bemerkenswert höher als die im katholischen München. Und es ist zumindest zu überlegen, ob dafür nicht stärker als Säkularisierungsprozesse im engeren Sinne ein vom Land in die Stadt mitgebrachter bäuerlicher Antiklerikalismus verantwortlich zu machen ist.[37]

Drittens gibt es ein Phänomen, das man am besten als Milieuverlust beschreiben kann und das weder mit Säkularisierung noch mit Antiklerikalismus gleichzusetzen ist. Um es am Beispiel des Ruhrgebiets zu verdeutlichen: Bis etwa 1900 zeichnet sich das Zentrum in dieser urban-industriellen Region durch eine schier unglaubliche politische Mobilisierungskraft aus, die vergleichbare großstädtische Regionen wie Köln, von München ganz zu schweigen, weit hinter sich läßt. Zu erklären ist diese Erscheinung vor allem damit, daß es sich in den vier Kernwahlkreisen des Ruhrgebiets, Dortmund, Bochum, Essen und Duisburg, zwar um eine Bevölkerung handelt, die in Großstädten lebt, von ihrer Lebensweise und Mentalität her jedoch wenig großstädtisch ist und denkt. Nach 1900 läßt aber diese Mobilisierungskraft des politischen Katholizismus im Ruhrgebiet beträchtlich nach, und zwar nicht nur als Folge des Auftretens einer selbständigen polnischen Partei. Die Hypothese, daß es sich dabei um eine verspätete urbane Säkularisierung handelt, trifft jedoch nur in sehr eingeschränktem Maße zu. Im Kern geht es um ein ganz anderes Phänomen, nämlich darum, daß der Katholizismus vor allem in den nördlichen Randzonen des Ruhrgebiets nicht länger in der Lage oder auch nicht willens war, die Einwanderermassen aus dem Osten sozial und kulturell zu integrieren. Als Folge scheidet sich die lokale Gesellschaft in Einheimische und Zugewanderte, in »Dorf« und »Kolonie«. Der plötzliche Durchbruch der Sozialdemokratie zu einer politischen Massenbewegung im Ruhrgebiet, der sich vorrangig gerade nicht in den älter urbanisierten und industrialisierten Teilen, sondern in den neu industrialisierten Gebieten mit einer ländlichen Zuwandererbevölkerung vollzieht, spiegelt genau diesen Sachverhalt.[38]

Vor diesem Hintergrund ist abschließend die Frage aufzugreifen, ob und inwieweit der politische Katholizismus eher als ein Produkt des Kulturkampfes zu begreifen ist oder eher als dessen

Voraussetzung.[39] Jonathan Sperber[40] betont für das nördliche Rheinland und Westfalen die in den beiden Jahrzehnten nach der Jahrhundertmitte erfolgende religiöse Erneuerung im katholischen Bereich als eine wesentliche Ermöglichungsvoraussetzung für den politischen Durchbruch des Katholizismus in den frühen siebziger Jahren. Der katholische Klerus wuchs dadurch in eine Vertrauensstellung hinein, die ihm auch politischen Einfluß verschaffte und ohne den das praktische Funktionieren des politischen Katholizismus vor Ort in der Tat kaum verständlich ist. Auf sehr subtile Art ist überdies von ihm herausgearbeitet worden, daß bereits 1867 bei den Wahlen zum Norddeutschen Reichstag ein politischer Katholizismus in diesen Regionen latent existierte, da in der Tat die klerikale Unterstützung für einen Kandidaten, mochte es sich dabei um einen oppositionellen, einen gouvernementalen oder einen unabhängigen Kandidaten handeln, für den Wahlausgang oft von konstitutiver Bedeutung war. Der politische Katholizismus war nach Sperber als Wählerschaft bereits vorhanden, bevor es zur Gründung einer katholischen Partei kam; er glich einem Dornröschen, das auf den Prinzen wartete, um politisch wachgeküßt zu werden. Für Sperber folgt daraus weiter, daß dort, wo eine vorwiegend katholische Wählerschaft in erster Linie liberale und progressive Kandidaten unterstützt, dies als Protestwahlverhalten und nicht als Identifikation mit den Zielen der Liberalen begriffen werden muß.

Was ist von diesen Argumenten zu halten? Richtig ist wohl, daß ein politisch relevantes, kirchennahes katholisches Milieu nicht erst ein Produkt der frühen siebziger Jahre ist, und weiter, daß es die politische Gesamtkonstellation in den späten sechziger und frühen siebziger Jahren ist, nicht etwa der Kulturkampf allein, der die politische Mobilisierung des Katholizismus zu erklären vermag. Darauf deuten auch die Wahlerfolge des Zentrums bei den preußischen Landtagswahlen 1870 und den Reichstagswahlen 1871 in Rheinland und Westfalen hin. Auf Grund seiner Verwurzelung in den »übernationalen Traditionen einer älteren politischen Ordnung Mitteleuropas« und »unter der Nation liegenden partikularistischen Traditionen«[41] stieß sich der Katholizismus in Deutschland, regional freilich sehr unterschiedlich, nicht nur am territorialen Zuschnitt des sich bildenden kleindeutschen Nationalstaats, sondern auch an dessen Inhalt, der weitgehend quer zu dem stand, was sich im Verlauf des 19. Jahrhunderts auf katholischer Seite an Ordnungsvorstellungen von Staat und Gesellschaft herausgebildet hatte.[42]

Was ohnehin schon an realen ordnungspolitischen Gegensätzen vorhanden war, wurde durch eine »borussische« Reichsideologie symbolisch überhöht und zugespitzt, die die Gründung des kleindeutschen Nationalstaates als Sieg des protestantischen über das katholische Prinzip interpretierte und Protestantismus mit Fortschritt, Katholizismus dagegen mit Rückständigkeit und nationaler Unzuverlässigkeit gleichsetzte. All das hatte sich spätestens seit Ende der fünfziger Jahre auf ideologischem Gebiet angebahnt. Insofern war der Kulturkampf in der Tat nur eine Steigerung eines bereits vorhandenen Trends und eine Fortsetzung der Auseinandersetzung mit anderen Mitteln.

Gleichwohl darf man seine konstitutive Bedeutung für die dauerhafte Herausbildung eines katholischen politischen Lagers nicht herunterspielen, weil erst die alltägliche Erfahrung von Schikane, behördlichem Übergriff und Unterdrückung[43], die Erfahrung, daß nicht nur religiöse Überzeugungen, sondern auch gewohnte Lebensweisen tangiert wurden, die langlebigen und bis in die NS-Zeit reichenden Voraussetzungen dafür schuf, daß die katholische Bevölkerung sich immer dann, wenn der Ruf ertönte: »die Religion ist in Gefahr«, bereitwillig politisch mobilisieren ließ. Erst in dieser Phase entstand, teils von außen aufgezwungen, teils selbst fabriziert, jener die unterschiedlichsten Bereiche des Lebens integrierende katholische Gesamtzusammenhang, den zu verlassen ohne Preisgabe der eigenen Selbstachtung kaum möglich war, was immer man privat über das Unfehlbarkeitsdogma und andere Entwicklungen im katholischen Raum denken mochte.[44]

Es gibt ein weiteres Argument. Der politische Katholizismus eroberte seit 1870 Landschaften, die vorher politisch anders besetzt gewesen waren. Obwohl dabei zu berücksichtigen ist, daß das rheinische Zentrum in starkem Maße auch frühere Nichtwählerschichten mobilisierte[45], spricht dennoch viel für die These, daß das Zentrum nicht allein von der katholischen Konfessionalität lebte, sondern ganz wesentlich auch davon, daß es sich den unterschiedlichen politischen Traditionen der jeweiligen Landschaft geschickt anpaßte und Eliten rekrutierte, die in diesen besonderen regionalen Traditionen verwurzelt waren. Diese Traditionen waren im Rheinland, im Unterschied zu Schlesien, aber auch zu Westfalen, wesentlich bürgerlich-liberal und plebejisch-volksoppositionell geprägt gewesen.

Eben deshalb muß man fragen, ob nicht möglicherweise einige Traditionen des Rheinlandes, die vor 1866 ihren politischen Ausdruck vorrangig im Liberalismus gefunden hatten, nach der Reichsgründung stärker als von den im nationalen Lager dominierenden Nationalliberalen von der rheinischen Zentrumspartei fortgeführt und »aufgehoben« wurden. Sicher ist jedenfalls, daß der breit im Volk verankerte rheinische politische Katholizismus der siebziger und achtziger Jahre etwas qualitativ anderes darstellt als die kleine Gruppe der klerikalen Politiker in den fünfziger und sechziger Jahren und daß das rheinische Zentrum eine ganze Schar von betont bürgerlichen Politikern hervorgebracht hat. Insofern ist die These, daß das rheinische Zentrum um seiner politischen Selbstbehauptung willen gehalten war, sich in seiner Politik auf die liberal geprägte politische Kultur des Rheinlandes einzulassen, weniger überholt, als es auf den ersten Blick scheinen mag.[46]

3.3 Die Entstehung eines sozialistischen Lagers in den siebziger Jahren

Im ersten Jahrzehnt des Kaiserreichs kommt es nicht nur zu einer lagermäßigen Auskristallisierung des politischen Katholizismus, sondern bereits auch zur lagermäßigen Ausgrenzung der sozialistischen Arbeiterbewegung, obwohl das große Wachstum dieses Lagers erst später erfolgt. Bei den Wahlen zum Norddeutschen Reichstag kann von einer solchen lagermäßigen Ausgrenzung noch kaum die Rede sein. Als die liberale *Essener Zeitung* den Ausgang der August-Wahlen des Jahres 1867 kommentierte, bei der im Wahlkreis Essen wiederum der ministerielle Kandidat das Rennen gemacht hatte, merkte sie an, daß die in drei Richtungen, nämlich in eine liberale, sozialdemokratische und klerikale, gespaltene »Volkspartei« insgesamt besser abgeschnitten habe als das Regierungslager.[47]

Der Kommentar der *Essener Zeitung*, die mitten im Übergang zu einem Drei-Lager-System noch einmal ein frühliberales Parteiverständnis beschwor, und das tatsächliche Verhalten der Liberalen in Essen paßten durchaus in die allgemeine politische Landschaft. Bei beiden Wahlen des Jahres 1867 war es zu einer Reihe von spektakulären Wahlbündnissen zwischen dem Kandidaten der Arbeiterbewegung auf der einen und den Liberalen und Konservativen auf der anderen Seite gekommen, die zumindest verdeutlichen, daß zu diesem Zeitpunkt die Grenzen oft noch fließend waren. Selbst bei der lassalleanischen Variante der Arbeiterbewegung, die auf schroffe Abgrenzung vom Bürgertum und Mobilisierung des Klassenbewußtseins setzte, bestand zwischen Programm und Praxis eine nicht geringe Kluft.

Selbstverständlich war es nicht, daß eine Politisierung von Klassenbewußtsein, seine Existenz einmal vorausgesetzt, bei Wahlen auch Erfolg haben würde, da man prinzipiell davon ausgehen muß, daß sich Klasse genauso wenig wie Konfession »natürlicherweise« in den politischen Raum hin verlängert. Die Entstehung von Klassenbewußtsein, seine Politisierung und eine sozialistische Ausdeutung solcher vorgefundenen Realität und Mentalität sind stets dreierlei Dinge, die sorgfältig auseinanderzuhalten sind und je gesondert der Erklärung bedürfen. Es waren deshalb in der Tat besondere Umstände in Deutschland notwendig, wozu außer der plötzlichen Einführung eines allgemeinen, gleichen, geheimen und direkten Wahlrechts und des damit einhergehenden Partizipationsschubs eine vergleichsweise geringe gesellschaftliche Verankerung der bestehenden »Altparteien« und eine tief in der politischen Kultur des Landes verwurzelte »staatssozialistische« Tradition trat, um einem solchen »politischen Unternehmen« zum Erfolg zu verhelfen.[48]

Die ersten wahlpolitischen Erfolge heimste der durch die »Sächsische Volkspartei« repräsentierte, mit dem »Allgemeinen Deutschen Arbeiterverein« (ADAV) konkurrierende Ansatz ein, der damals noch auf ein Bündnis mit dem demokratischen Bürgertum setzte. Bei den Wahlen zum Konstituierenden Norddeutschen Reichstag errang die »Sächsische Volkspartei« mit ihren Kandidaten Bebel und Schraps in den Wahlkreisen Sachsen 17 (Glauchau-Meerane) und Sachsen 18 (Zwickau) zwei Sitze, während der ADAV diesmal noch leer ausging. Erst bei den Augustwahlen gewann er zwei Reichstagsmandate in seiner klassischen regionalen Hochburg, dem bergisch-märkischen Industriegebiet, und dann in einer Nachwahl auch noch ein weiteres Mandat im westlichen Ruhrgebiet, in dem er bereits bei den Augustwahlen vorzügliche Ergebnisse erzielt hatte. Von der Mandatszahl her gesehen erfolgreicher war nach wie vor die »Sächsische Volkspartei«, die zu ihren bisherigen zwei Sitzen, diesmal bereits in der Hauptwahl mit Ergebnissen gewonnen, die an eine Zweidrittel-Mehrheit der abgegebenen gültigen Stimmen heranreichten, zwei weitere Mandate in den Wahlkreisen Sachsen 13 (Amtshauptmannschaft Leipzig) und Sachsen 19 (Stollberg-Löbnitz-Schneeberg) gewann. Hinzu kamen noch zwei Mandate für den LADAV (Lassalleanischer Allgemeiner Deutscher Arbeiterverein), die abgespaltene Konkurrenz.

Zwei große regionale Zentren der Arbeiterbewegung schälen sich also heraus: das Königreich Sachsen, das Zentrum jener Richtung, die zunächst durch die »Sächsische Volkspartei« politisch operiert und dann in die »Sozialistische Arbeiterpartei Deutschlands« (SAPD) mündet, aber durchaus auch ein regionaler Schwerpunkt des ADAV ist, und als zweites Zentrum das bergisch-märkische Industriegebiet mit seinen Ausläufern im westlichen Ruhrgebiet. Hinzu rechnen muß man auch den Großraum Hamburg mit seinen Ausstrahlungen in die Provinzen Schleswig-Holstein und Hannover, wo bereits bei den Konstituierenden Wahlen zum Norddeutschen Reichstag ein Kandidat der Arbeiterbewegung im Wahlkreis Hannover 17 (Harburg-Rothenburg-Zeven) 27 % der gültigen Stimmen erringt, aber auch den Raum Braunschweig, wo bei der gleichen Wahl auf einen Kandidaten der Arbeiterbewegung im Wahlkreis Braunschweig 1 (Braunschweig-Blankenburg) nicht weniger als 31,3 % der gültigen Stimmen entfallen.

Das auffälligste Kennzeichen der Augustwahlen des Jahres 1867, im Vergleich zu den Februarwahlen des gleichen Jahres, besteht einmal darin, daß die Arbeiterparteien – und das gilt in noch stärkerem Maße für die Nachwahlen – von der um etwa ein Drittel gefallenen Wahlbeteiligung profitierten, und zum anderen darin, daß es in Großstädten wie Berlin, Frankfurt, Bremen, Köln, Leipzig und Hamburg zu einem erheblichen Rückgang der Stimmenzahl kam. Es sind eher die mittel- und kleinstädtisch geprägten Gegenden Sachsens, Thüringens, Schlesiens und des bergisch-märkischen Industriegebietes mit Ausläufern im westlichen Ruhrgebiet, nicht die großstädtisch geprägten Wahlkreise, die der Arbeiterbewegung in den sechziger Jahren die besseren Voraussetzungen bieten. Zwar ist der Wahlkreis Düsseldorf 2 mit einer Einwohnerzahl von 65321 in Elberfeld und 62945 in Barmen als großstädtisch zu bezeichnen. Beide Städte waren jedoch kaum der Prototyp einer alten und etablierten Stadtkultur. Das galt in noch stärkerem Maße für die Industriestädte Duisburg und Essen im westlichen Ruhrgebiet. Möglicherweise besteht ein Zusammenhang zwischen dieser Erscheinung und der häufig registrierten Tatsache, daß namentlich die lassalleanische Bewegung einerseits an noch vorhandene religiöse Vorstellungen wie im pietistisch geprägten Bergischen Land anknüpfte, andererseits in Gebieten mit zurückgegangener kirchlicher Prägung, aber noch lebendigen religiösen Bedürfnissen als eine Art Ersatzreligion fungierte.[49] Großstädtisch geprägte Regionen sind demgegenüber als Räume zu begreifen, in denen sowohl die religiöse Prägung als auch das Bedürfnis danach in starkem Maße zurückgegangen sind.

Was aber mahnt, diese Befunde nicht allzu vorschnell sozialstrukturell und sozialkulturell zu interpretieren, ist die grundlegende Tatsache, daß in der Frühphase einer Bewegung Organisationsfaktoren eine weitaus wichtigere Erklärungsvariable darstellen als strukturelle und kulturelle Faktoren. Anders formuliert: Wo die politische Botschaft aus organisatorischen Gründen nicht ankommt, ist es müßig, darüber zu spekulieren, ob und inwieweit und aus welchen Gründen welche Segmente einer Bevölkerung sich in einer politischen Botschaft »wiederfinden« können oder nicht. Hinzu kommt, daß die geringe Wahlbeteiligung bei den Augustwahlen und den Nachwahlen, denen die frühe Arbeiterbewegung den Löwenanteil ihrer Parlamentsmandate verdankte, eine zurückhaltende Interpretation nahelegt. Man sollte sich, wo immer das möglich ist, die absoluten Zahlen ansehen und die Parteianteile nicht nur auf die Wähler, sondern auch auf die Wahlberechtigten prozentuieren. Auf diese Weise wird die Verankerung einer politischen Richtung in der Gesellschaft erst wirklich transparent. Prozentzahlen von über 50 %, bezogen auf die gültigen Stimmen, vermitteln oft ein falsches und trügerisches Bild von der politischen und kulturellen Realität vor Ort. Diese grundlegende Tatsache gilt es im Auge zu behalten, wenn man fragt, was aus den Zentren der frühen Arbeiterbewegung in den siebziger Jahren und darüber hinaus geworden ist.

Geradezu dramatisch wirkt der Zusammenbruch der sozialistischen Arbeiterbewegung im westlichen Ruhrgebiet. Dem sozialistischen Frühling der Jahre 1867-1870 folgte kein sozialistischer Sommer. Die beiden Reichstagswahlkreise Duisburg und Essen wurden vielmehr zu Paradewahlkreisen des politischen Gegners – Duisburg des nationalen Lagers, Essen des katholischen Lagers. Beide politischen Großgruppen nutzten hier ihr Potential in einem außerordentlich starkem Maße aus. Darin liegt auch schon ein guter Teil der Erklärung für den Niedergang der sozialistischen Arbeiterbewegung im westlichen Ruhrgebiet. Zugespitzt formuliert: Bevor sie zu einem Opfer des Sozialistengesetzes werden konnte, war sie bereits zum Opfer des politischen Katholizismus und der durch dessen Aufstieg bewirkten Zweilagerbildung im Ruhrgebiet geworden.[50]

Der Niedergang der sozialistischen Arbeiterbewegung im westlichen Ruhrgebiet findet eine zeitlich versetzte Parallele in Teilen Schleswig-Holsteins in den siebziger Jahren. In dem durch Gutsbesitz geprägten schleswig-holsteinischen Wahlkreis 9 (Oldenburg-Plön-Seegeberg) fiel die Sozialdemokratie, genauer: der ADAV, nach einem spektakulären Erfolg im Jahre 1874, bei dem er nicht weniger als 37,2 % der Wahlberechtigten für sich mobilisieren konnte, wieder aus der ost-holsteinischen Agrargesellschaft heraus, ehe sie zu Beginn der neunziger Jahre an ihre frühen Mobilisierungserfolge anknüpfen konnte, ohne sie jedoch jemals wieder ganz zu erreichen. Auch hier ein sozialistischer Frühling, dem lange Zeit kein sozialistischer Sommer folgte. Eben das gibt Veranlassung, über mögliche Gemeinsamkeiten der beiden genannten Fälle nachzudenken, wenngleich der Katholizismus an der Ruhr ein Faktor ist, für den es in Schleswig-Holstein keine Entsprechung gibt.

Eine Gemeinsamkeit ist zunächst, daß der frühe Durchbruch der Arbeiterbewegung bei den Wahlen in beiden Fällen in erster Linie ein Protestphänomen reflektiert, im Ruhrgebiet vor dem Hintergrund von Epidemien und Arbeitskämpfen, in Schleswig-Holstein vor dem Hintergrund des Aufbegehrens der kontraktgebundenen Tagelöhner gegen die für Ost-Holstein charakteristische Macht der Gutsbesitzer.[51] Weithin gemeinsam ist weiter die Realität einer spezifischen Repression und eines starken sozialen Drucks, der auf die Arbeiterschaft ausgeübt wurde, in Ost-Holstein durch den Grundbesitz, an der Ruhr durch die Großbetriebe, und zwar auch schon in der Zeit vor dem Sozialistengesetz.[52] Gemeinsam ist weiter das Fehlen eines breiten kulturellen Fundaments für eine sozialistische Arbeiterbewegung in der jeweiligen Region. Weder das durch Schwerindustrie und Bergbau geprägte Ruhrgebiet noch das durch Großgrundbesitz geprägte Ost-Holstein stellten einen idealen kulturellen Nährboden bereit, auf dem die Arbeiterbewegung auch unter erschwerten Bedingungen existieren konnte. Anders als im urbanen Kontext, wo die Repression durch Staat und Unternehmer häufig Politisierungsprozesse der Arbeiterschaft auslöste, hatten sie in den Gütern Ost-Holsteins und in den großen Städten an der Ruhr, die aber gleichwohl keine Großstädte waren, den gegenteiligen Effekt.

Dennoch stellt das industrie- und städtearme Schleswig-Holstein neben dem industrialisierten Königreich Sachsen und dem zwar städtischen, aber wenig industrialisierten Hamburg[53] geradezu eine Paradelandschaft der Sozialdemokratie in den siebziger Jahren dar. Bei den Reichstagswahlen 1874 war die SPD, die in Schleswig-Holstein vor 1875 faktisch mit dem ADAV gleichzusetzen war, die stärkste Partei, und bei den Reichstagswahlen 1877 lag sie nur um Bruchteile von Prozenten hinter den Nationalliberalen zurück. Es liefen viele Motive zusammen, die dieses Phänomen erklären: in den Wahlkreisen Schleswig-Holstein 8 (Altona-Stormarn) und im Wahlkreis Schleswig-Holstein 7 (Kiel) ein urbaner und industrieller Kontext, in den Dithmarschen ein gerütteltes Maß an anti-preußischem Protest und in Ost-Holstein, in den Wahlkreisen Oldenburg-Plön und Herzogtum Lauenburg[54], in denen antipreußische Ressentiments nur eine geringe Rolle spielten, der soziale Protest von Landarbeitern, die durch ein Votum für die SPD gegen ihre gesellschaftliche Lage protestierten. Auf das Ganze gesehen bleibt die Provinz Schleswig-Holstein in den siebziger Jahren der für Deutschland, freilich nicht für die benachbarten skandinavischen Länder ungewöhnliche Fall einer Arbeiterbewegung, die vorrangig auf dem flachen Land beheimatet ist. Zumindest für die Reichstagswahl 1874 dürfte gelten, daß mehr als die Hälfte der auf die Sozialdemokratie entfallenden Stimmen von Wählern stammte, die in Landgemeinden und Gutsbezirken lebten.[55]

Wie außergewöhnlich die Position der Sozialdemokratie im Agrarland Schleswig-Holstein war, macht ein regionaler Vergleich deutlich, der die auf die Sozialdemokratie entfallenen Stimmenanteile nicht auf die Wähler, sondern auf die Wahlberechtigten hin prozentuiert. Dabei wird sehr schnell erkennbar, daß es eigentlich nur drei Vergleichslandschaften gibt, die in den siebziger Jahren mit Schleswig-Holstein »in der gleichen Liga spielten«, nämlich Sachsen, die Hansestädte und Braunschweig und seit 1877 auch Berlin.

Schon ein flüchtiger Vergleich macht deutlich, daß zwischen den regionalen Wahlerfolgen und dem regionalen Organisationsgrad der frühen Arbeiterbewegung, wie sie für den Zeitpunkt des Gothaer Vereinigungsparteitags von Hartmut Zwahr durchgeführt worden ist[56], ebensowenig ein zwingender Zusammenhang besteht wie zwischen dem Organisationsgrad einerseits und dem Industrialisierungsgrad oder Lohnarbeiteranteil an der gewerbstätigen Bevölkerung andererseits. Nicht nur Faktoren wie Konfession und Verstädterung spielen als intervenierende Variablen eine entscheidende Rolle, sondern auch Traditionsfaktoren. So kommt Zwahr zu dem Schluß, daß die SAPD 1875 immer noch im wesentlichen innerhalb der von der 1848er Arbeiterbewegung erreichten »territorialen Grenzen« bestanden habe und daß in der Stärke der Arbeiterbewegung im Königreich Sachsen »vielfach in ungebrochener und kaum unterbrochener örtlicher Kontinuität jene der Revolutionsjahre 1848 und 1849« fortlebte.[57]

Die Frage ist jedoch, ob man zu den gleichen Schlußfolgerungen gelangt, wenn man für die siebziger Jahre nicht auf die Parteimitglieder, sondern auf die Wähler der SPD abhebt. Auch einige der bei Zwahr ausgebreiteten Befunde, z. B. der Umstand, daß der Prozentsatz der SAPD-Mitglieder in Schleswig-Holstein mit 69 von 1000 gewerblichen Lohnarbeitern – die Vergleichszahlen für das Königreich Preußen liegen bei acht, für das Königreich Sachsen bei 13 – ganz außerordentlich hoch ist, legen es nahe, nicht von einem monistischen, sondern von einem pluralistischen Erklärungsansatz auszugehen. Der hohe Wert für Schleswig-Holstein z. B. kommt, will es scheinen, nur dadurch zustande, daß wir es hier zwar mit einer starken Arbeiterbewegung zu tun haben, aber mit einer Arbeiterbewegung, die vorwiegend nicht ein gewerblich-industrielles, sondern ein agrarisches Fundament besitzt. Daraus folgt, daß es auch schon in der Frühphase der Arbeiterbewegung ganz unterschiedliche Motive gegeben hat, die SPD zu wählen oder – nicht gleichbedeutend – sich ihr als Mitglied anzuschließen.

Um sich nicht in historischen Details zu verlieren, empfiehlt es sich, zwischen einem kulturellen und einem sozialen Zugang idealtypisch zu unterscheiden. Kultureller Zugang heißt, daß bereits ein kultureller Vorlauf existiert, sei es der Vorlauf eines bürgerlichen Radikalismus, sei es von handwerklichen Traditionen oder der 48er Arbeiterbewegung selber. Solche Vorläufe, die im Normalfall an einen städtischen Kontext gebunden sind, stellen wichtige Voraussetzungen dafür dar, daß man sich im Emanzipationsprogramm der sozialistischen Arbeiterbewegung überhaupt »wiederfinden« konnte und bereit war, sich auf langfristige Strategien einzulassen. Sozialer Zugang soll heißen, daß es ein, sei es mehr in der aktuellen Situation, sei es mehr in sozialen Strukturen angelegtes Protestpotential gibt, das nach einem politischen Ausdruck sucht und dafür bei gegebenen, nicht zuletzt auch konfessionell bedingten Rahmenbedingungen die SPD wählt, ohne daß ein entsprechender kultureller Vorlauf wie im oben genannten Zugang vorliegt. Dieser Typus ist nicht nur auf dem Boden von Agrargesellschaften, sondern auch von Industriegesellschaften anzutreffen, namentlich dann, wenn die Arbeiterschaft ländlicher Herkunft ist und sich über weite Strecken hin eine ländlich-dörfliche Denk- und Lebensweise bewahrt hat. Das Ruhrgebiet, besonders das Revier um die Jahrhundertwende mit seinen gewaltigen Einwandererströmen aus dem Osten, gehört zu diesem Typus, der das Gesicht der Sozialdemokratie in weiten Teilen dieser Region vor 1914 prägt und sich nach 1919 im wesentlichen in der KPD fortsetzt.[58]

Die analytische Unterscheidung von kulturellem und sozialem Zugang darf nun freilich nicht dazu verführen, die Verhältnisse allzu statisch zu sehen. Zumindest ein strukturell angelegtes soziales Fundament kann mittel- und langfristig durchaus in eine kulturelle Basis umgewandelt werden. Die sozialistische Arbeiterbewegung lebt ja nicht nur von kulturellen Beständen, sondern ist selber eine Kulturbewegung und eine kulturprägende Macht. Kulturbildungsprozesse erfolgen aber nicht über Nacht. Solange eine vorhandene gesellschaftliche Basis nicht hinreichend kulturell überformt und durchformt worden ist, solange sie noch nicht zu einem Milieu transformiert worden ist, solange ist damit zu rechnen, daß sie sich in Krisensituationen anders verhält als eine bereits kulturell verankerte regionale Arbeiterbewegung.

Eben diese Erwartung bestätigt sich voll und ganz, wenn man die Auswirkungen des Sozialistengesetzes auf das Wahlverhalten im regionalen Vergleich untersucht, und zwar mit Hilfe einer Prozentuierung der Stimmenanteile auf die Wahlberechtigten, weil auf diese Weise das Ausmaß der Verankerung in der regionalen Gesellschaft besser deutlich wird. Was ergibt ein solcher Vergleich? Während im agrarisch bestimmten Schleswig-Holstein und Mecklenburg, aber auch im gewerblich-industriell bestimmten Regierungsbezirk Düsseldorf von 1877 auf 1878 die Stimmenanteile radikal heruntergehen, bleiben im Königreich Sachsen, in Berlin, im

Großherzogtum Hessen und in den Hansestädten die Stimmenanteile nicht nur stabil, sondern steigen sogar leicht an.

Der so gewonnene Eindruck bestätigt sich, wenn man kleinräumiger vorgeht und Wahlkreise innerhalb der jeweiligen Regionen vergleicht. Während in den durch Großgrundbesitz gekennzeichneten ostholsteinischen Wahlkreisen Plön und Herzogtum Lauenburg die Stimmenanteile von 21,5 % auf 3,6 % bzw. von 15,1 % auf 0 % sinken und auch im bäuerlichen Wahlkreis Dithmarschen die Stimmenanteile von 20,7 % auf 11,4 % nahezu halbiert werden, bleibt der Wahlkreis Altona-Storman, ein urbaner Ausläufer Hamburgs, mit 36,9 % im Jahre 1878 gegenüber 36,0 % im Jahre 1877 nicht nur stabil, sondern wächst sogar ein wenig an. Ähnlich die Verhältnisse in einigen anderen urbanen Gegenden Deutschlands. In den Wahlkreisen München 1 und München 2 sind Steigerungen von 7,5 % auf 9 % bzw. von 6,7 % auf 10,5 % zu verzeichnen. Ähnlich im Wahlkreis Großherzogtum Hessen 5 (Offenbach) mit einer Steigerung von 19,1 % auf 19,8 % und im Wahlkreis Hessen 9 (Mainz), wo es mit 7,9 % auf 13,2 % fast zu einer Verdoppelung der Stimmenanteile kommt.

Komplexer ist die Situation im Regierungsbezirk Düsseldorf. Hier ist es nicht zufällig der Wahlkreis Barmen-Elberfeld im alten bergischen Gewerbe- und Industriegebiet, das zudem über ältere Traditionen der Arbeiterbewegung verfügt, das mit einem kleinen Rückgang von 32,1 % auf 30,7 % nahezu stabil bleibt, während in den durch Bergbau und Schwerindustrie geprägten beiden Wahlkreisen Essen und Duisburg im westlichen Ruhrgebiet ein ähnlicher Aderlaß stattfindet wie in den ländlich geprägten Räumen. Im Wahlkreis Essen sinkt der sozialdemokratische Stimmenanteil von 8,5 % auf 1 % und im Wahlkreis Duisburg von 10,1 % auf 1,4 %.

Bilanziert man diese Ergebnisse, läßt sich sagen, daß sich die Kultur- und Milieubildung, die selber wiederum an historische Traditionen gebunden ist, für die Arbeiterbewegung in der Krise offensichtlich in hohem Maße auszahlt. Aber sie hat ihren Preis. Jede Milieubildung bedeutet der Tendenz nach stets auch so etwas wie Selbstausgrenzung aus der allgemeinen Staatsbürgergesellschaft, wobei man, ebenso wie beim politischen Katholizismus, lange darüber streiten kann, in welchem Maße diese Selbstausgrenzung freiwillig oder erzwungen war.

3.4 Die Auskristallisierung eines Dreilagersystems in der Epoche der Reichsgründung

Die Drei-Lager-These besagt, daß zwischen den fünf oder sechs Parteien des Kaiserreiches keine Äquidistanz und kein normales Links-Rechts-Gefälle besteht, sondern daß an bestimmten Stellen im Parteienspektrum subkulturell unterlegte und durch prinzipielle Verwerfungen gekennzeichnete Grenzmarkierungen auftauchen, die eine andere Qualität besitzen als die üblichen Abgrenzungen zwischen den Parteien. In gewissem Sinne haben wir es mit drei »Deutschlands« zu tun, die im Prinzip allesamt die gleichen Tendenzen aufweisen, die sich im nationalen Lager parteimäßig ausdifferenziert haben (vgl. Abb. 1). Entscheidend ist dabei, daß diese Grenzen nicht auf der Elitenebene verbleiben, sondern auch auf die Ebene der Anhängerschaften und Wählerschaften durchschlagen. Vorstellbar ist sogar, daß die Lager auf der Ebene der Anhängerschaften stärker ausgebildet, auf der Ebene der Eliten dagegen etwas zurückgenommen sind.

Konkordanzgesellschaften funktionieren nach diesem Muster. Für das Kaiserreich gilt jedoch, daß es gerade auch auf der Elitenebene, anders als in Frankreich, wo der Laizismus Arbeiterbewegung und linksbürgerliche Gruppen verband, oder Großbritannien, wo der religiöse Nonkonformismus ein verbindendes Element darstellte, zu einer deutlichen Auskristallisierung eines konfessionell unterlegten Drei-Lager-Systems gekommen war, das aus Protestanten, Katholiken und Dissidenten bestand.[59]

Das schloß politische Zweckbündnisse und geradezu machiavellistische Koalitionen über die Lagergrenzen hinweg keineswegs aus. Dazu ist es nicht nur auf der zentralinstanzlichen Ebene in den Parlamenten, sondern auch auf der Wahlkreisebene, namentlich bei Stichwahlen, immer wieder gekommen. Wer jedoch den Gesamtzusammenhang sieht und genau darauf achtet, wer gegen wen in den einzelnen Wahlkreisen überhaupt antritt, kann kaum einen Zweifel daran haben, daß die parteipolitische Realität vor Ort im außerordentlich hohen Maße durch das Drei-Lager-Schema gesteuert wurde, selbstverständlich nur dort, wo die Voraussetzungen gegeben waren. Daß in rein protestantischen und wenig industrialisierten Regionen die Lager-Realität latent bleibt, ist zu erwarten. Überall dort jedoch, wo es zur Ausbildung eines sozialistischen oder katholischen Lagers kommt, können wir im Prinzip von der Realität eines regionalen Zwei- oder Dreilagersystems ausgehen. Das setzt sich zwar nicht überall so konsequent um wie z. B. im Wahlkreis Essen, wo als Kandidat des nationalen Lagers entweder ein Nationalliberaler, ein Freikonservativer oder ein Deutschkonservativer oder auch – eine regionale politische Neuschöpfung – ein Angehöriger einer nationalen Arbeiterpartei auftritt, aber stets gegen die gleiche Sache steht, zunächst gegen den politischen Katholizismus, später gegen das katholische und sozialistische Lager gleichermaßen. Und daß man es dem Kandidaten des nationalen Lagers selber überläßt, welcher Reichstagsfraktion er sich später anschließt, ist durchaus weitverbreitete Praxis.

Insbesondere sind die Unterschiede zwischen Freikonservativen und Nationalliberalen westlich der Elbe, was die Wählerschaft betrifft, allenthalben minimal. Es muß als Ausnahme gelten, wenn ein Freikonservativer gegen einen nationalliberalen Kandidaten antritt und umgekehrt, und zwar vergleichsweise unabhängig von den politischen Konstellationen und Koalitionen, die in Berlin vorherrschen. Aus der Perspektive einer Partei- und Wahlgeschichte »von unten« ist deshalb auch die globale Zusammenfassung der Deutschkonservativen und Freikonservativen zu einer konservativen Wählerschaft oder gar zu einem konservativen Milieu fragwürdig. Es ist oft weitaus angemessener, auf der Wahlkreisebene von der Realität eines unterschiedliche Strömungen aufweisenden nationalen Lagers auszugehen, in vielen Fällen auch dann, wenn bei der Hauptwahl zunächst kein Einheitskandidat des nationalen Lagers, sondern Kandidaten verschiedener bürgerlicher Parteien auftreten, die bei der Hauptwahl ihr Gewicht innerhalb des nationalen Lagers zu testen versuchen.

Grenzprobleme werden aber gelegentlich durch die Konservativen und die Linksliberalen aufgeworfen. Ihr Verhalten vor Ort läßt in der Tat hin und wieder die Möglichkeit eines ganz anderen, nicht durch ein Dreilagerschema strukturierten Parteiensystems aufscheinen. Bei den Konservativen ist das vor allem dort der Fall, wo sich ein vom Pietismus oder von der protestantischen Orthodoxie getragenes kirchennahes Milieu in den westlichen Teilen Deutschlands seiner christlich-konservativen Gemeinsamkeiten über die Lagergrenzen hinaus bewußt wird. Ludwig v. Gerlach kandidierte, wie bereits oben erwähnt, kurz vor seinem Tode als gemeinsamer Kandidat von Zentrum und Welfen im Wahlkreis Osnabrück. Der badische Konservativismus verdankte seine Reichstagsmandate regelmäßig der Unterstützung durch das Zentrum. Die Option Friedrich Julius Stahls, dem in seinem Kampf gegen den kirchlich-theologischen und politischen Liberalismus die religiöse und politische Solidarität der »Offenbarungsgläubigen« aller Konfessionen stets höher stand als konfessionelle Solidarität mit den »Offenbarungsleugnern«[60], blieb als Möglichkeit während des Kaiserreichs durchaus präsent, bestimmte jedoch gerade auf lokaler und regionaler Ebene nicht die politische und gesellschaftliche Realität. Charakteristischerweise war es auch so, daß nicht ein katholischer Kandidat von konservativen Protestanten, sondern ein konservativer Kandidat durch katholische Stimmen gestützt wurde, eine Hilfe, derentwegen sich die Konservativen oft noch ein wenig genierten.

Das wird besonders deutlich, wenn man sich auf den Versuch einläßt, die wechselseitige Nähe und Distanz der Parteien im Kaiserreich auf der Ebene der Anhängerschaft dadurch zu bestimmen, daß man das Wahlverhalten der Wähler bei Nichtantreten der Partei ihrer ersten Wahl statistisch berechnet. Um die Mentalität zu erfassen und um machttaktische Einflüsse möglichst gering zu halten, werden bewußt nicht Hauptwahlen und Stichwahlen, sondern Hauptwahlen zu unterschiedlichen Zeitpunkten miteinander verglichen, z. B. die Wahlen von 1871 und 1874, die zu einem Wahlpaar zusammengefaßt werden. Geschätzt werden dann mit Hilfe einer Regressionsanalyse die Wahrscheinlichkeiten, mit der Wähler, die bei einer dieser Wahlen keine Gelegenheit hatten, *ihre* Partei zu wählen, eine andere Partei als Partei zweiter Wahl gewählt haben.[61]

Die Ergebnisse dieser Berechnungen, so problematisch einige Annahmen sein mögen, die in sie eingegangen sind, erscheinen nicht zuletzt deshalb einigermaßen plausibel, weil sie im Prinzip zu gleichen Schlußfolgerungen führen wie vergleichende typologische Untersuchungen und einzelne Fallstudien. Die zentrale Aussage lautet, daß das Lagersystem sich erst in den siebziger Jahren entwickelt und bei der ersten Reichstagswahl des Jahres 1871 noch nicht präsent ist. Folgt man Claggett und seinen Mitarbeitern, bevorzugten Wähler der konservativen Partei, wenn sie die eigene Partei im Wahlkreis nicht wählen konnten, zunächst durchaus die Sozialdemokraten und dann das Zentrum. Auch hier ist es notwendig, scharf zwischen der Anhängerschaft der Konservativen und denen der freikonservativen Reichspartei zu unterscheiden, die als erste Alternative eindeutig die Nationalliberalen bevorzugten.

Die Präferenzen der konservativen Wähler, weniger, was ihre Präferenz für das Zentrum anbetrifft als vielmehr ihre Bevorzugung der SPD, könnten gewisse Zweifel an den Untersuchungsmethoden wecken und an den Annahmen, die in sie eingegangen sind. Völlig unplausibel sind sie jedoch nicht, wenn man an die Wahlen zum Norddeutschen Reichstag im Jahre 1867 denkt. Offensichtlich hat es in dieser Frühphase eine relative Nähe von konservativer und sozialdemokratischer Wählerschaft gegeben, was umgekehrt auch daran deutlich wird, daß sozialdemokratische Wähler, wenn sie die Partei ihrer ersten Wahl in einem Wahlkreis nicht wählen konnten, die Konservativen weit vor den Nationalliberalen bevorzugten.

Etwas überraschend sind die Befunde hinsichtlich der Zentrumswählerschaft für das Wahlpaar 1871-74. Denn daß diese vor dem Hintergrund des Kulturkampfes, falls die eigene Partei nicht gewählt werden konnte, ausgerechnet die Nationalliberalen vor den Konservativen und der freikonservativen Reichspartei bevorzugt haben sollen, stellt eine historische Zumutung dar. Der unwahrscheinliche Befund wird jedoch plausibel, wenn man weiß, daß in die Werte für die Nationalliberalen auch die Werte für die gerade bei den Wahlen des Jahres 1871 in katholischen Gegenden ziemlich erfolgreiche liberale Reichspartei eingeflossen sind. Im Ergebnis läuft das auf die Vermutung hinaus, daß eine große Zahl von Katholiken, die bei den Reichstagswahlen des Jahres 1874 das Zentrum wählt, bei den Reichstagswahlen des Jahres 1871 noch in starkem Maße »national«, mithin in erster Linie die liberale Reichspartei gewählt haben. Auch das dürfte ein indirekter Hinweis darauf sein, daß die definitive lagermäßige Ausgrenzung des Katholizismus nicht bereits mit der Gründung der Zentrumspartei in Preußen, geschweige denn in den Jahrzehnten vorher, sondern tatsächlich erst im Kulturkampf erfolgt.

Es sagt einiges über das gesellschaftliche und politisch-kulturelle Profil der linksliberalen Wählerschaft aus und bestätigt die oben geäußerten Vermutungen, wenn man sieht, daß für sie über alle Zeiträume hinweg die Nationalliberalen, gefolgt von der freikonservativen Reichspartei, die Partei ihrer zweiten Wahl bleibt, während Zentrum und Sozialdemokratie als mögliche politische Zweitoptionen faktisch keine Rolle spielen. Das ist eine Konstante für den gesamten Zeitraum zwischen 1871 und 1912, und ein zumindest vorsichtiger Hinweis darauf, daß die linksliberale Wählerschaft, was immer ihre Eliten an politischen Bündnissen in Erwägung zogen, als ein integrierter Bestandteil des nationalen Lagers begriffen werden muß – aber mit der Einschränkung, daß die Wahrscheinlichkeit, mit der linksliberale Wähler die Konservativen als mögliche Alternative ins Auge faßten, anfänglich ähnlich gering war wie bei SPD und Zentrum und sich erst seit den achtziger Jahren ein wenig erhöhte.

Umgekehrt ist diese Distanz bei der konservativen Wählerschaft zunächst nicht so scharf ausgeprägt. Sie wird jedoch immer größer im Zeitablauf. Innerhalb des nationalen Lagers bestehen daher erhebliche Distanzen. Der Weg von den Deutschkonservativen zu den Linksliberalen ist weit – und umgekehrt. Daß jedoch gegen Ende der siebziger Jahre auch die Konservativen auf der Wählerebene zu einem Bestandteil des nationalen Lagers geworden sind, zeigt die Tatsache, daß nunmehr auch bei ihnen die Wahrscheinlichkeit, die SPD oder das Zentrum als zweite Wahl ins Auge zu fassen, gegen Null tendiert.

Wie sehr man es trotz der Distanz zwischen Konservativen und linksliberaler Wählerschaft, in der sich ein Links-Rechts-Gegensatz spiegelt, insgesamt mit einem Lagersystem und nicht mit einem die Lagergrenzen übergreifenden Links-Rechts-Kontinuum zu tun hat, wird indirekt vor allem daran deutlich, daß die sozialdemokratische Wählerschaft keineswegs eine größere Nähe zu den Linksliberalen aufweist als zu anderen Parteien des nationalen Lagers, selbst wenn man die Anfangsphase ausklammert, wo die wechselseitige Nähe von sozialdemokratischer und konservativer Wählerschaft das herausragende Phänomen darstellt. Ebensowenig läßt sich die Zentrumswählerschaft, deren Zweitpräferenz zu bestimmten Zeiten den Konservativen, zu anderen Zeiten jedoch den Linksliberalen gehört, einfach in ein lagerübergreifendes Links-Rechts-Kontinuum einordnen. Das Gleiche gilt für die sozialdemokratische Anhängerschaft, die sich nicht einfach als der linke Flügel eines Fortschrittslagers begreifen läßt.

Der stärkste Beweis dafür, daß sich das deutsche Parteiensystem in den siebziger Jahren lagermäßig neu gruppiert hat, ist jedoch die Pariastellung, die das Zentrum und die SPD seit dem Ende der siebziger Jahre im deutschen Parteiensystem besitzen. Der fundamentale Unterschied zwischen den Wahlen 1871 und 1874 auf der einen und den Wahlen des Zeitraums von 1877 bis 1881 auf der anderen Seite besteht darin, daß sowohl das Zentrum als auch die Sozialdemokratie seit 1877 weder für die Wählerschaft der Deutschkonservativen noch für die der Reichspartei oder für die der Nationalliberalen und der Fortschrittspartei in irgendeiner Weise eine mögliche zweite Wahl darstellen. Und dieses Muster bleibt bis zum Ende des Kaiserreichs faktisch unverändert.

Bei aller gebotenen Zurückhaltung darf man aus diesem Befund wohl folgern, daß sich eine lagermäßige Auskristallisierung des deutschen Parteiensystems bereits im ersten Jahrzehnt der Reichsgründungsphase vollzogen hat und fortab konstant bleibt. Innerhalb von zehn Jahren sind aus den drei Tendenzen der einen »Volkspartei«, um noch einmal die *Essener Zeitung* vom Jahre 1867 zu zitieren[62], drei durch hohe kulturelle Mauern getrennte politische Großlager geworden. Die Rasanz dieser politischen Entwicklung hat gewiß auch etwas mit der politischen Brandstiftung durch die politischen Eliten zu tun sowie mit der Tatsache, daß das Elektorat in dieser »Phase ursprünglicher politischer Akkumulation« noch in hohem Maße form- und gestaltbar war. Daß jedoch die politischen Impulse »von oben« in so unwahrscheinlich kurzer Zeit von der Wählerschaft nachvollzogen und politisch ratifiziert wurden, deutet darauf hin, daß hier in der Tat Gegensätze und Unterschiede angesprochen worden waren, die tief in der Lebens- und Erfahrungswelt von sozialen Gruppen verankert waren.

4. Die politische Gesellschaft in Deutschland im Zeichen des Dreilager-Systems

4.1 Kontinuität und Wandel von Wahlverhalten und Parteiensystem im Kaiserreich

Die Entwicklung der Partei- und Lageranteile auf der Reichsebene

Das herausragende Kennzeichen der deutschen Wahlgeschichte zwischen 1877 und 1912 ist der kontinuierliche Aufstieg der Sozialdemokratie zur stärksten politischen Kraft im Kaiserreich. Aus einer Partei, die in dem Jahr vor dem Erlaß des Sozialistengesetzes annähernd eine halbe Million Anhänger mobilisieren konnte, war genau 30 Jahre später eine Massenbewegung geworden, der selbst bei den Reichstagswahlen des Jahres 1907, die im Zeichen einer national-imperialistischen Mobilisierung der Wählerschaft standen und deshalb eine Art Härtetest für die SPD darstellten, gut 3,2 Millionen Wähler ihre Stimme gaben. Bei den nachfolgenden Reichstagswahlen des Jahres 1912 kam noch etwa eine weitere Million hinzu.

Die Anhängerschaft der Sozialdemokratie hatte sich mithin im Zeitraum zwischen 1877 und 1912 mehr als verachtfacht. Aus einem Anteil von 9,4 % an den Wahlbeteiligten im Jahre 1877 war bis 1912 ein Anteil von 34,7 % geworden.[1] Neutralisiert man den Faktor Wahlbeteiligung durch Prozentuierung auf die Wahlberechtigten, ergibt sich ein Ausgangspunkt von 5,7 % im Jahre 1877, der auf 28,9 % im Jahre 1912 gesteigert wird. Die Sozialdemokratie war also immer tiefer in die Gesellschaft eingedrungen, und aus einer ursprünglich regional konzentrierten Partei war trotz aller nach wie vor verbleibenden weißen Flecken eine flächendeckende politische Bewegung geworden, die annähernd da stand, wo in den siebziger Jahren die Nationalliberalen gestanden hatten.

Das zweite hervorstechende Kennzeichen dieser Periode ist die Tatsache, daß sich parallel zum Aufstieg der Sozialdemokratie *kein* säkularer Abstieg der beiden anderen Großlager vollzieht, sondern daß diese mehr oder minder ihren Platz in der politischen Gesellschaft behaupten können. Gewiß ist einzuräumen, daß der politische Katholizismus den Mobilisierungsstand aus der Hochzeit des Kulturkampfes nicht zu halten vermag. Geht man von dem Prozentanteil an den Wahlbeteiligten aus, die anfänglich deutlich höher liegen als die Anteile an den gültigen Stimmen, ergeben sich Zentrumswerte von 29,8 % für 1874 und 25,6 % für 1877 sowie Werte von 19,3 % für 1907 und 16,2 % für 1912. Vergleicht man die Ergebnisse von 1874 und 1907, ein Vergleich der sich nicht zuletzt deshalb anbietet, weil das Zentrum sich 1907 nicht zu Unrecht an die Kulturkampfsituation erinnert fühlte[2], wird deutlich, daß der politische Katholizismus gut zehn Prozentpunkte und damit ca. ein Drittel seines ursprünglichen Wähleranteils verloren hat.[3]

Das so gewonnene Bild wird jedoch entscheidend korrigiert, wenn man die Stimmenanteile auf die Wahlberechtigten prozentuiert. Gewiß werden die 17,5 % des Jahres 1874 vom Zentrum nie wieder erreicht, wohl dagegen die 15,5 % des »Normaljahres« 1877, wie die Ergebnisse von 14,9 % für 1903, 16,3 % für 1907 und 13,5 % für 1912 zeigen. Der Eindruck einer erstaunlichen Konstanz verstärkt sich, wenn man die Durchschnittswerte für die siebziger und achtziger Jahre mit den Durchschnittswerten der neunziger Jahre und aus dem ersten Jahrzehnt des 20. Jahrhunderts vergleicht. Sie liegen mit 14,2 % für die erste Periode und 14,1 % für die zweite Periode fast exakt auf gleichem Niveau. Das Zentrum hat die Zahl seiner Wähler nicht nur absolut, von gut 1,4 Millionen im Jahre 1877 auf fast 2,2 Millionen im Jahre 1907, gesteigert, sondern auch relativ mit der Vergrößerung des Wahlkörpers, der sich zwischen 1871 und 1912 annähernd verdoppelt, einigermaßen Schritt gehalten.

Was für das katholische Lager gilt, trifft in leicht abgewandelter Form auch für das nationale Lager zu. Geht man vom Anteil an den Wahlbeteiligten aus, ist der relative Niedergang unübersehbar. Das nationale Lager betritt das Kaiserreich 1871 mit 62,2 %[4] und verläßt es 1912 mit 39 %. Vergleicht man die letzte Zahl mit den »Normalwahlen« des Jahres 1877 (53,3 %), ist der Rückgang etwas weniger drastisch. Am Gesamtbild, das dem für das katholische Lager gewonnenen sehr stark ähnelt, ändert sich wenig.

Völlig anders ist der Eindruck, wenn man die auf die Wahlberechtigten bezogenen Anteile miteinander vergleicht: Das nationale Lager betritt das Kaiserreich mit einem Anteil von 31,7 % (1877: 32,3 %) und verläßt es 1912 mit einem Anteil von 32,5 %.

Zwischendurch gibt es zwar einige Bewegungen. Klammert man jedoch das exzeptionelle Ergebnis der Kartellwahlen des Jahres 1887 aus, das mit 47,3 % an Ergebnisse aus der Endphase der Weimarer Republik erinnert, läßt sich etwas vereinfachend sagen, daß etwa ein Drittel der Wahlberechtigten bereit ist, sich regelmäßig für das nationale Lager politisch mobilisieren zu lassen.

Intern hatte es eine Reihe von Umschichtungen gegeben. Die beiden Parteien des »nationalen Lagers« im engeren Sinne, die Nationalliberalen und die Reichspartei, konnten die außergewöhnlich starke Stellung aus der Anfangszeit, die der exzeptionellen Situation der Reichsgründungsphase zu verdanken war, auf Dauer nicht halten. Der Rückgang der Nationalliberalen relativiert sich aber, wenn man die Reichsgründungsdekade und darüber hinaus das exzeptionelle Wahlergebnis der Kartellwahlen des Jahres 1887 ausklammert. Konstant ist der Liberalismus insgesamt mit einem Anteil von 21,7 % der Wahlberechtigten gegenüber 21,6% im Jahre 1912.

Das Gleiche gilt für den konservativen Wählerblock, der 1877 einen Anteil von 10,7 % und 1912 einen Anteil von 10 % der Wahlberechtigten hat. Im Grunde hat sich im konservativen Spektrum etwas Ähnliches vollzogen wie im liberalen Spektrum: Die Flügelparteien sind jeweils stärker geworden, während die Mittelparteien, die als »nationales Lager« im engeren Sinne die Reichsgründungsphase bestimmt und damals zusammen gut 21 % der Wahlberechtigten mobilisiert hatten, im Jahre 1912 auf 13,9 % geschrumpft sind. Das nationale Lager im engeren Sinne ist innerhalb des nationalen Lagers insgesamt zu einer Minderheit geworden.

Wählt man ein anderes Einteilungsprinzip, die Einteilung in einen konservativen, einen linksliberalen und einen nationalliberalen Wählerblock, zeigt sich, daß die drei großen politischen Tendenzen innerhalb des nationalen Lagers am Ende des Kaiserreichs fast gleich stark gesellschaftlich verankert sind. Auf die konservative Tendenz entfallen im Jahre 1912 10 %, auf die linksliberale 10,3 % und auf die nationalliberale 11,3 %.

Der Rest des nationalen Lagers entfällt auf antisemitische Strömungen, die nach Anfangserfolgen in den achtziger Jahren, namentlich in Dresden und Marburg, wo sie 1884 bzw. 1887 ein Reichstagsmandat erringen, mit jeweils 2,5 % Anteil an den Wahlberechtigten ihre höchsten Stimmenanteile bei den Reichstagswahlen der Jahre 1893 und 1898 erzielen. Zum nationalen Lager hinzurechnen muß man auch einen Großteil der auf wirtschaftliche Interessengruppen entfallenden Stimmen, zumal da die Übergänge zwischen Antisemiten und einigen dieser Gruppen fließend sind, obwohl nicht alle ein Zersetzungsprodukt des nationalen Lagers darstellen. Auf diese Gruppierungen, die bei der Reichstagswahl 1907 mit drei Prozent ihr Maximum erreicht hatten, entfielen bei der letzten Reichstagswahl 2,6 % der Wahlberechtigten. Zusammen mit den Antisemiten kommen sie 1912 auf 3,5 %. Damit erhalten Protestgruppen fast auf das Komma genau ein Zehntel der Stimmen, die für das nationale Lager insgesamt abgegeben werden. Darin drückt sich zwar ein Vertrauensverlust für die etablierten Eliten aus, der aber nicht so gravierend ist, daß man von einer Krise des etablierten Parteiensystems sprechen kann.

Regional ist es jedoch durch das Auftreten der Antisemiten durchaus zu Zusammenbrüchen des etablierten Parteiensystems oder zu erheblichen Verschiebungen innerhalb des nationalen Lagers gekommen, wobei zwei Landschaften hervorragen. Es handelt sich einmal um das ehemalige Kurfürstentum Hessen mit den räumlich angrenzenden Wahlkreisen des Großherzogtums Hessen, des Fürstentums Waldeck und des Siegerlandes, und zum anderen um das Königreich Sachsen, hier vor allem um den östlichen und südöstlichen Teil des Landes. Das Ausmaß der Erschütterung des etablierten Parteiensystems im Regierungsbezirk Kassel wird daran deutlich, daß Antisemiten oder wirtschaftliche Gruppierungen seit 1893 zur weitaus stärksten politischen Kraft innerhalb des nationalen Lagers werden.[5]

Stabilität des Parteien- und Lagersystems trotz politischem und gesellschaftlichem Wandel

Trotz der Protestbewegungen ergibt sich im Gesamtbild eine ganz außerordentliche Konstanz nicht nur der Lager, sondern auch der Großblöcke, aus denen das nationale Lager zusammengesetzt war (vgl. Tab. 3). Katholisches Lager und nationales Lager verlassen das Kaiserreich fast exakt mit eben jenen Elektoratsanteilen, die sie in der »Phase der ursprünglichen politischen Akkumulation« eingesammelt hatten. Das Gleiche gilt für den liberalen und den konservativen Wählerblock innerhalb des nationalen Lagers. Zu bedenken ist dabei, daß sich in der Zwischenzeit nicht nur das Elektorat verdoppelt hatte, sondern auch personell fast vollständig ausgetauscht worden war. Letzteres wird deutlich, wenn man davon ausgeht, daß sich ein Wahlkörper im Verlauf von drei bis vier Jahren in seiner Zusammensetzung um ca. 8-12 % verändert. Falls man die Ergebnisse einer auf ausgewählte preußische Regierungsbezirke bezogenen Untersuchung, die das Wahlverhalten von Schulgenerationen zu bestimmen versucht[6], vorsichtig verallgemeinert, heißt das, daß im Elektorat des Jahres 1912 das Elektorat des Jahres 1871 nur noch mit einem Anteil von ca. 12,5 % vertreten ist. Die große Mehrheit der Wahlberechtigten, die im Jahre 1912 durch ihre Teilnahme an der Wahl oder durch ihr Fernbleiben das etablierte Lager- und Parteiensystem bestätigte, war an der Konstituierung dieses Parteien- und Lagersystems gar nicht beteiligt gewesen.

Die ausgebreiteten Befunde legen es nahe, die weitgehende Konstanz des nationalen und des katholischen Lagers sowie der liberalen und konservativen Wählerblöcke als Resultat einer erfolgreichen Tradierung von Wahlnormen über die Generationen hinweg und die Ausdehnung des sozialistischen Lagers als Ergebnis einer anwachsenden politischen Mobilisierung von ursprünglichen Nichtwählern zu verstehen. Zu diesem Bild paßt es, daß sich die Penetration der politischen Gesellschaft durch die Sozialdemokratie, von dem Sprung von 1887 auf 1890, bei dem sich ihr Anteil an den Wahlberechtigten auf einen Schlag hin fast verdoppelt, einmal abgesehen, relativ kontinuierlich von Wahl zu Wahl vollzieht und auch durch die »Hottentottenwahlen« des Jahres 1907 nicht grundsätzlich unterbrochen wird, da nur der SPD-Anteil an den gültigen Stimmen, nicht an den Wahlberechtigten, zurückgeht. Außerdem vollzieht sich parallel zum Anstieg des Stimmenanteils der SPD an den Wahlberechtigten von 1877 auf 1912 eine Steigerung der Wahlbeteiligung um fast den gleichen Prozentsatz (vgl. Tab. 4). Dem sozialdemokratischen Gewinn steht daher ein fast gleichgroßer Verlust bei der »Partei der Nichtwähler« gegenüber.

Mit solchen Korrespondenzen wird durchaus ein richtiger Trend erfaßt. Die Sozialdemokratie verdankt ihren Aufstieg in nicht geringem Umfang der Mobilisierung bisheriger Nichtwähler.[7] Aber diese Aussage bedarf der Differenzierung. Dem Aufstieg der SPD liegen auch demographische und politische Veränderungen zugrunde. Wenn man von Milieuwahlverhalten spricht, meint man, daß eine kulturell überformte Sozialstruktur eine bestimmte Wahlnorm entwickelt hat, die regelmäßig bei Wahlen aufgerufen wird. Wenn »man« bestimmten Verkehrskreisen angehört, wählt »man« eine bestimmte Partei. Unterstellt man, daß eine Wahlnorm in einem bestimmten Milieu bereits hinreichend institutionalisiert ist und dieses Milieu gleichzeitig stark wächst oder zurückgeht, sind ›naturwüchsig‹ parteimäßige Veränderungen zu erwarten, ohne daß sich an den politischen Koalitionen zwischen bestimmten Parteien und bestimmten Sozialgruppen grundsätzlich irgend etwas verändert hat.

Zu solchen einschneidenden Veränderungen der sozialstrukturellen und auch milieuhaften Zusammensetzung ist es im Kaiserreich gekommen. Mehr oder minder konstant geblieben ist zwar die konfessionelle Zusammensetzung der Wählerschaft, auch wenn die Kirchenbindung nachgelassen hat. Was die Wählerschaft von 1912 jedoch grundlegend von der des Jahres 1871 unterscheidet, das ist einmal der weitaus höhere Anteil der in Industrie und Gewerbe Beschäftigten und damit korrespondierend der geringere Anteil der in der Landwirtschaft Beschäftigten, und zum anderen der weitaus höhere Anteil von Stadtbewohnern. Lebten 1871 noch 63,9 % der Bevölkerung in Gemeinden mit weniger als 2000 Einwohnern, waren es 1910 nur noch 40 %. Demgegenüber war der Anteil der in Städten über 20000 Lebenden von 12,5 % im Jahre 1871 auf 34,7 % im Jahre 1910 angestiegen.

Von einer solchen Warte aus erscheint das Wachstum der Sozialdemokratie zwischen 1877 und 1912 als »natürlich«, weil die sozialstrukturellen Voraussetzungen für das sie tragende sozialkulturelle Milieu im Jahre 1912 weitaus günstiger sind als im Jahre 1877. Gleichzeitig wird deutlich, daß die Liberalen zwar proportional zum vergrößerten Elektorat, nicht jedoch proportional zum Wachstum des die Liberalen einstmals begünstigenden urbanen Milieus gewachsen sind. Um so bemerkenswerter ist dagegen die Konstanz des konservativen Wählerblocks, weil diese gegen strukturell ungünstige Entwicklungen behauptet werden mußte. Um relativ Schritt zu halten, mußten die Konservativen entweder neue Wählerschichten auf urbanem Terrain erschließen oder eine politische Hochmobilisierung in ihrem tradierten ländlichen Milieu erreichen. Ganz offensichtlich war letzteres vorrangig der Fall.

Obwohl teilweise spekulativ, tragen diese Überlegungen doch dazu bei, das eingangs gezeichnete holzschnittartige Bild etwas zu differenzieren, gemäß dem die Sozialdemokratie einfach das Erbe der »Partei der Nichtwähler« angetreten hat. Dieses Bild wird weiter differenziert, wenn man aufgrund von allgemeinen theoretischen Überlegungen zu Wechselwählern und von lokalen und regionalen Einzelbeobachtungen unterstellt, daß es auch im Kaiserreich zu wechselseitigen Wählerbewegungen vor allem zwischen nationalem und sozialistischem Lager gekommen ist. Zudem läßt die Wahlkreisentwicklung keinen Zweifel daran, daß die Sozialdemokraten in nicht wenigen Fällen das Erbe der Liberalen angetreten haben. Die Sozialdemokraten taten sich sehr viel leichter, Wahlkreise zu erobern, die ursprünglich liberal dominiert gewesen waren, als Wahlkreise, in denen die Konservativen, das Zentrum oder Protestparteien dominierten oder dominiert hatten.[8]

Solche Befunde besagen eine Menge. Gleichwohl bedürfen sie einer behutsamen Interpretation. Es ist zumeist nicht möglich, die eindeutige Aussage zu treffen, daß ehemalige liberale Wähler dauerhaft zu den Sozialdemokraten übergegangen sind, da es in den seltensten Fällen so ist, daß die Stimmen für liberale Parteien auch absolut gesehen zurückgehen. Mit einiger Gewißheit kann man dagegen behaupten, daß die Mobilisierungs- und Reproduktionskraft der Liberalen abnimmt und daß eben dieses Defizit vor dem Hintergrund eines sich ausweitenden und auch in seiner generationellen und sozialstrukturellen Zusammensetzung verändernden Elektorats den Sozialdemokraten zugute kommt. Davon profitiert freilich nicht nur die SPD, sondern in einigen Fällen auch das Zentrum, namentlich in Bayern, wo sich die bayerische Patriotenpartei, die als ländliche Bewegung ins Leben getreten war, lange Zeit sehr schwer getan hatte, in die ursprünglich weitgehend liberal dominierten Städte vorzudringen.[9]

Allerdings dürfte auch hier in erster Linie die nachlassende Mobilisierungs- und Reproduktionskraft der Liberalen und nicht so sehr der Wählerwechsel im engeren Sinn als entscheidende Determinante hinter solchen parteipolitischen Veränderungen stehen. Unter besonderen Bedingungen hat es aber zweifelsfrei auch individuellen Parteienwechsel gegeben. Beispielsweise gingen protestantische Bergarbeiter- oder Metallarbeiterorte im Ruhrgebiet, die noch 1887 bei einer außerordentlich hohen Wahlbeteiligung nationalliberal oder linksliberal gewählt hatten, bei den Reichstagswahlen 1890 fast geschlossen, gleichsam über Nacht, zur Sozialdemokratie über.[10]

Entsprechende kollektive Übergänge zur Sozialdemokratie, die auch bei den Liberalen eher die Ausnahme als die Regel darstellen, hat es im katholischen Raum kaum gegeben. Die Bindekraft des katholischen Milieus reichte meist aus, um massenhafte Übergänge zu verhindern. Wo aber zusätzlich ein Zuwandererproblem entstand, das vom etablierten katholischen Milieu nicht mehr verarbeitet wurde, konnte es auch in katholischen Räumen zu einschneidenden Veränderungen des regionalen Parteiensystems in vergleichsweise kurzer Zeit kommen.[11]

Das Bild ist mithin einigermaßen komplex. Hinter äußerer Stabilität steckt mehr Bewegung und Veränderung, als auf den ersten Blick zu vermuten ist. Nicht zuletzt der Aufstieg der SPD verändert die politische Gesellschaft und das Parteiensystem insgesamt in massiver Weise. Die beiden liberalen Parteien sind immer weniger in der Lage, Wahlkreise zu »dominieren« oder zu »majorisieren«.[12] Bereits 1890 fallen die Nationalliberalen, die stärkste Partei der siebziger Jahre, hinter SPD und Zentrum auf den dritten Rang zurück. Der kontinuierliche Anstieg von Wahlbeteiligung und Stichwahlen zeigt an, daß Polarisierung und Politisierung im Kaiserreich ständig zunehmen. Gleichzeitig jedoch bleiben Fraktionalisierung und Fragmentierung des Parteiensystems über die Jahrzehnte hinweg konstant und das Wahlverhalten, gemessen am sogenannten »Volatilitätsindex«, außerordentlich stabil. Auch statistisch gewonnene Ergebnisse führen zu dem einigermaßen frappierenden Befund, daß eine erstaunliche Stabilität des Parteien- und Lagersystems mit fundamentalen gesellschaftlichen und politischen Wandlungsprozessen fast nahtlos einhergeht.[13]

Theoretisch wäre eine außerordentlich hohe Stabilität des Parteiensystems mit einem nahezu völligen Austausch der jeweiligen sozialstrukturell und sozialkulturell zu definierenden Parteibasis vereinbar. Die politischen Eliten hätten gleichsam ihr Wahlvolk ausgetauscht und wären neue politische Koalitionen mit neuen sozialen Gruppen eingegangen. Die empirische Überprüfung zeigt jedoch, daß das nicht der Fall ist – im Gegenteil. Es kommt kaum zu wirklich neuen politischen Koalitionen. Der herausragende Befund ist gerade, daß die Parteien und Lager die in der »Phase der ursprünglichen politischen Akkumulation« abgesteckten »*claims*«, die freilich im Laufe der Jahre zunehmen oder schrumpfen konnten, immer tiefer ausschürften. Die Zusammenhänge zwischen den Stimmanteilen für einzelne Parteien und Lager einerseits und sozialstrukturellen Merkmalen andererseits sind äußerst stabil. Die zur Verfügung stehenden Sozialdaten lassen es zwar nicht zu, diese Fragen über einen Zeitraum von 40 Jahren zu verfolgen. Vergleicht man jedoch die Zeitpunkte 1893 und 1907, zeigt sich, daß mit Ausnahme der Liberalen, insbesondere der Nationalliberalen, die von Beginn an keine eindeutige sozialstrukturelle Verankerung besitzen, die sozialstrukturellen Basen der Parteien sich nicht nur als »veränderungsresistent« erweisen, sondern in ihrer »Prägnanz« vielfach noch zunehmen. Mehr noch als für die funktional-ökonomische gilt für die kulturell-religiöse Spannungslinie, daß sich die Parteien und Lager förmlich in sie »eingraben« (vgl. Tab. 5).[14]

Für die regionalen Grundlagen des deutschen Parteiensystems läßt sich das nicht mit gleicher Eindeutigkeit sagen.[15] So ist zu beachten, daß die SPD, die 1871 zu Beginn des Kaiserreichs die ausgeprägteste regionale Konzentration ihrer Wählerbasis besessen hatte, 1912 am Ausgang des Kaiserreichs die geringsten Abweichungen der Wahlkreisergebnisse von den nationalen Stimmenanteilen aufweist, während sich die Wählerbasis der Nationalliberalen, die in den frühen siebziger Jahren den bei weitem geringsten regionalen Konzentrationsgrad besessen hatte, immer stärker auf regionale Hochburgen konzentriert, auch wenn ihr Regionalisierungsgrad nach wie vor unter dem des Zentrums und der Konservativen liegt.[16] Da es sich jedoch bei Nationalliberalen und Sozialdemokraten um gegenläufige Entwicklungen handelt, ändert sich in der Gesamtbilanz trotz anderer inhaltlicher Füllung rein äußerlich gesehen wenig.

Obwohl die Summe der absoluten Differenzergebnisse zwischen den Parteiergebnissen in der Region und den Parteiergebnissen auf der Reichsebene insgesamt leicht abnimmt, obwohl sich die Wahlkämpfe ohne Zweifel stärker »nationalisieren« und die Zahl der Stichwahlen im Zeitablauf immer mehr zunimmt, bleibt die Region bis zum Ende des Kaiserreichs offenbar ein konstitutives Moment des deutschen Parteiensystems – auch wenn sie, wie eine jüngste Untersuchung nachweisen zu können glaubt, allmählich von der Konfession als strukturdominantem Faktor abgelöst worden ist, nachdem es 1871 zunächst noch umgekehrt gewesen sei.[17]

Also doch ein zwar versteckter, aber eindeutiger säkularer Trend von der Region zur Nation und Konfession, der durch den hohen regionalen Konzentrationsgrad anderer Faktoren, vor allem des Konfessionsfaktors, auf den ersten Blick verdeckt wird? Das ist eine in vieler Hinsicht plausible Hypothese, die durch eine Fülle historischer Einzelbeobachtungen gestützt wird. Daß etwa regionalistische Protestbewegungen, soweit es sich nicht um nationale Minderheiten handelt, einen Bedeutungsverlust erleiden, daß regionale Unterschiede, soweit sie in älteren dynastischen oder konstitutionellen Traditionen begründet sind, die Unterschiede z. B. zwischen dem schlesischen, rheinischen und württembergischen Zentrum, der Tendenz nach abnehmen: Diese und viele andere Erscheinungen deuten darauf hin, daß diese »ältere Regionalität« am Ende des Kaiserreiches nicht mehr das ist, was sie zu Beginn einmal gewesen war.

Gleichzeitig ist jedoch offenbar in den sechziger und siebziger Jahren, unter dem Vorzeichen von Reichsgründung, Kulturkampf und Klassenkampf, als komplexes Amalgam von »älterer Regionalität«, von vorgefundenen konfessionellen, sozialen und politischen Kontexten und strategischen Entscheidungen regionaler Eliten, eine »neue Regionalität« entstanden, die auch am Ende des Kaiserreiches noch bemerkenswert vital ist und nicht einfach als bloß räumlicher Niederschlag allgemeiner sozialökonomischer und sozialkultureller Faktoren begriffen werden kann (vgl. Tab.1/Abb.2). Das zeigt sich besonders deutlich an den auf regionaler Ebene vorhandenen Parteiensystemen, die immer noch in hohem Maße ihre historische Ursprungskonstellation aus den sechziger und siebziger Jahren spiegeln.

Das läßt sich besonders gut am Beispiel der Liberalen demonstrieren. Trotz späterer Veränderungen der regionalen Parteiensysteme als Folge wirtschaftlicher Interessenkonflikte oder als Folge des Aufkommens der SPD kann man auch am Ende des Kaiserreichs immer noch sehr deutlich erkennen, ob der regionale Liberalismus primär durch den Verfassungskonflikt, den Kulturkampf oder den Konflikt um die kleindeutsche Lösung geprägt worden war.[18] Die Parteiensysteme Badens mit ihrer einseitigen Dominanz der Nationalliberalen im nationalen Lager und dem weitgehenden Ausfall sowohl von Konservativismus als auch von Linksliberalismus, oder Württembergs mit einem Gegensatz von linksliberaler »Volkspartei« und »Deutscher Partei«, oder auch die politische Konfliktstruktur der altpreußischen Provinzen mit dem für sie charakteristischen, auf den preußischen Verfassungskonflikt zurückgehenden Gegensatz von Deutschkonservativen und Fortschrittspartei – um nur einige Beispiele zu nennen – sind so, wie sie sich um die Jahrhundertwende darstellen, kein bloßer Reflex aktueller Interessenlagen, sondern zutiefst regional und damit zugleich historisch geprägt. Für die Wahlkreisebene gilt das oft in noch stärkerem Maße als für die Einzelstaatsebene.

Selbst wenn modellhaft unterstellt würde, daß die Wähler sich zunehmend an »nationalen« und nicht an »parochialen« und »regionalen« Solidaritäts- und Konfliktstrukturen orientierten – eine freilich kaum haltbare Annahme –, würde dennoch gelten, daß möglicherweise gleiche Motiv- und Interessenlagen regional einen unterschiedlichen politischen Ausdruck fanden und finden mußten, weil nicht überall die gleichen Optionen existierten – oder umgekehrt auch, daß die Sinnbezüge, die hinter der Wahl einer dem Namen nach gleichen Partei standen, bis zum Ende des Kaiserreichs regional sehr unterschiedlich sein konnten. Regionalität ist zutiefst in das Parteiensystem eingebaut. Eben das macht es ungemein schwierig, wenn nicht unmöglich, die reichsweiten Ergebnisse für eine Partei einfach bei ihrem Nennwert zu nehmen, weil sie nicht unter den gleichen Bedingungen eingesammelt wurden und in sie sehr unterschiedliche Sinnbezüge eingeflossen waren.

Konfessions- und Klassenkonflikt sorgten dafür, daß über die Lagerstruktur in der Tat ein national vereinheitlichender Zug in das deutsche Parteiensystem hineinkam. Das Fünf- bzw. Sechs-Parteiensystem des Reichstags blieb zwar in hohem Maße regionalisiert, nicht zuletzt deshalb, weil es nur in den seltensten Fällen lokal und regional präsent war. Anders jedoch das Lagersystem. Begreift man das Parteiensystem als Lagersystem, kann man weithin von einem reichsweit funktionierenden Parteiensystem sprechen, da man davon ausgehen kann, daß die regional überhaupt zur Verfügung stehenden nennenswerten Lagerpotentiale auch tatsächlich eingesammelt wurden. Aus der Lagerperspektive gesehen hat man es also auf der politischen Angebotsseite weithin mit einem nationalen Parteiensystem zu tun, dessen Angebote aber regional unterschiedlich angenommen wurden, teilweise aus Gründen, die tief in die Geschichte der historischen Landschaft zurückreichen. Regionalisierte Fünfparteiensysteme und nationalisierte Drei-Lager-Systeme koexistieren gleichsam nebeneinander. Ironischerweise sind es dabei die Parteien der nationalen Lager, die am stärksten die regionalen Ursprünge des deutschen Parteiensystems konservieren.

Sozialräumliche Zusammenhänge zwischen politischen Lagern und Wählergruppen am Ende des Kaiserreichs

Gilt das auch für die gesellschaftlichen und kulturellen Grundlagen der Parteien und Lager? Dazu ein etwas genauerer Blick auf den sozial-strukturellen Korrelationskoeffizienten, der jeweils im konkreten Fall anzeigt, in welchem Ausmaß die Schwankungen der Stimmenanteile mit den Schwankungen der sozialstrukturellen Eigenarten der Wahlkreise parallel verlaufen oder nicht.[19] Eine zumindest grobe Überblicksorientierung gewinnt man, indem man – nicht ganz unproblematisch – einen durchschnittlichen Korrelationskoeffizienten für die Wahlen zwischen 1893 und 1912 bildet (vgl. Tab. 6). Dabei tritt folgendes Grundmuster sehr plastisch hervor:

– Es besteht ein außerordentlich klarer negativer Zusammenhang zwischen katholischer Konfession und den Stimmenanteilen für das nationale Lager insgesamt und – kaum der Erwähnung wert – ein entsprechend klarer positiver Zusammenhang zwischen Zentrumsanteilen und katholischer Konfession. Das ist aber auch die einzige Variable, die beide Lager trennt. Bei allen anderen untersuchten Sozialstrukturvariablen – Anteil der gewerblich Beschäftigten, Anteil der in der Landwirtschaft Beschäftigten, Bevölkerungszahl der Wahlkreise – existiert eine fast perfekte Entsprechung.

– Es besteht ein gleichfalls negativer, obwohl weniger stark ausgeprägter Zusammenhang zwischen katholischer Konfession und sozialdemokratischen Stimmanteilen, der gegen Ende des Kaiserreichs zunimmt und 1907 sogar die Durchschnittswerte für das nationale Lager übersteigt, während er noch 1893 deutlich darunter gelegen hatte. Trotz ihres Eindringens in katholische Räume, das vor allem im letzten Jahrzehnt des Kaiserreichs zu beobachten ist, wächst die SPD offensichtlich proportional noch stärker in protestantischen Räumen. Das von Anfang an vorhandene protestantische Profil der Partei hat sich also am Ende des Kaiserreichs nicht abgeschliffen, sondern im Gegenteil schärfer ausgeprägt, auch wenn sich die Sache regional gegebenenfalls sehr anders darstellen kann. Im Ruhrgebiet verlor die SPD z. B. im letzten Jahrzehnt ein Stück ihres protestantischen Profils, das sie noch in den neunziger Jahren in fast reiner Form besessen hatte.[20]

– Was nationales und sozialistisches Lager voneinander trennt, macht der sehr stark positive Zusammenhang von sozialdemokratischen Stimmanteilen und dem Anteil der im sekundären Sektor Beschäftigten sowie der noch stärkere negative Zusammenhang dieser Stimmanteile mit dem Anteil der in der Landwirtschaft Beschäftigten sichtbar, während solche Zusammenhänge beim nationalen Lager insgesamt im Durchschnitt der Wahlen zwischen 1893 und 1912 faktisch nicht existieren. Demnach läßt sich die SPD in den beiden letzten Jahrzehnten des Kaiserreiches, vereinfachend formuliert, als eine Partei begreifen, die vorwiegend in protestantisch-industriell geprägten Räumen beheimatet ist, während katholisches Lager und nationales Lager insgesamt als politische Bewegungen des katholischen und protestantischen Deutschlands verstanden werden können.

Die Aussage, die SPD sei die Partei der industriellen Räume gewesen, ist freilich nicht ohne weiteres gleichbedeutend mit der Aussage, daß die SPD auch eine städtische oder gar großstädtische Partei gewesen ist (vgl. Tab. 7). Zwar besaß die SPD 1912 in Großstädten mit über 100000 Einwohnern mit einem Anteil von 52,8 % der Wahlberechtigten eine geradezu erdrückende Mehrheit und erhielt mit 32 % auch in Orten zwischen 10000 und 100000 Einwohnern die bei weitem meisten Stimmen, gegenüber 30 % in Orten zwischen 2000 und 10000 Einwohnern und 16,1 % in Orten bis zu 2000 Einwohnern. Aber man darf dabei nicht übersehen, daß sie 1912 auch stärkste »Kleinstadtpartei« war, sogar knapp stärker als das nationale Lager insgesamt und daß sie selbst in den »Dörfern« nach dem Zentrum und noch vor den Konservativen an zweiter Stelle lag.

Gleichwohl waren die »Dörfer« 1912 zur letzten Domäne des nationalen Lagers geworden und die einzige Ortsgrößenklasse, in der das sozialistische Lager nicht die dominante Position einnahm. Sowohl das nationale Lager als auch das katholische Lager rekrutierten mit 45,5 % bzw. 49,8 % fast die Hälfte ihrer bei den Reichstagswahlen 1912 gewonnenen Stimmen aus den kleinen Orten unter 2000 Einwohnern. Immerhin. Auch die SPD gewann 1912 mehr als 40 % ihrer Stimmen in Dörfern und Kleinstädten. Diese Tatsache relativiert ein wenig die These von der Großstadtpartei SPD, hebt sie aber nicht auf, vor allem dann nicht, wenn man als Kontrastbild die beiden anderen Lager vor Augen hat. Während das katholische Lager zu fast drei Viertel und das nationale Lager zu fast zwei Drittel ein Dorf- und Kleinstadtfundament besaßen, lebten mehr als ein Drittel der sozialdemokratischen Wähler in Großstädten und fast 60 % in Städten über 10000 Einwohnern.

Die Sozialdemokratie war daher die einzige Partei, zu deren Gesamtstimmenaufkommen die Großstädte den bei weitem stärksten Beitrag unter den vier Ortsgrößenklassen leisteten. Nur die Linksliberalen besaßen eine annähernd vergleichbare sozialräumliche Zusammensetzung ihrer Wählerschaft, da auch bei ihnen die Großstädte den größten Beitrag lieferten, dicht gefolgt von den Dörfern. Alle anderen Parteien des nationalen Lagers waren dagegen 1912 überwiegend »Dorfparteien«, die Deutschkonservativen zu mehr als drei Viertel und die Nationalliberalen immerhin zu mehr als einem Drittel, obwohl für sie einschränkend gilt, daß sich ihr »Dorfcharakter« erst bei den Wahlen 1912, bei denen sie in einige ostelbische Domänen der Deutschkonservativen eingedrungen waren, so deutlich ausprägte.

Vor solch einem Vergleichshintergrund tritt das Großstadtprofil der SPD in der Tat außerordentlich klar hervor, zumal wenn man überdies in Rechnung stellt, daß vermutlich fast die Hälfte der für die SPD in Orten unter 2000 Einwohnern abgegebenen Stimmen aus Gemeinden mit ländlicher Industrie stammte, und weiter, daß wohl viele dieser kleinen Orte mit hohen sozialdemokratischen Stimmanteilen in der Nähe großer Städte lagen.[21] Aber auch Industriedörfer sind keine Städte, sondern Dörfer. Sie stellen besondere Erfahrungsräume dar, die nicht einfach mit denen von Städten und Großstädten gleichzusetzen sind. Und da Mentalität, Realitätsdeutung und Lebensweise nicht nur durch Ideen, sondern in hohem Maße auch durch konkrete »Erfahrungsräume« geprägt werden, ist es für eine realistische Beurteilung der unter dem Dach der Sozialdemokratie vereinten Mentalitäten, Realitätsdeutungen und Lebensweisen nicht ganz ohne Bedeutung, daß zumindest eine relevante Minderheit der sozialdemokratischen Wähler und Parteimitglieder in dörflichen und ein noch höherer Prozentsatz ihrer Wähler und Mitglieder im provinziellen Kontext existierte[22], genau dort, wo auch die übergroße Mehrheit der Anhänger des nationalen Lagers, aber auch des katholischen Lagers, ihren Alltag verbrachte, auch wenn es sich dabei nicht notwendigerweise um dieselben Dörfer und Kleinstädte handelte.

Die Konfession ist die eigentliche Scheidelinie, die das katholische und das nationale Lager voneinander trennt. Mit ihr ist, von einigen Regionen, vorwiegend Industrieregionen, abgesehen, zugleich ein hohes Maß an großräumiger Segregation verbunden. Bei aller gebotenen Vorsicht darf man deshalb vielleicht folgern, daß die kulturelle Fremdheit zwischen diesen beiden Lagern größer war als die zwischen nationalem und sozialistischem Lager. Die große Masse der Wähler des katholischen und des nationalen Lagers begegnete sich typischerweise kaum im Alltag, sondern nur vermittelt durch die jeweiligen Eliten, weil das nationale Lager dort schwach war, wo viele Katholiken wohnten, und umgekehrt. Dieses Muster existiert zwar schon zu Beginn der siebziger Jahre, prägt sich jedoch später noch schärfer und deutlicher aus.

Allerdings muß man innerhalb des nationalen Lagers differenzieren. Die räumliche Distanz ist im Durchschnitt am stärksten zwischen dem Zentrum einerseits und den Deutschkonservativen und Linksliberalen andererseits, während der Korrelationskoeffizient zwischen nationalliberalen Stimmenanteilen und Katholikenanteilen an der Bevölkerung bzw. auch an Stimmenanteilen für das Zentrum gegen Null tendiert. Dahinter verbirgt sich in erster Linie die Tatsache, daß die Nationalliberalen lange Zeit, teilweise auch die Reichspartei, deren Korrelationskoeffizient gleich niedrig liegt, als politisches Sammelbecken für die dort vorhandene, zumeist städtische protestantische Bevölkerung, für Altkatholiken, sofern diese in nennenswerter Zahl vertreten sind, und für kirchenferne bürgerlich-katholische Kreise, vor allem in den Städten fungieren.[23] Allerdings prägt sich ihr auf der räumlichen Ebene im Durchschnitt der Wahlen nur wenig ausgebildetes protestantisches Profil gegen Ende des Kaiserreichs stärker aus, stärker sogar als bei den Deutschkonservativen.

Vom Konfessionsfaktor und der damit typischerweise eng verbundenen räumlichen Distanz abgesehen, sind – wie oben gezeigt wurde – die sozialstrukturellen Unterschiede zwischen katholischem und nationalem Lager insgesamt außerordentlich gering. Man darf also vorsichtig unterstellen, daß im Prinzip ähnliche soziale Erfahrungsräume existieren, soweit diese durch Beruf, sozialökonomische Lage und dadurch begründete Interessen bestimmt werden. Das gilt nicht zuletzt für die politischen Eliten selbst, die gerade bei den politischen Intimgegnern Zentrum und Nationalliberalen von ihrer beruflichen Herkunft her außerordentlich ähnlich sind, da unter ihren Parlamentariern die Juristen traditionell stark vertreten sind[24], nur daß die einen katholischen Studentenverbindungen, die anderen Corps und Burschenschaften angehörten.

Der einzige ansatzweise ins Gewicht fallende Unterschied ist, daß die spezifisch großstädtische Komponente im katholischen Lager deutlich weniger stark vertreten ist als im nationalen Lager insgesamt. Das Zentrum ist zwar sehr viel urbaner als die Deutschkonservativen, aber weniger städtisch als beide Varianten von Liberalismus. Es ist namentlich, um eine Unterscheidung von Lorenz v. Stein aufzugreifen, weniger stark in den »Großstädten« als in den »großen Städten« vertreten.[25] Es ist deshalb kein Zufall, daß die Rate der Potentialausschöpfung des Zentrums in einer Industriestadt wie Essen bis zum Ende des Kaiserreichs weitaus höher liegt als in alturbanen Städten wie Köln, Mainz oder München. Das besagt zugleich, daß in das katholische Lager weniger städtisch und großstädtisch geprägte Lebensgefühle, Mentalitäten, Interessen und Perspektiven einfließen, als das beim nationalen Lager insgesamt der Fall ist.[26] Allerdings darf man bei dieser Aussage die Proportionen nicht aus dem Auge verlieren. Auch das nationale Lager kann nur 18,7 % seiner Anhänger gegenüber 12,4 % für das Zentrum auf großstädtischem Boden mobilisieren. Und doch waren die Großstädte, denkt man an die dort entstandene politische Deutungskultur, für das nationale Lager sehr wichtig. Das Gleiche gilt für das katholische Lager, wie allein schon Namen wie Mainz, Köln und München zeigen.

Im Prinzip enthält das katholische Lager fast alle öffentlich relevanten Tendenzen und Essenzen, die das nationale Lager insgesamt ausmachen, nur daß diese sich dort, im Unterschied zum katholischen Lager, parteimäßig ausdifferenziert haben. In gewisser Weise ist das katholische Lager auch von gleichen oder ähnlichen Spannungen durchzogen wie das nationale Lager, nur daß es seine Interessen-, Klassen- und Kulturkämpfe weitgehend in den eigenen Reihen austrägt[27] und auf Grund seiner spezifischen historischen Lage, aber auch auf Grund einer eigenständigen Deutungskultur, an den politischen und geistigen Tendenzen der Zeit nur in »übersetzter« und gleichsam gefilterter Form partizipiert. Im Prinzip sind diese jedoch alle vorhanden, von konservativen, über antisemitische bis hin zu liberalisierenden und demokratisierenden Tendenzen.

Zwei Bevölkerungsgruppen, die ein nicht geringes Maß an

strukturellen Ähnlichkeiten aufweisen und zwischen denen auch ein, wenngleich einseitiger, Kulturaustausch und Kulturtransfer stattfindet und die sich dennoch weitgehend fremd bleiben. Mehr als das: Trotz der völlig veränderten Stellung des Zentrums in der Reichspolitik und trotz des immer stärkeren Hineinwachsens der Katholiken in das Reich, namentlich in der Ära Wilhelms II., sind die emotional unterlegten Distanzen zwischen den beiden Lagern auf der Ebene der Soziokultur gegen Ende des Kaiserreichs noch ähnlich stark ausgeprägt wie in den siebziger Jahren. Trotz der fortschreitenden Auswanderung der Menschen aus den Religionen und Konfessionen bleibt deshalb die Konfessionsspaltung *die* entscheidende Wirklichkeit des Lebens, des Denkens, des Selbstverständnisses und der Politik in Deutschland.[28]

Nähe und Distanz der Lager und Wählergruppen am Ende des Kaiserreichs

Die Distanzen werden deutlich, wenn man noch einmal die Untersuchungsergebnisse von Claggett und seinen Mitarbeitern[29] heranzieht. An der Pariastellung des Zentrums und der Sozialdemokratie, wie sie sich in den siebziger Jahren herausbildete, hat sich schlechthin nichts geändert. Nach wie vor sind beide Parteien aus der Perspektive der Wähler des nationalen Lagers faktisch unwählbar. Das gilt für die Anhänger der Konservativen und der Linksliberalen gleichermaßen.

Dieser Befund scheint auf den ersten Blick der Tatsache zu widersprechen, daß es bei den Reichstagswahlen 1912 zu massiven lagerübergreifenden Wahlabsprachen zwischen Zentrum und Deutschkonservativen einerseits und Sozialdemokraten und Fortschrittlern andererseits gekommen ist. Tatsächlich ist das jedoch nur bedingt der Fall. Zwar reduzierte das Zentrum die Zahl seiner Wahlkreiskandidaturen gegenüber der Reichstagswahl 1907 beträchtlich und transferierte schätzungsweise 200000 Stimmen bei der Hauptwahl an die Deutschkonservativen; aber dem stand von konservativer Seite kaum ein Stimmentransfer an das Zentrum gegenüber.[30] Und auch die Fortschrittler profitierten weitaus stärker von der Sozialdemokratie als umgekehrt.[31] Selbst bei Stichwahlen, bei denen ein nüchternes, von allen ideologischen Gesichtspunkten abstrahierendes Machtkalkül bei allen Parteien eine weitaus stärkere Rolle spielte als bei Hauptwahlen, war die Anhängerschaft der Fortschrittlichen Volkspartei kaum dazu zu bewegen, für einen sozialdemokratischen Kandidaten zu stimmen.

Das bei den Reichstagswahlen 1912 beobachtbare Wahlverhalten steht daher nicht notwendig im Widerspruch zu den von Clagget ausgebreiteten statistischen Befunden. Denn diese besagen nur, daß zwar Zentrum und SPD für Wähler des nationalen Lagers bei Hauptwahlen grundsätzlich nicht wählbar waren, daß aber umgekehrt Zentrums- und SPD-Wähler durchaus eine lagerübergreifende Zweitpräferenz besaßen, wenn bei Hauptwahlen die Partei ihrer ersten Wahl im Wahlkreis nicht angetreten war. Für die Wähler des katholischen Lagers waren die Deutschkonservativen, gefolgt von den Linksliberalen, eine solche mögliche Wahlalternative, nicht jedoch die Sozialdemokraten. Für die Wählerschaft des sozialistischen Lagers dagegen stellte das Zentrum, gefolgt von der freikonservativen Reichspartei, für den Zeitraum 1893 bis 1912 eine mögliche zweite Präferenz dar, wenn man den statistischen Befunden glauben will.

Einige statistisch ausgeworfene Präferenzen der SPD- und der Zentrumswählerschaft sind zumindest auf den ersten Blick überraschend. Weniger die der Zentrumswählerschaft. Seit den Tagen des Kulturkampfes gab es in einigen Landschaften, in denen das Zentrum selber kaum mehrheitsfähig war, die Tradition einer Unterstützung evangelischer Kandidaten pietistischer oder orthodoxer Observanz, auch wenn diese die Unterstützung durch das Zentrum oft mehr »erduldeten«, als sich offen dazu bekannten. Zudem gab es innerhalb des katholischen Lagers eine gewisse, gleichfalls in der Tradition angelegte Tendenz, die in einigen Fällen sogar zu relativ dauerhaften förmlichen Abkommen mit den Linksliberalen geführt hatte, einen Kandidaten der Fortschrittspartei zu unterstützen, wenn dadurch ein Nationalliberaler verhindert werden konnte. Denn es war der Nationalliberalismus, mehr als die anderen Parteien des nationalen Lagers, der für all das stand, was beim katholischen Wahlvolk, weniger bei den katholischen bürgerlichen Eliten, die endlich »dazugehören« wollten, auf eine tiefsitzende und auch emotional verankerte Abneigung stieß, während sich mit der Wahl eines Linksliberalen gegebenenfalls ein Stück regionalen und popularen Protestes gegen die Zentralen wirtschaftlicher, militärischer und politischer Macht artikulieren ließ.[32]

Schwieriger zu interpretieren sind die Befunde über die sozialdemokratische Wählerschaft, gerade was die Zweitpräferenz für das Zentrum betrifft. Die Beziehungen zwischen katholischem Lager und sozialistischem Lager waren regional sehr unterschiedlich. Für das Ruhrgebiet kann man trotz der Kooperation zwischen Zentrum und SPD bei den »Hottentottenwahlen« des Jahres 1907 und den preußischen Landtagswahlen des Jahres 1908 mit einiger Plausibilität davon ausgehen, daß die »natürlichen« Zweitpräferenzen der sozialdemokratischen Wählerschaft eher in der Richtung auf das nationale Lager als in der Richtung auf das katholische Lager gingen. Dafür waren nicht nur machttaktische Überlegungen oder das Krupp-Syndrom verantwortlich, sondern tiefsitzende kulturelle Dispositionen.[33] Schließlich und endlich hatte ein Gutteil der sozialdemokratischen Wähler an der Ruhr vor 1890 Parteien des nationalen Lagers gewählt.

Das alles stellte sich in der süddeutschen politischen Kultur etwas anders dar, in der die Lagergrenzen kulturell weniger schroff ausgeprägt und Kooperation über die Lagergrenzen hinweg auch auf der Ebene der lokalen Milieus leichter möglich war.[34] Richtig ist weiter, daß unter den Bedingungen des bayerischen Mehrheitskatholizismus die katholische Konfession in weitaus geringerem Maße als Sperrmechanismus gegen das Vordringen der Sozialdemokratie funktionierte als anderswo in Deutschland.[35] Dennoch ist unwahrscheinlich, daß wir bei der süddeutschen SPD-Wählerschaft eine dauerhafte, kulturell stabilisierte Zweitpräferenz für das Zentrum unterstellen dürfen. Plausibler ist dagegen die Annahme, daß das insbesondere im letzten Jahrzehnt des Kaiserreichs erfolgende Vordringen der Sozialdemokratie in katholisch geprägte Landschaften ihr häufig ein Protestwählerpotential zutreibt, das noch keineswegs für alle Zukunft auf die Sozialdemokratie festgelegt war und vielleicht auch später gar keine feste Lagerbindung einging. Denn die Lagerperspektive darf nicht blind machen für die Tatsache, daß etwa ein Drittel der Wählerschaft nicht zu den »affirmers«, wie Suval sie nennt[36], also nicht zu den Stammwählern, gehörte. Ergebnisse regionaler Studien zum Ruhrgebiet können eine solche Interpretation stützen.[37] Die statistischen Befunde dürfen jedenfalls nicht als Indikatoren für eine abnehmende kulturelle Distanz zwischen katholischem und sozialistischem Lager gelesen werden.

Wie tief die kulturellen Gräben zwischen den politischen Lagern waren, das machten, gerade auch im internationalen Vergleich, die fundamentalistische Wahlagitation der deutschen Parteien und der aggressive Einsatz ideologischer Stereotypen und Feindbilder indirekt deutlich[38], auch wenn vom Agitationsverhalten nicht ohne weiteres auf Mentalitäten zurückgeschlossen werden darf.

Ob alle katholischen Wähler den Wahlgang als »Glaubensbekenntnis« empfanden, wie ihr von der Geistlichkeit nicht selten nahegelegt wurde, mag man bezweifeln. Wenig Grund hat man jedoch, daran zu zweifeln, daß sowohl für den bekenntnistreuen Katholiken als auch für den klassenbewußten Arbeiter der Wahlgang in hohem Maße den Charakter eines demonstrativen Bekenntnisses zur eigenen sozialkulturell und politisch verstandenen Gemeinschaft besaß. Beim nationalen Lager trat das im Normalfall weniger sichtbar hervor, weil es die hegemoniale Kultur verkörperte und weil es parteipolitisch ausdifferenzierter war. Grundsätzlich war jedoch das Bewußtsein vom Bestehen tiefgehender kultureller Gräben dort genauso vorhanden. So gesehen läßt der Wahlkampf des Jahres 1907 die politisch-kulturelle Grundbefindlichkeit des Kaiserreichs geradezu paradigmatisch hervortreten. Der 1907 vom nationalen Lager gleichzeitig und gleichgewichtig geführte Wahlkampf gegen »Rot« und »Schwarz« erinnert in seiner Heftigkeit und Emotionalität einerseits an die siebziger Jahre des vorhergehenden Jahrhunderts und antizipiert andererseits bereits in einigen Zügen die Wahlkämpfe aus der Endphase der Weimarer Republik.

Was zeitgenössische Beobachter überraschte, war weniger die radikale Agitation gegen die SPD, weil diese in der Bahn des Gewohnten lag, sondern das Ausmaß an emotionaler Abneigung und Feindschaft, das dem seit zwei Jahrzehnten in der politischen Maschinerie des Kaiserreichs fest etablierten Zentrum entgegenschlug. »Wer hätte gedacht«, schrieb Maximilian Harden in der *Zukunft*, »daß das Zentrum so verhaßt sei«.[39] Das Zentrum selbst wiederum reagierte auf die »Los von Rom«-Parole Bassermanns mit dem traditionellen Kulturkampf-Slogan: »Die katholische Religion ist in Gefahr« und mobilisierte damit ein Stimmenpotential, das es seit Kulturkampfzeiten nicht mehr erreicht hatte. Die Sozialdemokratie verlor zwar absolut nicht an Stimmen, obwohl auch das in einigen Regionen der Fall war. Sie steigerte sogar leicht ihren Anteil an den Wahlberechtigten und verlor nur relativ, bezogen auf die gültigen Stimmen. Aber der schier unaufhaltsame Vormarsch, der sich bei allen Wahlen seit den neunziger Jahren abgezeichnet hatte, wurde bei dieser Wahl gestoppt. Und das ist ein indirekter Hinweis darauf, daß die Sozialdemokratie zumindest teilweise mit dem nationalen Lager um Stimmenpotentiale konkurrierte, die für nationale, kolonialistische und imperialistische Parolen nicht unempfänglich waren.[40]

Ein Novum des Wahlkampfes 1907 lag darin, daß nunmehr auch auf der Elitenebene der Linksliberalismus unzweideutig dem nationalen Lager zugehörte. Auf der Wählerebene hatte daran ohnehin niemals ein wirklicher Zweifel bestehen können, wenn man davon absieht, daß vor allem in der Frühphase des Kaiserreichs auch partikularistische Strömungen in den Linksliberalismus eingeflossen waren, die es in der Tat problematisch erscheinen lassen, die Württembergische Volkspartei oder den schleswig-holsteinischen Linksliberalismus für alle Wahlen dem nationalen Lager zuzuschlagen. Aber selbst bei der lange Zeit partikularistischen Württembergischen Volkspartei war die sozialkulturelle Distanz ihrer Wählerschaft zur SPD stets so stark, daß die Parteiführung trotz aller Bemühungen kaum in der Lage war, diese selbst bei Stichwahlen für die Sozialdemokratie zu mobilisieren.[41]

Umgekehrt waren Parteien des Linksliberalismus über alle Zeitläufte hinweg für Wähler des nationalen Lagers stets eine mögliche Zweitpräferenz geblieben. Der hinter den Kartellwahlen des Jahres 1887 erkennbare Versuch, den Linksliberalismus definitiv aus dem nationalen Lager auszugrenzen, war von der Wählerschaft mittel- und langfristig nicht ratifiziert worden. Die Wählerschaft von Fortschrittsparteien, Freisinnigen und Demokraten war und blieb ein fester Bestandteil des nationalen Lagers oder wuchs doch allmählich in dieses hinein. Zwar zeigten die Stammwähler der Deutschkonservativen in der Regel ebensowenig Neigung, für fortschrittliche Kandidaten zu stimmen, wie umgekehrt.[42] Wenn man so will, war im Gegensatz dieser beiden Flügelparteien des nationalen Lagers die das Parteiensystem vor der Reichsgründung ursprünglich bestimmende, durch den Verfassungskonflikt geprägte politische Hauptspannungslinie lebendig geblieben, vor allem in den altpreußischen Landen, wo sich selbst noch bei den »Hottentottenwahlen« des Jahres 1907 Fortschrittler und Deutschkonservative in altgewohnter Weise bekämpften. Von den 51 Kombinationen, bei denen sich Kandidaten des Fortschritts bzw. Freisinns und der Deutschkonservativen als Repräsentanten des nationalen Lagers gegenüberstanden, entfielen allein 45 auf die altpreußischen Gebiete vor 1866, ohne Westfalen und Rheinland.

Andererseits war der ursprünglich partikularistisch orientierte preußische Konservatismus längst zu einem festen Bestandteil des nationalen Lagers geworden, das über alle nach wie vor bestehenden wirtschaftlichen und auch kulturellen Gegensätze hinweg durch das feste Band des Nationalprotestantismus zusammengehalten wurde. Der alte Konflikt zwischen Liberalen und Konservativen war mithin auch am Ende des Kaiserreiches nicht einfach verschwunden, aber er war durch Konfessions- und Klassenkonflikte überlagert und dadurch relativiert worden. Namentlich vom Konfessionskonflikt ging eine ähnliche Wirkung aus wie von einem Nationalitätenkonflikt. Bei der Minderheitskonfession verhinderte er trotz wachsender innerer Konflikte eine parteipolitische Aufspaltung, bei der Mehrheitskonfession fungierte er trotz parteipolitischer Ausdifferenzierung nicht nur als Disziplinierungsmittel für die Liberalen, die vor Ort ohnehin dazu tendierten, den liberalen Gesamtzusammenhang zu bewahren, sondern auch als Integrationsmittel für liberale und positive Protestanten.

Diese politisch-kulturelle Grundkonstellation des späten Kaiserreichs wurde durch den Wahlkampf des Jahres 1907 symbolisch abgebildet; sie wurde auch durch den Wahlkampf und die Wahlergebnisse der Reichtstagswahl von 1912 nicht widerlegt, sondern im Gegenteil indirekt bestätigt. Denn die Konservativen hatten für das äußerst unpopuläre Bündnis mit dem Zentrum erheblich zahlen müssen, nicht zuletzt mit dem Einmarsch der Nationalliberalen in ihre ostpreußischen und pommerschen Kernlande, wo letztere gerade in den dörflichen und kleinstädtischen Domänen der Konservativen große Erfolge errungen hatten.[43] Diese Ostwanderung der Nationalliberalen spiegelte ebenso wie die vielzitierte Westwanderung der Konservativen und Linksliberalen[44], der beiden traditionellen siamesischen Zwillinge in den altpreußischen Provinzen, eine neu gewonnene räumliche Mobilität der Parteien des nationalen Lagers, die in einem gewissen Sinne schon politische Veränderungsprozesse der Weimarer Republik antizipierte – eine neue Beweglichkeit innerhalb des nationalen Lagers bei gleichzeitiger Stabilität der Außengrenzen zwischen den Lagern. Das ist der politisch-kulturelle Grundsachverhalt am Ende des Kaiserreichs, den die beiden letzten Reichtstagswahlen reflektieren.

Warum haben sich auf der Wählerebene die dem Lagermodell

zugrundeliegenden Konfliktlinien so dauerhaft auskristallisiert, andere Konfliktlinien aber nicht? Zunächst ist daran zu erinnern, daß bestehende politische »Cleavages« immer auch ein Eliteninteresse oder besser: ein fehlendes Interesse an einem alternativen politischen Konfliktmuster spiegeln, da man sich in den bisherigen einigermaßen häuslich eingerichtet hatte. Hinzu kommt die in ihrer Bedeutung für die politische Kooperationsfähigkeit nicht gering zu schätzende Tatsache, daß auf der Elitenebene, weniger aber auf der Mitglieder- und Wählerebene, die Lagergrenzen mehr oder minder mit den Konfessionsgrenzen zwischen Protestanten, Katholiken und Unkirchlichen zusammenfielen. Wie bereits erwähnt, fehlte den politischen Eliten im Kaiserreich jene lagerübergreifende kulturelle Gemeinsamkeit, die in Frankreich teilweise durch den Laizismus, in England durch den Nonkonformismus gestiftet wurde.[45]

Mentalität und Interesse von Eliten allein sind jedoch niemals eine hinreichende Erklärung für Dauer und Intensität von politischen Konfliktlinien. Man muß vielmehr unterstellen – dafür gibt es zahllose Hinweise –, daß die politische Inszenierung der Konfessions- und Klassenkonflikte durch politische Eliten, so sehr diese zur Dramatisierung der Gegensätze beigetragen haben mögen, auf in der Lebenswelt tief verwurzelte gesonderte Lebensweisen, Mentalitäten, Bedrohungsängste und Vorurteilsstrukturen stieß, die erst in Verbindung mit der politischen Mobilisierung von oben die bemerkenswerte Konstanz des Lagermusters erklären.

Hinzu kam als weitere Voraussetzung die vorzügliche infrastrukturelle Ausstattung sowohl des katholischen als auch des sozialistischen Lagers. Was Zentrum und SPD tatsächlich befähigte, die politischen Koalitionen mit den durch sie repräsentierten Bevölkerungsgruppen aufrechtzuerhalten, wird noch deutlicher, wenn man die nationalen Minderheiten und partikularistischen Bewegungen vergleichend mit in die Betrachtung einbezieht. Es sind die nationalen Minderheiten der Polen und, eingeschränkt, der Dänen, die ihren Bestand erhalten, während es bereits in Elsaß-Lothringen zu einem generationsbedingten Wandel der politischen Orientierungen kommt, da die auf den »Protest« folgenden Generationen unter dem Einfluß neuer Sozialisationsinstanzen doch in das deutsche Reich hinein- und aus den alten Identitäten und Konfliktmustern herauswachsen.[46]

Faßt man diese Überlegungen zusammen, laufen sie auf die

These hinaus, daß man zwar keine historische Notwendigkeit dafür erkennen kann, daß sich die auf Konfession und Klasse beruhenden Konfliktlinien als die maßgebenden politischen Hauptspannungslinien durchsetzten und langfristig behaupteten. Aber es war auch kein historischer Zufall. Historische Traditionen, spezifische kulturelle und gesellschaftliche Entwicklungen und Gegebenheiten im 19. Jahrhundert, aber auch strategische Grundsatzentscheidungen der politischen Eliten in historischen Inkubationszeiten, in denen die Verhältnisse noch flüssig waren, hatten allesamt dazu beigetragen, daß Konfession und Klasse die beiden maßgebenden Konfliktlinien wurden, entlang derer sich die politische Gesellschaft in Deutschland längerfristig strukturierte.

»Versäulte« politische Gesellschaften sind politisch durchaus lebensfähig, solange die Eliten kompromißfähig bleiben und gleichzeitig einen großen Handlungsspielraum gegenüber ihren Wählern besitzen. Das war im Kaiserreich über weite Strecken der Fall, wie nicht nur parlamentarische Koalitionen, sondern auch die Fülle der Wahlabsprachen auf Wahlkreisebene demonstrieren, zumal hinzu kam, daß das konstitutionelle System des Kaiserreichs die parteipolitischen Führungsschichten in hohem Maße entlastete. Die eigentlichen Strukturprobleme der kulturell fragmentierten deutschen Gesellschaft wurden deshalb auch erst in der Weimarer Republik manifest, als ein Großteil der bisherigen kulturellen und institutionellen Rahmenbedingungen entfiel, die die politische Gesellschaft des Kaiserreichs stabilisiert hatten.

4.2 Vom Kaiserreich zur Weimarer Republik

Politische Kontinuität trotz Wandel der Rahmenbedingungen

Bereits 1932 diagnostizierte Sigmund Neumann in seiner Studie über die Parteien der Weimarer Republik, »daß sich das äußere Bild der Parteien zwischen Vor- und Nachkriegszeit so gut wie gar nicht verwandelt« habe, da sich die Parteineugründungen schon nach »kurzer Zeit fast nur als Namensänderungen« erwiesen hätten.[47] Die nachfolgende Forschung hat diese zeitgenössische Diagnose im Prinzip bestätigt.[48] In der Tat fällt es nicht schwer, in der Parteienlandschaft, wie sie sich zu Beginn der Weimarer Republik darstellt, das tradierte Parteiensystem des Kaiserreichs wiederzuerkennen. Mit der DNVP steht eine Nachfolgepartei für die konservativen Parteien und die völkischen und christlich-sozialen Gruppierungen des Kaiserreichs bereit.[49] Der Liberalismus bleibt wie im Kaiserreich in eine linksliberale und eine rechtsliberale Partei gespalten. Mit der Gründung der Bayerischen Volkspartei kommt es nunmehr auch zu einer Aufspaltung des katholischen Lagers auf territorialer Grundlage. Folgenschwerer ist die ideologische und organisatorische Ausdifferenzierung des traditionellen sozialistischen Lagers in Mehrheitssozialdemokratie, USPD und KPD, auch wenn sich die USPD nur als ein kurzlebiges Geschöpf erweist (vgl. Abb. 1).

Ein Stück Bewegung ist daher schon in die Parteienlandschaft gekommen. Das einst geschlossene katholische und sozialistische Lager hat sich parteimäßig stärker ausdifferenziert, während es im nationalen Lager auf der konservativen Seite zunächst zu Konzentrationsprozessen kommt. Symptomatisch sind auch die Namensänderungen. Fast alle bemühen sich um das Etikett einer »Volkspartei«. Das Wort »konservativ« wird aus dem Verkehr gezogen und durch das Wort »national« ersetzt. Aber auch das Wort »liberal« taucht nicht mehr in den Parteinamen auf. Damit verschwinden zumindest bei den Parteinamen jene beiden Begriffe, die das deutsche Parteiensystem in seinen Anfängen strukturiert hatten. Zugleich spiegelt sich darin eine Relativierung des einstigen Gegensatzes zwischen Liberalen und Konservativen wider, die sich unter den Vorzeichen des Nationalen bereits im Kaiserreich längst vollzogen hatte. Auf der symbolischen Ebene der Politik gibt es also eine Reihe von Veränderungen, die man ernst nehmen muß, da Namen in der Politik nicht nur Schall und Rauch sind. Erhalten geblieben ist aber das tradierte Parteienschema. Blickt man zudem auf das hohe Ausmaß an programmatischer, personeller und organisatorischer Kontinuität bei den meisten Parteien, muß man in der Tat den Eindruck gewinnen, daß sich die deutsche Parteienlandschaft mit dem Übergang vom Kaiserreich zur Weimarer Republik nur wenig verändert hat.[50]

Dieser Sachverhalt ist nicht zuletzt deshalb überraschend, weil sich die Rahmenbedingungen des Parteiensystems mit dem Übergang vom Kaiserreich zur Weimarer Republik einschneidend gewandelt haben. Aus dem konstitutionellen System des Kaiserreichs, das für die starke regionale Fragmentierung des Parteiensystems mit verantwortlich gewesen war, ist ein parlamentarisches

Regierungssystem geworden, das den Parteieliten ganz neuartige politische Aufstiegschancen und neue Koalitionsbildungen über die tradierten Lagergrenzen hinweg eröffnete. Tendenziell wurde dadurch die Stellung der jeweiligen nationalen Parteiführung gestärkt, auch wenn man grundsätzlich sehen muß, daß auf der Länderebene wohl größere Patronagemöglichkeiten existierten als auf der Reichsebene.[51]

Unmittelbar einschneidender für die Parteien war jedoch das neue Wahlrecht. Die Herabsetzung des Wahlalters auf 20 Jahre und die Einführung des Frauenwahlrechts hatten zunächst einmal zur Folge, daß sich der Wahlkörper des Jahres 1920 gegenüber dem des Jahres 1912 mehr als verdoppelte. Aus den gut 14 Millionen Wahlberechtigten des Jahres 1912 waren im Jahre 1920 fast 36 Millionen geworden. Mit dieser quantitativen Ausdehnung war zugleich eine qualitative Veränderung verbunden. Zunächst einmal veränderte sich die Altersstruktur des Elektorats in einem nicht geringen Umfang.

Zwar liegen keine repräsentativen Wahlstatistiken vor, aus denen sich ablesen ließe, daß die Parteipräferenzen der jüngeren Generation sich charakteristisch von denen der älteren Generation unterschieden. Ein Schluß von der altersmäßigen Zusammensetzung der Parteimitglieder oder Parteieliten auf die Altersstruktur der jeweiligen Parteiwähler ist nicht ohne weiteres zulässig. Den »Jugendparteien« KPD und NSDAP muß nicht unbedingt auch eine besondere Jugendlichkeit ihrer Wähler entsprechen. Gleichwohl sprechen zahlreiche qualitative Befunde, aber auch allgemeine Erfahrungen dafür, daß Jugendlichkeit mit einer stärkeren Präferenz für »radikale« Parteien positiv korrelierte.[52] Insofern läßt sich begründet vermuten, daß die Verjüngung des Elektorats nicht politisch neutral war, obwohl es schwierig ist, Alter und Generation[53] als Determinanten des Wahlverhaltens eindeutig zu unterscheiden.

Kompensiert wurden die politischen Implikationen der Herabsetzung des Wahlalters möglicherweise durch das neue Frauenwahlrecht. Für Männer und Frauen, wenn auch für die Anfangsjahre 1919 und 1920 nicht in ausreichendem Maße und nicht in repräsentativer Form, liegen Sonderauszählungen vor, aus denen unzweideutig hervorgeht, daß die Frauen konservative und christliche Parteien bevorzugten. Konkret hieß das, daß sie das Zentrum, die Bayerische Volkspartei oder die Deutschnationalen, gegebenenfalls aber auch die Deutsche Volkspartei, wo diese und nicht die DNVP in protestantischen Gegenden lokale Milieupartei war, bei den Wahlen bevorzugten.[54]

Allerdings gilt es zu berücksichtigen, daß sich die Frauen im allgemeinen weniger als die Männer an den Wahlen beteiligten.[55] Für die Wahl zur Nationalversammlung im Jahre 1919 entsprach jedoch die Wahlbeteiligung der Frauen mit 82,3 % nahezu exakt der der Männer mit 82,4 %. Hinzu kam, daß bei dieser Wahl von 100 Wahlberechtigten 54 Frauen und 46 Männer waren. Das zeigt, in wie starkem Maße bei dieser ersten Wahl das neue Frauenwahlrecht den Wahlausgang beeinflußte.[56] Faßt man diese Überlegungen zusammen, besagen sie, daß der Wahlkörper der Jahre 1919 und 1920 zu weitaus mehr als 50 % aus Neuwählern, d. h. aus Personen bestand, die 1912 noch gar nicht wahlberechtigt gewesen waren.

Dieser neuartig zusammengesetzte Wahlkörper sah sich überdies mit neuen politischen Optionen konfrontiert. Denn erst jetzt konnte jeder überall in Deutschland die Partei seiner Wahl auch tatsächlich wählen. Vorher war nur die Sozialdemokratie fast überall wählbar und deshalb die einzig wahrhafte »nationale Partei« gewesen. Alle anderen Parteien waren im Grunde regionale Parteien geblieben. Vor diesem Hintergrund ist der auf den ersten Blick überraschende Rückgang der Sozialdemokratie in den Großstädten über 100000 Einwohner[57] und das Abschleifen der überlieferten Parteihochburgen, wie es generell für die Weimarer Republik charakteristisch ist, weniger überraschend, obwohl es nicht allein als Implikation des neuen Verhältniswahlrechtes interpretiert werden darf.

Vor dem Hintergrund dieser Veränderungen ist die Kontinuität der Parteien und des Parteiensystems beim Übergang vom Kaiserreich zur Weimarer Republik in der Tat erstaunlich. Im Prinzip gelingt es, mit noch zu diskutierenden Verschiebungen, allen Parteien und Parteigruppen, einen ähnlich hohen relativen Anteil aus dem Wahlkörper zu schneiden wie ihre Vorgängerparteien im Jahre 1912, obwohl es sich mehrheitlich nicht mehr um dieselben Wähler handelt und die Neuwählerzahlen die Altwählerzahlen ganz beträchtlich übersteigen (vgl. Tab. 8 und 3). Denn zusätzlich zu den Änderungen, die sich als Folge des Frauenwahlrechts und der Herabsetzung des Wahlalters ergaben, muß noch bedacht werden, daß zwischen 1912 und 1920 zwei normale Wahlperioden liegen und sich die Wählerschaft von Wahlperiode zu Wahlperiode im

Schnitt um ca. 12 % erneuert.[58] Die Altwähler des Jahres 1912 stellen nur noch eine Minderheit unter der Wählerschaft des Jahres 1919/20 dar. Gleichwohl sieht die von den Neuwählern gestellte große Mehrheit keinen Anlaß, das von den Altwählern übernommene Parteiensystem grundlegend zu verändern und die historisch gewachsenen politischen Koalitionen aufzukündigen.

Das sozialistische Lager und die kulturellen Grundlagen von »Reformismus« und »Radikalismus«

Darauf deuten nicht nur die Wahlergebnisse auf der Reichsebene, sondern auch die Korrelationskoeffizienten hin, die den statistischen Zusammenhang zwischen den Parteistärken von 1912 und von 1919/20 aufzeigen (vgl. Tab. 9). Relativ hoch ist die positive Korrelation zwischen den Wahlergebnissen für die Vorkriegssozialdemokratie des Jahres 1912 und den Stimmergebnissen für den sozialistischen Block (SPD, USPD, KPD), und zwar sowohl bei den Wahlen zur Nationalversammlung als auch bei der Reichstagswahl des Jahres 1920. Dabei fällt aber auf, daß vor allem 1920 ein deutlich positiverer territorialer Zusammenhang zwischen den USPD-Ergebnissen und den SPD-Ergebnissen von 1912 besteht als zwischen letzteren und den Ergebnissen für die SPD.

Addiert man die Stimmenanteile der sozialistischen Parteien in den Vorkriegshochburgen der SPD, ergibt sich als generelles Bild, daß die sozialistischen Hochburgen auch 1920 noch einigermaßen stabil sind, selbst wenn die Wahlergebnisse von 1912 meist nicht mehr erreicht werden. In Berlin liegt sogar bei den Wahlen zur Nationalversammlung das Ergebnis für das sozialistische Lager mit 63,7 % deutlich unter dem Ergebnis von 75,3 % für die SPD im Jahre 1912. Das Berliner Ergebnis ist zwar in dieser Größenordnung ein Sonderfall, aber es spiegelt doch den vorn bereits erwähnten generellen Trend, daß das sozialistische Lager zwischen 1912 und 1920 in den Großstädten über 100000 Einwohner einen Stimmenrückgang erlebt, der etwa bei einem Achtel der Stimmen von 1912 liegt, während es gleichzeitig auf dem flachen Lande beträchtlich zulegt. Zwar vermochte es die spektakulären Gewinne, die es bei den Wahlen des Jahres 1919 in den ostelbischen Provinzen zu erzielen vermochte, 1920 nicht zu halten, aber es konnte seinen Anteil in den kleinen Orten unter 2000 Einwohnern von einem Fünftel im Jahre 1912 auf ein Drittel im Jahre 1920 steigern.

Von dieser Kontextverlagerung war in erster Linie die SPD und nicht die USPD betroffen. Die USPD des Jahres 1920 reflektierte in ihrer sozialräumlichen Verteilung exakt das Muster der Vorkriegssozialdemokratie. Sie erzielte den höchsten Anteil in den Großstädten über 200000 Einwohner, gefolgt von den Städten mit mehr als 10000 Einwohnern, den Orten zwischen 2000 und 10000 Einwohnern und den Orten mit unter 2000 Einwohnern. Die SPD des Jahres 1920 dagegen zeigt ein völlig neues Raummuster. Sie ist nun in allen Ortsgrößenklassen fast gleich stark vertreten, am relativ stärksten sogar in den Orten zwischen 2000 und 10000 Einwohnern.[59]

Zu dieser, wenn man so will, Stadt-Land-Verschiebung der Sozialdemokratie passen die Veränderungen, die sich bei den sozialökonomischen Grundlagen ergeben. 1912 besaß die Sozialdemokratie mit einem Anteil von 12,8 % in den landwirtschaftlich geprägten Gebieten gegenüber 42,2 % in den industriell geprägten Gebieten und 48,8 % in den Gebieten mit einem starken tertiären Sektor noch ein eindeutiges sozialökonomisches Profil. 1920 dagegen hatten sich die jeweiligen Anteile mit 17,9 % gegenüber 21,4 % und 22,8 % stark angenähert. Das war zwar in erster Linie eine Folge der starken Verluste in den durch den sekundären und den tertiären Sektor bestimmten Gebieten und erst in zweiter Linie eine Folge ihres Zugewinns in den landwirtschaftlich geprägten Regionen. Die Sozialdemokratie vermochte dort ihre Position vom Jahre 1919, wo sie mit spektakulären 32 % auch zur stärksten Landpartei geworden war, nicht zu halten und war bereits 1920 wiederum durch die Deutschnationalen als stärkste Partei im protestantisch und agrarisch bestimmten Deutschland abgelöst worden – im katholischen Deutschland hatte sie auch 1919 dem Zentrum und der Christlichen Volkspartei diese Position nicht streitig machen können. Aber was immer die konkreten Ursachen waren: Die Sozialdemokratie war im Jahre 1920 in deutlicher Abhebung von ihrem bisherigen sozialräumlichen Muster eine Partei geworden, die sich im protestantischen Deutschland einigermaßen gleichmäßig über die Fläche verteilte.

Gewiß soll man diese Befunde des Jahres 1920 nicht überinterpretieren, zumal die SPD bei den Maiwahlen des Jahres 1924 einen Teil ihrer 1920 an die USPD verlorenen Stimmen zurückgewinnen konnte. Im Prinzip bleibt jedoch trotz einiger leichter Verschiebungen das Muster erhalten, das die SPD hinsichtlich ihrer sozialökologischen Verankerungen auch von der KPD deutlich unterscheidet. Damit zeichen sich interessante Veränderungen ab, die Anlaß geben, über die sozialstrukturelle und sozialkulturelle Basis von politischem »Reformismus« und »Radikalismus« erneut nachzudenken und zu fragen, ob und inwieweit sich in der Weimarer Republik das sozialistische Lager nicht nur politisch, sondern auch sozialkulturell auseinanderzuleben beginnt.

Dafür gibt es eine ganze Reihe von Beobachtungen, die sich, zusammen mit den vorn ausgebreiteten statistischen Befunden, ansatzweise zu einer Art Mosaik zusammensetzen lassen. So existiert z. B. in einigen Stadtvierteln des östlichen Ruhrgebiets ein auffälliger Zusammenhang zwischen hohen sozialdemokratischen Stimmenanteilen und der Verbreitung des Arbeiterwohnungsbaus. Da ist die Tatsache, daß in Bochum protestantische Gottesdienste in sozialdemokratischen Zeitungen angekündigt werden, und die weitere Tatsache, daß das Auftreten des Evangelischen Volksdienstes und anderer ähnlich gelagerter lokaler politischer Initiativen nicht nur die DVP, in den meisten Ruhrgebietsstädten die lokale Milieupartei der kirchennahen evangelischen Kreise, sondern auch die SPD beunruhigte und zu Wahlverlusten namentlich bei den weiblichen Wählern führte. Im Umkehrschluß erlaubt das die Vermutung, daß die Sozialdemokratie auf der Ebene der Wählerschaft, nicht unbedingt auf der Ebene der Mitgliederschaft, im evangelisch-kirchennahen Milieu der kleinen Leute ein gewisses Fundament besaß.[60] Da ist des weiteren die von Eike Hennig wiederholt eindrucksvoll beschriebene Tatsache, daß die Sozialdemokratie unter den »Arbeiterbauern« hessischer Dörfer, die noch fest in das übergreifende dörfliche Milieu integriert waren, besondere Erfolge erzielte und damit in einem Kosmos von Lebensweisen und Mentalitäten Fuß faßte, der nicht wirklich von der sozialistischen Arbeiterbewegung, sondern noch stark parochial geprägt war.[61]

Nimmt man zu solchen lokalen und regionalen Befunden das hinzu, was man negativ über den Zusammenhang der Faktoren Arbeitslosigkeit, Jugendlichkeit und KPD-Präferenz einerseits und positiv über die wachsende Bedeutung des Angestelltenelements in der sozialdemokratischen Mitgliedschaft und Wählerschaft weiß[62], werden ansatzweise einige Konturen sichtbar, die sich vielleicht zu folgender Hypothese verdichten lassen: Was diese unterschiedlichen Milieus verbindet, die sich unter dem Dach der SPD zusammengefunden haben, scheint die Tatsache zu sein, daß es sich allesamt um Arbeiter- und Angestelltenkreise handelt, die nicht zu den »Randständigen« und »Außenseitern« der lokalen und regionalen Gesellschaften gehören, sei es, daß traditionale Bindungen niemals vollständig gekappt worden waren, die Sozialdemokratie also in gewisser Weise Bestandteil eines örtlichen Milieus geblieben war, sei es, daß ein selbstbewußter Reformismus vorlag, der nicht zufällig seine Fortsetzung in einer sozialdemokratischen Kommunalpolitik fand, die sich in Stil und Inhalt radikal von der der Kommunisten unterschied.[63]

Damit scheint sich von den gesellschaftlichen Fundamenten her eine vergleichsweise klare Scheidelinie zwischen »Radikalismus« und »Reformismus« herauszukristallisieren. Bei genauerem Hinsehen zeigt sich aber, daß die Zusammenhänge komplexer sind. Auf der einen Seite gibt es, wie oben gezeigt wurde, eine ganze Reihe von Faktoren, die die USPD, und nicht die SPD als die eigentliche Nachfolgepartei der in der Industriearbeiterschaft verankerten Vorkriegssozialdemokratie erscheinen lassen. Bei den regionalen Hochburgen der USPD, in denen sie bei den Reichstagswahlen des Jahres 1920 teilweise weit vor der SPD lag, nämlich Berlin, Potsdam, Merseburg, Thüringen, die östlichen Gebiete des Regierungsbezirkes Düsseldorf mit den alten sozialdemokratischen Traditionsräumen Elberfeld, Barmen, Solingen und Remscheid und der Großraum Leipzig in Sachsen, handelt es sich allesamt auch um traditionelle Hochburgen der Vorkriegssozialdemokratie. Solche Befunde legen eine Hypothese nahe: Je langfristiger die sozialdemokratische Prägung einer Landschaft, desto größer die Wahrscheinlichkeit, daß sie bei vorhandenen Alternativen ihren politischen Ausdruck im »Radikalismus« findet.

Skeptisch gegenüber einer voreiligen Verallgemeinerung stimmt nur, daß diese Formel für einige sozialdemokratische Traditionslandschaften – z. B. für Hamburg, für Magdeburg, aber auch für einige Teile Sachsens – dezidiert nicht zutrifft. Auch das territoriale Muster, das später die KPD entwickelt, läßt sich nicht ohne weiteres mit dieser Formel erfassen. Und wer sich genauer mit der räumlichen Verteilung von »Radikalismus« und »Reformismus« im Ruhrgebiet zur Zeit der Weimarer Republik befaßt, gelangt eher zu der genau umgekehrten Hypothese, daß sich gerade das Alter der Vorkriegssozialdemokratie positiv auf die Selbstbehauptungskraft der SPD zur Zeit der Weimarer Republik auswirkt. Nicht von ungefähr ist es der Dortmund-Wittener-Raum, der eigentliche sozialdemokratische Traditionsraum im Ruhrgebiet, der auch in den wirtschaftlichen Krisenzeiten der Sozialdemokratie die Treue hält.

Der Widerspruch löst sich auf, wenn man von zwei unterschiedlichen Formen von Radikalismus[64] und entsprechend von zwei unterschiedlichen Arten von Reformismus ausgeht, nämlich einem lage- und situationsabhängigen »Radikalismus« bzw. »Reformismus« auf der einen, einem kulturell stabilisierten »Radikalismus« bzw. »Reformismus« auf der anderen Seite. »Sozialer Radikalismus« ist im Kern ein Extraditionalismusphänomen. Er wird primär von Arbeiterschichten getragen, die auf Grund politischer, wirtschaftlicher oder gesellschaftlicher Ereignisse – Revolution, Arbeitslosigkeit, Masseneinwanderung – aus ihren traditionalen Bindungen herausgefallen sind. »Sozialer Radikalismus« besitzt demnach überall dort gegenüber einem sozialdemokratischen »Reformismus« einen »natürlichen« Vorsprung, wo traditionale Orientierungen und Bindungen nicht mehr »greifen«, ohne daß bereits neue Orientierungen, Identitäten und Verhaltensmaßstäbe gefunden sind. Nicht zuletzt die politische Sozialgeschichte des Ruhrgebiets vor und nach dem Ersten Weltkrieg bietet reiches Anschauungsmaterial, um eine solche These abzustützen.[65] Daneben gibt es jedoch einen völlig anderen Zugang zum politischen Radikalismus, der gerade langfristige sozialistische Traditionen voraussetzt und gegebenenfalls auch dadurch begünstigt wird, daß ein radikaler bürgerlicher Vorlauf existiert. Es ist diese Art von politischem Radikalismus, von der die französische Wahlökologie ausgeht, wenn die Kontinuität radikalen Wählens in bestimmten französischen Landschaften unterstellt.

Idealtypisch ließe sich demgegenüber ein gewerkschaftsnahes, urban verankertes »reformistisches« Arbeiter- und Angestelltenmilieu unter der Leitformel: »kultureller Reformismus« von einem eher dörflich-kleinstädtisch verankerten »sozialen Reformismus« – Musterbeispiele sind die von Hennig beschriebenen sozialdemokratischen »Arbeiterbauern« oder die sozialdemokratischen Kötter-Bergleute in östlichen Teilen des Ruhrgebiets – unterscheiden, die zwar zu einem bestimmten Zeitpunkt der geschichtlichen Entwicklung eine politische Koalition mit der Sozialdemokratie eingingen, dabei aber ein mehr oder minder integrierter Bestandteil eines vor Ort etablierten sozialmoralischen Milieus geblieben waren. Wohlgemerkt: Es handelt sich um idealtypische Beschreibungen und Zuschreibungen, die die Ermöglichungsvoraussetzungen für »politischen Reformismus« auszuloten versuchen. In der Wirklichkeit gibt es stets eine Fülle von Vermittlungsformen und Zwischenkombinationen.

»Politischer Reformismus« und »politischer Radikalismus« innerhalb der Arbeiterbewegung haben offensichtlich auch einige konfessionelle Konnotationen, die jedoch einer differenzierten Interpretation bedürfen. Grundsätzlich kann man davon ausgehen, daß die »reformistische« Sozialdemokratie der Weimarer Republik, anders als die »radikale« KPD, stärker noch als die Vorkriegssozialdemokratie ein protestantisches Profil besaß.[66] »Politischer Reformismus« scheint mit Protestantismus positiv zu korrelieren, während umgekehrt für den Katholizismus zwar nicht gilt, daß Katholikenanteile an der Bevölkerung und Stimmenanteile für die KPD positiv korrelieren, wohl aber, daß der Prozentsatz der Katholiken, der die KPD bevorzugte, bei verschiedenen Reichstagswahlen fast doppelt so hoch lag als der, der für die SPD stimmte. Das paßt zu der bereits von Johannes Schauff als auffällig registrierten Tatsache, daß katholische Arbeiter, wenn sie das Lager des politischen Katholizismus verließen, tendenziell weitaus stärker zur KPD als zur SPD neigten.

Das heißt wegen der konfessionellen Zusammensetzung der deutschen Wählerschaft aber noch nicht, daß die KPD-Wählerschaft überwiegend katholisch war. Der Katholikenanteil reichte bestenfalls an die 30 % heran. Verglichen mit der SPD war das aber bereits sehr viel. Dort ging der Katholikenanteil nicht wesentlich über 10 % hinaus. Insofern gilt in der Tat, mit gewissen Ausnahmen vor allem in Bayern und Baden[67], daß die Wahlchancen der SPD im Durchschnitt desto geringer waren, je höher der Katholikenanteil war, während umgekehrt eine so eindeutig negative Korrelation zwischen Katholikenanteil und Stimmenanteilen für die KPD nicht existierte.[68]

Warum? Erklärungen nach dem Muster einer kurzgeschlossenen Autoritarismus- oder gar Totalitarismustheorie führen in die Irre, weil sie nicht verständlich machen können, warum die kommunistische Wählerschaft immerhin zu gut 70 % aus Nichtkatholiken bestand. Sieht man von allgemeinen Erklärungsfaktoren ab, die wie das Extraditionalismussyndrom im Prinzip für beide Konfessionen zutreffen, auch wenn sie vielleicht bei Katholiken statistisch häufiger als bei Protestanten aufgetreten sind, bleiben vor allem zwei Erklärungsansätze übrig, die etwas mit den Spezifika des katholischen Lagers und katholischer Milieus zu tun haben. Einmal läßt sich argumentieren, daß die reformistische Möglichkeit mit katholischer Arbeiterbewegung und Christlichen Gewerkschaften innerhalb des katholischen Lagers selbst bereits realisiert und damit als Alternative verbraucht war und daß deshalb für katholisch organisierte Arbeiter keine vernünftigen Gründe vorlagen, auf einen sozialdemokratischen Reformismus umzusteigen. Das gilt zumindest für jene Regionen, in denen der soziale Katholizismus stark war und das lokale Profil des Zentrums zu bestimmen vermochte. Unterschiede zwischen dem Ruhrgebiet und dem badischen Beispiel könnten hier einen Teil ihrer Erklärung finden.

Hinzu kommt freilich als zweiter Erklärungsstrang die Minderheitssituation des Katholizismus in Deutschland und die damit – freilich nicht nur damit – zusammenhängende Dichte des katholischen Gemeinschaftslebens. Entweder gehörte man ganz dazu, politisch, religiös und kulturell, oder man fiel aus dem katholischen Milieu überhaupt heraus. Nur unter den besonderen politisch-kulturellen Bedingungen Süddeutschlands, in denen der Katholizismus zudem in zwei Ländern die Mehrheitsreligion darstellte, konnten sich die Übergänge fließender gestalten. Beide Erklärungsstränge zusammen können ansatzweise verständlich machen, warum der Katholikenanteil unter der sozialdemokratischen Wählerschaft, auch wenn er bei den Reichstagswahlen 1928 stark anstieg, in der Weimarer Republik insgesamt so außerordentlich niedrig lag, während er bei der kommunistischen Wählerschaft fast an die Dreißig-Prozentgrenze heranreichte.

Kontinuität und Wandel des katholischen Lagers

Territorial stabiler noch als das sozialistische Lager erwies sich beim Übergang vom Kaiserreich zur Republik mit einem Korrelationskoeffizienten von 0,95 das katholische Lager. Der politische Katholizismus war mithin bei den Wahlen 1919 und 1920 überall dort stark, wo er auch bereits 1912 stark gewesen war (vgl. auch Tab. 10). Gleichwohl erlitt er, was der statistische Befund verdeckt, in einigen seiner traditionellen lokalen und regionalen Hochburgen teilweise erhebliche Verluste, die im Extremfall zwischen dreißig und vierzig Prozentpunkte betragen konnten. Um ein realistisches Bild von den politischen Veränderungen im katholischen

Raum zu gewinnen, ist es deshalb in der Tat erforderlich, einen gesonderten Blick auf die traditionellen Zentrumshochburgen zu werfen, da die relative Stabilität des katholischen Lagers beim Übergang vom Kaiserreich zur Weimarer Republik auch darauf beruhte, daß ihm nunmehr in verstärktem Maße Diasporastimmen zuflossen[69], die ihm im Kaiserreich unter den Bedingungen des Mehrheitswahlrechts nicht zugute gekommen waren.

Das gilt vor allem für die meist als Vergleichsbasis herangezogene Reichstagswahl des Jahres 1912, da das Zentrum bei dieser Wahl in nicht geringem Maße auf eigene Kandidaturen zugunsten der Konservativen verzichtet hatte. Nicht von ungefähr sind es deshalb auch gemischt-katholische Regionen wie die bayerische Pfalz oder die preußischen Regierungsbezirke Wiesbaden und Breslau, in denen der politische Katholizismus von 1912 auf 1920 den größten Sprung nach vorne macht, während er in den fast rein katholischen Landschaften Niederbayern, Schwaben, Sigmaringen, Aachen und Köln allesamt Verluste erleidet, die über zehn Prozentpunkte hinausgehen.

Für Säkularisationsprozesse als Wirkursache sprechen nicht zuletzt die Verluste in städtisch-großstädtischen Räumen, vor allem in alturbanen Räumen. Zu dieser Erklärung paßt, daß das Zentrum unverhältnismäßig stark vom neuen Frauenwahlrecht profitierte. Zwar liegen gerade für die ersten Wahlen der Weimarer Republik nur wenige getrennte Stimmenauszählungen für Männer und Frauen vor (vgl. Tab. 11). Immerhin zeigt aber das gut dokumentierte Beispiel der Großstadt Köln, daß das Zentrum bei den Reichstagswahlen des Jahres 1920 zwar 44,7 % der gültigen Stimmen bei den Frauen, dagegen nur 27,8 % bei den Männern erhält. Wählt man die männlichen Zentrumswähler des Jahres 1920 als Bezugsbasis, liegt die Verlustrate gegenüber den Ergebnissen von 1912 bei genau 33,3 %.[70]

Für andere Räume trägt eine Säkularisierungsthese jedoch nur bedingt. Sehr viel plausibler ist hier eine Milieuzerfalls-These, die davon ausgeht, daß nicht Säkularisationsprozesse, sondern Faktoren wie Dauerarbeitslosigkeit oder Zuwanderung, Milieuzerfall und Verlust der Kirchenbindung nach sich ziehen können, ohne daß sich die Wertmuster notwendigerweise ändern.[71] Einiges spricht dabei für die weitere Hypothese, daß die Kommunisten eher von einem Milieuverlust der Arbeiter, die Sozialdemokraten dagegen eher von Säkularisierungsprozessen profitierten.

Was ergibt sich als Gesamtbild? Auf der einen Seite besitzt das katholische Lager beim Übergang vom Kaiserreich zur Weimarer Republik noch vor dem sozialistischen Lager die stärkste territoriale Stabilität. Auf der anderen Seite ist unverkennbar, daß der politische Katholizismus Erosionsprozessen ausgesetzt war, die tiefgreifender waren, als es die Wahlergebnisse auf der Reichsebene erkennen lassen. Offen bleibt dabei aber die Frage, ob es nach 1918 tatsächlich in verstärktem Maße zu einem politischen Re-Alignment früherer Zentrumswähler gekommen ist oder ob die Verluste in erster Linie auf eine nachlassende sozialkulturelle und politische Reproduktionskraft des katholischen Milieus zurückzuführen sind.

Beide Interpretationsmöglichkeiten werden durch Indizien abgestützt. Daß es auch zu politischen »Re-Alignment«-Prozessen gekommen ist, dafür spricht das schon zu Beginn der Weimarer Republik sehr unterschiedliche Wahlverhalten von Männern und Frauen. Andererseits scheinen Ergebnisse von Oral History-Projekten[72] darauf hinzudeuten, daß im katholischen, ähnlich wie im sozialistischen und nationalen Lager, ein Alters- und Generationsfaktor wirksam war, der zu politisch gespaltenen Familien führte. Im besonderen Fall des politischen Katholizismus zog das in der Regel, wenn nicht Splitterparteien wie die Christlich-Soziale Reichspartei (Vitus Heller-Bewegung) oder die Christlich-Soziale Volksgemeinschaft Deutschlands, beides Linksabweichungen vom Zentrum, gewählt wurden, ein lagerübergreifendes Wahlverhalten und damit längerfristig auch einen Milieuverlust nach sich.

Allerdings muß generell, weitaus stärker jedenfalls als im Kaiserreich, wenn man von der kurzlebigen liberalen Reichspartei und einigen lokalen und regionalen Ausnahmen absieht, in denen unter besonderen Bedingungen von den Katholiken die Freikonservative Reichspartei gewählt worden war, davon ausgegangen werden, daß die Zugehörigkeit zum katholischen Milieu, manifestiert durch regelmäßigen Kirchgang und Teilnahme am katholischen Vereinsleben, und die Wahl von Zentrum bzw. BVP zur Zeit der Weimarer Republik nicht mehr automatisch zwei Seiten der gleichen Medaille waren.

Indirekt heißt das zugleich, daß hinter dem Rückgang der Stimmenanteile für das Zentrum und die BVP nicht immer notwendigerweise eine wie immer verursachte Erosion des katholischen

Milieus stehen muß. Es gibt politische Abkehrbewegungen von Zentrum und BVP, die nicht automatisch zu einer Absage an das katholische Milieu führen und deshalb ansatzweise so etwas wie eine politische Binnenpluralisierung des kirchennahen Milieus einleiten. Krieg, Niederlage, Versailler Vertrag und Rheinlandbesetzung, aber auch die interne Entwicklung der Zentrumspartei nach 1918 hatten in Teilen des katholischen Milieus zu einer scharfen Rechtswendung geführt, die sich typischerweise in einem Votum für die DNVP ausdrückte. Auch wirtschaftlicher Protest von Katholiken ließ sich in wachsendem Maße nicht mehr ohne weiteres durch Zentrum und BVP kanalisieren. Nicht von ungefähr war später die Wirtschaftspartei in einigen katholischen Regionen außerordentlich erfolgreich.[73]

Die Wählerblöcke des nationalen Lagers im Übergang zur Weimarer Republik

Komplexer liegen die Verhältnisse bei den liberalen und konservativen Parteien. Am stärksten ist der positive statistische Zusammenhang zwischen den Wahlerfolgen der Deutschkonservativen im Jahre 1912 und denen der Deutschnationalen bei den beiden ersten Wahlen der Weimarer Republik. 1920 nähert sich dieser Wert mit 0,83 sogar den Werten für das sozialistische und das katholische Lager an. Etwas niedriger liegen mit 0,74 aber die Werte für den konservativen Block insgesamt, da namentlich zwischen den Stimmergebnissen für die Freikonservativen vom Jahre 1912 und denen der Deutschnationalen im Jahre 1920 ein deutlich geringerer territorialer Zusammenhang besteht. Insgesamt gesehen besteht jedoch wenig Zweifel daran, daß es der DNVP gelungen ist, die alte Kernklientel der konservativen und christlich-sozialen Gruppierungen, vor allem der Deutschkonservativen, für sich zu mobilisieren.

Allerdings reicht die DNVP weitaus stärker in großstädtische Kontexte hinein als ihre Vorläuferparteien (vgl. auch Tab. 12a/13). In den Großstädten über 100000 Einwohner verdreifacht sie in etwa die Ergebnisse, die die beiden konservativen Parteien dort 1912 erzielt hatten.[74] Dem entspricht, daß sie sowohl in den industriell als auch in den durch Industrie und Handel geprägten Regionen deutliche Zuwächse, in den landwirtschaftlich geprägten Regionen dagegen deutliche Verluste erfährt, und zwar nicht nur bei den Wahlen zur Nationalversammlung, bei denen das sozialistische Lager das flache Land penetrierte, sondern auch noch 1920, nachdem das Pendel deutlich zurückgeschwungen war.[75] Gleichzeitig rückte die DNVP auch in katholische Gebiete vor, die zumindest den Deutschkonservativen vor dem Kriege faktisch versperrt gewesen waren. Das war zum Teil eine Folge des neuen Verhältniswahlrechtes, das früheren Anhängern der Konservativen in katholischen Gegenden zum ersten Male eine wirkliche Wahlchance bot, spiegelt aber zugleich die schon vorn erwähnte Tatsache wider, daß einige konservativ gesinnte Kräfte aus dem politischen Katholizismus in der Weimarer Republik den Weg zu den Deutschnationalen fanden.[76] Trotz der unbestreitbar starken Kontinuität namentlich mit den Deutschkonservativen war die DNVP bereits zu Beginn der Weimarer Republik auf dem Weg, die ostelbischen Eierschalen der einstigen Deutschkonservativen abzustreifen.

Am geringsten ist der statistische Zusammenhang zwischen den Stimmenergebnissen für die liberalen Parteien vor und nach dem Kriege. Bereits zu Beginn der Weimarer Republik erwies sich daher der Liberalismus als die weitaus instabilste politische Gruppierung. Vor allem die Rekrutierungsbasis des Rechtsliberalismus hatte sich im Vergleich zur Vorkriegszeit verschoben, und zwar eindeutig in die protestantischen Dienstleistungs- und Handelszentren hinein.[77] Verglichen mit den Nationalliberalen war die Deutsche Volkspartei von ihrem sozialräumlichen Profil her eindeutiger, zugleich aber enger geworden.

Indirekt ist damit bereits angedeutet, daß sich die ehemalige Wählerschaft des Nationalliberalismus nach 1918 auf unterschiedliche Parteien verteilt haben muß. 1919 dient noch in nicht geringem Umfang die DDP als Auffangbecken. 1920 ist die Lage komplexer. Eine multivariable Regressionsanalyse führt zu dem Resultat, daß sich die DDP-Abwanderer des Jahres 1920 zu etwa gleichen Teilen zu den Nichtwählern, zur DNVP und zur DVP bewegt haben.[78]

Damit gerät auch die DNVP als direkter oder indirekter Erbe des Nationalliberalismus in den Blick. Das Maß des Zusammenhangs zwischen den Stimmenergebnissen für beide Parteien bei den Reichstagswahlen 1912 und 1920 ist zwar außerordentlich niedrig. Aber schon ein flüchtiger Blick auf die nationalliberalen Hochburgen des Jahres 1912 läßt erkennen, daß es die DNVP ist, die bei den Reichstagswahlen des Jahres 1920 in nicht weniger als fünf von sechs früheren regionalen Hochburgen zur stärksten politischen Kraft im nationalen Lager wird. Ein Teil der nationalliberalen Hochburgen des Jahres 1912 bestand aber aus Wahlkreisen, in denen ein Nationalliberaler als Einheitskandidat des nationalen Lagers angetreten war.

Ebenso zeigt auch eine deutschnationale Dominanz in ehemaligen Hochburgen der Linksliberalen, die es immerhin in drei von acht Fällen gab, nicht unbedingt einen politischen Richtungswechsel an. Indirekt wird damit zugleich deutlich, mit welcher Vorsicht auch die Korrelationskoeffizienten interpretiert werden müssen. Beispielsweise dürfte die Tatsache, daß zwischen den Stimmenanteilen für die Deutschnationalen im Jahre 1920 und den Stimmenanteilen für die Linksliberalen im Jahre 1912 ein deutlich positiverer Zusammenhang existiert als zwischen ersteren und den Ergebnissen für die Nationalliberalen, in erster Linie darauf zurückzuführen sein, daß vor allem in den altpreußischen Gebieten der Gegensatz von Deutschkonservativen und Fortschritt/Freisinn auf der Wahlkreisebene eine sehr viel typischere Konfliktkonstellation darstellte als die von Konservativen und Nationalliberalen. Während die Nationalliberalen typischerweise in räumlicher Distanz zu den Deutschkonservativen existierten, lebten die Linksliberalen mit den Konservativen meist in enger ökologischer Symbiose.

Gleichwohl geht es um mehr als um ökologische Zusammenhänge. Ein Teil der ehemaligen nationalliberalen und linksliberalen Klientel ist 1920 und darüber hinaus ganz offensichtlich eine politische Koalition mit den Deutschnationalen eingegangen. Bereits Rudolf Heberle hatte in seiner Schleswig-Holstein-Studie auf solche Übergänge und neuen politischen Koalitionen hingewiesen.[79] Und auch eine genauere Analyse der nationalliberalen und linksliberalen Hochburgen vom Jahre 1912 weist in eine ähnliche Richtung.

Dieselbe Interpretation wird nahegelegt, wenn man die deutschnationalen Hochburgen des Jahres 1920 auf ihre politische Vorgeschichte hin untersucht. Ihre besten Wahlergebnisse erzielen die Deutschnationalen 1920 nicht in den alten ostelbischen Traditionsgebieten der Deutschkonservativen, sondern in einigen Land- und Stadtkreisen Mittelfrankens und Württembergs, die einen liberalen Vorlauf, jedenfalls allesamt keine dominante konservative politische Tradition besaßen. Nicht zufällig tauchen einige der genannten mittelfränkischen deutschnationalen Hochburgen wie Rothenburg und Ansbach (Land) zu späterer Zeit als absolute Hochburgen der NSDAP wieder auf, mit Spitzenergebnissen, die zwischen 83 % und 76 % der gültigen Stimmen liegen (vgl. Tab. 12a/12b).

Die Beispiele legen es nahe, die Kontinuitätsthese, soweit man dabei an einzelne Parteien und Wählerblöcke und deren regionale und gesellschaftliche Verankerung denkt, nicht zu überziehen. Sie machen zugleich auf einige Interpretationsprobleme aufmerksam. Der parteipolitische Wandel in vielen Regionen ist unbestreitbar, wenn man von der Prämisse ausgeht, daß die DDP als Nachfolgepartei des Linksliberalismus, die DVP als Nachfolgepartei des Rechtsliberalismus und die DNVP als Nachfolgepartei des Konservativismus angesehen werden kann. Aber ist damit auch ein Wandel der politischen Sinnbezüge verbunden?

Für Schleswig-Holstein mit seinem Wechsel vom Linksliberalismus zu den Deutschnationalen und später dann zu den Nationalsozialisten ist einmal die Tatsache relevant, daß sein Linksliberalismus stets auch Züge eines regionalen und bäuerlichen Protestliberalismus besessen hatte und diese Protesttradition unter den veränderten Bedingungen der Weimarer Republik konsequent mit einem Votum für die Deutschnationalen und dann für die NSDAP fortgesetzt wurden. Zum anderen ist aber auch die Tatsache wichtig, daß es sich seit jeher um einen Linksliberalismus gehandelt hatte, der mit dem doktrinären Gesinnungsliberalismus eines Eugen Richter wenig gemein hatte und zu dem der nationalliberale Abgeordnete Wallichs einmal polemisch anmerkte, er sei eigentlich »hier im Lande eine exotische Pflanze und finde im Temperament des Volkes wenig Unterstützung«.[80]

Umgekehrt besaß der Nationalliberalismus in Baden, in dem der Linksliberalismus, von den Demokraten in Mannheim einmal abgesehen, als Partei nie wirklich Fuß gefaßt hatte, stets eine große politische Spannweite. Es überrascht deshalb nicht eigentlich, daß sich diese politischen Traditionen vorrangig über DDP und DNVP fortsetzten.

Es könnte also sehr wohl sein, daß sich hinter einer parteipolitischen Diskontinuität vielfach eine mentale und ideologische Kontinuität verbirgt, die über intertemporale und interregionale Vergleiche ansatzweise sichtbar wird. Möglicherweise wird in der Tat erst unter den abstrakteren, regionale und historische Zufälle einebnenden wahlrechtlichen Bedingungen der Weimarer Republik wirklich manifest, wofür der jeweilige regionale Linksliberalismus, Nationalliberalismus oder Konservativismus in der Vergangenheit eigentlich gestanden hatte und welche Teilströmungen in ihm enthalten gewesen waren. Dabei mag sich herausstellen, um zwei Beispiele willkürlich herauszugreifen, daß die Mentalität, die den Nationalliberalismus Badens getragen hatte, nicht unbedingt »rechter« gewesen war als die, die hinter dem Fortschrittsliberalismus Oldenburgs gestanden hatte.

In Landschaften, in denen der Nationalliberalismus als Sammlungsbewegung des nationalen Lagers fungiert hatte, wie z. B. im Reichstagswahlkreis Essen im Ruhrgebiet, kann es deshalb auch wenig überraschen, daß sich nicht nur die ehemaligen Wähler, sondern auch die ehemaligen lokalen Eliten des Nationalliberalismus nach 1918 in DDP, DVP und DNVP ausdifferenzieren, auch wenn man generell für die Städtelandschaft an der Ruhr unterstellen kann, daß die DVP, und nicht die DNVP, von der DDP ganz zu schweigen, die eigentliche Nachfolgepartei des Nationalliberalismus im Ruhrgebiet darstellt. Nur in einigen stärker ländlich geprägten Orten oder Stadtvierteln an der Ruhr fungierte die DNVP als Nachfolgepartei der Nationalliberalen und als lokale Milieupartei des nationalen Lagers.

Vielleicht steckt doch mehr Sinn und System hinter den parteipolitischen Übergängen, wie sie sich nach 1918 regional und lokal vollzogen, als es auf den ersten Blick scheinen mag. Das muß bedacht werden, wenn man den statistischen Befund interpretiert, gemäß dem schon zu Anfang der Republik zwischen den drei Parteigruppierungen des nationalen Lagers und den Nichtwählern »mit großer Wahrscheinlichkeit große Austauschbewegungen stattgefunden« haben.[81] Insgesamt gesehen gilt, daß die Parteiidentitäten der Wählerschaft im nationalen Lager nur gering ausgebildet waren und daß dementsprechend auch die Wahl einer anderen Partei aus dem gleichen Lager kaum als bedeutsamer politischer Richtungswechsel empfunden wurde.

Eine gewisse Ausnahme von dieser Regel stellt die Wählerschaft des deutschnationalen Wählerblocks in den ostelbischen Kernlandschaften der Deutschkonservativen dar, die offensichtlich bis zum Aufkommen der NSDAP die DNVP, und zwar nur die DNVP, als einzige authentische Nachfolgepartei der Deutschkonservativen begriff, auch wenn, verglichen mit der Vorkriegszeit, die gesellschaftliche Verankerung in den Hochburgen oft um zehn

Prozentpunkte zurückgegangen war. Aber selbst diese weithin parteiloyale konservative Wählerschaft hatte 1919 bei den Wahlen zur Nationalversammlung demonstriert, daß sie auch nicht mehr das war, was sie in der Vorkriegszeit einmal gewesen war, weil sich in ihr die Möglichkeit eines parteipolitischen Wechsels, gegebenenfalls sogar die eines Lagerwechsels, eingenistet hatte. Immerhin war 1919 das sozialistische Lager in deutschkonservativen Paradelandschaften wie den Regierungsbezirken Königsberg, Gumbinnen, Allenstein und Frankfurt an der Oder zum ersten und freilich auch einzigen Male stärkstes politisches Lager geworden. Nur die Provinz Pommern, die schon 1863 bei den preußischen Landtagswahlen die letzte und einzige Zuflucht der Konservativen geblieben war, zeigte sich auch diesmal von den Zeitläuften vergleichsweise unberührt, mit Ausnahme des Regierungsbezirks Stralsund, der unter den pommerschen Regierungsbezirken die am wenigsten makellose konservative Vergangenheit aufwies und in dem 1919 zum ersten und freilich auch einzigen Male die DDP die stärkste politische Kraft im nationalen Lager geworden war.

Die Wahlen zur Nationalversammlung sind aufschlußreich, weil sie zeigen, daß selbst die alten deutschkonservativen Milieus in Ostelbien in Bewegung geraten konnten. In gewisser Weise antizipieren sie bereits das, was sich in diesen Landschaften seit 1930 vollzog. Vorerst jedoch blieb die neue politische Mobilität weithin Episode. 1920 war in allen ostelbischen Kernlandschaften nicht nur die traditionelle Lagerfärbung, sondern auch das Tiefblau der Deutschkonservativen/Deutschnationalen wiederhergestellt. In diesem Sinne kann man mit Blick auf diese Landschaften und das konservative Wählerspektrum von einer starken parteipolitischen oder richtungspolitischen Kontinuität sprechen, die in dieser Eindeutigkeit in den übrigen Teilen des Reiches und für das liberale Wählerspektrum insgesamt nicht gegeben war. Es war zu Veränderungen und Bewegungen gekommen, die teilweise politischen Verwerfungen gleichkamen, auch wenn man, wie oben angedeutet, einräumen muß, daß auf der Ebene der politischen Sinnbezüge gegebenenfalls mehr Kontinuität existierte, als auf den ersten Blick scheinen mag. Stabil geblieben waren dagegen allenthalben die Lagergrenzen und die politischen Sinnbezüge, die sich damit verbanden.

Das Dreilagersystem des Kaiserreiches, das vorrangig auf dem politisierten Klassen- und Konfessionskonflikt beruhte, hatte überlebt und strukturierte nach wie vor die politische Gesellschaft an ihrer Basis. Das kann angesichts der Vorgeschichte wenig überraschen. Aber es bedeutet zugleich, daß die neuen lagerübergreifenden Koalitionen, die die politischen Eliten mit der Weimarer Koalition eingegangen waren, gesellschaftlich und kulturell nur in eingeschränktem Maße abgestützt und »von unten« ratifiziert worden waren. Um den gemeinten Sachverhalt an einem Beispiel zu demonstrieren: Die eigentlichen Schwierigkeiten, eine partei- und lagerübergreifende Organisation wie das »Reichsbanner Schwarz-Rot-Gold« mit Leben zu erfüllen, lagen nicht auf der Elitenebene, sondern auf der Ebene der Anhängerschaft vor Ort, die sich ungemein schwer tat, in einer Organisation politisch zu kooperieren[82], da der Vorrat an geteilten Selbstverständlichkeiten nach wie vor äußerst gering war.

4.3 Klimax des Dreilager-Systems und Aufstieg der NSDAP

Politische Dominanzverhältnisse in den Regionen 1919-1933

Bei den Wahlen zur Nationalversammlung hatte es noch so ausgesehen, als ob sich nicht nur die Lagerstärke von nationalem und sozialistischem Lager insgesamt, sondern auch die politischen Dominanzverhältnisse in den Regionen grundlegend verändern würden. Während das nationale Lager 1912 in 25 von 47 Regionen – die nach dem Versailler Vertrag nicht mehr dem Deutschen Reich gehörigen Regionen bleiben unberücksichtigt – die politische Majorität besaß, gegenüber dreizehn, die vom katholischen Lager, und neun, die vom sozialistischen Lager dominiert wurden, hatten sich 1919 die Verhältnisse nahezu umgekehrt. Es war jetzt das sozialistische Lager, das in 25 Regionen politisch dominierte gegenüber zwölf, in denen der politische Katholizismus, und gegenüber zehn, in denen das nationale Lager am stärksten geblieben war.

1920 hatten sich die Vorkriegsverhältnisse zwar nicht völlig wieder eingependelt, aber das nationale Lager war wieder zur stärksten politischen Kraft in achtzehn Regionen geworden, gegenüber sechzehn, in denen das sozialistische Lager, und dreizehn, in denen das katholische Lager dominierte. Dieser Zustand veränderte sich in den folgenden Jahren kaum, wenn man die Regional- und Interessenparteien, die auch von Katholiken in erheblichem Umfang gewählt wurden[83], zum nationalen Lager schlägt. Bei der Juliwahl des Jahres 1932, die von der Höhe der Wahlbeteiligung her mit den letzten Wahlen des Kaiserreiches gut verglichen werden kann, waren nur drei Regionen übriggeblieben, in denen das sozialistische Lager, und elf Regionen, in denen das katholische Lager eine relative Mehrheit besaßen.

Viererlei Einsichten kann dieser zugegebenermaßen sehr grobe und aus statistisch-quantitativer Perspektive geradezu vorsintflutliche Zugriff über die politischen Dominanz- und Majoritätsverhältnisse in Großregionen und ihrem Wechsel in der Zeit vermitteln:

– Langfristige politische Koalitionen zwischen Wählern und Eliten und die damit verbundene politisch-kulturelle Überformung von Regionen zahlen sich offensichtlich aus. Der Majoritäts- und Dominanzwechsel, der sich in den Regionen vollzieht, ist nicht zufällig oder ein reiner Reflex der aktuell vorgefundenen sozialstrukturellen Verhältnisse, sondern historisch vorgeformt. Den gleichen Eindruck gewinnt man, wenn man die positiven oder negativen Unterschiede zwischen realem und fiktivem Wahlverhalten auf regionaler Ebene in der Zeit verfolgt.

– Das heißt nicht, daß Regionen einen gleichsam eingebauten politisch-kulturellen Charakter besitzen und grundsätzlich veränderungsresistent sind. Dagegen spricht allein schon die Tatsache des Dominanz- und Majoritätswechsels in der Region. Dagegen spricht vor allem aber, daß es in einigen Regionen zu politischen Veränderungen kommt, die in ihrem Ausmaß und in ihrem Zeitpunkt von der politischen Vorgeschichte der Region her nicht ohne weiteres zu erwarten sind. Das katholische Oberschlesien, wo die Grenzlandsituation und die damit verbundene Erfahrung ganz offensichtlich nationalisierend gewirkt haben, ist z. B. ein solcher Fall. Generell wird jedoch gelten, daß sich die einzelnen Regionen auf Grund ihrer historischen Prägungen in sehr unterschiedlicher Weise für neue Zeitströmungen öffnen.

– Was sich seit 1930 in massiver Weise, im Grunde aber bereits seit den Reichstagswahlen des Jahres 1920 in den Regionen vollzieht, ist nicht nur eine Wiederherstellung von Vorkriegsverhältnissen, sondern auch ein anwachsender regionaler Dominanzwechsel zugunsten des nationalen Lagers. Während es vor dem Ersten Weltkrieg eine deutliche Rechts-Links-Bewegung gegeben hatte, die bei den Wahlen zur Weimarer Nationalversammlung im Jahre 1919, gleichsam den letzten Wahlen des Kaiserreichs, ihren Höhepunkt erlebte, verlief in der Weimarer Republik die politische Entwicklung auf regionaler Ebene von Anfang an, vor allem aber seit 1930, genau umgekehrt.

– Der Majoritäts- und Dominanzwechsel vollzog sich in erster Linie zwischen nationalem Lager und sozialistischem Lager. Das katholische Lager blieb zwar von den politischen Zeittrends und den damit verbundenen politischen Majoritätswechseln keineswegs unberührt, wie etwa die Beispiele Düsseldorf einerseits und Baden und Oberschlesien andererseits demonstrieren. Charakteristisch insgesamt ist jedoch, daß ein katholisches Deutschland im Sinne von Großräumen, die nach wie vor durch den politischen Katholizismus majorisiert oder gar dominiert werden, auch am Ende der Weimarer Republik noch existiert, während das sozialistische Deutschland aus großräumiger Perspektive auf wenige, vor allem großstädtische Räume zusammengeschmolzen ist.

Was solche großräumigen politischen Majoritäten und Dominanzen letztlich bedeuten, muß offen bleiben. Grundsätzlich ist zwar, ohne daß komplexe Theorien über die politische Öffentlichkeit bemüht werden müssen, die Annahme einsichtig, daß es politisch zählt, ob man sich in einem Raum als Minderheit oder als relative oder gar als absolute Mehrheit fühlen kann. Das gilt um so mehr, wenn man bedenkt, daß die nationalsozialistische Propaganda in der Endphase der Weimarer Republik mit dem Mittel der Einschüchterung sehr bewußt arbeitete, gegen die räumlich versammelte Solidaritäten und Majoritäten einen gewissen Schutz und Halt boten. Welche subnationalen Räume, vom Stadtquartier bis hin zur Provinz, unter solcher Perspektive besonders wichtig sind, ist aber eine ebenso ungelöste wie auch schwierig zu klärende Frage. Die hier vor allem aus technischen und pragmatischen Gründen als Regionen verstandenen Einzelstaaten, Provinzen und Regierungsbezirke sind keineswegs in allen Fällen die geeigneten räumlichen Bezugseinheiten. Sie können im Grunde nur auf die Notwendigkeit hinweisen, daß nicht nur im Kaiserreich, sondern auch noch unter den veränderten Bedingungen der Weimarer Republik die Entwicklung des Parteiensystems in seinem regionalen Kontext analysiert werden muß. Denn immerhin kommt auch eine aufwendige Varianzanalyse, die die Wirksamkeit der kumulierten Regionaleffekte zwischen 1930 und 1933 auf die NSDAP-Ergebnisse zu bestimmen versucht, zu dem Resultat, daß nationale Trends und regionale Abweichungen nahezu dasselbe Gewicht besitzen.[84]

Wählerbewegungen zwischen 1912-1933
Der Legitimationsverlust liberaler und konservativer Eliten

Was sich bei der Betrachtung der Dominanzverhältnisse auf der Regionalebene zeigt, wird durch einen Blick auf die Stimmenentwicklungen der politischen Lager auf der Reichsebene zwar nicht widerlegt, aber doch modifiziert. Im Prinzip waren die drei politischen Großlager, wenn man die Ausnahmewahl 1919 unberücksichtigt läßt, ziemlich unbeschädigt aus dem Ersten Weltkrieg hervorgegangen. Gewiß hatten sich die Lagerstärken zwischen 1912 und 1920 ein wenig verschoben. Das wird besonders gut deutlich, wenn man als Vergleichsbasis nicht die Wähler, sondern die Wahlberechtigten nimmt. Trotz des Rückschlags, den das sozialistische Lager 1920 erlitt, stand es im Vergleich zu 1912 immer noch um drei bis vier Prozentpunkte besser da, während das nationale Lager in etwa die gleichen Prozentpunkte verloren hatte. Das waren jedoch Veränderungen, die kaum als »Re-alignment« zu beurteilen sind, da gleichzeitig das Nichtwählerlager von 15,4 auf 20,8 % angestiegen und das katholische Lager mehr oder minder konstant geblieben war. In der Folge war das katholische Lager zwar einer schleichenden Erosion ausgesetzt, die bei den Reichstagswahlen des Jahres 1928 mit einem Anteil von 11,3 % an den Wahlberechtigten ihren Tiefpunkt erreichte. Aber es stabilisiert sich dann wieder angesichts der nationalsozialistischen Bedrohung, und bei den Juliwahlen des Jahres 1932 fand es mit einem Anteil von 13,5 % an den Wahlberechtigten fast wieder eine ähnlich starke Verankerung in der politischen Gesellschaft der Weimarer Republik wie zu ihrem Beginn.

Auch das sozialistische Lager hatte sich von den Rückschlägen, die es bei den beiden Reichstagswahlen des Jahres 1924 erlitten hatte, dauerhaft erholt. Es lag bei allen Reichstagswahlen in der Endphase der Weimarer Republik, wenn man die nicht mehr unter völlig normalen Bedingungen stattfindende Märzwahl des Jahres 1933 ausklammert, nur unwesentlich unter dem Spitzenergebnis von 30,2 % Anteil an den Wahlberechtigten, das es bei der Reichstagswahl 1928 erreicht hatte, auch wenn sich wie beim nationalen Lager eine Binnenradikalisierung vollzog und die Gewichte sich zu den Kommunisten hin verlagerten. Beiden Lagern war es gelungen, sich trotz eines gegenüber 1912 radikal und gegenüber 1920 erheblich vergrößerten und auch in seiner altersmäßigen und generationellen Zusammensetzung stark veränderten Elektorats im wesentlichen politisch zu reproduzieren.

Eine etwas andere Perspektive gewinnt man freilich, wenn man für den Vergleich mit 1932/I nicht die Reichstagswahlen von 1920, sondern die Wahlen zur Nationalversammlung 1919 nimmt, die nicht nur dem sozialistischen Lager, sondern auch dem katholischen Lager mit 16,3 % Anteil an den Wahlberechtigten, dem zweitbesten Ergebnis seiner Wahlgeschichte überhaupt, einen gewaltigen Erfolg eingebracht hatten. Denn dabei zeigt sich nun in der Tat, daß zwischen dem Anfang und Ende der Weimarer Republik Wählerbewegungen stattgefunden haben müssen, die auch die Beziehung zwischen den drei Lagern und nicht nur die Verhältnisse innerhalb der Lager in erheblichem Maße tangierten[85]. Bei annähernd gleicher Wahlbeteiligung ist das nationale Lager zwischen 1919 und 1932/I um gut zehn Prozentpunkte – bezogen auf die Wahlberechtigten – gewachsen, während das sozialistische Lager einen Verlust von gut sieben Prozentpunkten und das katholische Lager einen Verlust von fast drei Prozentpunkten zu verzeichnen hat. In gewisser Weise steht nun bei annähernd gleich hoher Wahlbeteiligung das nationale Lager mit 38,2 Prozentpunkten genau dort, wo 1919 mit einem Anteil von 37,6 % an den Wahlberechtigten das sozialistische Lager gestanden hatte. Sozialistisches Lager und nationales Lager hatten gleichsam einen Platztausch vorgenommen.

Radikal verändert hatte sich die interne Zusammensetzung des nationalen Lagers. Hatten DDP, DVP und DNVP als Nachfolgeparteien der liberalen, konservativen und völkischen Gruppierungen bei den Reichstagswahlen des Jahres 1920 noch einen Anteil von 29,2 % an den Wahlberechtigten erzielt, war dieser Anteil bei den Wahlen des Jahres 1930 auf 12,7 % gesunken. Am frühesten und stärksten betroffen von diesen erdrutschartigen Veränderungen, die faktisch auf einen Elitentausch hinausliefen, waren die beiden liberalen Parteien, während die Deutschnationalen zumindest bei den beiden Wahlen des Jahres 1924 noch als Auffangbecken für Protestwähler fungieren und ihren Anteil gegenüber den Ergebnissen von 1920 erheblich steigern konnten. Aber schon bei diesen Wahlen machte sich das Gewicht neugegründeter Interessenparteien bemerkbar, das dann bei den Reichstagswahlen der Jahre 1928 und 1930 seinen Höhepunkt erlebte.[86]

Als Einzelparteien waren diese Gruppierungen, vielleicht mit Ausnahme der Wirtschaftspartei des deutschen Mittelstandes, politisch unbedeutend. Zusammengefaßt mobilisierten sie jedoch bereits bei der Reichstagswahl des Jahres 1928 eine beträchtliche Anhängerschaft, die der des liberalen Wählerblockes nicht nachstand. Aber auch der konservative Wählerblock verlor nach 1924 zunehmend an politischer Integrationskraft. Bereits bei den sächsischen Landtagswahlen von Ende Oktober des Jahres 1926 konnte die im August 1926 neu gegründete Reichspartei für Volksrecht und Aufwertung (Volksrechtspartei) einen großen Wahlsieg erringen, der nicht nur auf Kosten der DDP, sondern auch der DNVP ging.[87] Der Rückgang der DNVP von 15,9 % der Wahlberechtigten bei den Dezemberwahlen des Jahres 1924 auf 10,9 % im Jahre 1928 und 5,7 % im Jahre 1930 spiegelt den Erosionsprozeß wider, der nunmehr auch den konservativen Teil des nationalen Lagers erfaßt hatte. Allerdings ging der Legitimationsverlust, den die konservativen Eliten erfuhren, niemals so weit wie bei den Liberalen. Die DNVP erholte sich von ihrem Tiefpunkt bei den Juliwahlen 1932. Bei den Novemberwahlen des Jahres 1932 standen immerhin noch 7,1 % der Wahlberechtigten hinter ihr. Das waren weitaus mehr als die dürftigen 2,3 % der Wahlberechtigten, die die liberalen DDP/DVP-Eliten hinter sich versammeln konnten.

Daß es in erster Linie die liberalen Eliten und nicht die konservativen Eliten waren, die ihr politisches Kapital in der Weimarer Republik verwirtschaftet hatten, wird noch deutlicher, wenn man die Situation am Ende der Weimarer Republik und am Ende des Kaiserreichs miteinander vergleicht. Damals war der liberale Wählerblock innerhalb des nationalen Lagers mit rund 20 Prozent noch annähernd doppelt so stark gewesen wie der konservative Wählerblock. Die Deutschkonservativen erreichten 1912 einen Anteil an den Wahlberechtigten, der fast exakt dem der DNVP im Jahre 1932/II entsprach. In gewisser Weise behaupteten sich die konservativen Eliten, obwohl oder vielleicht gerade weil sich die nationalsozialistische Propaganda bei den Novemberwahlen des Jahres 1932 mit ihrer Stoßrichtung gegen die DNVP betont antireaktionär gegeben hatte.[88] Allerdings ist die DNVP im Jahre 1932 nicht ohne weiteres mit der Deutschkonservativen Partei des Jahres 1912 gleichzusetzen. Immerhin war die Führung der DNVP inzwischen in die Hände ehemaliger Nationalliberaler gefallen. Überdies verlor sie mit dem Vordringen der NSDAP in die ländlich-protestantischen Räume ein weiteres Stück des dörflich-ländlichen Sozialprofils, das für die Deutschkonservativen so kennzeichnend gewesen war. Zudem konnte sie am Ende der Republik auch in katholisch-agrarische Räume eindringen und nahm damit in einigen Gegenden in der Tat, auch konfessionell gesehen, »Volksparteizüge« an.[89] Insgesamt war sie jedoch von ihrer Kernklientel her eine evangelisch-konservative Partei wie einstmals die Deutschkonservativen geblieben. Als solche vermochte sie sich, als eine Art evangelisches Zentrum, neben der NSDAP im nationalen Lager relativ zu behaupten.

Im Unterschied zur DNVP wurde die NSDAP seit 1930 in ihren Hochburgen stärker agrarisch und weniger städtisch, und damit zugleich immer stärker protestantisch. Vor allem seit 1932 wurde sie in den alten DNVP-Hochburgen zur eigentlichen politischen Repräsentantin des nationalen Lagers.[90] Die NSDAP war deshalb ohne jeden Zweifel auch eine Nachfolgepartei der DNVP. Anders jedoch als die liberalen Parteien in ihren traditionellen Hochburgen blieb die DNVP in den traditionellen Hochburgen der Deutschkonservativen eine nach wie vor ernstzunehmende politische Kraft, und zwar insbesondere in jenen Regionen, die in der Vergangenheit vom Wind des Liberalismus kaum oder nur vorübergehend berührt worden und die auch 1919 in ihrer konservativen Loyalität nicht schwankend geworden waren. Wiederum ist es kein Zufall, daß die Provinz Pommern, die alte Schutz- und Trutzburg der Konservativen seit den Tagen des preußischen Verfassungskonfliktes, die einzige Region ist, in der die DNVP bei der Reichstagswahl 1930, wenn auch nur knapp, noch vor der NSDAP liegt und die bei der Reichstagswahl vom November des Jahres 1932 der DNVP immer noch ein Ergebnis von über 20 % der gültigen Stimmen beschert.

Zwar scheint auch von einem in der kommerziellen Gesellschaft der Handelsmetropolen langfristig verankerten Linksliberalismus eine gewisse Resistenz gegenüber dem nationalsozialistischen

Mobilisierungsappell auszugehen. Beim Linksliberalismus kommt es, wenn diese Vermutung trägt, entscheidend darauf an, aus welchen Sinnbezügen heraus er in der Vergangenheit gewählt worden war. Insgesamt kann jedoch wenig Zweifel daran bestehen, daß es die historisch durch liberale Parteien repräsentierten und geprägten Landschaften sind, die der NSDAP ideale Einstiegschancen eröffnen und einen Wahl- und Regionalforscher dazu verleitet haben, zugespitzt von einem »liberal-faschistischen Milieu« zu sprechen, also einem Milieu, das anscheinend problemlos und geschlossen liberale durch nationalsozialistische, und diese dann wieder durch liberale Eliten austauscht.[91] Demgegenüber steckt in den stärker konservativ geprägten Landschaften des nationalen Lagers offenbar ein gewisses Maß an traditionalistischem Resistenzpotential gegenüber der NSDAP. Fast läßt sich, will es scheinen, von einer je-desto-Beziehung sprechen. Denn der Vormarsch der NSDAP in die ostelbischen Traditionsgebiete der DNVP und früher der Konservativen darf nicht vergessen machen, daß in diesen Landschaften von Haus aus auch ein beachtliches liberales Potential steckte, das im Unterschied zum konservativen Potential seit 1932 faktisch vom Erdboden verschwunden war.

Gesellschaftliche und kulturelle Grundlagen der Wählerblöcke und Lager

Wählerbewegungen sind in der Regel keine einseitige Angelegenheit. Aus Wählerumfragen weiß man, daß sich hinter den Veränderungen der Stimmergebnisse von Wahl zu Wahl oft recht komplizierte Wählerbewegungen nach zwei Richtungen hin verbergen, da die verlierende Partei in der Regel nicht nur Wähler abgibt, sondern auch Wähler erhält. Hinter den (Netto-)Fluktuationen, wie sie sich anhand der Wahlergebnisse ablesen lassen, stehen deshalb zumeist in Wirklichkeit »erheblich größere, quasi unterirdisch verlaufende Wählerbewegungen«, da im Wahlergebnis stets die Gewinne und Verluste jeder Partei bereits miteinander verrechnet sind.[92] Wählerwanderungsanalysen sind zwar eine umstrittene Angelegenheit.[93] Das gilt insbesondere für historische Wahlanalysen, da man dabei einige Annahmen machen muß, so die Annahme, daß Individuen gleicher Sozial- und Konfessionslage im Prinzip überall gleich gewählt haben, die historisch nicht unbedingt plausibel sind. Andererseits kann man jedoch kaum in Abrede stellen, gerade vor dem Hintergrund von wachsenden Milieuverlusten und einer dadurch bewirkten höheren Mobilität der Wählerschaft, daß es Wählerfluktuationen nach beiden Seiten hin auch zur Zeit der Weimarer Republik gegeben hat. Insofern stellt die von Falter mit Hilfe der sogenannten ökologischen Regressionsanalyse[94] versuchte Rekonstruktion der »tatsächlichen« Gewinne und Verluste der Parteien und Parteiblöcke bei den Reichstagswahlen zwischen 1920 und 1933 ein höchst willkommenes zusätzliches Erkenntnismittel dar (vgl. auch Tab. 14).

Was kommt als Ergebnis seiner statistischen Schätzungen heraus? Der Tendenz nach werden die Interpretationen bestätigt, die sich aufdrängen, wenn man die Wählerbewegungen auf Reichsebene und regionaler Ebene »naiv« betrachtet. Folgende Resultate sollten festgehalten werden:

– Sozialistisches und katholisches Lager können im Durchschnitt der Weimarer Wahlen knapp zwei Drittel ihrer Wähler halten. Das bestätigt die schon mehrfach angesprochene relative Stabilität dieser beiden Lager, weist jedoch gleichzeitig darauf hin, daß selbst diese stabilen Lager nicht ausschließlich aus Stammwählern bestanden.

– Die geringste politische Bindewirkung geht vom traditionellen nationalen Lager aus, und innerhalb dieses Lagers wiederum, wenn man die Interessen- und Regionalparteien unberücksichtigt läßt, von den liberalen Parteien. Die politische Integrationskraft der Deutschnationalen ist im Durchschnitt der Wahlen fast doppelt so hoch wie die der liberalen Parteien. Bezieht man aber die NSDAP in das nationale Lager mit ein, zeigt sich, daß in diesem Lager die Werte für lagerübergreifende Wählerwanderungen sogar niedriger liegen als im sozialistischen und im katholischen Lager. Das ist ein weiterer indirekter Hinweis darauf, daß man die NSDAP vorrangig als Lagerpartei begreifen muß.

– Entsprechend sind die Austauschbeziehungen zwischen NSDAP und den Teilkomponenten des nationalen Lagers, angefangen von den Sonstigen über die DNVP bis hin zur DDP/DVP außerordentlich stark. Überraschend ist jedoch, daß offensichtlich auch ein reger Wähleraustausch zwischen sozialistischem Lager und NSDAP stattgefunden hat. In einer etwas riskanten Rechenoperation, die die Netto-Fluktuation, das heißt den auf alle Wahlberechtigten bezogenen Saldo aus den gegenseitigen Austauschbeziehungen einer Partei bzw. eines Lagers, mit der NSDAP zu bestimmen versucht, kommt Falter sogar zu dem Ergebnis, daß die Netto-Fluktuation vom sozialistischen Lager zur NSDAP, also dessen Beitrag zum Stimmenaufkommen der NSDAP, praktisch ähnlich hoch ausfiel wie der der liberalen und konservativen Wählerblöcke, obwohl der Wähleraustausch prozentual deutlich niedriger lag. Der dennoch vergleichsweise hohe Beitrag des sozialistischen Lagers zum Gesamtstimmenaufkommen der NSDAP kommt dadurch zustande, daß das sozialistische Lager weitaus mehr Wähler mobilisieren konnte als die liberalen, die konservativen und die katholischen Parteien. Letztere leisten mit großem Abstand den niedrigsten Beitrag zum Stimmenaufkommen der NSDAP. Da es innerhalb des sozialistischen Lagers wiederum die SPD, und nicht die KPD ist, auf die gemäß diesen Schätzungen die relativ hohe Netto-Fluktuation zwischen sozialistischem und nationalem Lager zurückzuführen ist, sind es die kommunistischen Wähler und die Katholiken, oder genauer: die traditionellen Wähler katholischer Parteien, die unter den NSDAP-Wählern am schwächsten vertreten sind.[95]

Die Differenzierung zwischen Katholiken und Wählern katholischer Parteien erinnert noch einmal daran, daß sozialstrukturelle Merkmale nicht mit politisch-kulturellen Eigenarten gleichgesetzt werden dürfen. Theoretisch wäre es sehr wohl denkbar, daß ehemalige Wähler katholischer Parteien einen äußerst geringen, Katholiken dagegen einen sehr großen Beitrag zum Stimmenaufkommen der NSDAP beibringen. In manchen lokalen, regionalen katholischen Gesellschaften oder in Österreich ist das auch tatsächlich der Fall.[96] Bei der Frage nach der sozialen Verankerung der politischen Lager und Wählerblöcke muß wiederum sorgfältig zwischen den – durch den Korrelationskoeffizienten ausgedrückten – sozialen Korrelaten der Parteigruppen, die eine statistische Beziehung zwischen ausgewählten Sozialmerkmalen und Stimmergebnissen auf der Aggregatebene wiedergeben, der Parteineigung unterschiedlicher Gesellschaftsgruppen und – damit keineswegs gleichzusetzen, da die Sozialgruppen quantitativ sehr unterschiedlich in einer Gesellschaft vertreten sind – der sozialen Zusammensetzung der parteipolitischen Gruppierungen unterschieden werden.

Zunächst zu den sozialstrukturellen Korrelaten. Auch für die Weimarer Republik gilt, was schon für das Kaiserreich gegolten hatte, daß mit Ausnahme des Zentrums und der BVP die Wahlchancen aller anderen Parteien desto geringer waren, je höher in den Stadt- und Landkreisen des Deutschen Reiches der Katholikenanteil war, und daß umgekehrt ihre Wahlchancen im gleichen Maße stiegen, wie die Katholikenanteile hinuntergingen. Freilich gilt das nicht in gleichem Maße für alle Parteien, sondern in gestufter Sequenz. Nimmt man die Juliwahlen des Jahres 1932 als Bezugspunkt, reicht das Gefälle von der NSDAP über die SPD, die DNVP, die DDP und die DVP bis hin zur KPD, bei der die Werte so niedrig liegen, daß bei ihr als einziger nicht explizit katholischen Partei von einer systematischen Beziehung zwischen Konfession und Wahlerfolg nicht mehr gesprochen werden kann. Es sind NSDAP, SPD und DNVP, die gegen Ende der Republik am stärksten durch einen protestantischen Kontext begünstigt werden. Der Unterschied zwischen diesen drei wichtigsten Parteien des protestantischen Deutschland besteht darin, daß die DNVP, seit 1932 vor allem auch die NSDAP, durch einen hohen Anteil der Agrarbevölkerung an der Gesamtbevölkerung begünstigt, die SPD dagegen dadurch in ihren Wahlchancen negativ beeinflußt wird.

Das Überraschende ist jedoch, wie gering eigentlich der positive Zusammenhang zwischen SPD-Wahlerfolgen und der Höhe des Arbeiteranteils ist, während er bei der KPD außerordentlich stark ausgeprägt ist. Positiver ist dagegen die Beziehung zwischen den SPD-Wahlanteilen und dem Anteil der Angestellten und Beamten. Damit ist noch nichts über den Prozentsatz von SPD-Wählern unter den Angestellten/Beamten gesagt, geschweige denn über den Anteil, den diese an der sozialdemokratischen Wählerschaft insgesamt besitzen. Trotz der extrem unterschiedlichen ökologischen Korrelation, die zwischen dem Arbeiteranteil an der Bevölkerung und den Stimmenergebnissen für die KPD und die SPD existiert, hat die Arbeiterschaft bei der ersten Reichstagswahl des Jahres 1932 zu annähernd gleichen Teilen für die SPD und die KPD votiert. Insgesamt haben zwischen 1924 und 1932 etwa 40-45 % der wahlberechtigten Arbeiter regelmäßig für eine der beiden sozialistischen Parteien gestimmt, weitere zehn Prozent für eine Partei des politischen Katholizismus und ca. 20-30 % für eine der Parteien des nationalen Lagers.

Je nach der Stärke der einzelnen Parteien bedeuten diese Anteile jedoch Unterschiedliches. Die KPD ist von ihrer Kernklientel her gesehen eine klassische Arbeiterpartei, da sich ihre Wähler zu ca. 80 % aus Arbeitern, in der Endphase der Weimarer Republik freilich auch in einem außerordentlich hohen Maße aus Arbeitslosen zusammensetzen.[97] Aber auch die SPD bleibt von ihrer Wählerschaft her gesehen mehrheitlich immer noch eine Arbeiterpartei, wenngleich zu beachten ist, daß nach 1930 vermutlich mehr als 40 % ihrer Wähler, darin ein getreues soziales Spiegelbild der SPD-Mitgliedschaft, der Mittelschicht angehörten. Da jedoch die Arbeiterschaft zur Zeit der Weimarer Republik immer noch die bei weitem stärkste Sozialgruppe in der Gesellschaft darstellte, ist es durchaus plausibel, daß die Arbeiter, zu denen auch die Landarbeiter gehören, unter der Wählerschaft der DNVP, obwohl nur knapp vor dem alten Mittelstand (einschließlich den selbständigen Bauern), den größten Anteil stellen, und des weiteren, daß sich auch bei der NSDAP, die 1932 zur eigentlichen Nachfolgepartei der DNVP im agrarisch-protestantischen Deutschland wird, der Arbeiteranteil und Selbständigenanteil in etwa die Waage halten. Selbst wenn man diese Zahlen nur als grobe Annäherungswerte begreift und man manche Abstriche zu machen bereit ist, grenzen sie doch den Spielraum der möglichen Interpretationen des NSDAP-Aufstiegs und der dadurch bewirkten Veränderung des deutschen Parteiensystems in erheblichem Maße ein.

Äußerst problematisch ist z. B. die These, daß der Aufstieg der NSDAP primär als »Radikalisierung des Mittelstandes«[98] begriffen werden kann. Zwar ist es unbestreitbar, daß der selbständige Mittelstand, einschließlich der selbständigen Landwirte, unter den NSDAP-Wählern des Jahres 1932/I sehr stark überrepräsentiert, bei den Wählern des sozialistischen Lagers dagegen extrem unterrepräsentiert war. So gesehen spielte der Klassen-»Cleavage« für die Wähler der NSDAP durchaus eine Rolle. Aber die Tatsache, daß auch unter der NSDAP-, der DNVP- und der Zentrumswählerschaft die Arbeiter eine sehr starke, zeitweilig sogar die stärkste Sozialgruppe darstellten, verbunden mit der weiteren Tatsache, daß der Anteil der Arbeiter, die »klassengerecht« wählten, stets deutlich unter 50 % der jeweiligen Sozialgruppe lag, spricht eine so eindeutige Sprache, daß die Mittelstandsthese kaum aufrechterhalten werden kann.

Das Gleiche gilt auch für den Versuch von Richard Hamilton[99], die NSDAP stärker als Oberschichtenphänomen zu begreifen, obwohl seine Analyse von großstädtischen Nobelvierteln, in denen die NSDAP-Anteile häufig deutlich über dem städtischen Durchschnitt und den NSDAP-Anteilen in kleinbürgerlich geprägten Stadtteilen liegen, nachdrücklich daran erinnert, daß die Mittelstandsthese nicht haltbar ist und daß die Oberschicht in der Endphase von Weimar nicht nur die DNVP gewählt hat. Nicht plausibel ist weiter, den NSDAP-Aufstieg primär als Aufstand der Unpolitischen[100] zu begreifen, obwohl regionale und überregionale Analysen darin übereinstimmen[101], daß habituelle Nichtwähler zum Aufstieg der NSDAP überproportional beigetragen haben, und obwohl darüber hinaus argumentiert werden kann, daß die geringe Durchpolitisierung und parteipolitische Präsenz der nationalen Parteien auf kommunaler Ebene in der Tat eine der Ermöglichungsvoraussetzungen für den rasanten NSDAP-Aufstieg darstellt.[102]

Die Radikalisierung der dominanten politischen Kultur und der Aufstieg der NSDAP als Lagerpartei

Die Reihe möglicher sozialstrukturell orientierter Erklärungen ließe sich unschwer erweitern.[103] Ihre Überprüfung führt jedoch zu dem Ergebnis, daß nicht nur jeweils einzelne sozialstrukturelle Erklärungen ihr Defizit besitzen, sondern daß es der sozialstrukturelle Ansatz selber ist, der das eigentliche Problem darstellt. Wer die vorn ausgebreiteten Daten über die sozialstrukturelle Verankerung der Weimarer Parteien und Lager genauer ansieht und darüber hinaus versucht, die diversen lokalen und regionalen Wahl- und Parteienstudien auf die ihnen möglicherweise zugrundeliegenden allgemeinen Muster hin abzuklopfen[104], wird alsbald feststellen, daß man mit rein sozialstrukturellen Ansätzen nicht weiterkommt, und zwar auch dann nicht, wenn man sie dadurch kulturell ein wenig anreichert, daß man dem Vermittlungsproblem zwischen objektiven Lagen und politischem Verhalten die gebührende Aufmerksamkeit schenkt. Es bedarf vielmehr politisch-kultureller Ansätze, die ihren Ausgangspunkt von vornherein bei kulturell definierten Lagen, Mentalitäten und Gruppierungen und deren politischer Überformung nehmen.

Darauf verweist einmal die sattsam bekannte historische Tatsache, daß die Mehrheit der Arbeiter und eine relevante Minderheit der Katholiken seit jeher nicht klassen- und konfessionsgerecht in

Deutschland gewählt hat.[105] Infolgedessen gibt die undifferenzierte Frage nach dem Wahlverhalten von Arbeitern und Katholiken zur Zeit der Weimarer Republik im Grunde Antwort auf Fragen, die sich so aus der konkreten Lebenswirklichkeit heraus gar nicht stellen. Die Frage nach Resistenz und Anfälligkeit von niemals zum sozialistischen oder katholischen Lager gehörenden Arbeitern und Katholiken gegenüber dem Nationalsozialismus ist eine qualitativ ganz andere Frage als die nach der Resistenz und Anfälligkeit des zentrumsnahen katholischen Milieus und des sozialistischen Arbeitermilieus. Im ersten Falle geht es eigentlich um die Frage, warum das nationale Lager, zu dem stets auch Teile der Arbeiterschaft und der katholischen Bevölkerung gehört haben, so schnell durch die NSDAP politisch besetzt werden konnte; im zweiten Fall dagegen um die Klärung der Frage, warum auch Angehörige des katholischen und sozialistischen Lagers in der Endphase der Weimarer Republik den Weg zur NSDAP fanden.

In dieselbe Richtung einer politisch-kulturell ansetzenden Analyse verweisen auch die oben ausgebreiteten statistischen Befunde über die Haltequoten der Parteien und Lager sowie die Befunde über unterschiedliche NSDAP-Resistenz innerhalb des nationalen und des sozialistischen Lagers. Es sind nicht allein lokale und regionale Milieustudien, sondern auch die von statistisch-quantitativ verfahrenden Forschungsansätzen selbst vorgelegten Daten und Resultate, die eine politisch-kulturelle Fragestellung und Interpretation zwingend erforderlich machen. Danach sollte zumindest zwischen drei Fragen qualitativ unterschieden werden, auch wenn sich die Antworten auf die gestellten Fragen teilweise wieder berühren können:

– Was ermöglicht und erklärt die schnelle politische Besetzung des nationalen Lagers durch die NSDAP, und wie erklären sich Unterschiede innerhalb des nationalen Lagers?

– Wie stark ist die Erosion des zentrumsnahen katholischen Milieus, und wie erklärt sich seine partielle Anfälligkeit für die NSDAP?

– Wie erklärt sich die partielle Anfälligkeit des sozialistischen Lagers gegenüber der NSDAP und wie die Binnendifferenzierung innerhalb des sozialistischen Lagers?

Daß unter der nationalsozialistischen Wählerschaft, soweit sie aus Arbeitern bestand, nicht zuletzt »milieuferne« Arbeiter vertreten waren, dafür gibt es zahlreiche direkte und indirekte Hinweise, so etwa den Befund, daß es vor allem Arbeiter aus dem primären und tertiären Sektor waren, die sich als besonders anfällig gegenüber dem Nationalsozialismus erwiesen.[106] Denn in eben diesen Wirtschaftssektoren war die sozialistische Arbeiterbewegung vergleichsweise, von wenigen regionalen Ausnahmen abgesehen, schwach gewesen, während sie sich im sekundären Sektor, wiederum abgesehen von einigen regionalen Ausnahmen, schon sehr früh dauerhaft und flächendeckend hatte etablieren können.

Zu den regionalen Ausnahmen der zuletzt genannten Art gehört das Ruhrgebiet, in dem nicht nur das katholische Lager, sondern auch das nationale Lager stets einen beachtlichen Teil der Arbeiterschaft für sich hatte politisch mobilisieren können. Das Ruhrgebiet zwingt deshalb geradezu, ob man es mag oder nicht, eine kulturelle Perspektive auf, die man anderenorts, wo sich sozialstrukturelle Trennungslinien mit kulturellen Trennungslinien weithin decken, leichter vermeiden kann. Im Ruhrgebiet jedoch führt eine Analyse, die von den historisch-kulturellen Prägungen und Bindungen jeweiliger Arbeitermilieus absieht, nicht nur zu vergleichsweise undifferenzierten und banalen Aussagen, sondern schlechterdings zur Realitätsverzerrung. Um es beispielhaft zu demonstrieren: Daß Arbeiterschichten, die traditionell in das nationale Lager eingebunden waren, offensichtlich keine geringere Neigung an den Tag legten, die NSDAP zu wählen, als andere Gruppierungen des nationalen Lagers, sagt schlechterdings gar nichts aus über das politische Verhalten anderer Arbeiterschichten. Die Kenntnis des Arbeiteranteils an der Wahlbevölkerung ohne Kenntnis der politisch-kulturellen Prägung eines Arbeiterviertels ist deshalb in der Regel auch kaum ausreichend, um eine begründete Wahlprognose zu wagen.

Mehr als das: Für eine differenzierte Wahlanalyse benötigt man nicht nur Angaben darüber, in welchem Ausmaß bei den letzten Wahlen das nationale, das katholische oder das sozialistische Lager gewählt wurde, sondern auch Angaben darüber, wie lange das schon der Fall war und was gegebenenfalls vorher gewählt wurde. Beispielsweise war es bei der Hindenburgwahl des Jahres 1925, die teilweise schon das Wahlverhalten bei den Reichstagswahlen zwischen 1930 und 1933 antizipierte, für das Wahlverhalten in kommunistisch dominierten Stadtvierteln von großer Bedeutung, ob diese eine sozialdemokratische, eine national-polnische oder eine nationale Vorkriegsgeschichte besaßen. Kommunistische Viertel mit einer nationalen Vergangenheit, zumal dann, wenn sie stark masurisch eingefärbt waren, stimmten in einem außergewöhnlich hohen Maße bei den Reichspräsidentenwahlen nicht für Thälmann, sondern für Hindenburg. Insgesamt gesehen war jedoch die Resistenz kommunistisch dominierter stärker als die sozialdemokratisch dominierter Viertel und Arbeitersiedlungen, auch wenn man grundsätzlich konstatieren kann, daß die Anfälligkeit gegenüber der NSDAP in den Arbeitervierteln des Ruhrgebiets nicht besonders groß war.[107]

Was auf den ersten Blick wie ein Griff in die Ruhrgebietsfolklore erscheinen mag, besitzt auf den zweiten Blick doch eine allgemeinere Bedeutung, die sich folgendermaßen fassen läßt: Ob sich kommunistische oder sozialdemokratische Wähler als anfälliger gegenüber dem Nationalsozialismus erweisen, hängt ganz entscheidend davon ab, welche historische Vorprägung diese Wählerschaften jeweils mitbringen. Insofern ist der politisch aufgeladene Streit, ob Kommunisten oder Sozialdemokraten eine größere Nähe oder Ferne zur NSDAP besaßen, eine vergleichsweise abstrakte Debatte. Insgesamt spricht vieles für die ja auch durch statistische Schätzungen abgestützte Annahme, daß ehemalige Wähler des sozialistischen Lagers, die zur NSDAP überwechselten, stärker von der SPD als von der KPD kamen. Bei sozialdemokratischen Wählern kann man wohl in der Regel eine größere Nähe zur dominanten nationalen Kultur unterstellen, es sei denn, es liegen, wie in den genannten Ruhrgebietsbeispielen, »historische Überhänge« vor, die bei kulturell noch nicht stabilisierten KPD-Wählern gleichsam eine Rückkehr zum nationalen Lager ermöglichen. Die Hypothese – mehr ist es kaum – kann demnach lauten, daß nicht nur ein unspezifisch diffuser Protest, der zwischen Rechts und Links nicht unterscheidet, sondern auch mentale Vorprägungen die entscheidende Voraussetzung für den möglichen Übergang von KPD-Wählern zur NSDAP darstellen. Es sind demnach wie immer verursachte gleiche oder ähnliche kulturelle Lagen und Mentalitäten, die eine NSDAP-Anfälligkeit sowohl bei früheren kommunistischen als auch bei sozialdemokratischen Wählern erklären helfen.

Damit relativiert sich zugleich der eingangs stark betonte Unterschied zwischen den Angehörigen des nationalen Lagers auf der einen und den Angehörigen des sozialistischen Lagers auf der anderen Seite im Hinblick auf ihre NSDAP-Anfälligkeit. Beide haben in gewisser Weise das gleiche Motiv, NSDAP zu wählen. Im Zentrum des Problems steht eine Radikalisierung der dominanten politischen Kultur, von der eine solche Dynamik ausgeht, daß sie gleichsam überschwappt und tendenziell auch Gruppierungen außerhalb des nationalen Lagers erfaßt, die sich für Einflüsse der herrschenden nationalen Kultur am stärksten geöffnet hatten und in der Vergangenheit explizit oder implizit einen Kurs der Annäherung an die Nationalkultur beschritten hatten.

Ein ähnliches Muster dürfte sich auch für das katholische Lager ergeben. Wiederum ist wie bei der Arbeiterschaft und dem sozialistischen Lager zunächst daran zu erinnern, daß es nicht die katholische Konfession an sich ist, sondern die Zugehörigkeit zum kirchennahen katholischen Milieu und das Bekenntnis zum politischen Katholizismus, die als Sperrmechanismus gegenüber einem Vordringen der NSDAP funktionieren. So ist z. B. für einige Orte im bayerischen Schwaben überzeugend nachgewiesen worden, daß die NSDAP zwar typischerweise in den protestantischen Orten die höchsten Stimmenanteile erhielt, daß sie aber auch in katholischen Orten äußerst erfolgreich sein konnte, dann und dort nämlich, wo nicht die Bayerische Volkspartei, sondern der Bayerische Bauernbund in der Vergangenheit die lokale Szene politisch dominiert hatte.[108]

Ob sich ein ähnliches, hier freilich nationalliberal bestimmtes historisch-politisches Muster für jene katholischen Orte in Baden nachweisen läßt, in denen die NSDAP unverhältnismäßig hohe Stimmenanteile erzielte[109], muß vorerst offen bleiben. Auf der regionalen Ebene besteht, wie gerade ein Vergleich mit dem überwiegend protestantischen Württemberg deutlich macht, wenig Zweifel daran, daß die relativ starke Stellung der NSDAP im überwiegend katholischen Baden sehr viel mit der nationalliberal bestimmten Vorkriegsgeschichte im ehemaligen Großherzogtum Baden zu tun hat. Nicht zuletzt in der unterschiedlichen politisch-kulturellen Vorgeschichte Badens und Württembergs dürfte der Grund dafür liegen, daß die gängigen wahlsoziologischen Annahmen über die unterschiedliche Anfälligkeit von Protestanten und Katholiken gegenüber der NSDAP zwar für den Vergleich innerhalb der beiden Länder, kaum jedoch für den Vergleich zwischen den beiden Ländern ihre Gültigkeit besitzen.[110]

Politische Traditionen bedeuten zwar viel, aber sie bedeuten nicht alles. Unter dem Einfluß einschneidender politischer Ereignisse, wie sie z. B. der Erste Weltkrieg, die Inflation und die Besatzungszeit darstellen, kann es durchaus zu plötzlichen Traditionsbrüchen und damit zur Erosion des etablierten katholischen Milieus kommen. Einiges spricht deshalb auch für die Vermutung, daß solche gegenwartsbezogenen Determinanten wie etwa die langjährige französische Besatzungszeit in Baden zu den hohen Stimmenanteilen für die NSDAP in einigen katholischen Oberämtern in erheblichem Maße beigetragen haben.[111] »Extremer Nationalismus« stellte mithin, trotz aller Gegengewichte, die in das katholische Nationalgefühl eingebaut waren[112], bereits vor der Machtergreifung auch für einige Wählersegmente des katholischen Lagers eine Versuchung dar.

Am wenigsten offensichtlich für die katholische Arbeiterschaft. Diese Tatsache scheint auf den ersten Blick eine Klasseninterpretation des NSDAP-Phänomens nahezulegen. Tatsächlich ist jedoch der Klassenbezug, wenn überhaupt vorhanden, sehr viel vermittelter. Auch bei Angehörigen des katholischen Milieus ist, will es scheinen, Nähe oder Ferne zur dominanten politischen Kultur das entscheidende Kriterium, von dem es abhängt, ob und inwieweit eine Anfälligkeit gegenüber dem politischen Appell der NSDAP vorliegt oder nicht. Trotz Stegerwald, trotz der betont nationalen Orientierung der Christlichen Gewerkschaften war diese Nähe zum Nationalen, abgesehen von Teilen der katholischen Bevölkerung auf dem Lande, bei der katholischen Arbeiterschaft wohl am geringsten ausgebildet, weitaus geringer jedenfalls als in der katholischen Bildungsschicht und beim katholischen Bürgertum. Das ist wenig verwunderlich, wenn man bedenkt, daß die spezifische deutsche Nationidee zutiefst aus dem Geist und der Mentalität des protestantischen Bürgertums heraus formuliert und weiten Teilen der katholischen Bevölkerung stets innerlich fremd geblieben war, sofern sie nicht auf Grund von Bildungskarrieren und beruflichen Lagen dem Einfluß der dominanten politischen Kultur stärker ausgesetzt gewesen waren. Katholiken dachten jedenfalls von Haus aus nicht primär aus nationalen, sondern aus sozialen Ordnungskategorien heraus.[113] Bei der katholischen Arbeiterschaft, in besonderer Weise Trägerin der katholischen Soziallehre, kam hinzu, daß sie über eine ausgearbeitete Gesellschaftstheorie verfügte, die auch in Krisenzeiten ideologischen Halt und sinnvolle Orientierung zu geben vermochte.

Umgekehrt erleichterte in Kreisen des bäuerlichen Katholizismus und des katholischen gewerblichen Mittelstandes ein soziales Protestmotiv den Zugang zur NSDAP.

Dieser Protest hatte wie beim protestantischen Mittelstand zunächst vor allem seinen politischen Ausdruck in einem Votum für Regionalparteien, für die Landvolkbewegung und für die Wirtschaftspartei gefunden, konnte später jedoch teilweise auch in ein Votum für die NSDAP münden. Wer auf die zerrütteten Verhältnisse schaut, die sich zwischen 1920 und 1930 in manchen Regionen zwischen katholischem Mittelstand und katholischen Bauern einerseits und Zentrumspartei andererseits herausgebildet hatten, ist im Grunde überrascht, daß die Stimmenanteile für die NSDAP in diesen katholischen Regionen zwischen 1930 und 1933 nicht noch höher lagen. Vieles spricht deshalb für die Annahme, daß es in der Endphase der Weimarer Republik unter dem Motto: »Die Konfession ist in Gefahr« teilweise auch zu einer Rückwanderung ehemaliger Protestwähler zum Zentrum gekommen ist. Plausibel ist eine solche Annahme nicht zuletzt auch deshalb, weil mit der Abwendung vom Zentrum und der Wahl von Landvolkparteien oder wirtschaftlichen Interessenparteien in der Regel kein Milieuverlust einhergegangen war. Das Gleiche gilt im übrigen meist auch für die katholischen Wähler der DNVP, die in einigen bäuerlich geprägten katholischen Regionen selbst bei den Reichstagswahlen des Jahres 1932 gegebenenfalls noch besser abschneiden konnte als die NSDAP. Das war z. B. im Kreis Coesfeld der Fall, in dem sich freilich als zusätzliches Moment der lokale und regionale Einfluß Franz v. Papens bemerkbar machte.[114]

Blickt man auf die diversen Lokal- und Regionalstudien[115], kristallisiert sich als allgemeiner Eindruck heraus, daß zwar das Monopol der politischen Repräsentanz des katholischen Milieus, das das Zentrum zur Zeit des Kaiserreichs weithin besessen hatte, in einigen Regionen, und dort vor allem in Kreisen des gewerblichen Mittelstandes und Teilen der bäuerlichen Bevölkerung, schwer erschüttert war und daß diese Tatsache auch das spätere Eindringen der NSDAP in diese katholischen Räume ermöglichte oder doch erleichterte, daß es aber zu einem in der Größenordnung auch nur annähernd vergleichbaren Repräsentanzwechsel, wie ihn Heberle für Schleswig-Holstein eindrucksvoll beschrieben hat, in den katholischen Räumen nicht gekommen ist. Die NSDAP wurde nirgendwo zu *der* politischen Repräsentantin des lokalen und regionalen katholischen Milieus, wie das typischerweise in jenen Landschaften der Fall war, die historisch durch Parteien des nationalen Lagers dominiert worden waren.[116]

Letztlich war es doch der für das katholische Lager typische »ambivalente Nationalismus«, der zwar nicht das politische Auftreten von sozialen Protestbewegungen im katholischen Raum zu verhindern vermochte, aber doch eine effektive Sperre gegen den Flächenbrand eines »extremen Nationalismus« darstellte[117], obwohl es in den katholisch dominierten westdeutschen Bauernvereinen durchaus Versuche gab, nationalen und sozialen Protest dadurch zu verbinden, daß man die eigentliche Ursache des Übels im Versailler Vertrag und in den Reparationszahlungen sah. Der radikalen Haltung der unter großagrarischer Führung stehenden rheinischen und westfälischen Bauernvereine, die eine starke Nähe zur Agitation der DNVP und auch der NSDAP aufwiesen, stand jedoch die sehr viel gemäßigtere Haltung der katholisch dominierten Bauernvereine in Bayern, Baden und im Trierer Raum gegenüber; hier machte sich der Einfluß von katholischer Kirche, Zentrum und BVP bemerkbar, die sich zwar an die Spitze des agrarischen Protestes stellten, gleichzeitig aber bemüht waren, die Probleme der Bauern in einen gesamtgesellschaftlichen Zusammenhang zu stellen und die Notwendigkeit eines Interessenausgleiches betonten.[118]

Indirekt wird damit noch einmal deutlich, daß der politische Katholizismus von seiner Tradition her primär in gesellschaftlichen Ordnungskategorien dachte und daß diese Tatsache, das Vorhandensein einer vergleichsweise expliziten katholischen Gesellschaftslehre, und nicht allein der Charakter einer konfessionellen Minderheit, die relative Resistenz des katholischen Milieus gegenüber dem nationalsozialistischen Appell erklärt. Freilich war diese Sperrwirkung an zwei grundlegende Voraussetzungen geknüpft: Einmal daran, daß diese Gesellschaftslehre so »modernisiert« worden war, daß Katholiken sich auch unter gewandelten Verhältnissen darin mit ihren Problemen und Erfahrungen »wiedererkennen« konnten, und zum anderen daran, daß diese Ordnungsvorstellungen von den Angehörigen des katholischen Milieus hinlänglich internalisiert worden waren und das lokale Meinungsklima bestimmten.

Auf die Wichtigkeit dieser beiden Voraussetzungen scheinen auch lokale und regionale Vergleiche zwischen katholischen Milieus hinzuweisen. Beispielsweise dürfte es kein Zufall sein, daß jene katholisch dominierten Arbeiterviertel im westlichen Ruhrgebiet eine besonders hohe Resistenz gegenüber der NSDAP an den Tag legten, die einmal Traditionsgebiete der christlich-sozialen Arbeiterbewegung seit den siebziger Jahren waren und in denen darüber hinaus um die Jahrhundertwende eine ganze Reihe von sozialpolitisch besonders aktiven, zumeist in engem Kontakt zum »Volksverein für das katholische Deutschland« stehenden katholischen Geistlichen tätig gewesen war.[119] Ebenso scheint ein Vergleich zweier vorwiegend landwirtschaftlich strukturierter katholischer Kreise, der von Coesfeld und Olpe, darauf hinzudeuten, daß die Resistenz gegenüber Landvolkbewegungen, Wirtschaftspartei, DNVP und NSDAP dort geringer war, wo in der Zentrumspartei und im katholischen Milieu in der Vergangenheit eine Erneuerung ausgeblieben waren und nach wie vor ein bloßer Traditionskatholizismus dominierte.[120]

Faßt man diese Befunde zusammen, besagen sie, daß die NSDAP sozialstrukturell gesehen zwar durchaus Züge einer Volkspartei, politisch-kulturell gesehen jedoch den Charakter einer Lagerpartei besaß, freilich unter Beimischung zusätzlicher »nationaler« Elemente aus dem katholischen und sozialistischen Lager und der Nichtwähler. Letztere lassen sich durchaus, wie ihr Wahlverhalten bei Wahlen anzeigt, die den Charakter eines nationalen Referendums besessen hatten, wie etwa die Reichstagswahlen der Jahre 1878, 1887 und 1907, zu großen Teilen als eine Art Reservearmee des nationalen Lagers begreifen. So gesehen taugt die Formel: »Radikalisierung der dominanten politischen Kultur« durchaus als eine globale Formel, mit deren Hilfe sich der Aufstieg der NSDAP einigermaßen wirklichkeitsgetreu rekonstruieren läßt, wenn man von den reinen sozialen Protestwählern absieht. Daraus folgt als Generalhypothese: Je länger und je intensiver die nationale politische Kultur, deren politische Träger in der Vergangenheit vor allem die Parteien des nationalen Lagers gewesen waren, die politischen Mentalitäten einer Landschaft hatten prägen können, desto größer war die Wahrscheinlichkeit, daß diese Regionen, und zwar auch dann, wenn sie relativ hohe Katholikenanteile oder Arbeiteranteile aufwiesen, der NSDAP hervorragende Stimmenergebnisse bescherten.

Der Aufstieg der NSDAP bedeutet mithin nicht das Ende des traditionellen Milieu- und Lagersystems, sondern seine letzte historische Entfaltung und Aufgipfelung, die aber gleichzeitig den Keim ihrer eigenen Überwindung bereits in sich trug. Nicht Milieuzerstörung, sondern politischer Besitzerwechsel prägt die dramatischen politischen Veränderungen innerhalb des nationalen Lagers. Allerdings handelt es sich dabei um einen Repräsentanzwechsel, mit dem nicht nur eine politische Radikalisierung, sondern auch eine erhebliche politische Dynamisierung verbunden ist, die im Ergebnis nicht nur zu einer politischen Re-Integration des nationalen Lagers führt, die an die ersten Jahrzehnte des Kaiserreichs erinnert, sondern auch über die bisherigen Grenzen des nationalen Lagers hinausgreift.

Indirekt ist damit auch bereits angedeutet, was die Mobilisierungs- und Integrationsleistungen der NSDAP ermöglicht und vorantreibt. Den Wählern des nationalen Lagers, deren Lagerbindung vergleichsweise stark, deren Parteibindung aber vergleichsweise schwach war, bot sie all das, was diese bislang im eigenen Lager schmerzlich vermißt, dagegen am sozialistischen und katholischen Lager stets bewundert und gefürchtet hatten: eine vor Ort präsente und effektive Organisation, eine neue national-politische Perspektive, die das in Interessen- und Regionalparteien zerfallene und damit regressiv gewordene bisherige Parteiensystem des nationalen Lagers kaum noch bot, und eine politische Ansprache, die zumindest dort, wo regional ein Drei-Lager-System existierte, an die traditionellen Abneigungen gegen »Rote« und »Schwarze«, »Marxisten« und »Klerikale« appellierte[121], die mit der Gründung der Weimarer Republik nicht schwächer, sondern stärker geworden waren, weil gerade auch die gebildeten Schichten des nationalen Lagers schwer daran trugen, daß die kulturell niemals als gleichwertig akzeptierten »Roten« und »Schwarzen« in entscheidende politische Herrschaftspositionen vorgedrungen waren. Vieles spricht deshalb auch für die Annahme, daß die politische Agitation der NSDAP gar nicht als radikaler Bruch, sondern als Fortführung des Gewohnten empfunden wurde, nur daß das Gewohnte von der NSDAP aggressiver formuliert und mit unverhüllten Drohungen unterlegt wurde. Die Wahl der NSDAP bedeutete deshalb auch für die meisten Wähler des nationalen Lagers kein wirkliches politisches »Re-alignment«.[122]

Trotz der »Lagerstrategie«, die die NSDAP seit 1928 offensichtlich bewußt einschlug, nachdem die bisherige »Volkspartei-Strategie« – der Versuch, den politischen Durchbruch quer zu den etablierten Lagerfronten zu suchen – wenig eingebracht hatte[123], war die NSDAP gleichzeitig die einzige Partei, die mit einigem Erfolg einen lagerübergreifenden Appell zu plazieren vermochte.[124] Dem kamen innerhalb des katholischen und des sozialistischen Lagers durchaus einige Dispositionen entgegen. Für Katholiken war dabei sicher von nicht geringer Bedeutung, daß die NSDAP, teils weil einige ihrer Führer eine katholische Herkunft besaßen, teils aber auch, weil die Bewegung laizistischer und entkonfessionalisierter war als der tradierte Nationalprotestantismus, weniger leicht mit dem Protestantismus als Konfession identifiziert werden konnte als die bisherigen Träger des preußisch-deutschen Kaiserreichs. Und für manchen Wähler des sozialistischen Lagers, freilich nicht nur für diese, war die Sozialismusformel, gerade in der Verbindung mit Nationalismus, eine durchaus attraktive Formel, die, was immer Sozialismus konkret meinen mochte, an tiefsitzende Bedürfnisse nach Überwindung einer in Klassen und Konfessionen geschiedenen Gesellschaft zu appellieren vermochte.

Die NSDAP verdankt ihren Aufstieg dem Lagersystem, dessen Grenzen auf der Wählerebene, nicht unbedingt auf der Elitenebene, immer noch die am tiefsten empfundenen Grenzen waren, welche die politische Gesellschaft der Weimarer Republik durchzogen, auch wenn es, teils als Folge neuer sozialer und sozialstruktureller Differenzierungen, teils als Folge neuer politischer Koalitionen, eine Reihe von Ansätzen gab, welche die Bedeutung dieser traditionellen Grenzen tendenziell relativierten. Die NSDAP »räumte« bis auf wenige Reste das nationale Lager »auf« und wurde zu seinem neuen politischen Repräsentanten. Sie führte das nationale Lager damit zu seiner größten Ausdehnung, war aber gleichzeitig, gewollt oder ungewollt, jene politische Kraft, die am nachhaltigsten zur Überwindung des Lagersystems in Deutschland beitrug.

Nach dem Zweiten Weltkrieg war das Lagersystem jedenfalls in seinen Grundfesten erschüttert, teils weil die Nationidee ihre lager- und identitätsstiftende Kraft verloren hatte, teils weil es im Widerstand gegen die Diktatur oder in Kollaboration mit dem NS-Regime zu neuen lagerübergreifenden Koalitionen gekommen war, die für die Nachkriegsentwicklung des deutschen Parteiensystems von entscheidender Bedeutung wurden. Eine historische

Formation, die sich, nicht ohne historische Vorgaben, im Reichsgründungsjahrzehnt politisch definitiv auskristallisiert hatte, war damit an ihr Ende gekommen. Das heißt jedoch nicht, daß das, was in mehr als einem halben Jahrhundert politisch-kulturell entstanden und immer wieder neu befestigt worden war, über Nacht abgebaut wurde. Kulturelle Prozesse besitzen einen anderen historischen Rhythmus. Als historisches Erbe und mentaler Überhang blieb es für die Partei- und Wahlgeschichte der Bundesrepublik nach wie vor von großer Bedeutung. Entscheidend war jedoch, daß das Lagersystem seine konstellationsprägende Kraft verloren hatte. Nach 1945 beginnt deshalb eine neue Epoche in der Geschichte des deutschen Parteiensystems.

5. Jenseits des Lagersystems. Wahlverhalten und Parteiensystem in der Bundesrepublik

5.1 Von Weimar nach Bonn

In einer vielzitierten Analyse hat Jürgen Falter die erste Bundestagswahl des Jahres 1949 als eine Art letzte Reichstagswahl der Weimarer Republik beschrieben.[1] Nicht die Bundestagswahl von 1949, sondern erst die Bundestagswahl von 1953 gilt als »kritische Wahl«[2], die den definitiven Übergang vom Weimarer Parteiensystem zum Parteiensystem der Bundesrepublik markiert. In der Tat wird eine solche Interpretation durch eine Reihe von Faktoren gestützt. Die Weimarer Parteienvielfalt war zwar bereits ein wenig gestutzt worden, aber immerhin zogen noch elf Parteien in den ersten Bundestag ein, von denen acht Fraktionsstatus erhielten, da sie mehr als zehn Abgeordnete aufweisen konnten. Das von den Besatzungsmächten inaugurierte System der vier Lizenzparteien – KPD, SPD, CDU/CSU, FDP/LDP –, das nach dem Kriege zunächst in erheblichem Maße zu einer Konzentration im deutschen Parteiensystem geführt hatte, schien sich wiederum in der Richtung auf die Weimarer Verhältnisse hin zu verändern.

Alle Lizenzparteien, mit Ausnahme der FDP, mußten bei der ersten Bundestagswahl, im Vergleich zu den vorhergehenden Landtagswahlergebnissen, erhebliche Einbußen hinnehmen, am stärksten die KPD, gefolgt von der SPD. Aber auch die CDU/CSU fiel von einem Anteil von 35,5 % der gültigen Stimmen, den sie bei den Landtagswahlen der Jahre 1946/47 erzielt hatte, auf einen Anteil von 31 % zurück. Besonders drastisch war dabei der Rückgang der CSU in Bayern, die bei den Wahlen zur verfassungsgebenden Landesversammlung im Juni des Jahres 1946 noch 48,3 % der gültigen Stimmen erzielt hatte und nun einen Anteil von 29,2 % erhielt.

Erst die Bundestagswahl des Jahres 1953, bei der es zu berücksichtigen gilt, daß, anders als 1949, die Fünfprozent-Klausel für das Bundesgebiet insgesamt und nicht mehr für einzelne Länder galt, kehrte den Trend um, obwohl mit dem BHE eine neue Partei in den Bundestag einzog. Aus elf Bundestagsparteien waren nunmehr sechs geworden, von denen zwei, die DP und das Zentrum, aus eigener Kraft schon nicht mehr lebensfähig waren. Beide Parteien, die bundesweit weit unter der Fünfprozent-Klausel blieben, hatten ihren Einzug in den Bundestag nur der Tatsache zu verdanken, daß die CDU in einigen Wahlkreisen nicht gegen sie angetreten war. Insbesondere der phänomenale Anstieg der CDU, die mit 45,2 % Anteil an den gültigen Stimmen ihr Stimmenergebnis von 1949 fast um 50 % zu steigern vermochte und nur knapp die absolute Mehrheit bei den Mandaten verfehlte, leitet einen Konzentrationsprozeß im Parteiensystem ein, der seit 1949 die Entwicklung der bundesrepublikanischen Parteienlandschaft bestimmt hat, bevor er dann in den achtziger Jahren mit dem Einzug der Grünen in den Bundestag durch einen neuen Trend abgelöst wurde (vgl. Tab. 15).

Auf die drei Parteien, nämlich die CDU/CSU, die SPD und die FDP, die seit den sechziger Jahren das stabile Dreiparteien-System der Bundesrepublik tragen sollten, entfielen bereits bei der Bundestagswahl 1949 72,1 % der gültigen Stimmen. In dieser Zahl drückte sich schon 1949 und nicht erst 1953 eine deutliche Abkehr von Weimarer Verhältnissen aus. Die Träger dieses stabilen Dreiparteien-Systems waren, mit Ausnahme der Kommunisten, die gleichsam exterritorialisiert wurden und mit der DDR ihr eigenes Herrschaftsterritorium zugeschanzt bekamen, jene politischen Gruppierungen, die von den Besatzungsmächten als Lizenzparteien privilegiert worden waren. Entscheidender jedoch als diese Weichenstellung war die Tatsache, daß die drei Gruppierungen politische Haupttendenzen der deutschen Geschichte verkörperten: eine sozialistische, eine liberale und eine konservative Tendenz, und daher eine dauerhafte politische Basis besaßen, auch wenn sich nach großen regionalen Anfangserfolgen bald herausstellten sollte, daß die FDP nicht in der Lage war, die liberale Tendenz parteisoziologisch wirklich zu füllen.

Für die politische Strukturgeschichte der Bundesrepublik entscheidend wurde einmal, daß diese Tendenzen sozial und parteiorganisatorisch neu gefaßt und gebündelt wurden und in ein verändertes Verhältnis zueinander traten; zum anderen, daß sich die drei Gruppierungen wegen der Drei-Lager-Vergangenheit des deutschen Parteiensystems nicht in einem einfachen Links-Rechts-Schema anordnen lassen. Immerhin ist daran zu erinnern, daß die FDP im ersten Bundestag zur Rechten des Präsidenten ihren Sitz nahm und dort bis heute geblieben ist, auch wenn grundsätzlich gilt, daß die FDP in der Bundesrepublik koalitionspolitisch – nicht ideologisch – jenen Platz in der Mitte eingenommen hat, den historisch einmal das katholische Zentrum innegehabt hatte.

Grundsätzlich war deshalb jede politische Haupttendenz mit jeder anderen koalitionsfähig. Und tatsächlich sind ja auch alle Koalitionsmöglichkeiten, von der Bürgerlichen Koalition über die Große Koalition bis hin zur Sozialliberalen Koalition, ausprobiert worden, ohne daß es dazu übermäßiger Verrenkungen bedurft hätte.[3]

In den Koalitionsmöglichkeiten des bundesrepublikanischen Parteiensystems spiegelt sich noch einmal die mehrdimensionale »Cleavage«-Struktur wider, die das deutsche Parteiensystem in der Vergangenheit gekennzeichnet hatte und die in abgeschwächter und charakteristisch modifizierter Form auch noch die Bundesrepublik vierzig Jahre lang prägen sollte. Abgeschwächt und modifiziert war sie deshalb, weil durch die Gründung der CDU/CSU der historisch überkommene Konfessionskonflikt tendenziell in einen Säkularisierungs-»Cleavage« verwandelt und damit das bisherige Lagersystem an einer entscheidenden Stelle getroffen wurde.

Der Erfolg der Union bei den Landtagswahlen der Jahre 1946/47 hatte teilweise die kühnsten Erwartungen der Parteigründer übertroffen, so z. B. in Nord-Württemberg, wo die CDU-Gründer von den addierten Stimmen des Zentrums und des Christlich-Sozialen Volksdienstes als Kalkulationsgrundlage ausgegangen waren, tatsächlich aber doppelt so viele Stimmen erzielten.[4] Bei der ersten Bundestagswahl konnten noch Zweifel zurückbleiben, ob das Projekt in der intendierten Form auf die Dauer von der Wählerschaft ratifiziert werden würde. Zweifel weckte weniger das Wahlergebnis der CDU/CSU, die immerhin, wenn auch knapp, zur stärksten Partei vor der SPD geworden war, sondern der außerordentlich hohe territoriale Zusammenhang, der zwischen den Stimmenergebnissen für die CDU/CSU 1949 und den Stimmenergebnissen für Zentrum und BVP bei den Juli-Wahlen des Jahres 1932 bestand.[5] Mit 0,73 war der Korrelationskoeffizient exakt genau so hoch wie bei der SPD. Die Union erzielte mithin vor allem dort hohe Stimmenergebnisse, wo auch Zentrum und BVP in der Weimarer Republik bereits stark gewesen waren.

Das ist einerseits ein Indiz dafür, daß das katholische Wählervolk die von den katholischen politischen und kirchlichen Eliten getroffene Entscheidung für eine überkonfessionelle Partei bereits bei der ersten Bundestagswahl weithin akzeptiert hatte. Andererseits deutet der mit 0,50 im Unterschied zu SPD und FDP außerordentlich hohe negative Zusammenhang zwischen den Stimmergebnissen für die CDU/CSU 1949 und den NSDAP-Ergebnissen bei der Reichstagswahl im Juli 1932 darauf hin, daß der selbstgesteckte Anspruch der CDU/CSU, nicht nur eine katholische Milieupartei, sondern auch die Sammlungsbewegung aller politischen Kräfte rechts von der SPD und damit Nachfolgepartei des Nationalen Lagers zu sein, 1949 erst nur sehr unzulänglich eingelöst werden konnte. In einigen klassischen Hochburgen des zeitweilig von der NSDAP besetzten nationalen Lagers, so vor allem im ehemaligen preußischen Regierungsbezirk Kassel und im ehemaligen Großherzogtum Hessen, erzielte die FDP deutlich bessere Ergebnisse als die CDU; und in den protestantischen Teilen Niedersachsens waren es zumeist entweder die FDP oder die DP, die hier zunächst als lokale Milieupartei fungierten, während die örtliche CDU häufig von Zugezogenen getragen wurde.[6] Unter den protestantischen Großregionen ist es im Grunde nur Schleswig-Holstein, in dem die CDU bereits bei der Bundestagswahl 1949 unzweideutig zu *dem* authentischen Ausdruck des einstigen bürgerlich-nationalen Lagers wird. In anderen protestantischen Regionen dauert dieser Prozeß sehr viel länger. Er findet seinen Abschluß erst zur Zeit der Sozialliberalen Koalition, da nunmehr auch lokale Milieus, die traditionell liberal besetzt gewesen waren, zur CDU übergehen.[7]

Die beträchtlichen Unterschiede im Wahlverhalten protestantisch bestimmter Regionen mit vergleichbarer Sozialstruktur sind nicht leicht zu interpretieren. Sicherlich spielen Unterschiede zwischen Lutheranern einerseits und Unierten und Reformierten andererseits eine Rolle. Lutheraner weisen gestern wie heute typischerweise eine deutlich höhere CDU-Präferenz auf als Reformierte und Unierte, auch wenn dieser Tatbestand, wie Karl Schmitt überzeugend gezeigt hat[8], nicht ohne weiteres auf politisch relevante Aspekte des jeweiligen Bekenntnisses zurückzuführen ist. Sicher ist auch, daß gemischt-konfessionelle Lagen die Neigung von Protestanten, eine häufig als katholisch angesehene CDU zu wählen, nicht eben gefördert haben. Gleichwohl bedarf es im Grunde einer Vielzahl vergleichend, langfristig und kleinräumig angelegter Untersuchungen, um solche Unterschiede hinreichend zu erklären.

Eines der Erfolgsgeheimnisse der CDU in der Frühzeit der Bundesrepublik bestand nicht zuletzt darin, daß die Union im Grunde keine Bundespartei war, sondern als Dachverband regional, aber auch konfessionell sehr unterschiedlicher Milieus fungierte, die sich vor Ort nicht in die Quere kamen.[9] Schwierig durchzuhalten war dieses Konzept überall dort, wo auf engstem Raum konfessionell unterschiedliche Milieus koexistierten, die zumeist auch politisch eine sehr unterschiedliche Tradition besaßen. In solchen Regionen gab es bei den Protestanten nicht unerhebliche Schwierigkeiten, offen für eine von ihren Mitgliedern und lokalen Eliten her gesehen zumeist überwiegend katholische CDU einzutreten, weniger bei kirchennahen evangelischen Christen als vielmehr in protestantischen Bevölkerungskreisen, die nicht kirchennah eingestellt waren, aber eine starke konfessionelle Identität besaßen.[10]

Letzteres deutet schon darauf hin, daß die historisch-kulturelle Überformung konfessioneller und regionaler Gegebenheiten eine wichtige Rolle spielt, wenn es darum geht, nicht nur die sozialen, sondern auch die regionalen Grundlagen von Adenauers früher Kanzlerschaft[11] zu bestimmen. Fragt man nach dem Muster, das ihnen zugrundeliegt, drängt sich folgender Eindruck auf: Einmal war, will es scheinen, die Unterstützung in jenen Landschaften besonders groß, in denen die Entscheidung von 1866 und 1870/71, die preußische Lösung der deutschen Frage, auf Reserve und teilweise lautstark geäußerten Protest gestoßen war. Dazu gehörten nicht nur die katholisch geprägten Landschaften im Westen und Süden, sondern auch Schleswig-Holstein und große Teile des ehemaligen Königreichs Hannover, deren welfische Tradition nach 1945 ihren politischen Ausdruck zunächst in der Deutschen Partei gefunden hatte, bevor diese dann später weitgehend in der CDU aufging.

Die Beispiele zeigen, daß es sinnvoll ist, sich nicht undifferenziert auf die häufig tabuisierte Frage zu konzentrieren, wohin die ehemaligen NSDAP-Wähler nach 1945 gewandert sind, sondern eine längerfristige Perspektive einzunehmen, weil erst sie ansatzweise das Muster erkennen läßt, das den regional unterschiedlichen Übergängen von der NSDAP zur FDP, zur CDU oder zur SPD zugrundeliegt. Im protestantisch-nationalen Kernmilieu ist es, von kurzlebigen Rechtsparteien abgesehen, zunächst überwiegend die FDP und nicht die CDU, die das Erbe der früheren NSDAP-Wähler antritt, und zwar nicht nur dort, wo sie dezidiert als nationale Sammlungsbewegung, sondern auch dort, wo sie im engeren Sinne als liberale Milieupartei in Fortsetzung der DDP-Tradition antritt.[12] Das ist z. B. in Nordoldenburger Gemeinden der Fall, die ursprünglich einmal liberal wählten, dann mehr oder minder geschlossen zur NSDAP übergingen und nach 1945, wenn auch leicht ramponiert, zur FDP stießen.[13]

Anders dagegen im schon mehrfach erwähnten Schleswig-Holstein, wo von Anfang an nicht die hier vergleichsweise unbedeutende FDP, sondern in erster Linie die CDU das Erbe der NSDAP angetreten hat, auch wenn der extrem hohe Anteil der Flüchtlinge und Vertriebenen an der schleswig-holsteinischen Wahlbevölkerung nach 1945 zu einer vorsichtigen Interpretation der ökologischen Daten zwingt.[14] Das gilt insbesondere für eine Interpretation der politischen Sinnbezüge. Verallgemeinert man vorsichtig die skizzierten Befunde, laufen sie auf die Hypothese hinaus, daß die CDU, im Unterschied zur FDP, anfangs vor allem in jenen einstmaligen regionalen Hochburgen der NSDAP reüssiert, in denen das Votum für die NSDAP primär als Ausdruck eines gleichsam noch vornationalen bäuerlichen Protestes verstanden werden kann.[15] Demgemäß ist die frühe CDU in protestantischen Gegenden zwar als eine konservative Sammlungsbewegung rechts von der SPD zu begreifen, nicht jedoch, wie die FDP in einigen Regionen, so vor allem in Hessen, als nationale Sammlungsbewegung (vgl. auch Tab. 16).

Rational nachvollziehbar sind auch die politischen Sinnstrukturen, die mit dem Übergang ehemaliger NSDAP-Anhänger zur SPD verbunden waren, wenn man als einigermaßen gesichertes Ergebnis von Falters Analyse der NSDAP-Wählerschaft akzeptiert, daß diese zu einem erstaunlich hohen Anteil nicht nur aus Arbeitern, sondern darüber hinaus auch in einem nicht unerheblichen Umfang aus Wählern bestand, die von der SPD zur NSDAP gestoßen waren. Der Sachverhalt selbst ist unstrittig. Im Ruhrgebiet, aber auch in Hessen, war es nach 1945 vielerorts vorrangig die SPD und nicht die CDU oder FDP, die das wählerpolitische Erbe der NSDAP antrat. Die ehemalige NSDAP-Wählerschaft differenziert sich nach sozialökonomischen und kulturellen Gesichtspunkten aus. Auch der zuletzt genannte Gesichtspunkt ist wichtig. Das »Dritte Reich« bedeutete nicht zuletzt für Angehörige der Hitler-Jugend-Generation oft einen Säkularisierungsschub, der sie künftig für die Sinnangebote der CDU weithin unempfänglich machte.[16]

Die parteipolitische Ausdifferenzierung des ehemaligen nationalen Lagers vollzieht sich nicht erst bei der gemeinhin als »kritische Wahl« apostrophierten Bundestagswahl des Jahres 1953, sondern bereits bei der Bundestagswahl 1949. Es ist nicht zuletzt diese Tatsache, der Übergang eines nicht unerheblichen Teils des ehemaligen nationalen Lagers zur SPD einerseits und zur CDU andererseits, die bereits die Bundestagswahl 1949 und nicht erst die Bundestagswahl 1953 zu einer bundesrepublikanischen Wahl machte. Damit war das Dreilager-System, das die deutsche Parteienlandschaft seit den siebziger Jahren des 19. Jahrhunderts gekennzeichnet hatte, nicht nur programmatisch, sondern auch wahlsoziologisch aufgebrochen. In den evangelischen Gebieten wurde die CDU/CSU bereits 1949 nach der SPD, aber noch vor der FDP, zur zweitstärksten »evangelischen« Partei. Umgekehrt machte die SPD in den katholischen Gebieten im Vergleich zu ihren Weimarer Ergebnissen den größten Sprung nach vorn, während ihre Ergebnisse in den evangelischen Gebieten, im Vergleich zu den Reichstagswahlergebnissen des Jahres 1928, leicht rückläufig waren.[17]

Hinzu kommt, daß auf Grund der veränderten Konfessionsstruktur der sozialdemokratische Anteil an der katholischen Wahlbevölkerung innerhalb der eigenen Wählerschaft sehr viel stärker ins Gewicht fiel. Während die SPD zu Weimarer Zeiten in der Tat weitgehend eine protestantische Partei gewesen war, bestand ihre Wählerschaft in der Bundesrepublik von Anfang an zu etwa einem Drittel aus Katholiken. Dabei handelt es sich gewiß in erster Linie um kirchenferne Katholiken; dennoch flossen damit Mentalitäten und Traditionen in die SPD ein, die das Gesicht der SPD vor Ort oft unmerklich, aber erheblich verändern konnten.[18] Nimmt man hinzu, was oben über die parteipolitische Ausdifferenzierung des nationalen Lagers gesagt wurde, dessen Mehrheit nunmehr – ein bis dahin unerhörter Vorgang – bereit war, neue lagerübergreifende politische Koalitionen einzugehen, zeichnen sich bereits bei der ersten Bundestagswahl trotz aller unbezweifelbaren Kontinuität die Konturen eines qualitativ veränderten Parteiensystems ab. Es ist, politisch-kulturell gesehen, vor allem dadurch gekennzeichnet, daß die in der sozialistischen und katholischen Subkultur gespeicherten Milieukerne jeweils durch Bestandteile des ehemaligen nationalen Lagers angereichert und damit zum Ausgangspunkt für eine volksparteiliche Entwicklung werden.

So gesehen sind die Ergebnisse der Bundestagswahl 1953, trotz des erdrutschartigen Erfolges der CDU/CSU, die von 31 % der gültigen Stimmen auf 45,2 % anwächst und damit die stagnierende SPD weit hinter sich läßt, im Kern nichts anderes als eine Bestätigung und Bekräftigung des bei den Bundestagswahlen 1949 angelegten Trends. Die CDU ist nach wie vor bei den Katholiken erheblich überrepräsentiert.[19] Sie dominiert dort bei allen Berufsgruppen, angefangen von den Landwirten über die Selbständigen, die Angestellten und Beamten bis hin zur katholischen Arbeiterschaft. Bezogen auf die CDU/CSU-Wählerschaft insgesamt heißt das, daß diese sich 1953 mit 62 % gegenüber 36 % zu fast zwei Dritteln aus Katholiken und zu gut einem Drittel aus Protestanten zusammensetzt (vgl. Tab. 17).

Stärker erscheint die Verankerung der CDU/CSU im protestantischen Raum, wenn man den Faktor Kirchenbindung berücksichtigt, wobei einschränkend anzumerken ist, daß 1953 nur noch 18 % der Protestanten gegenüber 61 % der Katholiken eine starke Kirchenbindung aufwiesen, die Gruppe der Protestanten mit starker Kirchenbindung mithin quantitativ weniger ins Gewicht fällt. Gleichwohl ist es ein bedeutsames Faktum, daß die CDU, von der kirchennahen evangelischen Arbeiterschaft abgesehen, 1953 jene Partei ist, die in allen kirchennahen evangelischen Sozialgruppen mit absoluter Mehrheit gewählt wird.

Insgesamt votieren 1953 die kirchlich gebundenen Protestanten zu 53,6 % für die CDU/CSU, während das die kirchlich nicht gebundenen protestantischen Bevölkerungsteile nur zu 22,4 % tun. Daraus folgt zweierlei: Einmal zeigt sich, daß der Grad der Kirchenbindung für die Wahl der CDU bedeutsamer ist als die bloße Konfessionszugehörigkeit, da die politischen Unterschiede innerhalb der beiden Konfessionen bedeutsamer sind als die zwischen den Konfessionen. Zum anderen ergibt sich, daß der Erfolg der Union, aber auch der erwähnte eher schleichende Charakterwandel der SPD den überkommenen Konfessionskonflikt politisch weitgehend neutralisierte, weil es fortab, auch vor dem Hintergrund einer ausgewogenen Konfessionsstruktur in der Bundesrepublik, nicht mehr im politischen Interesse der politischen Eliten liegen konnte, den Konfessionskonflikt politisch zu dramatisieren. Damit war das etablierte Dreilager-System endgültig zerbrochen.

5.2 Kontinuität und Wandel der politischen Gesellschaft in der Bundesrepublik 1953-1983

Haben sich in der Zeitspanne von 30 Jahren, die zwischen der endgültigen Etablierung des bundesrepublikanischen Parteiensystems bei den Bundestagswahlen 1953 und dem Einzug der Grünen in den Bundestag 1983 liegt, die Beziehungen zwischen Parteien und gesellschaftlichen Gruppen so gewandelt, daß von neuen oder gar neuartigen politischen Koalitionen und dementsprechend von einem veränderten Parteiensystem gesprochen werden muß? Diese Frage drängt sich auf, weil es in dieser Zeitspanne zu grundlegenden gesellschaftlichen Wandlungsprozessen gekommen ist, die sich stichwortartig folgendermaßen charakterisieren lassen:

– In demographischer Perspektive ist die Gesellschaft der Bundesrepublik aufgrund der räumlichen Mobilität, die anfänglich nicht zuletzt durch die Flüchtlingsströme, zunächst aus den Ostgebieten, dann aus der DDR, verursacht wurde, eine immer stärker »entlokalisierte« Gesellschaft geworden. Geschlossene regionale und lokale Milieus, wie sie für die ländlichen Räume zu der Zeit der Weimarer Republik noch weithin charakteristisch waren, existieren kaum noch.[20] Der Zustrom der Deutschen aus den ehemaligen Ostgebieten veränderte gerade jene Siedlungsräume, die sich in der Vergangenheit durch besonders stabile Bevölkerungsstrukturen und meist auch durch ein konservatives Wahlverhalten ausgezeichnet hatten.[21]

– Gleichzeitig ist die Wählerschaft der Bundesrepublik in den letzten Jahren immer älter geworden. Was das »Älterwerden« des Elektorats wählerpolitisch mutmaßlich bedeutet, hängt wesentlich von der Antwort auf die Frage ab, ob man dem Lebenszyklus oder der Generation eine stärkere Prägekraft für das Wahlverhalten zuschreibt.[22]

– Die bundesrepublikanische Gesellschaft ist in immer stärkerem Maße zu einer Beamten- und Angestelltengesellschaft geworden. Betrug deren Anteil an den Erwerbstätigen im Jahre 1950 noch rund ein Fünftel (20,6 %), ist dieser im Jahre 1983 auf fast die Hälfte (47,3 %) angewachsen. Korrespondierend dazu ging im gleichen Zeitraum der Anteil der Arbeiter von gut der Hälfte

(51 %) auf weniger als zwei Fünftel (39,9 %) zurück. Gleichzeitig sank der Anteil der Selbständigen, der 1950, wenn man den Anteil der mithelfenden Familienangehörigen hinzuschlägt, noch gut ein Viertel der Erwerbstätigen betragen hatte, schon bis zum Jahre 1983 auf etwa ein Achtel der Erwerbstätigen zurück, in erster Linie auf Grund des extremen Rückgangs des Anteils der in der Landwirtschaft Beschäftigten. Die wählerpolitischen Vermutungen, die sich aus solchen Befunden ableiten ließen, sind einmal, daß die CDU/CSU auf Grund des Rückgangs der Selbständigen, und hier vor allem der Landwirte, strukturell geschwächt wurde, weil das Reservoir ihrer idealtypischen Wähler stark weggeschmolzen wurde; daß zum anderen auch die SPD strukturell geschwächt wurde, wenn man sie als klassischen politischen Ausdruck der Industriearbeiterschaft begreift – was sie freilich bereits zu Weimarer Zeiten nur noch in eingeschränktem Maße war.

– Die vierte grundlegende Tatsache ist, daß sich zwar die konfessionelle Verteilung der bundesrepublikanischen Bevölkerung insgesamt nicht wesentlich änderte, auch wenn die Katholiken inzwischen zur stärksten Konfession wurden, daß aber der Rückgang der Kirchlichkeit, gemessen an den Kirchenzahlen, vor allem bei den Katholiken in diesen drei Jahrzehnten geradezu dramatische Ausmaße angenommen hat. Berücksichtigt man weiter, daß die protestantische Kirche schon sehr früh, die katholische Kirche vor allem im Zusammenhang des Zweiten Vatikanischen Konzils, ihr Verhältnis zur Sozialdemokratie entspannte und sich bei Wahlempfehlungen weitaus stärker zurückhielt, als das anfänglich der Fall gewesen war, läßt sich daraus als wählerpolitische Hypothese ableiten, daß der quantitative und qualitative Bedeutungsverlust des religiös-kirchlichen Faktors mutmaßlich eine strukturelle Begünstigung laizistischer Parteien bedeutet und daher eine unter betont christlichen Vorzeichen angetretene Partei benachteiligt.

– Ähnliche Hypothesen ließen sich aus dem häufig unter dem Stichwort Postmaterialismus thematisierten Wertewandel ableiten, der die kulturellen Grundlagen der bundesrepublikanischen Gesellschaft in den späten sechziger und früheren siebziger Jahren in der Tat einschneidend verändert hat.[23] Der Kern dieser »Kulturrevolution« wird wohl am besten erfaßt, wenn man mit Klages davon ausgeht, daß es sich dabei um einen Wandel von Pflicht- und Akzeptanzwerten zu Selbstverwirklichungswerten[24] handelte, der im Prinzip die gesamte bundesrepublikanische Gesellschaft erfaßte, sich aber bei jüngeren Generationen besonders stark ausprägte, vor allem dann, wenn sie über eine formal hohe Bildung verfügten und in produktionsfernen Sektoren tätig waren.[25]

Gemessen an den strukturellen Schrumpfungsprozessen, von denen vor allem die ursprüngliche Kernklientel der CDU/CSU betroffen war, ist die politische Selbstbehauptung der Union zwischen 1953 und 1983 erstaunlich. Mindestens ebenso erstaunlich ist, daß sich trotz dramatisch gesunkener Kirchlichkeit das Wahlverhalten der beiden Konfessionen im Gesamtzeitabschnitt kaum veränderte. Durchgängig wählen zwischen 30 und 40 Prozent der Protestanten und ca. 60 Prozent der Katholiken die CDU/CSU. Von der konfessionellen Rekrutierungsbasis der beiden Parteien her gesehen, ist die CDU/CSU nach wie vor eine dominant katholische und die SPD eine dominant protestantische Partei geblieben, obwohl sich zwischen 1953 und 1982 leichte Angleichungstendenzen abzeichnen.[26]

Hinter dieser zumindest auf den ersten Blick frappierenden Kontinuität konfessionellen Wahlverhaltens verbergen sich freilich einige nicht unwichtige Veränderungen. Während sich die CDU 1953 von ihrer Wählerbasis her noch zu Recht als eine »christliche Partei« begreifen konnte, da drei Viertel ihrer Wähler eine zumindest mäßige Kirchenbindung besaßen und eine absolute Mehrheit ihrer Wähler sogar aus kirchlich stark gebundenen Katholiken und Protestanten bestand, stellten die kirchlich gebundenen Christen in der Unionswählerschaft 1982 eine deutliche Minderheit dar. Die zweite entscheidende Veränderung ist, daß sich die Parteipräferenzen der kirchennahen Katholiken und Protestanten im Zeitablauf sehr unterschiedlich entwickelten. Bei den Protestanten war die Hinwendung zur SPD am größten bei der Gruppe mit der höchsten Kirchenbindung und am geringsten bei der Gruppe mit keinerlei Kirchenbindung. Das hatte zur Konsequenz, daß die SPD innerhalb der kirchennahen protestantischen Wählerschaft zeitweilig zur eindeutig stärksten Partei wurde, während sie 1953 in diesem Milieu noch weit hinter der CDU rangiert hatte. Für den Katholizismus gilt, daß die parteipolitischen Differenzen zwischen kirchennahen und kirchenfernen Katholiken, die 1953 noch beträchtlich waren, im Zeitablauf immer geringer geworden sind. Wenn man so will und die entsprechenden Sicherungsklauseln einbaut, kann man auch sagen, daß es zu einer Art Rekonfessionalisierung des Wahlverhaltens gekommen ist.[27]

Die Erklärung für diese auf den ersten Blick paradox anmutende politische Geschlossenheit des Katholizismus im Zeitablauf, die freilich durch das Wahlverhalten der jüngeren, höher gebildeten Katholiken konterkariert wird, läßt sich nicht als Fortbestehen eines »Kulturkampfs ohne Gegner«[28] begreifen, sondern, wie Karl Schmitt präzise formuliert hat, gerade umgekehrt: »Der fortbestehende Konfessionalismus des Wahlverhaltens verdankt sich der Entkonfessionalisierung der Unionsparteien.«[29] Anders formuliert: Die seit Beginn angelegte »Doppelstrategie« der Union, nämlich einerseits als Milieupartei die Tradition des politischen Katholizismus fortzuführen, andererseits aber eine Sammlungsbewegung rechts von der SPD zu sein, ermöglichte es der Partei, sich auch die parteipolitische Loyalität jener Katholiken zu erhalten, die aus der engen Bindung an Kirche und Konfession herausgefallen waren.

Diese Loyalität jenseits des Milieus hängt nicht im luftleeren Raum. Die Umwandlung einer ursprünglich an das Milieu gebundenen sozialen Wahlnorm in eine primär auf Wertorientierung beruhende individuelle Parteipräferenz und Parteienidentifikation ist an die stillschweigende Voraussetzung gebunden, daß auch in Zukunft ein gesellschaftlich erheblicher kirchennaher Milieukatholizismus vorhanden ist und daß noch eine hinlängliche Übertragung von Wertorientierungen in milieugebundenen Familien erfolgt. Folgt man dieser Interpretation, wäre die CDU-Präferenz bei kirchenfernen Katholiken in gewissem Sinne als ein »biographisch-ökologisches Überhangphänomen« zu begreifen, das *noch* existiert.[30] Konfessionelles Wahlverhalten würde irgendwann in der Zukunft endgültig der Vergangenheit angehören. Freilich gibt es das Phänomen einer Konfessionalität ohne Kirchlichkeit. Die konfessionelle Prägung von Mentalität und Lebensweise kann sich trotz Kirchenferne über Generationen erhalten.[31] Sicher sein kann man daher keineswegs, daß das schon häufig totgesagte konfessionelle Wahlverhalten in Zukunft tatsächlich verschwinden wird.

Liefen die skizzierten gesellschaftlichen und kulturellen Wandlungsprozesse zumindest auf den ersten Blick auf eine strukturelle Begünstigung »laizistischer« Parteien hinaus, so die absolute und relative Abnahme der Arbeiterschaft innerhalb der Gesamtzahl der Beschäftigten auf eine strukturelle Benachteiligung der SPD. In der Tat ist zwischen 1953 und 1982 der Anteil der Arbeiter unter den SPD-Wählern beträchtlich zurückgegangen, stärker und schneller sogar als der Anteil der Arbeiterschaft an der Gesamtbevölkerung. Indirekt ist damit bereits gesagt, daß es nicht so sehr ein »Genosse Trend«, sondern ein »Bürger Trend« war, der den kontinuierlichen Aufstieg der Sozialdemokratie zwischen 1953 und der Bundestagswahl 1972 bewirkte, bei der die SPD zum ersten und bisher auch einzigen Male stärkste politische Partei in der Bundesrepublik wurde.

Freilich ist der »Bürger Trend« ein schillernder Begriff, je nach dem, ob man den Bürger schichtmäßig oder klassenmäßig definiert. Bezieht man in die Gruppe der »Bürgerlichen« die Statusgruppe der Beamten und Angestellten ein, gibt es in der Tat einen »Bürger Trend«. Faßt man dagegen als »Bürger« nur die Selbständigen und operationalisiert entsprechend die sozialökonomische Spannungslinie in der Gesellschaft nicht als Mittelschicht versus Arbeiterschaft, wie es vor allem in der angelsächsischen Welt gängig ist, sondern als Selbständige versus Arbeiterschaft[32], hat es weder einen »Bürger Trend« noch eine abnehmende politische Bedeutung des Klassen-»Cleavages« in der bundesrepublikanischen Gesellschaft gegeben (vgl. Tab. 18).

Allerdings besitzt auch eine solche Operationalisierung ihre Probleme, da sie leicht zu einer perspektivischen Verzerrung führt. Zwar kann von einem politischen Profilverlust dieses überkommenen »Cleavages« kaum die Rede sein, da sich Arbeiter und Selbständige nach wie vor in ihrem Wahlverhalten charakteristisch unterscheiden, wohl aber von einem gesamtgesellschaftlichen Bedeutungsverlust. Denn die »Cleavage«-Masse – die Zahl derer, die von einem so operationalisierten »Cleavage« überhaupt erfaßt werden – hat in der Gesellschaft kontinuierlich abgenommen.

Indirekt ist damit zugleich gesagt, daß es der »neue Mittelstand« ist, die Beamten und Angestellten, die in dem genannten Zeitraum nicht nur am stärksten in der Gesellschaft zugenommen, sondern auch am stärksten ihre politischen Präferenzen verändert haben. Ursprünglich in hohem Maße auf die CDU/CSU fixiert, haben sie sich in wachsendem Maße für die SPD geöffnet, deren Wählerbasis sich dementsprechend entscheidend veränderte. Der kontinuierliche Aufstieg der »klassischen Arbeiterpartei« SPD in der bundesrepublikanischen Gesellschaft vollzieht sich deshalb ironischerweise parallel zum gesamtgesellschaftlichen Bedeutungsverlust ihrer alten Kernklientel, der Arbeiterschaft, insbesondere auch der

Industriearbeiterschaft. Die latente Spannung zwischen einer »Lehrer-SPD« und einer vor allem von den klassischen Industriegewerkschaften getragenen »Arbeiter-SPD« findet ihre Entsprechung in der sozialstrukturellen und kulturellen Zusammensetzung der SPD-Wählerschaft.

Das Wort Spannung deutet bereits an, daß sich der »neue Mittelstand« der SPD nicht unbedingt aus gleichen Motiven genähert hat wie die Industriearbeiterschaft. Es ist einzuräumen, daß sich hinter Begriffen wie »Dienstleistungsklasse«, »neuer Mittelstand«, »Beamte und Angestellte« etwas sozialstrukturell sehr Heterogenes verbergen kann. Aus dem unteren Angestelltenbereich haben sich vermutlich viele der SPD aus gleichen Motiven genähert wie die Arbeiter. Pappi hat jedoch überzeugend nachgewiesen[33], daß es in erster Linie nicht ein wachsendes »Klassenbewußtsein« im Bereich des »neuen Mittelstandes« war, das den Trend zur SPD auslöste, sondern daß der Wechsel der Parteipräferenzen bei den Beamten und Angestellten primär durch Säkularisationsprozesse ausgelöst wurde, die bei dieser Schicht, die auf Grund ihrer Beweglichkeit zumeist als Vorreiter gesellschaftlicher Veränderungen fungiert, am frühesten manifest wurden und bewirkten, daß man sich in der CDU in wachsendem Maße nicht »wiederfinden« konnte.

Die Vorreiterrolle des »neuen Mittelstandes« gilt auch für eine andere Dimension des Wahlverhaltens. Der »neue Mittelstand« geht im Vergleich zur klassischen Industriearbeiterschaft sehr viel weniger leicht eine milieuhafte, organisationsgestützte Bindung an eine Partei ein. Er ist generell weniger organisationsfreudig. Damit ist er Vorreiter eines Individualisierungstrends, der der Tendenz nach die gesamte Gesellschaft erfaßt hat. So gesehen kann man auch formulieren, daß die vielleicht einschneidendste Veränderung, die zwischen 1953 und 1983 in der Wählerschaft stattgefunden hat, der Übergang von einem sozialen oder kollektiven zu einem stärker individuell geprägten Wählerverhalten darstellt. Freilich sollte man sich hüten, den Unterschied von gestern und heute dramatisch zu überzeichnen. Auch gestern verstand sich Partei- und Lagerloyalität nicht von selbst. Sie bedurfte von Zeit zu Zeit der Aktualisierung und symbolischen Erneuerung. Umgekehrt haben wir es auch heute nicht mit einem Wahlverhalten zu tun, das ausschließlich durch tagesbezogene Kandidaten- und Problemorientierungen bestimmt wird.[34]

Die Veränderung an sich ist im Prinzip unstrittig und eine Erscheinung, die in allen westlichen Industriegesellschaften anzutreffen ist, auch wenn sie unterschiedlich beschrieben worden ist, als »Enttraditionalisierung der Industriegesellschaft«[35], als »voters begin to choose«[36] oder als »de-alignment without re-alignment«.[37] Strittig ist dabei nicht zuletzt, wie der Sachverhalt zu bewerten ist und ob es sich um einen irreversiblen historischen Prozeß handelt. Wird auf der einen Seite stärker die Heraufkunft des rationalen Wählers gefeiert, der sich seiner früheren tatsächlichen oder vermeintlichen Irrationalität entledigt hat und erst jetzt beginnt, wirklich auszuwählen, wird auf der anderen Seite eher ein Verlust an politischer Stabilität und auch politischer Rationalität befürchtet, der die Lösung und Regelung politischer Probleme eher erschwert, wenn die Wähler beginnen, sich nur an ihrem kurzfristigen individuellen Nutzenkalkül zu orientieren. Auch die »Civic Culture«-Studie von Almond und Verba hat in einem rationalistischen Bürger nicht unbedingt den besten Garanten für die Aufrechterhaltung einer stabilen Demokratie gesehen.[38]

Dem Charakterwandel des Elektorats entspricht auf der anderen Seite ein Charakterwandel der Parteien, der jedoch verschiedene Dimensionen besitzt und sich deshalb nicht allein mit der Formel »vom Milieu zur Volkspartei«[39] beschreiben läßt. Diese Formel erfaßt nur einen, zumeist positiv bewerteten Aspekt des Wandels, die Überwindung der einstmals engen Milieufixierung, wie sie für die Entwicklung nach 1945 charakteristisch war. Der zweite, zumeist weniger positiv bewertete Aspekt, läßt sich am besten mit der Kirchheimerschen Formel einer »catch all party«[40] kennzeichnen. Die dabei zugrundeliegende Vorstellung ist, daß die Parteien sich ihrer historischen Bindungen und Identität weitgehend entledigt haben und zu Stimmenmaximierungsapparaturen geworden sind.

Eng zusammen hängt damit ein weiterer Aspekt, die Entwicklung der Parteien von ursprünglich organisatorisch wenig verfestigten gesellschaftlichen Gebilden und »Personalverbänden« hin zu in hohem Maße aus öffentlichen Geldern finanzierten[41] politischen Großorganisationen und Apparateparteien, die die gesamte Gesellschaft penetrieren, gleichzeitig jedoch in erheblichem Maße an gesellschaftlicher Verankerung und Bodenhaftigkeit verloren haben. Das Bild von den »ratlosen Riesen«[42] bringt diesen Sachverhalt auf eine knappe Formel, wobei der Zusatz »eine deutsche Besonderheit« auf den in der Tat im westeuropäischen Vergleich exzeptionellen Charakter der deutschen Parteien verweist.

Die Formel »Parteienstaat« beinhaltet in der Regel noch mehr: den Funktionswandel der deutschen Parteien von vergleichsweise staats- und regierungsfernen gesellschaftlichen Institutionen hin zu konstitutiven Elementen eines übergreifenden politisch-administrativen Systems. Offen ist dabei die Frage, welches Moment dabei das langfristig wirksamere und strukturbestimmende ist, die Parteipolitisierung des Staatsapparates und darüber hinaus des öffentlichen und voröffentlichen Raums oder die »Verstaatlichung« des Parteiwesens. In gewisser Weise stellt sich damit ein klassisches Problem deutscher Parteien- und politischer Kulturgeschichte, das »Vermittlungsproblem«, in neuer Weise. Während einstmals eine nur schwer passierbare Grenze zwischen dem Staat und den zur Gesellschaft gehörenden Parteien verlief, so verläuft nunmehr eine ähnlich scharfe Grenze zwischen einem hochgradig organisierten politisch-administrativen System, zu dem sich der »gute alte Staat« gemausert hat, und den Bürgern insgesamt.

Damit reproduziert sich auch ein klassisches »Entfremdungsproblem« der politischen Kulturgeschichte in Deutschland, das seine Ursache teils im beschriebenen Charakterwandel der Parteien und den damit verbundenen Erfahrungen, teils aber auch in dem erwähnten Charakterwandel der Wähler und darüber hinaus in einem generellen Wandel der politisch-kulturellen Grundorientierung hat. Das wiederum hat zur Folge, daß man neue Erwartungen an die Politik heranträgt, die nicht befriedigt werden, unter Bedingungen moderner politischer Vergesellschaftung vielleicht auch gar nicht zu befriedigen sind. Der Kern des Problems besteht darin, daß Parteien, die auf Grund ihres Charakterwandels und trotz oder gerade wegen ihrer im internationalen Vergleich beachtlichen Leistungsstärke[43] immer weniger in der Lage sind, affektiv verankerte milieuhafte Bindungen zu erzeugen, auf einen Wähler stoßen, der seinerseits anspruchsvoller und bindungsscheuer geworden ist und sich vor allem durch die Art und Weise, wie Politik betrieben wird, abgestoßen fühlt. Ausdruck einer solchen »Entfremdung« kann einerseits ein politischer Fundamentalismus bis hin zur Ausbildung einer Alternativkultur, andererseits aber auch eine wachsende politische Apathie sein.

Als ein Ergebnis des Charakterwandels der Parteien ist wiederholt hervorgehoben worden, daß sich der Tendenz nach nicht nur die Eliten, sondern auch die Mitglieder der Großparteien von ihrem Sozialprofil und ihrer Mentalität her immer stärker angleichen.[44] Für die Großparteien heißt das z. B., daß ihre Mitglieder sich vorrangig aus der Schicht der Angestellten und Beamten rekrutieren und überdies in wachsendem Maße von einem Politikertypus geprägt werden, der Politik und Parteimitgliedschaft in hohem Maße als Vehikel für einen wenn auch oft nur sehr bescheidenen gesellschaftlichen Aufstieg begreift.

Auf die Grenzen einer solchen Angleichungsthese ist mit guten Gründen immer wieder hingewiesen worden. In der Tat sprechen zahlreiche Befunde gegen die Annahme, daß die deutschen Parteien sozial und kulturell völlig ortlos geworden seien. Gleichwohl muß die Tatsache, daß sich auf lokaler und regionaler Ebene in den Mitgliederstrukturen der Parteien häufig immer noch die alten Milieutraditionen spiegeln, nicht notwendig in Widerspruch zu den gesellschaftlichen und kulturellen Ausgleichstrends stehen, die skizziert wurden. Es ist stets genauer zu fragen, ob es sich dabei um politisch weithin folgenlose »Überhangsphänomene« handelt oder um eine noch lebendige politische Tradition. Um ein Beispiel zu nennen: In vielen Ruhrgebietsstädten mit einigermaßen ausgewogenen Konfessionsverhältnissen besteht die Mitgliedschaft der CDU-Kreisparteien auch im Jahre 1990 immer noch zu 70-80 % aus Katholiken. Viele Indizien deuten darauf hin, daß eine solche Milieukonzentration milieuferne Schichten, selbst wenn sie die CDU wählen, von einem Parteieintritt abhält und auch wahlpolitische Konsequenzen zeitigt. Andererseits sind damit jedoch kaum Auswirkungen auf den lokalen Politikinhalt verbunden, da mit einer solchen Milieugrundlage im Selbst- und Fremdverständnis durchaus die Beurteilung einhergeht, daß die CDU die »Partei der Wirtschaft« sei – eine einigermaßen paradoxe Konstellation, wenn man weiß, daß der politische Katholizismus historisch in nicht geringem Maße gerade der politische Ausdruck von Arbeiterinteressen im Ruhrgebiet gewesen ist.[45]

Das Beispiel verdeutlicht, welch komplexe und vielschichtige Gebilde die Großparteien auch heute noch sind, und bestätigt zugleich Alf Mintzels These, daß der Milieuparteicharakter auf der lokalen Ebene mit einem hochtechnischen Apparateparteicharakter auf der zentralinstanzlichen Ebene einhergehen kann.[46] Zugleich erinnert das Beispiel an die Notwendigkeit, das »Zentralisierungsklischee«[47], das in der Vergangenheit weithin die Wahl- und Parteienforschung charakterisiert hat, zu durchbrechen und energischer als bisher die Frage nach der Identität der Parteien auch in der Region zu stellen. Immerhin kommt eine ausgezeichnete Untersuchung zu Organisationsstruktur und Politik der CDU zu der pointierten These, daß es »*die* CDU gar nicht gibt«[48], sondern eine Vielzahl regionaler Unionsparteien, deren unterschiedliche Traditionen und programmatische Orientierungen für die Gesamtentwicklung der CDU von erstrangiger Bedeutung gewesen sind.

Was allerdings aus einem regional unterschiedlichen Parteicharakter für den regionalen Aufstieg und Abstieg von Parteien folgt[49] und ob für den Erfolg oder Mißerfolg von Parteien in bestimmten Regionen mehr der spezifische regionale Kontext oder mehr der besondere regionale Charakter einer Partei verantwortlich zeichnen, sind ebenso offene wie schwer zu beantwortende Fragen. Sicher ist jedoch, daß auch heute noch die regional unterschiedlichen Stimmenergebnisse der Parteien bei Bundestagswahlen nicht einfach auf die unterschiedliche räumliche Anordnung von Sozialstrukturmerkmalen zurückgeführt werden können. Denn zwischen den tatsächlichen Wahlergebnissen und den Sollwerten für die einzelnen Parteien, die sich ergeben würden, wenn Sozialstrukturmerkmale wie Katholikenanteil, Bevölkerungsdichte, Anteil der Beschäftigten in der Land- und Forstwirtschaft sowie der Beschäftigten im produzierenden Gewerbe in allen Regionen in gleicher Weise wirksam würden, bestehen zwischen den Regionen auch heute noch bemerkenswerte Unterschiede.

Dafür einige Beispiele, stets bezogen auf die Bundestagswahlergebnisse: Schleswig-Holstein liegt mit seinen Ist-Werten für die CDU bei allen Bundestagswahlen über den Soll-Werten, in den Anfangsjahrzehnten der Bundesrepublik spektakulär, seit der Bundestagswahl 1976 dagegen nur noch unwesentlich. Den genau umgekehrten Fall stellt das Land Hessen dar, in dem die CDU in den ersten Jahrzehnten stets deutlich unter ihren Soll-Werten liegt, seit der Bundestagswahl 1976 dagegen nur noch unwesentlich. Einen politischen Charakterwandel dagegen hat das Land Nordrhein-Westfalen durchgemacht. Bis einschließlich der Bundestagswahl 1961 lag es mit seinen Ist-Werten für die CDU, wenn auch nur knapp, über den Soll-Werten. Der Umschlag erfolgt bei der Bundestagswahl 1965; seit 1972 bleiben dann die Ist-Werte deutlich hinter den Soll-Werten zurück.

Fast spiegelbildlich zur CDU-Entwicklung liest sich die SPD-Entwicklung in Nordrhein-Westfalen. Zwar lagen in diesem

Lande die Ist-Werte für die SPD von Anfang an leicht über den Soll-Werten, aber erst mit der Bundestagswahl 1965 und dann verstärkt mit der Bundestagswahl 1972 wird eine Entwicklung eingeleitet, die Nordrhein-Westfalen, ähnlich wie Rheinland-Pfalz, immer noch in deutlichem Abstand zum Spitzenreiter Saarland, zu einer politischen Landschaft macht, in der die SPD bei Bundestagswahlen, von Landtagswahlen ganz zu schweigen, regelmäßig weit über ihren Soll-Werten liegt. Das entgegengesetzte Beispiel ist Baden-Württemberg, in dem die SPD seit 1949 regelmäßig weit unter jenen Möglichkeiten bleibt, die Konfessionsstruktur, Bevölkerungsdichte und Industrialisierungsgrad des Landes an sich erwarten ließen.[50]

Schaut man genauer hin, ist es vor allem Württemberg und weniger Baden, das zu dieser chronischen SPD-Schwäche beiträgt. Bei noch kleinräumigerer Betrachtung zeigt sich, daß es innerhalb Württembergs wiederum bestimmte Landschaften sind, die hochindustrialisierten protestantisch-altwürttembergischen Räume im Norden[51], aber in anderer Weise auch katholische Räume wie der ehemals preußische Regierungsbezirk Sigmaringen, in denen die SPD weit hinter ihren theoretischen Möglichkeiten zurückbleibt.

Wie sich die Gewichte konkret verteilen und ob der institutionelle Kontext der Bundesländer und eine damit verknüpfte länderspezifische politische Kultur, ob der sich wandelnde Charakter der Bundesparteien oder ob längerfristige historische Traditionen von Teilräumen eine größere Bedeutung besitzen, wenn es darum geht, regionalen politischen Wandel und regionale politische Stabilität jenseits von sozialstrukturellen Erklärungen angemessen zu interpretieren – diese Frage läßt sich kaum allgemein verbindlich beantworten. Am Beispiel Nord-Württembergs ist sehr klar gezeigt worden, wie die Faktoren ineinandergreifen, wie z. B. die historische Schwäche der SPD in diesen Räumen eine politische Okkupation der Ortsvereine durch die »Postmaterialisten« erleichtert, die dann wiederum zu einer zunehmenden Entfremdung von der Mehrheitskultur im Lande führt.[52]

Grundsätzlich ist davon auszugehen, daß es weder einen sozialstrukturellen noch einen historisch-kulturellen Determinismus gibt. Auch historische Traditionen sind Chancen, die einer Partei zugespielt werden. Mehr nicht. Ob eine Partei in einer Region erfolgreich ist oder nicht, ist stets auch davon abhängig, ob und wie die jeweiligen Parteien sich auf die regionale Tradition und Identität eingelassen und sie gestaltet haben. Es gibt Parteien, die es geschafft haben, zu *dem* authentischen politischen Ausdruck einer regionalen Kultur zu werden, und andere, die Gefahr laufen, aus der regionalen Gesellschaft und regionalen Kultur überhaupt herauszufallen. Sowohl bei der SPD als auch bei der CDU lassen sich dafür Beispiele finden, wenn man an Erscheinungen wie die CSU, die Ruhrgebiets-SPD, oder umgekehrt an die Ruhrgebiets-CDU und die württembergische SPD denkt.

5.3 Perspektiven der Entwicklung

Die Wiederherstellung der Einheit Deutschlands, die damit zugleich verbundene Aufhebung der Ende 1946 vollzogenen räumlichen Spaltung des deutschen Parteiensystems, läßt die vorn diskutierten Fragen und Probleme in konzentrierter Form hervortreten und öffnet den Blick für tatsächliche und mögliche regionale Differenzierungen innerhalb eines nationalen Parteiensystems. Der Beitritt der DDR zur Bundesrepublik bedeutet zunächst einmal eine räumliche Ausdehnung der politischen Gesellschaft, auf der das Parteiensystem aufruht. Die Bevölkerung der neuen Bundesländer entspricht ungefähr der Einwohnerzahl Nordrhein-Westfalens und stellt im vereinten Deutschland etwa ein Fünftel der Wählerschaft dar. Das sind Größenordnungen, die man an sich in ihrer politischen Bedeutung nicht überschätzen sollte, wenn diese Länder von ihrer sozialstrukturellen und kulturellen Verfaßtheit mehr oder minder ein Spiegelbild der alten Bundesrepublik wären. Tatsächlich jedoch sind aber mit ihrem Hinzukommen einige bedeutsame Gewichtsverlagerungen und Veränderungen des gesellschaftlichen und kulturellen Kontextes verbunden.

Die gravierendste Gewichtsverlagerung ist die konfessionelle. Das relative konfessionelle Gleichgewicht, das die Geschichte der alten Bundesrepublik von Anfang an geprägt und wesentlich mit dazu beigetragen hat, daß die konfessionelle Spannungslinie politisch entdramatisiert werden konnte, existiert fortab in der alten Form nicht mehr. Die ehemalige DDR ist von Haus aus ein protestantisches Territorium. Die ca. 6 % Katholiken, vornehmlich in Thüringen, fallen zahlenmäßig kaum ins Gewicht. Allerdings hat die atheistische Orientierung des SED-Regimes dazu geführt, daß die Mehrheit der Bevölkerung, nämlich ca. 55 %, keiner christlichen Konfession mehr angehört, im deutlichen Unterschied zu den ca. 10 %, die in der alten Bundesrepublik konfessionslos sind.

Die zuletzt genannten Unterschiede relativieren sich zwar, wenn man die Gruppe der Katholiken und Protestanten ohne kirchliche Bindung in den alten Ländern als funktional äquivalent zu den Konfessionslosen in den fünf neuen Ländern betrachtet. Was bleibt, ist jedoch die konfessionelle Differenz, vor allem wenn man davon ausgeht, daß konfessionelle Prägungen sich auch dann noch erhalten, wenn jeder Kontakt zu Kirche und Religion verlorengegangen ist.

Der zweite entscheidende Unterschied zwischen den neuen und den alten Ländern ist, daß die DDR eine andere Sozialstruktur entwickelt hat und daß deshalb die gängigen sozialstrukturellen Erklärungsansätze für Wahlverhalten nicht greifen, zumindest nicht ohne weiteres greifen, auch wenn es interessante Versuche gibt, das »Cleavage«-Konzept in abgewandelter Form auf die politische Gesellschaft der neuen Länder und ihr Wahlverhalten zu übertragen.[53]

Unterschiedlich sind auch die kulturellen Dispositionen der Wählerschaft Ostdeutschlands, selbst wenn man lange darüber streiten mag, welche Prägekraft langlebigen Traditionen und welche der spezifischen DDR-Sozialisation zuzuschreiben ist.[54] Generell scheinen zwar die Wahlergebnisse der beiden letzten Jahre in den neuen Ländern darauf hinzudeuten, daß sich Wählertraditionen im engeren Sinne weithin aufgelöst haben (vgl. Tab. 20). Auf der falschen Annahme, daß das nicht der Fall sei, beruhte ja nicht zuletzt die Favoritenstellung, mit der die SPD in die Volkskammerwahlen vom März des Jahres 1990 ging. Gleichwohl ist über das Fortbestehen von Wählertraditionen das letzte Wort noch nicht gesprochen – und schon gar nicht über die Wirksamkeit langfristiger politischer Traditionen. Einmal deshalb nicht, weil es in einigen Landschaften auch Beispiele für Wählertraditionen gibt, an die die Parteien 1990 fast nahtlos anknüpfen konnten. Das Paradebeispiel ist dafür das stark gegenreformatorisch geprägte katholische Eichsfeld, das der CDU Stimmengewinne in einem Ausmaß bescherte, das sie in katholischen Landschaften Westdeutschlands kaum noch erreicht. Zum anderen deshalb, weil politische Traditionen, wie auch die Wahl- und Parteiengeschichte der Altbundesrepublik zeigt, sich oft verschlungen fortsetzen und gegebenenfalls mit einem den neuen Zeitabläufen angepaßten parteipolitischen

Besitzerwechsel verbunden sein können. Insbesondere bleibt abzuwarten, ob und inwieweit die neuen Bundesländer, die sich zumindest teilweise auf eine historische Identität und unterschiedliche politische Traditionen stützen können, zum Kristallisationskern neuer länderspezifischer politischer Kulturen werden.[55]

Manches auf dem Territorium der ehemaligen DDR ist also für die westdeutschen Parteien vertrautes Gelände, zumal man unterstellen darf, daß viele Bürger in den neuen Bundesländern in der Vergangenheit bei westdeutschen Wahlen »im Geiste« mitgewählt haben. Insofern läßt sich durchaus mit einer gewissen Berechtigung von einer »platonischen Parteienidentifikation«[56] in der ehemaligen DDR sprechen. Hinzu kommt, daß auch die ehemaligen Blockparteien ein Stück gemeinsamer Tradition mit den westdeutschen Parteien besitzen und deshalb wie merkwürdig vertraute und zugleich fremdartige Gebilde wirken.

Insgesamt überwiegt jedoch der Eindruck des Fremd- und Andersartigen. Damit entstehen neue Herausforderungen: für die etablierte Wahl- und Parteienforschung, die sich sehr viel stärker, als sie es in der Vergangenheit getan hat, der Historizität, und das heißt immer: der räumlichen und zeitlichen Relativität ihres Untersuchungsgegenstandes und ihrer Erklärungsansätze, bewußt werden muß, aber auch für die etablierten westdeutschen Parteien, die sich fortab, nicht nur mit der Frage ihrer Identität in der Zeit, sondern in verstärktem Maße auch mit der Frage ihrer Identität im Raum konfrontiert sehen.

Eine Möglichkeit, auf die neuen Problemlagen zu reagieren, ist die bewußte Strategie der Entwicklung eines Regionalcharakters in den neuen Bundesländern. Bis zu einem gewissen Grad wird sich eine solche Entwicklung von selbst ergeben, weil – ganz abgesehen von den verbleibenden Mitgliedern der Blockparteien – Menschen mit anderen Erfahrungen, anderen Prägungen und anderer Berufszugehörigkeit in die jeweiligen Parteien einströmen und ihnen damit einen besonderen »allgemeinen Charakter« in der Region verleihen werden. Dabei kann es dann in der Folge durchaus zu »politischen Koalitionen« zwischen bestimmten Parteien und bestimmten Bevölkerungsgruppen kommen, die von den bisher in der alten Bundesrepublik üblichen erheblich abweichen (vgl. Tab. 21a/b). Davon könnten wiederum Rückwirkungen auf den »allgemeinen Charakter« der Bundesparteien ausgehen, die das bisher etablierte Parteiensystem nicht unberührt lassen können.

An solche Rückwirkungen ist gedacht, wenn davon gesprochen wird, daß die CDU als Folge der Vereinigung protestantischer und sozialdemokratischer, die SPD dagegen bürgerlicher werden könne. »Protestantischer« meint zunächst einmal nichts anderes, als daß die CDU/CSU, die in der alten Bundesrepublik stets überproportional von Katholiken gewählt worden ist, in der ehemaligen DDR eine Wählerlandschaft vorfindet, die so gut wie ausschließlich aus Protestanten oder doch früheren Protestanten besteht. »Protestantischer« könnte freilich auch heißen, daß die CDU in weitaus stärkerem Maße protestantische und zugleich »ostdeutsche« Traditionen und Mentalitäten in sich aufnehmen und dadurch ihr geistiges und sozialkulturelles Profil verändern würde, das in der Vergangenheit in hohem Maße rheinisch und westfälisch geprägt worden ist. Politisch könnte das zweierlei bedeuten: einmal die Verstärkung von Tendenzen, die man, in sicher unzulässiger Verkürzung, deutsch-national oder einfach national nennen könnte. Zum anderen eine Verstärkung »sozial-demokratischer Tendenzen«, die nach 1945 am stärksten durch den sozialen Katholizismus in die Union hineingetragen worden sind, nunmehr aber, auf Grund einer spezifischen DDR-Prägung und DDR-Erfahrung und damit verknüpfter wohlfahrtsstaatlicher Erwartungen, von protestantischer Seite eine Neuauflage erleben könnten. Das »bürgerlich« mit Bezug auf die SPD in den neuen Bundesländern spielt auf die Pastoren- und Kulturintelligenz-Elemente an, die das Gesicht der SPD in den fünf neuen Ländern bislang in starkem Maße geprägt haben.

Was ist von solchen Entwicklungsperspektiven zu halten? Daß die CDU auch in Ostdeutschland, angefangen von den Volkskammerwahlen über die Landtagswahlen bis hin zur ersten gesamtdeutschen Wahl im Dezember des Jahres 1990, verhältnismäßig stärker von Katholiken als von Protestanten bevorzugt wurde, fällt angesichts der geringen Katholikenzahl in den neuen Bundesländern nicht nur zahlenmäßig wenig ins Gewicht, sondern auch deshalb kaum, weil die Abstände in den Wahlpräferenzen zwischen beiden Konfessionen geringer sind als in der alten Bundesrepublik. Im deutlichen Gegensatz zu Westdeutschland besitzt die CDU in Ostdeutschland bei den evangelischen Wählern die absolute Mehrheit, und zwar in weitem Abstand vor der SPD und FDP, auch wenn man relativierend anmerken muß, daß die CDU/CSU in Westdeutschland bei den Nichtkatholiken mit starker Kirchenbindung mit großem Abstand führt und selbst bei den Nichtkatholiken mit mäßiger Kirchenbindung noch knapp vor der SPD liegt. Nur bei den Katholiken und Nichtkatholiken mit keiner Kirchenbindung liegt die SPD etwa zehn Prozentpunkte vor der CDU/CSU.

Damit schält sich ein Grundmuster heraus, das in Westdeutschland und Ostdeutschland vielleicht doch nicht so verschieden ist, wenn man einmal die Gruppe mit keiner Kirchenbindung in Westdeutschland provisorisch als Äquivalent für die Konfessionslosen in Ostdeutschland begreift. Zwar liegt die CDU bei der Bundestagswahl 1990 in Ostdeutschland auch bei den Konfessionslosen knapp vor der SPD, die in dieser Gruppe am stärksten vertreten ist. Sehr viel aussagekräftiger ist jedoch, daß die SPD in der Gruppe der Konfessionslosen ihre besten Ergebnisse, die CDU dagegen in dieser Gruppe ihre weitaus schlechtesten Ergebnisse erzielt. Der Abstand zwischen den Evangelischen und den Konfessionslosen hinsichtlich ihrer CDU-Präferenz ist weit größer als der zwischen Katholiken und Protestanten. Ansatzweise schält sich damit ein wählerpolitisches Muster heraus, das in hohem Maße durch den traditionellen religiösen »Cleavage« bestimmt wird.[57]

Umgekehrt gehörte es zu den großen Überraschungen der bisherigen Wahlen in den neuen Ländern, daß die CDU, in schroffem Gegensatz zur Wahlgeschichte der Altbundesrepublik seit ihren Anfängen, unter der Arbeiterschaft in Ostdeutschland die bei weitem stärkste Partei darstellt und bei den Bundestagswahlen 1990 nur ganz knapp die absolute Mehrheit innerhalb der Arbeiterschaft verfehlte. Frappierend ist dieses Ergebnis, wenn man bedenkt, daß eine kirchenferne protestantische Arbeiterschaft, die erdrückende Mehrheit der Arbeiterschaft in der ehemaligen DDR, seit Beginn der Bundesrepublik, aber auch schon davor, geradezu die Paradetruppe innerhalb der SPD-Wählerschaft ist. Weniger überraschend ist dieses Ergebnis aber dann, wenn man bedenkt, daß die CDU bei dieser Bundestagswahl, ähnlich wie schon 1983 und 1976, auch bei den nichtorganisierten Arbeitern in Westdeutschland die Mehrheit erzielte und daß die SPD selbst bei den organisierten Arbeitern, im Unterschied zu den organisierten Angestellten, deutliche Einbußen erlitt.

Auch in Westdeutschland stellt die Arbeiterschaft kein selbstverständliches Stimmenpotential für die SPD mehr dar, zumal dann nicht, wenn diese, wie mit Oscar Lafontaine, einen Spitzenkandidaten offeriert, der in hohem Maße die »neue Linke« und nicht die »alte Linke« repräsentiert. Für Ostdeutschland kam für die SPD, abgesehen von einer generellen Organisationsschwäche der Partei und ihrem Pastoren- und Intellektuellenimage, erschwerend hinzu, daß kein mit einer SPD-Wahlnorm versehenes funktionsfähiges Gewerkschaftssystem existiert und daß alles, was nur entfernt an Sozialismus erinnert, zutiefst diskreditiert ist. Als Fazit ergibt sich somit, daß der klassische sozialökonomische »Cleavage« das Parteiensystem in den neuen Bundesländern bislang nicht hat strukturieren können und darum für die Erklärung des Wahlverhaltens nicht geeignet ist. Das läßt sich am besten daran demonstrieren, daß die CDU bei der letzten Bundestagswahl im Gebiet der ehemaligen DDR mit 50,5 % nur unwesentlich stärker bei den Selbständigen als bei den Arbeitern mit 49,8 % vertreten war.

Das gilt für die bisherigen Wahlen. Alle Analysen stimmen im Grunde darin überein, daß es sich um exzeptionelle Wahlen handelte, die in hohem Maße den Charakter eines nationalen Referendums trugen, und daß sich ein dauerhaftes Parteiensystem mit fester Parteienidentifikation in den neuen Bundesländern bislang noch nicht auskristallisiert hat. Daraus folgt aber nicht zwingend, daß sich nach einer Phase des Übergangs in Ostdeutschland »natürlich« auch jene »Cleavages«-Strukturen und politischen Koalitionen durchsetzen werden, die bislang die Wahlgeschichte der Altbundesrepublik charakterisiert haben. Man begreift die gegenwärtige Situation in der ehemaligen DDR vielleicht besser, wenn man sie nicht einfach modernisierungstheoretisch als »nachholende« Entwicklung versteht, sondern sie mit der Situation in der Reichsgründungsphase vergleicht und sie entsprechend als eine Phase der »ursprünglichen politischen Akkumulation« interpretiert, in der die ideologischen Pakete neu verschnürt und neue politische Koalitionen zwischen Parteien und Bevölkerungsgruppen geschlossen werden können. Die Verhältnisse sind noch in hohem Maße durch politische Eliten gestaltbar. Freilich sind politische Koalitionen zwischen Parteien und sozialen Gruppen nicht beliebig. Die Parteien machen ihre politischen Koalitionen selbst, aber sie machen sie nicht aus freien Stücken. Insofern gibt es Sinn, nach den Entwicklungsmöglichkeiten und Entwicklungswahrscheinlichkeiten des deutschen Parteiensystems zu fragen.

Welche Konflikte werden das künftige deutsche Parteiensystem mutmaßlich strukturieren? Mit dem Einzug der Grünen in den Bundestag 1983 hatten sich die seit längerer Zeit erkennbaren Tendenzen zur Dekonzentration und Aufsplitterung des deutschen Parteiensystems auch auf parlamentarischer Ebene durchgesetzt. Die dreipolige Struktur des Parteiensystems, bestehend aus CDU/CSU, FDP und SPD, wie sie seit 1961 existiert, war damit an ihr Ende gekommen. Ob es sich dabei um ein vorläufiges oder definitives Ende handelt, ist gerade vor dem Hintergrund der deutschen Vereinigung eine schwierig zu beantwortende Frage. Die politische Gesellschaft Westdeutschlands ist bei den letzten Bundestagswahlen wieder zu ihrer alten Parteienstruktur zurückgekehrt. Nur die Tatsache, daß eine auf das gesamte Wahlgebiet bezogene Fünf-Prozent-Klausel für diese Wahl ausgesetzt wurde, hat die Reetablierung des klassischen Dreiparteiensystems im Bundestag verhindert. Die Bundestagswahlen 1994 werden unter veränderten Bedingungen stattfinden. Deshalb ist es in der Tat nicht ausgeschlossen, daß die Bundestage der späten neunziger Jahre in ihrer Parteienstruktur wieder zu den sechziger und siebziger Jahren zurückkehren.[58]

Der Unsicherheitsfaktor bei den Bundestagswahlen 1994 ist das Abschneiden der Grünen. Das Potential zum Einzug der Grünen in den Bundestag in einem gesamtdeutschen Wahlgebiet ist durchaus vorhanden.[59] Die Frage ist nur, ob die Chancen auch tatsächlich realisiert werden. Die Antwort auf diese Frage hängt wiederum wesentlich ab von Entwicklungen innerhalb der SPD, vor allem davon, ob es der Sozialdemokratie gelingt, »alte Linke« und »neue Linke« überzeugend zu integrieren. Implizit steckt hinter dieser Aussage bereits eine bestimmte Annahme über das Wählerpotential der Grünen, verbunden mit einer weiteren Annahme darüber, warum sie in der Lage waren, das eingespielte Dreiparteiensystem auf Bundesebene auszuhebeln. Zwei Interpretationen lassen sich dabei idealtypisch unterscheiden. Die erste argumentiert vorwiegend soziologisch. Dabei wird vorrangig mit der Postmaterialismusthese, mit einer neuen Spannungslinie, die quer zu den etablierten Spannungslinien stehe, und mit Konzepten wie »alte Politik« und »neue Politik« gearbeitet. In allen Fällen wird den Grünen ein mehr oder minder eigenes Wählerpotential zugeschrieben, das durch den Einzugs- und Rekrutierungsbereich der neuen sozialen Bewegungen, mit Ausnahme der Friedensbewegung, die sehr viel weiter ausgreift, grob charakterisiert ist. Die

Grünen als Milieupartei zu begreifen – das bringt diesen Interpretationsstrang auf eine kurze Formel.[60]

Die zweite Interpretationsrichtung argumentiert stärker politologisch und hebt in der einen oder anderen Weise auf Artikulations- und Repräsentationsdefizite im etablierten Parteiensystem ab. Teilweise wird vorrangig von der ökologischen Frage her argumentiert, deren Bedeutung von den etablierten Parteien insgesamt nicht rechtzeitig erkannt worden sei, so daß eine Artikulationslücke entstand, in die eine neue Partei einrücken konnte. Teilweise wird mehr auf die spezifische Artikulations- und Repräsentationsschwäche der SPD in der Zeit der Regierung Schmidt abgehoben, welche die Partei daran gehindert habe, die neuen Strömungen und Tendenzen politisch zu absorbieren.

Beide Interpretationsrichtungen schließen sich nicht notwendigerweise wechselseitig aus, wenn man grundsätzlich davon ausgeht, daß gesellschaftliche und kulturelle Tendenzen sich niemals »naturwüchsig« in Politik umsetzen, vielmehr umgekehrt darauf beharrt, daß politische Koalitionen zwischen Parteien und sozialen Gruppen nicht beliebig sind. Gleichwohl sind die Entwicklungsperspektiven, je nachdem, wie die Akzente gesetzt werden, unterschiedlich. Führt man den politischen Durchbruch der Grünen in erster Linie auf eine zeitweilige Artikulations- und Repräsentationsschwäche der SPD zurück, heißt das zugleich, daß das Wählerpotential der Grünen nicht beliebig streut, sondern ein linkes Wählerpotential darstellt, das grundsätzlich auch von einer anderen linken Partei mobilisiert werden könnte. Dem entspricht, daß die SPD von der großen Mehrheit der Wähler aus dem »neuen Mittelstand«, sieht man von den unteren Einkommensschichten bei den Beamten und Angestellten einmal ab, im Prinzip aus gleichen und ähnlichen Motiven gewählt wird wie die Partei der Grünen. Das aber heißt zugleich, daß die vielbeschworene »neue Konfliktlinie«, bei Licht betrachtet, vielleicht nichts anderes darstellt als eine modernisierte Neuauflage des klassischen Säkularisierungskonflikts.

Wenn diese Grundannahmen stimmen – und darauf deutet in der Tat einiges hin, wenn man nicht auf den Konflikt Ökonomie versus Ökologie fixiert ist –[61], wäre die SPD potentiell sehr wohl in der Lage, die nicht fundamentalistisch orientierten Teile des grünen Wählerpotentials – und das ist die große Mehrheit – relativ dauerhaft an sich zu binden. Damit zeichnen sich zugleich die Konturen eines gesamtdeutschen Parteiensystems ab, das stärker als durch andere Konflikte durch den klassischen Säkularisationskonflikt strukturiert werden könnte. Genau in diese Richtung weisen auch die vorn referierten Ergebnisse der bisherigen Wahlen in den neuen Bundesländern.

Völlig offen ist dagegen die Frage, ob die sozialökonomische Spannungslinie ihre bisherige Bedeutung in der politischen Gesellschaft des neuen Deutschland behalten wird. Das hängt einmal davon ab, ob es gelingt, in der ehemaligen DDR ein gewerkschaftsnahes Arbeitermilieu zu schaffen und mit einer sozialdemokratischen Wahlnorm zu imprägnieren, und zum anderen davon, ob die CDU auf Dauer bereit ist, sich auf die wohlfahrtsstaatlichen Erwartungen der dortigen Wählerschaft verstärkt einzulassen. Davon werden auch die Verhältnisse in der alten Bundesrepublik nicht unberührt bleiben, selbst wenn man davon ausgeht, daß man für die nächste Zukunft mit einer stark regionalisierten Wählerlandschaft rechen muß. Profitieren würde von einer solchen Entwicklung der CDU wohl in erster Linie die FDP, die sich neben ihrer Funktion als »System- und Koalitionspartei« eine dauerhafte Klientel bei der Sozialgruppe der Selbständigen schaffen könnte.

Ob eine solche Entwicklung eintreten wird, ist offen. Träte sie ein, würde das zugleich das definitive Ende der historischen Koalition bedeuten, die im 19. Jahrhundert zwischen sozialistischen Ideen und Eliten auf der einen und der Arbeiterschaft auf der anderen Seite geschlossen wurde. Nach dem politisierten Konfessionsgegensatz wäre damit auch der politisierte Klassenkonflikt historisch abgearbeitet. Übrig bleiben würde vor allem ein freilich modifizierter Säkularisationskonflikt und damit ein Parteiensystem, das in seiner Grundstruktur einige verblüffende Ähnlichkeiten mit dem Parteiensystem aufwiese, wie es vor Etablierung des Dreilagersystems in Deutschland einmal existiert hat.

Verzeichnis der Abkürzungen

AfS	=	Archiv für Sozialgeschichte
AJPS	=	American Journal of Political Science
APSR	=	American Political Science Review
ASS	=	Archiv für Sozialwissenschaften und Sozialpolitik
BdL	=	Blätter für deutsche Landesgeschichte
CEH	=	Central European History
EJPR	=	European Journal of Political Research
GG	=	Geschichte u. Gesellschaft
GWU	=	Geschichte in Wissenschaft u. Unterricht
HS	=	Historische Sozialforschung
HZ	=	Historische Zeitschrift
JCSW	=	Jahrbuch für Christliche Sozialwissenschaften
JfS	=	Journal für Sozialforschung
JMH	=	Journal of Modern History
JoP	=	The Journal of Politics
NPL	=	Neue Politische Literatur
PuZ	=	Aus Politik u. Zeitgeschichte
PVS	=	Politische Vierteljahresschrift
WZ	=	Westfälische Zeitschrift
ZfP	=	Zeitschrift für Politik
ZParl	=	Zeitschrift für Parlamentsfragen
ZPSB	=	Zeitschrift des Königlich Preußischen Statistischen Büros

Anmerkungen

Anmerkungen zu Kapitel 1:

1 M. R. Lepsius, Parteiensystem und Sozialstruktur, Zum Problem der Demokratisierung der deutschen Gesellschaft, in: Festschrift F. Lütge, Stuttgart 1966, hier: 371, 382.

2 J. J. Sheehan, Klasse u. Partei im Kaiserreich, Einige Gedanken zur Sozialgeschichte der deutschen Politik, in: O. Pflanze Hg., Innenpolitische Probleme des Bismarck-Reiches, München 1983, 21. D. Blackbourn, Die Zentrumspartei u. die deutschen Katholiken während des Kulturkampfes und danach, in: Pflanze Hg. 76 f. Vgl. ebenfalls S. Suval, Electoral Politics in Wilhelmine Germany, Chapel Hill 1985, 60 ff. Weiterführende Literatur zu den Wahlen und der sozialen Basis der politischen Parteien finden sich bei G. A. Ritter u. M. Niehuss, Wahlgeschichtliches Arbeitsbuch, Materialien zur Statistik des Kaiserreiches 1871-1918, München 1980. J. W. Falter u. a., Wahlen und Abstimmungen in der Weimarer Republik, Materialien zum Wahlverhalten 1919–1933, ebd. 1986. G. A. Ritter u. M. Niehuss, Wahlen in der Bundesrepublik Deutschland, Bundestags- und Landtagswahlen 1946-1987, ebd. 1987.

3 K.-H. Naßmacher, Parteien im Abstieg, Wiederbegründung u. Niedergang der Bauern- u. Bürgerparteien in Niedersachsen, Opladen 1989, der hier seine verschiedenen Wahl- und Parteistudien zusammenfaßt.

4 O. Büsch u. a. Hg., Wählerbewegungen in der deutschen Geschichte, Analysen und Berichte zu den Reichstagswahlen 1871-1933, Berlin 1978, ders. Hg., Wählerbewegungen in der europäischen Geschichte, Berlin 1980. Weiter B. Vogel u. a., Wahlen in Deutschland, 1848-1970, Berlin 1971. Vgl. auch O. Büsch, Parteien u. Wahlen in Deutschland bis zum Ersten Weltkrieg, in: ders., Zur Rezeption und Revision der preußisch-deutschen Geschichte, ebd. 1988, 151-213. Dieser Beitrag über Parteien und Wahlen wurde erstmals 1974 veröffentlicht. Die folgenden Seitenangaben beziehen sich auf die ursprüngliche Veröffentlichung in: W. Heistermann Hg., Abhandlungen aus der Pädagogischen Hochschule, Bd. 1., ebd. 1974, 178-264. Vgl. dazu auch die Kritik von W. Conze, Politische Willensbildung im Kaiserreich als Forschungsaufgabe historischer Wahlsoziologie, in: Festschrift T. Schieder, München 1978, 331-347.

5 Vgl. H. Grebing, Geschichte der deutschen Parteien, Wiesbaden 1962.

L. Bergstraesser, Geschichte der Parteien in Deutschland, München 1965[11]; W. Tormin, Geschichte der deutschen Parteien seit 1848, Stuttgart 1967[2].

6 T. Nipperdey, Die Organisation der deutschen Parteien vor 1918, Düsseldorf 1961.

7 W. Treue, Die deutschen Parteien vom 19. Jahrhundert bis zur Gegenwart, Frankfurt 1975.

8 S. M. Lipset u. S. Rokkan, Cleavage Structures, Party Systems and Voter Alignments, in: dies. Hg., Party Systems and Voter Alignments, Cross-National Perspectives, New York 1967, 1-64; S. Rokkan, Nation Building, Cleavage Formation and the Structuring of Mass Politics, in: ders., Citizens, Elections, Parties, Approaches to the Comparative Study of the Processes of Development, Oslo 1970, 73-144; H. Daalder, S. Rokkan 1921-1979, A Memoir, in: EJPR 15. 1987, 3-21. M. R. Lepsius, S. Rokkans Beitrag zur vergleichenden Strukturforschung Westeuropas, in: Zeitschrift für Soziologie 9. 1980, 115-117.

9 Büsch, Parteien u. Wahlen.

10 Vgl. K. Rohe, Wahlanalyse im historischen Kontext, in: HZ 234. 1982, 337-57.

11 H. Best, Sozialstruktur u. politische Konflikte in Deutschland, Perspektiven einer Analyse von Massendaten der historischen Eliten- u. Wahlforschung, in: PVS 29. 1988, 469-73, hier: 473. Eine detaillierte Darstellung der unterschiedlichen regionalen Dimensionen von Wahlverhalten und Parteiensystem bei K. Rohe, German Elections and Party Systems in Historical and Regional Perspective, in: ders., Hg., Elections, Parties and Political Traditions, Social Foundations of German Parties and Party Systems, 1867-1987, Oxford 1990, 1-26. Generell zu Region und Regionalismus: S. Rokkan u. a., Centre-Periphery Structures in Europe, Frankfurt 1987. S. Rokkan u. D. W. Urwin Hg., The Politics of Territorial Identity, Studies in European Regionalism, London 1982; zur jeweils unterschiedlichen raum-zeitlichen Bedeutung des Faktors »Region« vgl. D. Gerdes, Regionalismus als soziale Bewegung, Westeuropa, Frankreich, Korsika, Vom Vergleich zur Kontext-Analyse, Frankfurt 1985; H. Gollwitzer, Zum deutschen politischen Regionalismus des 19. und 20. Jahrhunderts, in: H. v. Walthor u. H. Quirin Hg., »Landschaft« als interdisziplinäres Forschungsproblem, Münster 1976. K. Rohe, Politische Kultur, regionale Identität und Regionalismus im Ruhrgebiet, in: ders., Vom Revier zum Ruhrgebiet, Wahlen – Parteien – Politische Kultur, Essen 1986, 61-85. H. G. Wehling, Ein Bindestrichland? Verbundenes und Unverbundenes in der politischen Kultur Baden-Württembergs, in: Landeszentrale für Politische Bildung Baden-Württemberg Hg., Baden-Württemberg,

Eine politische Landeskunde Teil 2, Stuttgart 1991, 18 und S. Immerfall, Territorium u. Wahlverhalten, Zur Modellierung geopolitischer u. geoökonomischer Entwicklungsprozesse, Diss., Passau 1989. Empirisch werden in den folgenden Kapiteln unter Region in der Regel preußische u. bayerische Regierungsbezirke sowie Staaten des Deutschen Reiches verstanden.

12 R. Heberle, Regionalism, Some Critical Observations, in: Social Forces 21. 1943, 280-86.

13 Naßmacher, Parteien.

14 A. Ekstein, Case Study and Theory in Political Science, in: F. I. Greenstein u. N. W. Polsby Hg., Strategies of Inquiry, Reading/Mass. 1975, 79-137.

15 Siehe M. Weber, Ges. Aufsätze zur Religionssoziologie 1, Tübingen 1920.

16 W. F. Sprondel, Sozialer Wandel, Ideen u. Interessen, Systematisierungen zu M. Webers protestantischer Ethik, in: C. Seyfarth u. W. F. Sprondel Hg., Seminar: Religion u. gesellschaftliche Entwicklung, Studien zur Protestantismus-, Kapitalismus-These M. Webers, Frankfurt 1973, 206-24.

17 A. Wildavsky, Choosing Preferences by Constructing Institutions: A Cultural Theory of Preference Formation, in: APSR 81. 1987, 3-22. Vgl. jetzt auch T. Thompson u. a., Cultural Theory, Boulder 1990, 215-75.

18 Büsch, Parteien und Wahlen, 15.

19 Zum Mentalitätsansatz vgl.: H. Schulze, Mentalitätsgeschichte-Chancen und Grenzen eines Paradigmas der französischen Geschichtswissenschaft, in: GWU 36. 1985, 247-70. V. Sellin, Mentalitäten in der Sozialgeschichte, in: W. Schieder u. ders. Hg., Sozialgeschichte in Deutschland, Bd. 3., Göttingen 1987, 110-21; ders., Mentalität und Mentalitätsgeschichte, in: HZ 241. 1985, 555-98, P. Burke, Stärken und Schwächen der Mentalitätengeschichte, in: U. Raulff Hg., Mentalitäten-Geschichte, Zur historischen Rekonstruktion geistiger Prozesse, Berlin 1987, 127-45.

20 A. Lijphart, Religious vs. Linguistic vs. Class Voting, The Crucial Experiment of Comparing Belgium, Canada, South Africa, and Switzerland, in: APSR 73. 1979, 44, 458.

21 F. Parkin, Working-Class Conservatives, A Theory of Political Deviance, in: British Journal of Sociology 18. 1967, 278-90.

22 Vgl. J. W. Falter u. H. Bömermann, Die Wählerpotentiale politischer Teilkulturen 1920-1933, in: D. Lehnert u. K. Megerle Hg., Politische Identität u. nationale Gedenktage in der Weimarer Republik, Opladen 1989, 281-305.

23 Naßmacher, Parteien, 19 f.; Rohe, Wahlanalyse.

24 M. Greven, Parteimitglieder, Ein empirischer Essay über das Alltagsbewußtsein in Parteien, Opladen 1987, 124.

25 SINUS, Planungsdaten für die Mehrheitsfähigkeit der SPD, Ein Forschungsprojekt des Vorstands der SPD, Bonn 1984, 33, verwendet dafür zwar auch noch den Begriff Milieu, hingegen spricht P. Gluchowski, Lebensstile u. Wandel der Wählerschaft in der Bundesrepublik Deutschland, in: PuZ, B 12/87, 18-32, sehr bewußt nur noch von Lebensstilen. Vgl. auch H.-J. Veen u. P. Gluchowski, Tendenzen der Nivellierung u. Polarisierung in den Wählerschaften von CDU/CSU und SPD von 1959 bis 1983, in: ZParl 14. 1983, 545-55, mit einer Kritik am Milieukonzept von SINUS.

26 Vgl. A. Wandruszka, Österreichs politische Struktur, Die Entwicklung der Parteien u. politischen Bewegungen, in: H. Benedikt Hg., Geschichte der Republik Österreich, München 1977, 291. Vgl. Falter, Wählerpotentiale; W. D. Burnham, Political Immunisation and Political Confessionalism, The United States and Weimar Germany, in: Journal of Interdisciplinary History 3. 1972, 1-30.

27 Vgl. F. U. Pappi, Sozialstruktur u. politische Konflikte in der Bundesrepublik, Habil.-Schrift Köln 1976; ders., Die konfessionell-religiöse Konfliktlinie in der deutschen Wählerschaft, in: D. Oberndörfer u. a. Hg., Wirtschaftlicher Wandel, religiöser Wandel u. Wertewandel, Folgen für das politische Verhalten in der Bundesrepublik, Berlin 1985, 263-90; ders., Sozialstruktur u. Wahlentscheidung bei Bundestagswahlen aus kommunalpolitischer Perspektive, in: P. Kevenhörster Hg., Kommunales Wahlverhalten, Bonn 1976, 1-57; ders., Konstanz und Wandel der Hauptspannungslinien in der Bundesrepublik Deutschland, in: J. Matthes Hg., Sozialer Wandel in Westeuropa, Frankfurt 1979, 465-79.

28 H. Best, Politische Eliten, Wahlverhalten u. Sozialstruktur, in: ders. Hg., Politik u. Milieu, Wahl- und Elitenforschung im historischen und interkulturellen Vergleich, St. Katharinen 1989, 3-18.

29 W. W. Claggett u. a., Political Leadership and the Development of Political Cleavages: Imperial Germany 1871-1912, in: AJPS 26. 1982, 643-64.

30 A. L. Stinchcombe, Social Structure and Politics, in: F. I. Greenstein u. N. W. Polsby Hg., Handbook of Political Science, Bd. 3: Macropolitical Theory, Reading/Mass. 1975.

31 J. Raschke, Soziale Bewegungen, Frankfurt 1985.

32 A. Heath u. a., How Britain Votes, Oxford 1985, 27.

33 Vgl. P. Lösche u. F. Walter, Zwischen Expansion u. Krise, Das sozialdemokratische Arbeitermilieu, in: D. Lehnert u. K. Megerle Hg., Politische Teilkulturen zwischen Integration u. Polarisierung. Zur politischen Kultur in der Weimarer Republik, Opladen 1990, 161–87.

34 Vgl. K. Rohe, Die Ruhrgebietssozialdemokratie im wilhelminischen Kaiserreich u. ihr politischer und kultureller Kontext, in: G. A. Ritter Hg., Der Aufstieg der deutschen Arbeiterbewegung, München 1990, 317-44.
35 Vgl. B. Vogel u. P. Haungs, Wahlkampf u. Wählertradition, Bundestagswahl 1961, Köln 1965.
36 K. Rohe, Vom sozialdemokratischen Armenhaus zur Wagenburg der SPD. Politischer Strukturwandel in einer Industrieregion nach dem Zweiten Weltkrieg, in: GG 13. 1987, 508-34.

Anmerkungen zu Kapitel 2:

1 K. E. Pollmann, Parlamentarismus im Norddeutschen Bund 1867-1870, Düsseldorf 1985, 139. Vgl. auch die Berechnungen für die neuen preußischen Provinzen und die nichtpreußischen Staaten des Norddeutschen Bundes bei T. S. Hamerow, The Social Foundations of German Unification 1858-1871, Bd. 1, Princeton 1969, 324 f. Für Baden vgl. J. Becker, Liberaler Staat und Kirche in der Ära von Reichsgründung und Kulturkampf, Mainz 1973, 210.
2 Zum Kommunalwahlrecht im 19. Jahrhundert vgl. vor allem P. Hirsch u. H. Lindemann, Das kommunale Wahlrecht, Berlin 1911[2] und die Artikel Stadtverfassungen und Landgemeindeverfassungen, in: Handwörterbuch der Kommunalwissenschaften Bde. 3 u. 4, Jena 1924. Zu den politischen und gesellschaftlichen Folgen vgl. H. Croon, Die gesellschaftlichen Auswirkungen des Gemeindewahlrechts in den Gemeinden u. Kreisen des Rheinlandes u. Westfalens im 19. Jahrhundert, Köln 1960; M. Hettling, Reform ohne Revolution. Bürgertum, Bürokratie u. kommunale Selbstverwaltung in Württemberg 1800-1850, Göttingen 1990.
3 Zit. nach E. R. Huber, Dokumente zur deutschen Verfassungsgeschichte, Bd. 1, Stuttgart 1961, 78. Zu den komplexen Motiven der Einzelstaaten vgl. R. Vierhaus, Von der altständischen zur Repräsentativverfassung, Zum Problem institutioneller u. personeller Kontinuität vom 18. zum 19. Jahrhundert, in: K. Möckl Hg., Der moderne Parlamentarismus und seine Grundlagen in der ständischen Repräsentation, Berlin 1977, 177-94. Mit dem Akzent auf Diskontinuität: W. Weiß, Kontinuität u. Diskontinuität zwischen den Ständen des 18. Jahrhunderts u. den frühkonstitutionellen Parlamenten aufgrund der Verfassungen von 1818, 1819 in Bayern u. Württemberg, in: Parliaments, Estates, Representation 4. 1984, 51-65.
4 Vgl. H. Obenaus, Anfänge des Parlamentarismus in Preußen bis 1848, Düsseldorf 1984.

5 P. M. Ehrle, Volksvertretung im Vormärz. Studien zur Zusammensetzung, Wahl und Funktion der deutschen Landtage im Spannungsfeld zwischen monarchischem Prinzip und ständischer Repräsentation, Teil 2, Frankfurt 1979, 769, 773.

6 Zur Diskussion, welchem Wahlrecht ein Vorrang einzuräumen sei, dem württembergischen oder dem badischen, vgl. M. Hörner, Die Wahlen zur badischen Zweiten Kammer im Vormärz 1819-1847, Göttingen 1987, 70 f.

7 V. Valentin, Geschichte der deutschen Revolution von 1848-49, Bd. 2, Berlin 1930-1931, 3.

8 Vgl. T. S. Hamerow, Die Wahlen zum Frankfurter Parlament, in: E. W. Böckenförde u. R. Wahl Hg., Moderne deutsche Verfassungsgeschichte, Köln 1972, 215-36, hier bes. 217.

9 M. Botzenhart, Deutscher Parlamentarismus 1848-1850, Düsseldorf 1977.

10 D. Langewiesche, Die Anfänge der deutschen Parteien, Partei, Fraktion u. Verein in der Revolution von 1848/49, in: GG 4. 1978, 331.

11 Botzenhart, Parlamentarismus, 163. V. Klügel, Wahlrechtsbeschränkungen u. deren Auswirkungen im Königreich Hannover zur Zeit des Frühkonstitutionalismus, Diss., Göttingen 1988.

12 P. Nolte, Gemeindeliberalismus. Zur lokalen Entstehung u. sozialen Veränderung der liberalen Parteien in Baden 1831-55, in: HZ 252. 1991, 57-93, 57 ff.

13 Zur Situation auf dem Lande und zur Mentalität der ländlichen Wähler vgl. u. a. die vorzügliche Regionalstudie von M. Wettengel, Die Revolution von 1848/49 im Rhein-Main-Raum. Politische Vereine u. Revolutionsalltag im Großherzogtum Hessen, Herzogtum Nassau u. in der Freien Stadt Frankfurt, Wiesbaden 1989. Ferner I. Schwidetzky, Die polnische Wahlbewegung in Oberschlesien, Breslau 1934, 8-11. R. Wirtz, Die Begriffsverwirrung der Bauern im Odenwald 1848. Odenwälder »Eczesse« u. die Sinsheimer »republikanische Schilderhebung«, in: D. Puls Hg., Wahrnehmungsformen u. Protestverhalten. Studien zur Lage der Unterschichten im 18. u. 19. Jahrhundert, Frankfurt 1979. Einiges auch bei W. Kaschuba und C. Lepp, 1848 – Provinz u. Revolution, Kultureller Wandel u. soziale Bewegung im Königreich Württemberg, Tübingen 1979. Vgl. auch die These von D. J. Mattheisen, Voters and Parliaments in the German Revolution of 1848: An Analysis of the Prussian Constituent Assembly, in: CEH 5. 1972, 11; dt. Die Fraktionen der preußischen Nationalversammlung 1848, in: K. H. Jarausch Hg., Quantifizierung in der Geschichtswissenschaft, Düsseldorf 1976, 145-67, daß mit Ausnahme der Provinz Westfalen die städtischen Wahlkreise konservativer wählten als die ländlichen Wahl-

kreise. C. Dipper, Die Bauernbefreiung in Deutschland 1790-1850, Stuttgart 1980, 154 ff.; R. Koch, Die Agrarrevolution in Deutschland 1848, in: D. Langewiesche Hg., Die deutsche Revolution 1848/49, Darmstadt 1983, 362-94. Vgl. auch den Forschungsbericht von D. Langewiesche, Die deutsche Revolution von 1848/49 und die vorrevolutionäre Gesellschaft, in: AfS 21. 1981, 492-98.

14 W. Siemann, Die deutsche Revolution von 1848/49, Frankfurt 1985, 85.

15 Vgl. dazu die nützliche Übersicht über das Wahlrecht in den deutschen Staaten während der Reaktionszeit bei Vogel, Wahlen, 87 f..

16 Vgl. G. Grünthal, Das preußische Dreiklassenwahlrecht. Ein Beitrag zur Genesis u. Funktion des Wahlrechtsoktrois vom Mai 1849, in: HZ 226. 1978, 17-66. Vgl. auch W. Gagel, Die Wahlrechtsfrage in der Geschichte der deutschen liberalen Parteien 1848-1918, Düsseldorf 1958; und H. Boberach, Wahlrechtsfragen im Vormärz, Die Wahlrechtsanschauung im Rheinland 1815-1849 und die Entstehung des Dreiklassenwahlrechts, ebd. 1959.

17 Vgl. H. v. Gerlach, Die Geschichte des preußischen Wahlrechts, Berlin 1908, 107-12.

18 Vgl. für England die klassische Studie von D. C. Moore, The Politics of Deference, A Study of the Mid-Nineteenth Century English Political System, Brighton 1976. Vgl. generell auch J. Eklit u. J. C. Mitchell, Wahlen u. Massendemokratie in England u. Dänemark, in: O. Büsch u. P. Steinbach Hg., Vergleichende europäische Wahlgeschichte, Berlin 1983, 351-76.

19 Vgl. R. Augst, Bismarcks Stellung zum parlamentarischen Wahlrecht, Leipzig 1917, 156.

20 Vgl. B. Mann, Die Sozialdemokratie bei den Wahlen zum preußischen Landtag, in: Ritter Hg. Aufstieg, vgl. auch J. Elkit, Open Voting in Prussia and Denmark, or: The Complexities of Comparison, Some Post-Rokkanian Reflections, in: HS 10. 1985, 2-18.

21 Grenzboten 26. 1867, I, 447, zit. nach Gagel, Wahlrechtsfrage, 46.

22 ZPSB 7. 1867, 240-43.

23 Flottwell in einem Bericht an den Prinzen von Preußen, zit. nach: S. Bahne, Vor dem Konflikt, Die Altliberalen in der Regentschaftsperiode der »Neuen Ära«, in: Festschrift W. Lange, Stuttgart 1976, 168 f.

24 H. Brandt, Parlamentarismus in Württemberg 1819-1870, Düsseldorf 1987, 80.

25 E. Engel, Die Ergebnisse der Urwahlen für das preußische Abgeordnetenhaus vom 28. April 1862 u. vom 20. Oktober 1863, in: ZPSB 5. 1865, 70. Zur Lage insbesondere in den preußischen Ostprovinzen vgl. W. Schwentker, Konservative Vereine u. Revolution in Preußen 1848/

49. Zur Konstituierung des Konservativismus als Partei, Düsseldorf 1988, und W. Conze, Nationsbildung durch Trennung, Deutsche u. Polen im preußischen Osten, in: Pflanze Hg., 95-120. Zum Gutsbesitzerliberalismus in Ostpreußen vgl. H. Obenaus, Gutsbesitzerliberalismus, Zur regionalen Sonderentwicklung der liberalen Partei in Ost- u. Westpreußen während des Vormärz, in: GG 14. 1988, 304-28.

26 Grundlegend für Baden: L. Gall, Der Liberalismus als regierende Partei, Das Großherzogtum Baden zwischen Restauration u. Reichsgründung, Wiesbaden 1968.

27 Vgl. u. a. G. A. Ritter Hg., Die deutschen Parteien vor 1918, Köln 1973, 9; H. Fenske, Wahlrecht und Parteiensystem, Frankfurt 1972, 36-57; Obenaus, Parlamentarismus, 20. H. Fenske, Der liberale Südwesten, Freiheitliche u. demokratische Traditionen in Baden u. Württemberg 1790-1930, Stuttgart 1981, 43; G. A. Ritter, Die deutschen Parteien 1830-1914, Göttingen 1985, 10 f.

28 Mattheisen, Fraktionen; H. Best, Die Männer von Bildung u. Besitz, Struktur und Handeln parlamentarischer Führungsgruppen in Deutschland u. Frankreich 1848/49, Düsseldorf 1989.

29 Vgl. im folgenden Grünthal, Parlamentarismus, 340, 395 u. 445.

30 Vgl. auch die Zusammenstellung der Ergebnisse der Wahlen zur Zweiten Kammer in Preußen vom 22. Januar/5. Februar 1849 auf der Grundlage der »vollständigen Liste der Abgeordneten zur Zweiten Kammer nebst Angabe ihrer Parteistellung«, bei H. Fischer, Konservativismus von unten, Wählen im ländlichen Preußen 1849/52 – Organisation, Agitation, Manipulation, in: Festschrift Fritz Fischer, Bonn 1983, 89.

31 Nolte, Gemeindeliberalismus, 91.

32 Vgl. Essener Zeitung vom 4. 9. 1867.

33 Langewiesche, Anfänge, 325.

34 Siemann, 93.

35 Botzenhart, Parlamentarismus, 158 f.

36 Vgl. Schwentker, Vereine; Obenaus, Parlamentarismus, 600, erwähnt bereits für die Zeit des Vormärzes zahlreiche konservative Vereine, so den seit 1835 in Münster bestehenden »Kronprinzenverein«.

37 Vgl. Botzenhart, Parlamentarismus, 158. Vgl. auch W. Hüttermann, Parteipolitisches Leben in Westfalen vom Beginn der Märzbewegung im Jahre 1848 bis zum Einsetzen der Reaktion im Jahre 1849, in: Zeitschrift für vaterländische Geschichte u. Altertumskunde 68. 1910, 120 f., mit Bezug auf die politische Tätigkeit der pietistischen Erwekkungsbewegung in Minden-Ravensberg. Vgl. auch W. Schulte, Volk u. Staat, Westfalen im Vormärz u. in der Revolution 1848/49, Münster 1954. Vgl. vor allem auch die grundlegende Studie von K. Repgen, Märzbewegung und Maiwahlen des Revolutionsjahres 1848 im Rhein-

land, Bonn 1955. Für Bayern vgl. D. Thränhardt, Wahlen u. politische Strukturen in Bayern 1848-1953, Düsseldorf 1973, 39-47. K. Mailer, Die Wahlbewegungen im Jahre 1848 in Bayern, Diss. Ichenhausen 1931.

38 Vgl. W. Schieder, Die Rolle der deutschen Arbeiter in der Revolution von 1848/49, in: W. Klötzer u. a. Hg., Ideen u. Strukturen der deutschen Revolution 1848, Frankfurt 1974, 43-56. Zusammenfassend Siemann, 90-113.

39 Vgl. etwa zum Problem der Kontinuität katholischer Parteibildung: K. Repgen, Klerus u. Politik 1848, Die Kölner Geistlichen im politischen Leben des Revolutionsjahres – als Beitrag zu einer »Parteigeschichte von unten«, in: Festschrift Franz Steinbach, Bonn 1960, 133-65. Skeptisch dazu T. Nipperdey, Grundprobleme der deutschen Parteiengeschichte im 19. Jahrhundert, in: ders., Gesellschaft, Kultur, Theorie, Göttingen 1976, 424, Anm. 5; zur Frage der parteipolitischen Trennung der proletarischen von der bürgerlichen Demokratie: G. Mayer, Die Trennung der proletarischen von der bürgerlichen Demokratie in Deutschland, 1863-1867, ND in: ders., Radikalismus, Sozialismus und bürgerliche Demokratie, Frankfurt 1969, 108-78.

40 Engel, 71.

41 Ein wichtiges parteigeschichtliches Datum ist die Gründung der Fortschrittspartei. Dazu G. Eisfeld, Die Entstehung der liberalen Parteien in Deutschland 1858-1870, Hannover 1969. Zur Organisation der Fortschrittspartei vgl. auch T. Nipperdey, Organisation, 176-203. J. Frölich, Die Berliner ›Volks-Zeitung‹ 1853-67. Preußischer Linksliberalismus zwischen »Reaktion« und »Revolution von oben«, Frankfurt 1990. Hinsichtlich der Modernität ihrer Organisation hielt sie freilich keinem Vergleich stand mit der Württembergischen Volkspartei, die auf dem Weg zu einer fest organisierten Mitgliederpartei war und auch die Deutsche Partei in Württemberg zwang, entsprechend zu reagieren. Vgl. dazu das Standardwerk von D. Langewiesche, Liberalismus u. Demokratie in Württemberg zwischen Revolution u. Reichsgründung, Düsseldorf 1974, 335-70.

42 Dazu wiederholt auch D. Langewiesche, Liberalismus in Deutschland, Frankfurt 1988, 8, 67-9, 80-5.

43 Interessante Beobachtungen, von denen man freilich nicht weiß, wie weit sie verallgemeinert werden können, bei J. Sperber, Popular Catholicism in Nineteenth Century Germany, Princeton 1984.

44 Vgl. A. M. Birke, Bischof Kettelers Kritik am deutschen Liberalismus, in: M. Schmidt u. G. Schwaiger Hg., Kirchen u. Liberalismus im 19. Jahrhundert, Göttingen 1976, 155-63.

45 Vgl. M. L. Anderson, Windhorst, Düsseldorf 1988, H. G. Aschoff, Welfische Bewegung u. politischer Katholizismus 1866-1918, Die

Deutsch-hannoverische Partei und das Zentrum in der Provinz Hannover während des Kaiserreiches, Düsseldorf 1987; W. Becker, Staats- u. Verfassungsverständnis der christlichen Demokratie von den Anfängen bis 1933, in: G. Rüther Hg., Geschichte der christlich-demokratischen u. christlich-sozialen Bewegungen in Deutschland, Bd. 1, Bonn 1984, 93-144.

46 Vgl. für das Folgende: Politische Parteistellung der zur Wahl erschienenen Urwähler der drei Abteilungen in den Städten und auf dem Lande bei den Urwahlen vom 20. Oktober 1863, in: ZPSB 7. 1867, 240-42.

47 Zur Bedeutung Königsbergs als »Vorort« des ostpreußischen Liberalismus vgl. auch Obenaus, Parlamentarismus, 597 f.

48 Obenaus, Gutsbesitzerliberalismus, 325.

49 Zit. nach Obenaus, Parlamentarismus, 628.

50 Essener Zeitung vom 18. 7. 1865.

51 H. H. Gerth, Bürgerliche Intelligenz um 1800, Zur Soziologie des deutschen Frühliberalismus, ND Göttingen 1976, 72.

52 Vgl. Langewiesche, Deutschland, 18.

53 Obenaus, Parlamentarismus, 632.

54 Zum Verhältnis von Liberalismus und Katholizismus im Ruhrgebiet J. Sperber, The Shaping of Political Catholicism in the Ruhr Basin, 1848-1881, in: CEH 16. 1987, 347-67.

55 Vgl. W. K. Blessing, Staat u. Kirche in der Gesellschaft, Institutionelle Autorität u. mentaler Wandel in Bayern während des 19. Jahrhunderts, Göttingen 1982, 108 f.

56 K. Schatz, Zwischen Säkularisation u. Zweitem Vatikanum, Der Weg des deutschen Katholizismus im 19. und 20. Jahrhundert, Frankfurt 1986, 72-75.

57 Repgen, Klerus, 153 f.

58 Vgl. die Schilderung eines Mannheimer Empfangs von Ronge, des Führers der Deutschkatholiken, bei: Lothar Gall, Bürgertum in Deutschland, Berlin 1989, 276 f.

59 Sperber, Catholicism, 100-102.

60 Zum Rückgang der Klerikalen im Rheinland in den 1860er Jahren und zu den Gründen dafür, daß zu diesem Zeitpunkt die katholische und protestantische Bevölkerung gleichermaßen zur Zeit des Verfassungskonfliktes für die Liberalen stimmte vgl. zusammenfassend K. Müller, Das Rheinland als Gegenstand der historischen Wahlsoziologie, in: Annalen des historischen Vereins für den Niederrhein 166-67. 1964/65, 136.

61 Parteistellung, 240-42, für die Wahlen des Jahres 1863.

62 Vgl. D. Düding, Organisierter gesellschaftlicher Nationalismus in Deutschland 1808-1847, München 1984.

63 Daß jüngere Akademiker, nicht zuletzt Referendare, »die gerade die

Universität verlassen hatten«, bei der politischen Führungsschicht der Demokraten eine große Rolle spielen, ist häufiger registriert worden. Vgl. u. a. Hüttermann, Westfalen, 122. Nicht selten ging der Schnitt, wie etwa bei Friedrich Hammacher, mitten durch die Familie. Allerdings ist es kaum möglich, von den Führungsschichten auf die Wähler zurückzuschließen.

64 Vgl. den Überblick bei D. Langewiesche, Zur Frühgeschichte der deutschen Arbeiterbewegung, in: AfS 15. 1975, 301-21.

65 Vgl. P. Blickle, Deutsche Untertanen, München 1981, 114-26.

Anmerkungen zu Kapitel 3:

1 Vgl. B. Haunfelder u. K. E. Pollmann, Reichstag des Norddeutschen Bundes 1867-1870, Historische Fotographien u. biographisches Handbuch, Düsseldorf 1989.

2 Vgl. Pollmann, Parlamentarismus, 142, mit einer tabellarischen Zusammenstellung, die die Wahlbeteiligung in einigen Regierungsbezirken zur Wirtschaftsstruktur dieser Region in Beziehung setzt.

3 Vgl. ebd., 143 f., wo in einigen Fällen die von Hamerow (Bd. 2, 325) vorgenommenen Berechnungen korrigiert werden.

4 Ebd., 97. J. Buchsteiner, Soziale Struktur, ökonomische Situation u. politische Rolle der Großgrundbesitzer 1871-1917. Eine Untersuchung für die Provinz Pommern, Diss. Rostock 1987.

5 Das ist die plausibel begründete These von Sperber, Catholicism, 130 f.

6 Vgl. K. Rohe u. a., Politische Gesellschaft u. Politische Kultur im Ruhrgebiet 1848-1987, in: D. Petzina u. a. Hg., Das Ruhrgebiet im Industriezeitalter, Bd. 2, Düsseldorf 1990, 435-40.

7 Zit. nach P. Möllers, Die politischen Strömungen im Reichstagswahlkreis Essen zur Zeit der Reichsgründung u. des Kulturkampfes 1867-1878, Diss. Bonn 1955, 89.

8 Die Bezeichnung »nationales Lager« ist nicht in jeder Weise glücklich. Aber die sich anbietenden Alternativen wie protestantisches Lager, bürgerliches Lager oder bürgerlich-nationales Lager oder bürgerlich-protestantisches Lager werfen insgesamt noch größere Probleme auf, obwohl sie zu bestimmten historischen Zeitpunkten und in bestimmten regionalen Kontexten die sozialkulturellen und politischen Verhältnisse angemessener beschreiben. Im Grunde bedürfte es eines nach Raum und Zeit differenzierenden eigenen Beitrages, um die mit den jeweiligen Bezeichnungen aufgeworfenen Fragen einigermaßen befriedigend zu beantworten. Große Probleme bereiten auch zu verschiedenen Zeiten

und in verschiedenen Regionen die konkreten Zuordnungen zu diesem Lager. Das gilt vor allem für den Linksliberalismus, teils weil sich zur Zeit des Kaiserreichs in einigen Landschaften hinter einem Votum für die linksliberalen Parteien ein Stück regionalen Protestverhaltens verbergen konnte, teils deshalb, weil der Linksliberalismus in der Bismarckzeit zumeist bewußt aus dem Lager der »Reichstreuen« ausgegrenzt wurde. Geht man jedoch nicht von den politischen Eliten, sondern von den Wählern aus, dann gibt es gute Gründe, die Anhängerschaft der Linksliberalen grundsätzlich dem nationalen Lager zuzuschlagen. Das gilt trotz des Unbehagens, das es bereitet, die DDP-Wähler zum nationalen Lager zu schlagen, selbst noch für die Weimarer Republik, auch wenn man generell zu konstatieren hat, daß nicht nur politisch, sondern auch sozialkulturell einiges in Bewegung geraten war. Konkret wurde, wenn nicht ausdrücklich anderes vermerkt, für die Zeit des Kaiserreiches so verfahren, daß alle Parteien von den Antisemiten bis hin zu den Linksliberalen und Demokraten, nicht jedoch die Stimmen für bäuerliche Protest- und Interessenbewegungen, dem nationalen Lager zugerechnet wurden.

9 Vgl. zur politischen Konstellation im Regierungsbezirk Hessen-Darmstadt: B. Liebert, Politische Wahlen in Wiesbaden im Kaiserreich, Wiesbaden 1988, 66-82. Vgl. auch W. A. Kropat, Das liberale Bürgertum in Nassau u. die Reichsgründung, in: Nassauische Annalen 82. 1971, 307-23. Zur politischen Situation im Königreich Hannover vgl. vor allem G. Franz, Die politischen Wahlen in Niedersachsen 1867-1949, Bremen 1953²; H. G. Aschoff, Welfische Bewegung und politischer Katholizismus 1866-1918, Die Deutschhannoversche Partei und das Zentrum in der Provinz Hannover während des Kaiserreiches, Düsseldorf 1987, 42-64; M. John, Liberalism and Society in Germany 1850-1880, The Case of Hannover, in: European History Review 102. 1987, 579-98. Zur speziellen Situation in einem hannoverschen Wahlkreis vgl. auch N. Matern, Politische Wahlen in Hildesheim 1848 bis 1867, Diss. Bonn 1959, sowie H. J. Knott, Das Wahlverhalten der Hildesheimer in der Zeit von Bismarck bis Hitler 1867-1933, Hildesheim 1980, 7-14. Zu Schleswig-Holstein vgl. R. Heberle, Landbevölkerung u. Nationalsozialismus. Eine soziologische Untersuchung der politischen Willensbildung in Schleswig-Holstein 1918-1932, Stuttgart 1963, 20-40. Zu einzelnen Wahlkreisen in Schleswig-Holstein vgl. u. a. S. Schmidt, Die Reichstagswahl am 10. 1. 1874 im 9. schleswig-holsteinischen Wahlkreis (Oldenburg-Plön-Segeberg), in: Zeitschrift der Gesellschaft für schleswig-holsteinische Geschichte 110. 1985, 173-228. H. J. Zimmermann, Die Sozialdemokratie im Kreis Herzogtum Lauenburg von den Anfängen bis 1933, in: R. Paetau u. H. Rüdel Hg., Arbeiter u. Arbeiter-

bewegung in Schleswig-Holstein im 19. u. 20. Jahrhundert, Neumünster 1987, 217-54; H. Rüdel, »Bedenkt, daß die Wahl das einzige Mittel ist, womit wir unsere Lage verbessern können« – Die sozialistische Landagitation in Schleswig-Holstein in den 1870er Jahren am Beispiel der Region Holstein, in: ebd., 147-78. H. Rüdel, Landarbeiter u. Sozialdemokratie in Ostholstein 1872-1878. Erfolg u. Niederlage der sozialistischen Arbeiterbewegung in einem großagrarischen Wahlkreis zwischen Reichsgründung u. Sozialistengesetz, Neumünster 1986.

10 Zur politischen Konstellation in den thüringischen Staaten und in Sachsen-Anhalt vgl. Pollmann, Parlamentarismus, 151. T. Klein, Reichstagswahlen u. -Abgeordnete der Provinz Sachsen und Anhalt 1867-1918, in: Festschrift F. von Zahn, Bd. 1: Zur Geschichte u. Volkskunde Mitteldeutschlands, Köln 1968, 65-141. M. Schneiderheinze, Arbeiterbewegung in der preußischen Provinz Sachsen. Zum Kampf des deutschen Proletariats vom Abschluß der Reaktionsperiode bis zur Gründung der sozialistischen Arbeiterpartei Deutschlands 1875, Diss. Halle 1988.

11 Vgl. Ritter, Arbeitsbuch, 93 f.

12 Vgl. T. Klein, Hessen-Nassau. Von der Annexion zur Integration, in: BdL 121. 185, 302 f.; Liebert, Wahlen.

13 Zu Braunschweig vgl. Franz, Wahlen, 21. Zu Oldenburg ebd., 22. Besonders aber W. Günther Hg., Sozialer u. politischer Wandel in Oldenburg, Studien zur Regionalgeschichte vom 17. bis 20. Jahrhundert, Oldenburg 1981; ders., Parteien und Wahlen in Oldenburg, Beiträge zur Landesgeschichte im 19. u. 20. Jahrhundert, ebd. 1983.

14 Die klassische Studie zu Lippe-Detmold im Kontext der allgemeinen Wahlbewegungen im Kaiserreich ist die Berliner Habilitationsschrift von P. Steinbach, Wahlen im deutschen Kaiserreich, Studien zur Mobilisierung u. Politisierung der Wählerschaft im 19. Jahrhundert. Zugleich ein Beitrag zur regionalspezifischen Rezeption der Politik unter Berücksichtigung modernisierungstheoretischer Fragestellungen, Berlin 1978. Jetzt ist der landesgeschichtliche Teil erschienen unter dem Titel: ders., Die Politisierung der Region, Reichs- u. Landtagswahlen im Fürstentum Lippe 1866-81, Passau 1989; der reichsgeschichtliche Teil unter dem Titel: ders., Die Zähmung des politischen Massenmarktes, Passau 1990, beide jeweils mit umfangreichen Literaturverzeichnissen. Vgl. ferner als jüngste Studie zu einer spezifischen Fragestellung ders., Wahlrecht und Wahlbeteiligung im Fürstentum Lippe bis zum Ende des Kaiserreiches, in: Lippische Mitteilungen aus Geschichte u. Landeskunde 58. 1989, 171-232.

15 Zu Sachsen vgl. Pollmann, Parlamentarismus, 151, 161-67. H. Gabler,

Die Entwicklungen der deutschen Parteien auf landschaftlicher Grundlage von 1871-1912, Tübingen 1934, 28 f.

16 Vgl. Ritter, Arbeitsbuch, 89.

17 Vgl. G. Ritter, Die preußischen Konservativen u. Bismarcks deutsche Politik, Heidelberg 1913.

18 Vgl. H. Booms, Die Deutschkonservative Partei. Preußischer Charakter, Reichsauffassung, Nationalbegriff, Düsseldorf 1954, 13.

19 Vgl. zu Württemberg Fenske, Südwesten, 138; Langewiesche, Liberalismus, 396 f.; ders., Deutschland, 124; P. Müller, Liberalismus in Nürnberg 1800-1871, Nürnberg 1990.

20 Vgl. H. Lehmann, Pietismus u. weltliche Ordnung in Württemberg vom 17. bis 20. Jahrhundert, Stuttgart 1969, 225 f.

21 Vgl. Ritter, Arbeitsbuch, 89.

22 Vgl. Becker, Staat, 212; F. L. Sepaintner, Die Reichstagswahlen im Großherzogtum Baden, Frankfurt 1983, 40, 72-80.

23 Becker, Staat, 210 f.

24 L. Gall, Die partei- u. sozialgeschichtliche Problematik des badischen Kulturkampfes, in: Zeitschrift für die Geschichte des Oberrheins 113. 1965, 172. F. Hartmannsgruber, Die Bayerische Patriotenpartei (1869-1887), München 1986, 44, übernimmt diese Formulierung für Bayern. S. P. Wolf, Konservatismus im liberalen Baden. Studien zur badischen Innen-, Kirchen- u. Agrarpolitik sowie zur süddeutschen Parteiengeschichte 1860-93, Karlsruhe 1990.

25 Vgl. Thränhardt, 51, auch für das folgende.

26 Zit. nach Möllers, 56.

27 Ebd., 83.

28 Vgl. zu Bayern: Hartmannsgruber, Patriotenpartei. Gute Einblicke in das Milieu des schlesischen Zentrumsführers Felix Porsch gewährt A. H. Leugers-Scherzberg, Felix Porsch 1853-1930, Diss. Münster 1988.

29 Vgl. Rohe, Gesellschaft, 449.

30 Entsprechende Aufrufe finden sich in der zeitgenössischen regionalen Presse wiederholt, vgl. auch die bei Sperber, Catholicism, 189, zitierte Aussage des Landrats von Essen, daß sich von den extremsten Progressiven bis zu den moderatesten Altliberalen alle vereinigt hätten, um der »klerikalen Bedrohung« zu begegnen.

31 Vgl. die Übersichten bei Sperber, Catholicism, 189-91.

32 Vgl. J. Schauff, Das Wahlverhalten der deutschen Katholiken im Kaiserreich und in der Weimarer Republik (1928), ND Mainz 1975, 78-80 u. 174 f., und die überzeugende Kritik an den Annahmen von Schauff bei Sperber, Catholicism, 255, Anm. 255.

33 Vgl. Sepaintner, Reichstagswahlen, 222 f.

34 Vgl. Thränhardt, Wahlen, 75.

35 Vgl. Steinbach, Wahlen, 12-68.

36 Vgl. Protokoll über die Verhandlungen des Parteitages der SPD 1897, Abgehalten zu Hamburg, Berlin 1897, ND 1970. Zugleich mit dem ironischen Kommentar A. Bebels, 127, 131.

37 Vgl. dazu außer Thränhardt, Wahlen, 52, auch S. Bleek, Quartierbildung in der Urbanisierung, Das Münchener Westend 1890 bis 1933, München 1991.

38 Vgl. K. Rohe, Konfession, Klasse u. lokale Gesellschaft, in: L. Albertin u. W. Link Hg., Politische Parteien auf dem Weg zur parlamentarischen Demokratie in Deutschland, Entwicklungslinien bis zur Gegenwart, Düsseldorf 1981, 109-26; ders., Katholiken, Protestanten u. Sozialdemokraten im Ruhrgebiet vor 1914. Voraussetzungen und Grundlagen »konfessionellen« und »klassenbewußten« Wählens in einer Industrieregion, in: ders., Revier, 43-59.

39 Vgl. dazu auch die Auseinandersetzung von T. Nipperdey, Grundprobleme, 424 f., mit Thesen von Repgen, Klerus, der die Kontinuität der katholischen Partei angezweifelt und die katholische Parteibildung nicht als Voraussetzung, sondern als Produkt des Kulturkampfes hingestellt habe.

40 Vgl. Sperber, Catholicism, 138 f. in dezidierter Wendung gegen Thesen, die vornehmlich in den wahlhistorischen Untersuchungen der Braubach-Schule aufgestellt worden sind.

41 T. Schieder, Das deutsche Kaiserreich von 1871 als Nationalstaat, Köln 1961, ND Göttingen 1992, 16.

42 Gute Zusammenfassung der Positionen bei H. Gründer, Nation u. Katholizismus im Kaiserreich, in: A. Langner Hg., Katholizismus, Nationaler Gedanke u. Europa seit 1800, Paderborn 1985, 65-87. Vgl. auch W. Becker Hg., Die Minderheit als Mitte. Die deutsche Zentrumspartei in der Innenpolitik des Reiches 1871-1933, ebd. 1986.

43 Vgl. dazu auch M. L. Anderson u. K. Barkin, The Myth of the Puttkamer Purge and the Reality of the Kulturkampf. Some Reflections on the Historiography of Imperial Germany, in: JMH 54. 1982, 647-86.

44 Vgl. in dem Zusammenhang auch: H. Best, Mandat ohne Macht. Strukturprobleme des deutschen Parlamentarismus 1867-1933, in: ders. Hg., Politik u. Milieu, 175-222.

45 Sperber, Catholicism, 139, bezweifelt zumindest, daß es in den 1860er Jahren in nennenswertem Maße zu Wählerwechseln von den Klerikalen zu den Liberalen gekommen sei. Vgl. auch P. Schmidt, Die Wahlen im Regierungsbezirk Koblenz 1849-1867/9, Bonn 1971.

46 Vgl. als Zusammenfassung der Argumente der Braubach-Schule: K. Müller, Rheinland, 138 f.

47 Vgl. Essener Zeitung vom 4. 9. 1867.

48 Vgl. dazu auch generell: J. Breuilly, Liberalismus oder Sozialdemokratie, Ein Vergleich der britischen und deutschen Arbeiterbewegung zwischen 1850 und 1875, in: J. Kocka Hg., Europäische Arbeiterbewegung im 19. Jahrhundert, Deutschland, Österreich, England u. Frankreich im Vergleich, Göttingen 1983.

49 Vgl. H. Grote, Sozialdemokratie u. Religion 1863-1875, Tübingen 1968. Interessant auch der Hinweis bei J. D. Hunley, The Working Classes, Religion and Social Democracy in the Düsseldorf Area, 1867-78, in: Societas 4. 1974, 147, auf die außergewöhnlich starke Stellung der frühen Arbeiterbewegung in der Stadt Ronsdorf im Wahlkreis Düsseldorf 1 (Lennep-Mettmann-Remscheid); getragen von gutsituierten und auch sozial integrierten Bandwebern wird die Stärke der frühen Arbeiterbewegung in dieser Stadt nur verständlich, wenn man weiß, daß die Gründung der Stadt auf religiöse Sekten zurückgeht. Von diesem Beispiel fällt auch ein Blick auf die Stärke der Arbeiterbewegung in den Räumen Elberfeld-Barmen und Solingen, die gleichfalls stets ein Zentrum von Sekten und religiösen Erweckungsbewegungen gewesen waren.

50 Vgl. Rohe, Gesellschaft, 441-46. Vgl. auch Hunley, Classes, 145 f.

51 Vgl. Rüdel, Landarbeiter, 111-26, 299. Zur Situation im Wahlkreis Schleswig-Holstein 10 (Herzogtum Lauenburg) vgl. Zimmermann, Sozialdemokratie.

52 Vgl. J. Paul, Alfred Krupp u. die Arbeiterbewegung, Düsseldorf 1987.

53 Vgl. A. Herzig, Die Hamburger Arbeiterbewegung in ihrer Entwicklung bis 1890, in: Paetau, Arbeiter, 23-50.

54 Schmidt, Reichstagswahl.

55 Vgl. K. Mewes, Untersuchungen zur Landarbeiter- u. Bauernpolitik der deutschen Arbeiterbewegung 1869-1875, Diss. Rostock 1978, 276.

56 Vgl. H. Zwahr, Die deutsche Arbeiterbewegung im Länder- und Territorienvergleich 1875, in: GG 13. 1987, 448-507.

57 Ebd., 456, 465.

58 Vgl. Rohe, Ruhrgebietssozialdemokratie. Zum Beispiel Münchens als Mischtypus vgl. Bleek, Quartierbildung, freilich mit dem Akzent auf der späteren Zeit; das gilt ebenso für M. Niehuss, Parteien, Wahlen u. Arbeiterbewegung in München 1890-1910, in: F. Prinz u. M. Krauss Hg., München – Musenstadt mit Hinterhöfen, Die Prinzregentenzeit 1886-1912, München 1988, 44-53; L. Link, Katholizismus u. Liberalismus, Zur Auseinandersetzung mit dem Zeitgeist in München 1848-1918, in: Der Mönch im Wappen, Aus Geschichte und Gegenwart des katholischen München, München 1960, 375-408. In München war auch aufgrund des starken Anteils an Kleinbetrieben und selbständigen Handwerksmeistern der Kleinbürgeranteil unter den SPD-Mitgliedern

mit 20 % außergewöhnlich hoch. Vgl. G. A. Ritter, Die Sozialdemokratie im deutschen Kaiserreich in sozialgeschichtlicher Perspektive, in: HZ 249. 1989, 328.

59 Vgl. Best, Mandat, 175-222, 215.

60 Vgl. dazu H.-J. Wiegand, Der Kampf der protestantischen Landeskirche Bayerns gegen die Unterdrückungsmaßnahmen des Ministeriums von Abel (1838-1846) u. dessen Bedeutung für die Kirchen u. staatsrechtliche Doktrin Friedrich Julius Stahls, in: Schmidt Hg., 110.

61 Claggett u. a., Leadership, 645 f.

62 Essener Zeitung vom 4. 9. 1867.

Anmerkungen zu Kapitel 4:

1 Die Unterscheidung zwischen Wahlbeteiligten und gültigen Stimmen hat für die spätere Zeit mehr den Charakter einer Spielerei, da es zumeist um minimale Differenzen geht. Anfänglich, in der Phase der »ursprünglichen politischen Akkumulation«, können dagegen durchaus bedeutsame Unterschiede auftreten, die historische Einsichten vermitteln. Beispielsweise beträgt 1874, auf dem Höhepunkt der Kulturkampfmobilisierung, die viele Erstwähler in die politische Arena spült, der Anteil an den gültigen Stimmen beim Zentrum 27,9 %, der Anteil an den Wahlbeteiligten dagegen 29,8 %. Zu späteren Zeiten liegt der Anteil des Zentrums und der SPD an den gültigen Stimmen meist nur knapp höher als der an den Wahlbeteiligten, ein Zeichen dafür, daß in beiden Subkulturen eine erfolgreiche politische Aufklärungsarbeit geleistet worden war.

2 Vgl. G. D. Crothers, The German Election of 1907, New York 1941.

3 Der Rückgang des Zentrums bei den Reichstagswahlen des Jahres 1912 ist weniger dramatisch, als es auf den ersten Blick den Anschein hat, obwohl nicht zu bestreiten ist, wie auch eine regionale Betrachtung der Wahlergebnisse zeigt, daß das Zentrum in Hochburgen wie Westfalen beträchtliche Verluste hinnehmen mußte. Beim Vergleich der Ergebnisse von 1907 und 1912 ist einmal zu bedenken, daß der Stimmentransfer an den konservativen Bundesgenossen 1912 den Zentrumsanteil um ca. 1,5 % verminderte. Vgl. J. Bertram, Die Wahlen zum deutschen Reichstag vom Jahre 1912. Parteien u. Verbände in der Innenpolitik des wilhelminischen Reiches, Düsseldorf 1964, 212. Vgl. zu dem Einfluß, den solche Allianzen auf die Wahlergebnisse regional haben konnten, auch C. H. E. Zangerl, Courting the Catholic Vote, The Center Party in Baden, 1903-1913, in: CEH 10. 1977, 220-

40. Zum anderen ist zu berücksichtigen, daß 1907 in der Reichsstatistik die für die Kandidaten des politischen Katholizismus in Elsaß-Lothringen abgegebenen Stimmen weitgehend dem Zentrum zugerechnet wurden, nicht jedoch 1912. Ritter (Parteien 1830, 100 f., Anm. 76) kalkuliert, daß vor allem durch diese andere Zuordnung der Stimmen sowie durch den Verzicht auf eine Kandidatenaufstellung in drei Wahlkreisen in Elsaß-Lothringen dem Zentrum im amtlichen Gesamtergebnis von 1912 ca. 0,7 % der insgesamt gültigen Stimmen auf Reichsebene im Vergleich zu 1907 fehlten. Die Sachverhalte relativieren sich noch stärker, wenn man statt der Reichstagswahl 1907, die einen besonderen Charakter trug und bei der das Zentrum, bezogen auf die Wahlberechtigten, mit 16,3 % bei 276 Kandidaturen sein zweitbestes Wahlergebnis im Kaiserreich überhaupt erzielte, die Wahlen von 1903 als Vergleichspunkt heranzieht und überdies auf die Wahlberechtigten prozentuiert. Dann stehen sich 14,9 % im Jahre 1903, die mit 316 Kandidaturen erzielt wurden, 13,5 % im Jahre 1912 gegenüber, die von 199 Kandidaten erbracht wurden. Dabei ist noch zusätzlich zu bedenken, daß 1903 die polnischen Kandidaturen in Oberschlesien, im Unterschied zu 1907 und 1912, noch wenig ins Gewicht fielen. Während das Zentrum 1903 im Regierungsbezirk Oppeln noch einen Anteil an den Wahlberechtigten in Höhe von 41,0 % erzielt, ist es im Jahre 1912 nur noch ein Anteil von 27,1 %, während sich gleichzeitig der Anteil der polnischen Kandidaten von 12,0 % im Jahre 1903 auf 22,7 % im Jahre 1912 steigert.

4 In Wirklichkeit liegen die Anteile etwas höher, wenn man die auf die liberale Reichspartei entfallenden Stimmen hinzurechnet. Zum sozialen und regionalen Charakter der kurzlebigen liberalen Reichspartei, die vom Fürsten Chlodwig zu Hohenlohe-Schillingsfürst ins Leben gerufen wurde und die kleindeutsche Reichsgründung befürwortete, aber anders als die Nationalliberalen betont an föderalistischen Grundsätzen festhielt und ein starkes Fundament gerade auch in katholischen Regionen, vor allem in Bayern besaß, vgl. W. Grohs, Die liberale Reichspartei 1871-1874, Frankfurt 1990, 69-72.

5 Die Arbeit von P. Pulzer, Die Entstehung des politischen Antisemitismus in Deutschland und Österreich 1867-1914, Gütersloh 1966, liegt in einer überarbeiteten englischen Fassung vor: The Rise of Political Anti-Semitism in Germany and Austria, Cambridge 1988². Vgl. auch R. S. Levy, The Downfall of the Anti-Semitic Political Parties in Imperial Germany, New Haven 1975. Interessante Einsichten über den Charakter des ländlichen Antisemitismus vermittelt auch D. S. White, The Splintered Party, National Liberalism in Hessen and the Reich 1867-1918, Cambridge/Mass. 1976. Neben der antisemitischen sind

auch die bäuerlichen Protestbewegungen zu beachten, die sich teilweise, aber nicht immer, des Antisemitismus als Medium bedienen. Zum agrarischen Protest im Rheinland und seiner Verknüpfung mit politisch-konservativen Bestrebungen innerhalb des katholischen Lagers vgl. K. Müller, Zentrumspartei u. agrarische Bewegung im Rheinland 1882-1903, in: Festgabe M. Braubach, Münster 1964, 828-57. Zum bayerischen Bauernbund in Altbayern vgl. Thränhardt, Wahlen, 54-58. Als materialreiche Detailstudie zum Bauernprotest in Bayern vgl. W. Stelzle, Die wirtschaftlichen u. sozialen Verhältnisse der bayerischen Oberpfalz um die Wende vom 19. zum 20. Jahrhundert, in: Zeitschrift für bayerische Landesgeschichte 39. 1976, 487-540.

6 Vgl. M. Neugebauer-Wölk, Wählergenerationen in Preußen zwischen Kaiserreich und Republik. Versuch zu einem Kontinuitätsproblem des protestantischen Preußen in seinen Kernprovinzen, Berlin 1987, 40. Zur durchschnittlichen Veränderung des Wahlkörpers vgl. E. Gruner, Die Wahlen in den schweizerischen Nationalrat 1848-1919, Wahlrecht, Wahlsystem, Wahlbeteiligung, Verhalten von Wählern u. Parteien, Wahlthemen u. Wahlkämpfe, Bd. 1, Bern 1978, 26.

7 Vgl. Conze, Willensbildung, 342 f.

8 Ich habe St. Immerfall dafür zu danken, daß er mir seine Analyse über den Wandel der Parteistrukturen in den Wahlkreisen zur Verfügung stellte.

9 Zu den Schwächen des Zentrums bzw. der Bayerischen Patriotenpartei in den katholischen Städten, wo es zwischen liberaler und sozialistischer Vorherrschaft meist nur eine kurze Zwischenphase von Zentrumsherrschaft gab, vgl. Thränhardt, Wahlen, 68-70. Generell dazu auch Hartmannsgruber, Patriotenpartei, 142-55.

10 Vgl. Rohe, Gesellschaft, 452-66.

11 Für das nördliche Ruhrgebiet vgl. Rohe, Revier, 43-60. Für das Münchener Westend vgl. S. Bleeck, Ein Wählermilieu in der Großstadt – Bemerkungen zum Durchbruch der SPD in einem Münchener Arbeiterviertel, in: Ritter Hg., Aufstieg, 139-43, 141, mit dem Hinweis, daß der SPD der Einbruch typischerweise in den Zuwanderervierteln, nicht in den alten Unterklassevierteln gelingt. Gleiches gilt für Essen, wo der Segeroth, das typische Zuwandererviertel Essens, auch die lokale SPD-Hochburg ist. Vgl. F. Bajohr, Zwischen Krupp u. Kommune, Sozialdemokratie, Arbeiterschaft u. Stadtverwaltung vor dem Ersten Weltkrieg, Essen 1988. Zum Gegensatz von einheimischem »Dorf« und den von Zuwanderern bewohnten »Kolonien« und den daraus folgenden politischen Implikationen vgl. die klassische Studie von H. Croon u. K. Utermann, Zeche u. Gemeinde, Untersuchungen

über den Strukturwandel einer Zechengemeinde im nördlichen Ruhrgebiet, Tübingen 1958. Zu dem etwas anders gelagerten Fall Düsseldorf, wo vorwiegend evangelische Zuwanderer auf eine vorwiegend katholische einheimische Bevölkerung treffen, vgl. M. Nolan, Social Democracy and the Society, Working-Class Radicalism in Düsseldorf 1890-1920, Cambridge 1981, 99-125.

12 Vgl. St. Immerfall, Wahlverhalten und Parteiensystem im Kaiserreich, Einige quantitative Befunde, in: Best Hg., Politik u. Milieu, 44-66.

13 Vgl. ebd., 46.

14 Vgl. ebd., 56.

15 Vgl. dazu St. Immerfall u. P. Steinbach, Politisierung u. Nationalisierung deutscher Regionen im Kaiserreich, in: D. Berg-Schlosser u. J. Schissler Hg., Politische Kulturforschung in Deutschland (PVS-Sonderheft 18), Opladen 1987, 79; P. Steinbach, Politisierung u. Nationalisierung der Region im 19. Jahrhundert. Regionalspezifische Politikrezeption im Spiegel historischer Wahlforschung, in: ders. Hg., Probleme politischer Partizipation im Modernisierungsprozeß, Stuttgart 1982, 343-44; ders., Wahlverhalten im Kaiserreich, in: Best Hg., Politik u. Milieu, 19; Immerfall, Wahlverhalten, 50, und H. Best, Politische Modernisierung u. Parlamentarische Führungsgruppen in Deutschland 1867-1918, in: HS 13. 1988, 49, 45.

16 Ebd., 48.

17 Vgl. H. Best, Politische Regionen in Deutschland, Historische (Dis-)Kontinuitäten, in: D. Oberndörfer u. K. Schmitt Hg., Parteien u. regionale politische Traditionen in der Bundesrepublik Deutschland, Berlin 1991, 39-64.

18 Vgl. auch den entsprechenden Hinweis bei M. Hettling, Bürgertum u. Liberalismus im deutschen Kaiserreich, in: Liberal 33. 1991, 65, in dem vorläufige Ergebnisse eines Bielefelder Forschungsprojektes im Sonderforschungsbereich »Sozialgeschichte des deutschen Bürgertums im internationalen Vergleich« referiert werden. Zur Bedeutung des regionalen Faktors für den Liberalismus immer noch grundlegend J. Sheehan, Der deutsche Liberalismus. Von den Anfängen im 18. Jahrhundert bis zum Ersten Weltkrieg 1770-1914, München 1983. Vgl. auch die Zusammenfassung einiger neuer Forschungsergebnisse bei B.-C. Padtberg, Regionale Merkmale in der Entstehungsphase des organisierten Liberalismus in Deutschland, in: Liberal 33. 1991, 42-53. Es fehlt an vergleichend angelegten Lokal- und Regionalstudien sowie an Studien, die systematisch Parteiensysteme und Wahlverhalten auf unterschiedlichen Politikebenen untersuchen. Ein ursprünglich an dieser Stelle vorgesehener grober Vergleich von Regionen, die unter verschiedenen Gesichtspunkten »abweichende Fälle« darstellen, muß aus Platzgründen

wegfallen. Verzichtet werden mußte auch, weil in diesem Rahmen auch aufgrund der fehlenden Vorarbeiten nicht leistbar, auf die Kombination eines regionalen Vergleichs mit einem systematischen Vergleich unterschiedlicher Politikebenen, obwohl gerade solche Vergleiche für eine empirische Analyse von Milieus von konstitutiver Bedeutung wären. – Für die SPD vgl. den Überblick bei Ritter, Sozialdemokratie, 336-49, sowie seine Landtagswahlen und Reichstagswahlen vergleichende Sachsen-Studie: G. A. Ritter, Das Wahlrecht u. die Wählerschaft der Sozialdemokratie im Königreich Sachsen 1867-1914, in: ders. Hg., Aufstieg, 49-102, sowie die die süddeutschen Einzelstaaten vergleichende Studie von M. Niehuss, Die Stellung der Sozialdemokratie im Parteiensystem Bayerns, Württembergs u. Badens, in: ebd., 103-26. Auch einige andere Studien in diesem Band, so die von B. Mann, Die SPD u. die preußischen Landtagswahlen 1893-1913, in: ebd., 37-48. P.-C. Witt, Die Entstehung einer »sozialdemokratischen« Stadt. Harburg zwischen preußischer Annektion 1866/67 u. Erstem Weltkrieg, in: ebd., 259-316; D. Hertz-Eichenrode, Parteiorganisation u. Wahlkämpfe der Sozialdemokratie in Berlin 1871-1918, in: ebd., 219-58, vermitteln gute Einblicke in die unterschiedliche regionale und lokale Verankerung der SPD. – Die Fülle der Regionalstudien ist uferlos. Maßstabgebend ist Steinbachs voluminöse Habilitationsschrift über Lippe-Detmold, die systematisch Reichsebene und Regionalebene in Beziehung setzt. Vgl. Steinbach, Politisierung; ders., Massenmarkt. Einen guten Überblick über den Forschungsstand vermittelt auch ders., Nationalisierung, soziale Differenzierung und Urbanisierung als Bedingungsfaktoren des Wahlverhaltens im Kaiserreich, in: HS 15. 1990, 63-82.

19 Die folgenden Angaben über sozialstrukturelle Korrelate des Wahlverhaltens stützen sich auf Immerfall, Wahlverhalten, 47-55, vor allem aber auf statistische Analysen, die von ihm für mich durchgeführt wurden.

20 Vgl. Rohe, Katholiken, 52-55. Generell A. Klöcker, Die Konfession der sozialdemokratischen Wählerschaft 1907, Mönchen-Gladbach 1913, der in der Substanz, nicht im Detail, mit seiner Kernaussage, daß maximal 11,3 % der sozialdemokratischen Wähler katholisch gewesen seien, richtig liegt.

21 Vgl. Ritter, Sozialdemokratie, 348 f., der sich hier auf H. Hesselbarth, Revolutionäre Sozialdemokraten, Opportunisten und die Bauern am Vorabend des Imperialismus, Berlin 1968 beruft. Ähnlich P. Steinbach, Die Entwicklung der deutschen Sozialdemokratie im Kaiserreich im Spiegel der historischen Wahlforschung, in: Ritter Hg., Aufstieg, 9. Zu den Zahlenangaben vgl. zusätzlich Ritter, Arbeitsbuch, 116, sowie Lehnert, Soziographie, 348. Problematisch die Zahlenan-

gaben bei J. Mooser, Arbeiterleben in Deutschland, Frankfurt 1984, 163, die den »Dorfcharakter« der SPD unterschätzen.

22 Zur sozialdemokratischen Provinz vgl. auch A. v. Saldern, Auf dem Weg zum Arbeiterreformismus, Parteialltag in der sozialdemokratischen Provinz, Göttingen 1870-1920, Frankfurt 1984, dies., Wer ging in die SPD? Zur Analyse der Parteimitgliedschaft in wilhelminischer Zeit, in: Ritter Hg., Aufstieg, 161-84. Zum Stellenwert der Religion unter Einbeziehung geschlechtsspezifischer Unterschiede vgl. A. McCormick, Proletarische Kirchentreue u. Kirchenfeindlichkeit im Ruhrgebiet 1880-1914, Eine Untersuchung über gesellschaftsspezifische Unterschiede, in: Kirche im Revier, 1990; R. J. Evans, Religion and Society in Modern Germany, in: ders., Rethinking German History, London 1987, 125-55; H. McLeod, Protestantism and the Working Class in Imperial Germany, in: European Studies Review 12. 1982, 323-44; V. Lidtke, Social Class and Secularisation in Imperial Germany, in: Year Book of the Leo Baeck Institute 25. 1980, 21-40; generell, aber auch für das sozialistische Lager relevant: T. Nipperdey, Religion im Umbruch, Deutschland 1876-1918, München 1988.

23 Vgl. die Angaben bei Ritter, Arbeitsbuch, 100, über die Parteistärken in den Wahlkreisen mit überwiegend katholischer Bevölkerung.

24 Vgl. D. Langewiesche, Bildungsbürgertum u. Liberalismus im 19. Jahrhundert, in: J. Kocka Hg., Bildungsbürgertum im 19. Jahrhundert, Bd. 4: Politischer Einfluß u. gesellschaftliche Formation, Stuttgart 1989, 95-121.

25 Vgl. L. v. Stein, Große Stadt und Großstadt, in: Nord und Süd 53. 1890, 62.

26 D. Lehnert, Zur historischen Soziographie der »Volkspartei«, Wählerstruktur u. Regionalisierung im deutschen Parteiensystem seit der Reichsgründung, in: AfS 29. 1989, 1-33.

27 Vgl. Loth, Katholiken, der vorzüglich die sozialökonomischen Spannungslinien innerhalb des Zentrums herausarbeitet. Zur fehlenden Bürgerlichkeit als Determinante katholischer Kultur vgl. J. Mooser, Arbeiter, Bürger u. Priester in den konfessionellen Arbeitervereinen im deutschen Kaiserreich 1880-1914, in: J. Kocka Hg., Arbeiter u. Bürger im 19. Jahrhundert, München 1986, 79-105.

28 Nipperdey, Religion, 155.

29 Claggett u. a., Leadership, 653-61.

30 Bertram, 212.

31 Ebd., 230 f.

32 Daß hier Spannungen zwischen katholischen Eliten und katholischem Wählervolk auftraten, ist eine wichtige Einsicht, die David Blackbourn zu verdanken ist. Vgl. zusammenfassend ders., Zentrumspartei, 91.

33 Zu solch untergründiger kultureller Affinität von sozialistischem Lager und nationalem Lager im Ruhrgebiet vgl. Rohe, Ruhrgebietssozialdemokratie, 338-44.

34 Zur in vielerlei Hinsicht anderen politischen Kultur in Süddeutschland, die bereits durch die unterschiedliche Verfassungsentwicklung seit 1815 geprägt worden war und mit der unterschiedlichen Entwicklung des Landtagswahlrechts zur Zeit des Kaiserreichs seine Fortsetzung erfuhr, vgl. u. a. verschiedene Aufsätze von M. Niehuss, zuletzt: Party Configurations in State and Municipal Elections in Southern Germany 1871-1914, in: K. Rohe Hg., Elections, Parties and Political Traditions in Germany, Social and Cultural Foundations of German Party Systems 1867-1987, Oxford 1990, 83-106; dies., Die Stellung der Sozialdemokratie im Parteiensystem Bayerns, Württembergs und Badens, in: Ritter Hg., Aufstieg, 103-26; dies., Parteien. Vgl. auch H. Hirschfelder, Die bayerische Sozialdemokratie 1864-1914, 2. Teil, Erlangen 1979, 472-81. – Daß in der Tat die sozialstrukturellen Grenzen zwischen den Lagern in Süddeutschland fließender waren, obwohl sehr wohl von unterschiedlichen und gegnerischen Milieus gesprochen werden kann, zeigt auch sehr schön, wenngleich in erster Linie auf die Weimarer Republik bezogen, die Tübinger Diss. von C. Rauh-Kühne, Ettlingen 1918-1939. Wirtschaft, Gesellschaft u. politische Kultur in einer südwestdeutschen Kleinstadt, Fragmentierte Gesellschaft u. Nationalsozialismus, Diss. Tübingen 1989.

35 Vgl. Thränhardt, 54. Ein vorzügliches lokales Beispiel ist das Münchener Westend. Vgl. Bleek, Quartierbildung.

36 Suval, 56.

37 Vgl. Rohe, Ruhrgebietssozialdemokratie.

38 Vorzüglich E. Bendikat, Wahlkämpfe in Europa 1884-1889. Parteiensysteme und Politikstile in Deutschland, Frankreich u. Großbritannien, Wiesbaden 1988; dies., Politikstile, Konfliktlinien u. Lagerstruktur im deutschen, britischen u. französischen Parteiensystem des späten 19. Jahrhunderts, in: PVS 30. 1989, 482-502.

39 Zit. nach Crothers, 120. Einen guten Vergleich mit den nicht durch nationale »*issues*« bestimmten ›Normalwahlen‹ von 1898 und 1903 ermöglicht B. Fairbairn, The German Elections of 1898 and 1903, Diss. Oxford 1987.

40 Vgl. K. Kautsky, Der 25. Januar, in: Die Neue Zeit XXV. 1907, 588-96.

41 Schulte, 160.

42 Das spiegeln auch die statistischen Befunde bei Claggett u. a., Leadership. Vgl. auch Schulte, 161.

43 Vgl. Bertram, 213. Ritter, Arbeitsbuch, 104, 106.

44 R. E. May, Die Völkerwanderung in den bürgerlichen Parteien der Linken, in: Hilfe 17. 1912. zit. nach: R. Schmidt u. A. Grabowsky Hg., Die Parteien (Beihefte zur Zeitschrift für Politik, Bd. 1), Berlin 1912, 360.

45 Best Hg., Politik u. Milieu, 215. Vgl. auch G. Motzkin, Säkularisierung, Bürgertum u. Intellektuelle in Frankreich und Deutschland während des 19. Jahrhunderts, in: J. Kocka Hg., Bürgertum im 19. Jahrhundert. Deutschland im europäischen Vergleich, Bd. 3, München 1988, 142.

46 Zu den generationsbedingten Veränderungen in Elsaß-Lothringen vgl. H. Hiery, Reichstagswahlen im Reichsland, 1871-1918, Düsseldorf 1986. Zur dänischen Minderheit vgl. Eklit. Zu den Polen vgl. Conze, Nationsbildung, 95-120. Zum Einfluß des symbolisch inszenierten Staats- und Reichsbewußtseins vgl. W. Hardwig, Bürgertum, Staatssymbolik u. Staatsbewußtsein im Deutschen Kaiserreich 1871-1914, in: GG 16. 1990, 269-95; auch F. Schellack, Sedan- u. Kaisergeburtstagsfeste, in: D. Düding u. a. Hg., Öffentliche Festkultur. Politische Feste in Deutschland von der Aufklärung bis zum Ersten Weltkrieg, Hamburg 1988, 278-97.

47 S. Neumann, Die Parteien der Weimarer Republik (1932), Stuttgart 1977^4, 89.

48 Zusammenfassend: Ritter, Political Parties, 27-52.

49 Vgl. J. Striesow, Die Deutschnationale Volkspartei u. die Völkisch-Radikalen 1918-1922, Frankfurt 1981.

50 Zu Kontinuität und Wandel der Parteien in der Weimarer Republik vgl. u. a. E. Matthias u. R. Morsey Hg., Das Ende der Parteien 1933, Düsseldorf 1979; W. Liebe, Die Deutschnationale Volkspartei 1918-1924, ebd. 1956; W. Hartenstein, Die Anfänge der Deutschen Volkspartei 1918-1920, ebd. 1962; L. Albertin, Liberalismus u. Demokratie am Anfang der Weimarer Republik. Eine vergleichende Analyse der Deutschen Demokratischen Partei u. der Deutschen Volkspartei, ebd. 1972; L. Döhn, Politik und Interesse, Die Interessenstruktur der Deutschen Volkspartei, Meisenheim 1970; M. Schumacher, Mittelstandsfront u. Republik, Die Wirtschaftspartei – Die Reichspartei des deutschen Mittelstandes 1919-33, Düsseldorf 1972; H. Hömig, Das preußische Zentrum in der Weimarer Republik, Mainz 1979; R. Morsey, Die Deutsche Zentrumspartei 1917-1923, Düsseldorf 1966; ders., Der Untergang des politischen Katholizismus. Die Zentrumspartei zwischen christlichem Selbstverständnis u. »Nationaler Erhebung« 1932/1933, Stuttgart 1977; E. L. Evans, The German Center Party 1870-1933, Carbondale 1981; K. Schönhoven, Die Bayerische Volks-

partei 1924-1932, Düsseldorf 1972; G. Opitz, Der Christlich-Soziale Volksdienst, ebd. 1969; B. Frye, Liberal Democrats in the Weimar Republic. The History of the German Democratic Party and the German State Party, Carbondale 1985; W. Schneider, Die Deutsche Demokratische Partei in der Weimarer Republik 1924-1930, München 1978; W. H. Maehl, The German Socialist Party, Champion of the First Republic 1918-1933, Lawrence 1986; H. Mommsen Hg., Sozialdemokratie zwischen Klassenbewegung u. Volkspartei, Frankfurt 1974; H. Schustereit, Linksliberalismus u. Sozialdemokratie in der Weimarer Republik. DDP u. SPD 1919-1930, Düsseldorf 1975; A. Kastning, Die deutsche Sozialdemokratie zwischen Koalition u. Opposition 1919-1923, Paderborn 1970; E. Rosenhaft, Beating the Fascists? The German Communists and Political Violence 1929-1933, Cambridge 1983; O. Flechtheim, Die KPD in der Weimarer Republik, Frankfurt 1969; H. Weber, Kommunismus in Deutschland 1918-1945, Darmstadt 1983; S. Bahne, Die KPD u. das Ende von Weimar, Frankfurt 1976; H. Krause, USPD, ebd. 1975.

51 G. A. Ritter Hg., Gesellschaft, Parlament u. Regierung, Düsseldorf 1974, 49.

52 Vgl. die Hinweise bei H. Weber, Die Wandlungen des deutschen Kommunismus, 2 Bde., Frankfurt 1969; D. Peukert, Die KPD im Widerstand, Wuppertal 1980, 30-71; Rosenhaft. Zur NSDAP: D. Peukert, Die Weimarer Republik, Frankfurt 1987, 234 f.; R. Mann Hg., Die Nationalsozialisten, Stuttgart 1980. M. Jamin, Zwischen den Klassen. Zur Sozialstruktur der SA-Führerschaft, Wuppertal 1984; J. W. Falter, Die Wähler der NSDAP 1928-1933, in: W. Michalka Hg., Die nationalsozialistische Machtergreifung, Paderborn 1984, 47-59; T. Childers, The Nazi Voter. The Social Foundations of Fascism in Germany 1919-1933, Chapel Hill 1983; P. Manstein, Die Mitglieder u. Wähler der NSDAP 1919-1933, Frankfurt 1988, 102-98.

53 Vgl. Neugebauer-Wölk, Wählergenerationen; dies., Der preußische Volksschulabsolvent als Reichstagswähler 1871-1912, Berlin 1980.

54 R. Hartwig, Wie Frauen im Deutschen Reich von ihrem Wahlrecht Gebrauch machen, in: Allg. Statistisches Archiv 17. 1928, 497-512. Ders., Das Frauenwahlrecht in der Statistik, in: ebd. 21. 1931, 167-83. G. Bremme, Die politische Rolle der Frau in Deutschland. Eine Untersuchung über den Einfluß der Frauen bei Wahlen u. ihre Teilnahme in Partei und Parlament, Göttingen 1956. Falter, Abstimmungen, 81-85. J. Hofmann-Göttig, Emanzipation mit dem Stimmzettel. Siebzig Jahre Frauenwahlrecht in Deutschland, Bonn 1986, 28.

55 Falter, Abstimmungen, 81-83.

56 F. Martaré, Statistik der Wahlen zur Verfassungsgebenden Deutschen

Nationalversammlung vom 19. Januar 1919, in: Jahrbücher für Nationalökonomie u. Statistik 113. III. Folge 58. 346-58, 346 f. Zu Unrecht polemisiert Hofmann-Göttig (28 Anm. 4) gegen Bremme und bezieht sich fälschlicherweise selbst auf Hartwig, Frauen. Die vollständigen Kölner Sonderauszählungen bei G. v. Schuckmann, Die politische Willensbildung in der Großstadt Köln seit der Reichsgründung im Jahre 1871, Diss. Köln 1965, 154 f.; Falter, Abstimmungen, 81 ff.

57 Vgl. Ritter, Political Parties, 50 f.

58 Vgl. Gruner, Wahlen, 26.

59 Ritter, Political Parties, 50 f.

60 Vgl. Rohe, Gesellschaft, 477-92. Einige der hier genannten Befunde sind dort noch nicht ausgebreitet worden.

61 Vgl. u. a. E. Hennig, Politischer Wandel u. parochial partizipative politische Kulturformen, in: Berg-Schlosser u. Schissler, 96-111; ders., Das sozialmoralische Milieu u. seine Ausgestaltung vor Ort, Die historische Wahlanalyse kleiner Gemeinden u. Stimmbezirke, in: Best, Hg., Politik u. Milieu, 119-54; M. Kieserling u. E. Hennig, Zwischen Fabrik u. Hof – zwischen Republik u. Dorf, Zur Wahlentwicklung u. Politischen Kultur des Landkreises Kassel in der Weimarer Republik, Kassel 1990; E. Hennig u. a., Die zeitverschobene Wende zur NSDAP, Zur Auswirkung sozialmoralischer Milieus auf die Wahlergebnisse in drei ländlichen hessischen Kreisen, in: Lehnert, Teilkulturen, 293-334; M. Kieserling, Faschisierung u. gesellschaftlicher Wandel. Mikroanalyse eines nordhessischen Kreises 1928-1935, Wiesbaden 1991.

62 H. A. Winkler, Arbeiter u. Arbeiterbewegung in der Weimarer Republik, 3 Bde., Berlin 1984-87.

63 Zur kommunalpolitischen Tätigkeit der KPD und SPD im Ruhrgebiet siehe z. B.: S. Bahne, Die KPD im Ruhrgebiet in der Weimarer Republik, in: J. Reulecke Hg., Arbeiterbewegung an Rhein u. Ruhr, Wuppertal 1974, 315-53. B. Herlemann, Kommunalpolitik der KPD im Ruhrgebiet 1924-1933, ebd. 1977; B. Faulenbach u. G. Högl Hg., Eine Partei in ihrer Region, Zur Geschichte der SPD im westlichen Westfalen, Essen 1988; S. Goch, Sozialdemokratische Arbeiterbewegung u. Arbeiterkultur im Ruhrgebiet, Gelsenkirchen 1848-1935, Düsseldorf 1990; H. J. Priamus u. a. Hg., Sozial u. demokratisch. Ein Lesebuch zur Geschichte der sozialdemokratischen Bewegung in Gelsenkirchen, Bd. 1: 1869-1949, Gelsenkirchen 1988. Darüber hinaus: R. Hermann, Kommunalpolitik der KPD in der Weimarer Republik. Programmatische Positionen und Aktionen, dargestellt am Kampf der Partei im Landtag der Provinz Sachsen und in den Kommunalparlamenten des Regierungsbezirkes Merseburg, Diss. Halle 1986; C. Hübener, Zur Kommunalpolitik der KPD u. deren Verwirklichung im

brandenburgischen Provinziallandtag u. in der Potsdamer Stadtverordnetenversammlung 1919-33, Diss. Potsdam 1987; B. Rother, Die Sozialdemokratie im Land Braunschweig 1918-33, Bonn 1990.

64 Vgl. Lucas, Formen.

65 K. Rohe, Vom alten Revier zum heutigen Ruhrgebiet. Die Entwicklung einer regionalen politischen Gesellschaft im Spiegel der Wahlen, in: ders. u. H. Kühr Hg., Politik u. Gesellschaft im Ruhrgebiet, Königstein 1979, 21-73; ders., Ruhrgebietssozialdemokratie; ders., Gesellschaft; L. Heid u. J. Schoeps Hg., Arbeit u. Alltag im Revier. Arbeiterbewegung u. Arbeiterkultur im westlichen Ruhrgebiet im Kaiserreich u. in der Weimarer Republik, Duisburg 1985; E. Weitz, Conflict in the Ruhr, Workers and Socialist Politics in Essen 1910-1925, Diss. Boston 1983.

66 Vgl. J. Winkler, Kontinuität u. Diskontinuität des deutschen Parteiensystems 1912-1920 unter besonderer Berücksichtigung der Wahl zur Nationalversammlung und zum ersten Reichstag 1920, wiss. Arbeit, Berlin 1988, 98; Falter, Wählerpotentiale, 295. Auch H. Nöcker (Der preußische Reichstagswähler in Kaiserreich u. Republik 1912 u. 1924, Berlin 1987, 136) betont, daß die SPD in der westlichen Staatshälfte Preußens Züge einer evangelischen Volkspartei mit wenig signifikanter wirtschaftlicher Bindung besessen habe, während sie 1912 in Preußen noch den Charakter einer sekundär-sektoral-evangelisch geprägten Partei, einer »evangelischen Klassenpartei« besessen habe. Die KPD hingegen habe 1924 im westlichen Preußen den Charakter einer konfessionsübergreifenden Partei besessen. Nur in den agrarisch-evangelischen Teilen Ostelbiens hat die SPD 1924 noch das Muster von 1912 bewahrt. Vgl. auch: D. Urwin u. F. Aarebrot, The Social-geographic Correlates of Left Voting in Weimar Germany 1924-32, in: P. Torsvik Hg., Mobilization, Center Structures and Nation-Building, Bergen 1981, 241-73.

67 Vgl. dazu: Rauh-Kühne, Ettlingen, 340, 343; S. Greiffenhagen, Politische Kultur Isnys im Allgäu, Kehl 1988.

68 Vgl. Schauff, 112 f. Vgl. als Fallstudien: G. Plum, Gesellschaftsstruktur u. politisches Bewußtsein in einer katholischen Region 1928-1933, Untersuchungen am Beispiel des Regierungsbezirks Aachen, Stuttgart 1972; H. Kühr, Parteien u. Wahlen im Stadt- u. Landkreis Essen in der Zeit der Weimarer Republik. Düsseldorf 1973; L. Beckmann, Katholisches Vereinswesen im Ruhrgebiet, Das Beispiel Essen-Borbeck 1900-1933, Diss. Münster 1990.

69 Vgl. zum Beitrag des Diaspora-Katholizismus: Schauff, 50, 69 und die Tabelle 63.

70 Vgl. Schuckmann, 154 f. Jedoch sollte für den Zeitraum von 1912 bis

1920 berücksichtigt werden, daß die Raumidentität der Stadt Köln nur mit Einschränkungen gewährleistet ist, da die Stadt Mülheim am Rhein und die Stadt Merheim nach dem 1. 4. 1914 eingemeindet wurden.

71 Vgl. Plum.

72 Zur Bedeutung des Generationskonfliktes in Familien vgl. A. v. Plato, Ich bin mit allen gut ausgekommen. Oder: War die Ruhrarbeiterschaft vor 1933 in politische Lager gespalten? in: L. Niethammer Hg., Die Jahre weiß man nicht, wo man die heute hinsetzen soll. Faschismuserfahrungen im Ruhrgebiet, Berlin 1983, 31-65.

73 Vgl. Schumacher, Mittelstandsfront.

74 Ritter, Political Parties, 51.

75 Winkler, Kontinuität, 98.

76 H. Gründer, Rechtskatholizismus im Kaiserreich u. in der Weimarer Republik unter besonderer Berücksichtigung der Rheinlande u. Westfalens, in: WZ 34. 1984, 107-55; G. J. Gemein, Politischer Konservativismus am Rhein u. in Westfalen in der Weimarer Zeit, am Beispiel der DNVP, in: K. Düwell u. W. Köllmann Hg., Rheinland-Westfalen im Industriezeitalter, Bd. 3, Wuppertal 1984, 62-75.

77 Winkler, Kontinuität, 111.

78 Ebd., 83.

79 Vgl. Heberle, Landbevölkerung.

80 Ebd., 21.

81 Winkler, Kontinuität, 83.

82 K. Rohe, Das Reichsbanner Schwarz-Rot-Gold. Ein Beitrag zur Geschichte u. Struktur der politischen Kampfverbände zur Zeit der Weimarer Republik, Düsseldorf 1966.

83 Zu den konfessionell relativ ausgewogenen Grundlagen der Wirtschaftspartei vgl. Falter, Wählerpotentiale, 299, Anm. 27; auch: K. Ruppert, Der Politische Katholizismus im Rheinland u. in Westfalen zur Zeit der Weimarer Republik, in: K. Düwell u. W. Köllmann Hg., 76-97, 91.

84 N. Passchier, The Electoral Geography of the Nazi Landslide, The Need for Community Studies, in: St. U. Larsen u. a. Hg., Who were the Fascists? Bergen 1980, 283-300.

85 Zur Rolle des Generationenfaktors in diesem Zusammenhang vgl. Neugebauer-Wölk, Wählerverhalten; J. W. Falter, The National Socialist Mobilization of New Voters 1928-1933, in: T. Childers Hg., The Formation of the Nazi Constituency 1919-1933, London 1986, 202-31.

86 T. Childers, Inflation, Stabilization, and Political Realignment in Germany 1924 to 1928, in: G. D. Feldman u. a. Hg., Die Deutsche Inflation. The German Inflation. Beiträge zu Inflation u. Wiederaufbau in

Deutschland u. Europa 1914-1924, Bd. 1, Berlin 1982, 409-31, 430.
87 L. E. Jones, Die Rückwirkungen der Inflation auf die Entwicklung des deutschen Parteiensystems in der Weimarer Republik, in: O. Büsch u. G. D. Feldman Hg., Historische Prozesse der deutschen Inflation 1914-1924, Berlin 1978, 288-95.
88 Vgl. T. Childers, The Limits of National Socialist Mobilization, The Elections of 6 November 1932 and the Fragmentation of the Nazi Constituency, in: Childers, Hg., Formation, 232-59.
89 Vgl. Gemein, Konservativismus, 65 f. Vgl. S. Rüping, Parteiensystem u. Sozialstruktur in zwei dominant katholischen u. überwiegend ländlichen Regionen 1912-1972, Münster 1990, 178 f.
90 J. W. Falter u. H. Bömermann, Die Entwicklung der Weimarer Parteien in ihren Hochburgen u. die Wahlerfolge der NSDAP, in: Best, Hg., Parteien u. Milieu, 92-118, 113.
91 W. Rudzio, Wahlverhalten u. kommunalpolitisches Personal in ausgewählten Oldenburger Gemeinden. Aspekte politisch-sozialer Milieustrukturen, in: Gunther Hg., Wandel, 253-97, 261.
92 Falter, Wählerpotentiale, 289.
93 Vgl. M. Küchler, Die Schätzung von Wählerwanderungen, in: M. Kaase u. H.-D. Klingemann Hg., Wahlen u. Politisches System, Opladen 1983, 632-51.
94 Vgl. J. W. Falter u. D. Hänisch, Die Anfälligkeit von Arbeitern gegenüber der NSDAP bei den Reichstagswahlen 1928-1933, in: AfS 26. 1986, 179-216, 209 f.; ders., Politische Konsequenzen von Massenerwerbslosigkeit. Neue Daten zu kontroversen Thesen über die Radikalisierung der Wählerschaft am Ende der Weimarer Republik, in: PVS 25. 1984, Anhang; ders., Hitlers Wähler, München 1991; ders., War die NSDAP die erste deutsche Volkspartei? in: M. Prinz u. R. Zitelmann Hg., Nationalsozialismus u. Modernisierung, Darmstadt 1991, 21-47.
95 Zur Frage der Wählerwanderung von der SPD zur NSDAP, vgl. Falter, Anfälligkeit, Tab. 9; ders., Wahlen u. Wählerverhalten unter besonderer Berücksichtigung des Aufstiegs der NSDAP, in: K. D. Bracher u. a. Hg., Die Weimarer Republik 1918-1933, Bonn 1987, 484-504, Tab. 5.
96 D. Hänisch, Die soziale Wählerbasis der NSDAP u. der übrigen Parteien in der ersten österreichischen Republik im Vergleich zum Deutschen Reich, in: Best Hg., Politik u. Milieu, 263-88.
97 Vgl. hierzu: Falter, Anfälligkeit. Weiterhin: J. W. Falter, Unemployment and the Radicalization of the German Electorate 1928-1933. An Aggregate Data Analysis with Special Emphasis on the Rise of National Socialism, in: P. Stachura Hg., Unemployment and the Great De-

pression in Weimar Germany, Basingstoke 1986, 187-208. Zum sozialen Profil der NSDAP-Wählerschaft vgl. auch die Berechnungen von Manstein, Mitglieder, 189 f. Vgl. auch C. Fischer, Class Enemies or Class Brothers? Communist – Nazi Relations in Germany 1929-33, in: European History Quarterly 13. 1985, 239-80; D. Geary, Nazis and Workers, A Response to C. Fischer's Class Enemies or Class Brothers?, in: ebd. 15. 1985, 453-64.

98 S. M. Lipset, Fascism-Left, Right, and Center, in: ders., Political Man, New York 1960, 127-79. Siehe weiterhin: J. W. Falter, Radicalization of the Middle Classes or Mobilization of the Unpolitical? The Theories of S. M. Lipset and R. Bendix on the Electoral Support of the NSDAP in the Light of Recent Research, in: Social Science Information 2. 1981, 389-430.

99 R. F. Hamilton, Who Voted for Hitler? Princeton 1982; ders., Hitler's Electoral Support, in: Canadian Journal for Sociology 11. 1986, 1-34. Neuerdings ders., Das Aufkommen des Nationalsozialismus, in: U. Klein Hg., Verwalten ist Gestalten, Düsseldorf 1990.

100 Vgl. dazu: R. Bendix, Social Stratification and Political Power, in: APSR 46. 1952, 357-75.

101 Vgl. als Regionalstudie z. B. G. Rünger, Wer wählte die NSDAP? Eine lokale Fallstudie im Kreis Euskirchen 1920 bis 1933, Diss. Bonn, 1984, 76 ff., die im Unterschied zu gängigen Thesen von Falter den Wählertrend von der KPD zur NSDAP, nicht von der SPD zur NSDAP, betont.

102 Vgl. D. E. Arns, Grass Root Politics in the Weimar Republic. Long-Terms Structural Change and Electoral Behaviour in Hessen-Darmstadt to 1930, Diss. Buffalo 1979. So dezidiert auch immer wieder Hennig, Milieu, 153.

103 Vgl. als Überblick Manstein, Mitglieder, 102-98.

104 Vgl. z. B. K. Düwell, Die regionale Geschichte des NS-Staates zwischen Micro- u. Macroanalyse, in: Jahrbuch für westdeutsche Landesgeschichte 9. 1983, 287-344; H. Kuss, Die Ausbreitung nationalsozialistischer Herrschaft im westlichen Teil des Deutschen Reiches, in: BdL 121. 1985, 539-82; J. H. Grill, Local and Regional Studies on National Socialism, in: Journal of Contemporary History 21. 1986, 253-94; E. Haungs, Regionale Unterschiede bei der Entstehung des Faschismus, in: PVS 21. 1980, 152-73; M. Richter-Wenninger, The National Socialist Electoral Breakthrough. Opportunities and Limits in the Weimar Party System, A Regional Case Study of Franconia, Diss., New York 1982; T. Schnabel Hg., Die Machtergreifung in Südwestdeutschland, Das Ende der Weimarer Republik in Baden u. Württemberg 1928-1933, Stuttgart 1982; M. Richter-Wenninger, Resource

Mobilization and Legal Revolution, National Socialist Tactics in Franconia, in: Childers Hg., Formation, 104-30; W. S. Allen, Das haben wir nicht gewollt! Die nationalsozialistische Machtergreifung in einer Kleinstadt 1930-35, Gütersloh 1966; R. Hambrecht, Der Aufstieg der NSDAP in Mittel- und Oberfranken 1925-33, Nürnberg 1976; J. Noakes, The Nazi Party in Lower Saxony 1921-1933, London 1971; ders., Württemberg zwischen Weimar u. Bonn 1928-45/46, Stuttgart 1987; W. Struve, Der Nationalsozialismus in einer industriellen Kleinstadt, Die Geschichte der Stadt Osterode am Harz 1918-1945, Essen 1992; H. D. Schmidt, Die nationalsozialistische Machtergreifung in einer Kleinstadt, Frankfurt 1981; A. Weber, Soziale Merkmale der NSDAP-Wähler. Eine Zusammenfassung bisheriger empirischer Untersuchungen und eine Analyse in den Gemeinden der Länder Baden u. Hessen, Diss. Freiburg 1976; M. Broszat u. a. Hg., Bayern in der NS-Zeit, Bd. 1, München 1977; W. Böhnke, Die NSDAP im Ruhrgebiet, Bonn 1974; V. Franke, Der Aufstieg der NSDAP in Düsseldorf. Die nationalsozialistische Basis in einer katholischen Großstadt, Essen 1987; T. Krause, Hamburg wird braun, Der Aufstieg der NSDAP 1921-33, Hamburg 1987; G. Paul, Die NSDAP des Saargebietes 1920-35. Der verspätete Aufstieg der NSDAP in katholisch-proletarischer Provinz, Saarbrücken 1987; H.-J. Priamus Hg., Deutschlandwahn u. Wirtschaftskrise. Gelsenkirchens Weg in den Nationalsozialismus, Essen 1991; Kieserling, Faschisierung. R. Koshar, Social Life, Local Politics and Nazism, The Bürgertum of Marburg 1880-1935, Chapel Hill 1986; Z. Zofka, Die Ausbreitung des Nationalsozialismus auf dem Land, München 1979; Heberle, Landbevölkerung; J. Kuropka, Auf dem Weg in die Diktatur. Zu Politik und Gesellschaft in der Provinzialhauptstadt Münster 1929-1934, in: WZ 134. 1984, 157-99; J. H. Grill, The Nazi Movement in Baden 1920-45, Chapel Hill 1983; H. Hoffmann, Im Gleichschritt in die Diktatur? Die nationalsozialistische ›Machtergreifung‹ in Heidelberg u. Mannheim 1930-1935, Frankfurt 1985; J. W. Falter u. H. Bömermann, Die unterschiedlichen Wahlerfolge der NSDAP in Baden u. Württemberg, Ergebnis differenzierter Sozialstruktur oder regionalspezifischer Faktoren? in: Oberndörfer Hg., Parteien u. Traditionen, 283-98; P. Heinacher, Der Aufstieg der NSDAP im Stadt- u. Landkreis Flensburg 1919-33, Flensburg 1986; P. Weidisch, Die Machtergreifung in Würzburg 1933, Würzburg 1990; G. Steiner, Waldecks Weg ins Dritte Reich, Gesellschaftliche u. politische Strukturen eines ländlichen Raumes während der Weimarer Republik und zu Beginn des Dritten Reiches, Diss. Gießen 1986. E. Schön, Die Entstehung des Nationalsozialismus in Hessen, Meisenheim 1972; G. Pridham, Hitler's Rise to Power. The Nazi Movement in Bavaria 1923-33, London 1973.

105 Sheehan, Klasse, 1-24.

106 Vgl. zur Anfälligkeit von Arbeitern aus dem primären und tertiären Sektor gegenüber dem Nationalsozialismus: Falter, Anfälligkeit. Siehe auch die Ausführungen bei dems., Wählerpotentiale, 298-300.

107 Vgl. Rohe, Gesellschaft, 483 f.

108 Zofka, Ausbreitung, ders., Between Bauernbund and National Socialism. The Political Reorientation of the Peasants in the Final Phase of the Weimar Republic, in: Childers Hg., Formation, 37-63.

109 Vgl. Rauh-Kühne, Ettlingen. E. O. Bräunche, Die NSDAP in Baden 1928-33, in: Schnabel Hg., Machtergreifung, 15-48, 28 f., 30.

110 Schnabel Hg., Machtergreifung, 13; Falter, Wählerpotentiale.

111 Bräunche, 28 f.

112 Lepsius, Extremer Nationalismus, 31-37.

113 Nipperdey, Religion, 42-62.

114 Vgl. für den Kreis Coesfeld: Rüping, Parteiensystem, 177-79.

115 Als Lokal- und Regionalstudien, die sich u. a. mit dem katholischen Milieu befassen: J. Paul, Vom Volksrat zum Volkssturm. Bergisch-Gladbach u. Bensberg 1918-45, Bergisch-Gladbach 1988, Kühr, Essen; Rüping, Parteiensystem; Kuropka; H. J. Smula, Milieus u. Parteien. Eine regionale Analyse der Interdependenz von politisch-sozialen Milieus, Parteiorganisation u. Wahlverhalten am Beispiel des Landkreises Lüdinghausen 1919-1933, Münster 1987; T. Schnabel, Das Wahlverhalten der Katholiken in Württemberg 1928-33, in: Rottenburger Jahrbuch für Kirchengeschichte 2. 1983, 103-14; D. Kaufmann, Katholisches Milieu in Münster 1928-33, Politische Aktionsformen und gesellschaftsspezifische Verhaltensräume, Düsseldorf 1984; G. Pridham, The National Sozialist Party in Southern Bavaria 1923-33, London 1969.

116 Lokale Studien, die sich mit eher protestantischen Gebieten befassen, sind: Koshar, Life; ders., Contentious Citadel: Bourgeois Crisis and Nazism in Marburg 1880-1933, in: Childers Hg., Formation, 11-36. Für Schleswig-Holstein: Heberle, Landbevölkerung. Für Franken: Richter-Wenninger, Mobilisation.

117 Lepsius, Extremer Nationalismus, 37.

118 Einen vorzüglichen Überblick bieten: J. Bergmann u. K. Megerle, Protest u. Aufruhr der Landwirtschaft in der Weimarer Republik 1924-1933. Formen u. Typen der politischen Agrarbewegung im regionalen Vergleich, in: J. Bergmann u. a., Regionen im historischen Vergleich. Studien zu Deutschland im 19. u. 20. Jahrhundert, Opladen 1989, 200-87, 267-84.

119 Rohe, Gesellschaft. K. Rohe, Political Alignments and Realignments in the Ruhr 1867-1987. Continuity and Change of Political Traditions in an Industrial Region, in: ders. Hg., Elections, 107-44; ders., Party Cultures and Regional Traditions. The SPD in the Ruhr, in: E. Kolinsky Hg., The Federal Republic of Germany, New York 1991, 119-35.

120 Vgl. Rüping, Parteiensystem.

121 S. Goch, Das politische Klima in den bürgerlich-nationalen Kreisen. Gelsenkirchen am Ende der Weimarer Republik, in: Priamus Hg., Deutschlandwahn, 147-217. So auch Richter-Wenninger, Mobilization.

122 Vgl. W. P. Shively, Voting Stability and the Nature of Party Attachments in the Weimar Republic, in: APSR 66. 1972, 1023-225. Vgl. zum Aspekt der Bürgerblockbildung auf lokaler- und z. T. auch auf Landesebene z. B. Kieserling, Fabrik; Arns; Falter, Abstimmungen, 86-101.

123 Vgl. Richter-Wenninger, Mobilization; auch P. D. Stachura, Der Kritische Wendepunkt? Die NSDAP u. die Reichstagswahlen vom 20. 5. 1928, in: Vierteljahreshefte für Zeitgeschichte 26. 1978, 66-99, 93.

124 T. Childers, The Social Language of Politics in Germany. The Sociology of Political Discourse in the Weimar Republic, in: The American Historical Review 96. 1990, 331-58, 346 f.

Anmerkungen zu Kapitel 5:

1 Vgl. J. W. Falter, Kontinuität u. Neubeginn. Die Bundestagswahl 1949 zwischen Weimar u. Bonn, in: PVS 22. 1981, 236-63.

2 Vgl. V. O. Key, A Theory of Critical Elections, in: JoP 17. 1955, 3-18.

3 Vgl. F. U. Pappi, The West German Party System, in: S. Bartolini u. P. Mair, Party Politics in Contemporary Western Europe, London 1984, 7-26, 12 f.

4 Vgl. K. Schmitt, Die CDU im Landesbezirk Nord-Württemberg, in: P.-L. Weinacht Hg., Die CDU in Baden-Württemberg u. ihre Geschichte, Stuttgart 1978, 137-62.

5 Falter, Kontinuität, 242.

6 Naßmacher, Parteien. Vgl. Schmitt, CDU, mit dem weiteren Hinweis, daß die CDU in Nordwürttemberg in starkem Maße auch von katholischen Flüchtlingen gewählt und aufgebaut worden sei.

7 Vgl. Naßmacher, Parteien; ders., Die FDP als Regionalpartei, in: Oberndörfer Hg., Parteien u. Traditionen, 207-30; A. Mintzel, Political and Social-economic Developments in the Postwar Era. The Case of

Bavaria 1945-89, in: Rohe Hg., Elections, 147-78; ders., Regionale politische Traditionen u. CSU-Hegemonie in Bayern, in: Oberndörfer Hg., Parteien u. Traditionen, 125-80; ders., Die CSU. Anatomie einer konservativen Partei, Opladen 1978.

8 K. Schmitt, Konfession u. Wahlverhalten in der Bundesrepublik Deutschland, Berlin 1989.

9 So Naßmacher, Abstieg.

10 Vgl. für das Ruhrgebiet H. Kühr u. K. Simon, Lokalpartei u. vorpolitischer Raum, Melle 1982; K. Rohe, Alignments. Zur Differenz zwischen kirchennahen Protestanten u. Protestanten mit hoher konfessioneller Identität und ihren unterschiedlichen Präferenzen vgl. Schmitt, Konfession.

11 R. Wildenmann, Die soziale Basis der Herrschaft K. Adenauers, in: D. Blumenwitz u. a. Hg., K. Adenauer und seine Zeit, Bd. II, Stuttgart 1976, 275-84.

12 Vgl. D. Hein, Zwischen liberaler Milieupartei u. nationaler Sammlungsbewegung. Gründung, Entwicklung u. Struktur der FDP 1945-49, Düsseldorf 1985.

13 Vgl. Rudzio, Wahlverhalten.

14 H. Sahner, Politische Tradition, Sozialstruktur u. Parteiensystem in Schleswig-Holstein, Ein Beitrag zur Replikation von R. Herberles »Landbevölkerung und Nationalsozialismus«, Meisenheim 1972.

15 Lepsius, Extremer Nationalismus.

16 E. Holtmann, Die neuen Lassalleaner. SPD u. HJ-Generation nach 1945, in: M. Broszat u. a. Hg., Von Stalingrad zur Währungsreform, Zur Sozialgeschichte des Umbruches in Deutschland, München 1988.

17 Falter, Kontinuität, 243.

18 Das Ruhrgebiet bietet dafür zahlreiche Beispiele, nicht zuletzt die katholische Industriestadt Bottrop. Ich hoffe, daß die Dissertation von Uwe Dorow/Essen, hier weitere Aufschlüsse geben wird.

19 Vgl. für das Folgende: Schmitt, Konfession, Kap. 2. 1-2.

20 Vgl. M. N. Ebertz, Heimatbezogene Gemeinschaften, in: J. Horstmann, Organisationsgesellschaft u. Sinndimension, Schwerte 1985, 43-74; W. Köllmann, Die Bevölkerungsentwicklung der Bundesrepublik, in: W. Conze u. M. R. Lepsius Hg., Sozialgeschichte der Bundesrepublik. Beiträge zum Kontinuitätsproblem, Stuttgart 1983; F. Fürstenberg, Die Sozialstruktur der BRD, Opladen 1978[6].

21 Vgl. ebd., 25; K. M. Bolte u. a., Bevölkerung. Statistik, Theorie, Geschichte u. Politik des Bevölkerungsprozesses, Opladen 1980[4], 83.

22 Zum Unterschied von Lebenszyklus und Generation vgl. R. Stadié, Grunddaten zum politischen Verhalten älterer Menschen, in: PuZ B48/86, 21-34. Zur Generationenthese vgl. M. R. Lepsius, Das Wahlverhal-

ten, Parteien u. politische Spannungen. Vermutungen zu Tendenzen u. Hypothesen zur Untersuchung der Bundestagswahl 1972, in: PVS 14. 1973, 293-313, bes. 298-304. Allgemein H. Vogt, Politische Generationen, Opladen 1982.

23 Zum Wertewandel und Postmaterialismus vgl. R. Inglehart, The Silent Revolution. Changing Values and Political Styles Among Western Publics, Princeton 1977; ders., Kultureller Umbruch, Wertewandel in der westlichen Welt, Frankfurt 1989; K. Hildebrandt u. J. R. Dalton, Die neue Politik, Politischer Wandel oder Schönwetterpolitik? in: PVS 18. 1977, 230-56; W. Bürklin, Wählerverhalten u. Wertewandel, Opladen 1988; O. W. Gabriel, Politische Kultur, Postmaterialismus u. Materialismus in der BRD, Opladen 1986; T. v. Winter, Politische Orientierungen u. Sozialstruktur. Ein Beitrag zur Theorie des Wählerverhaltens, Frankfurt 1987; R. A. Roth, Entwicklungstendenzen der politischen Kultur bei Jungwählern, in: PuZ B 30/88, 33-44; M. Kaase, Bewußtseinslagen u. Leitbilder in der BRD, in: W. Weidenfeld u. H. Zimmermann Hg., Deutschland-Handbuch, Eine doppelte Bilanz 1949-1989, München 1989; J. W. Falter u. a. Hg., Wahlen und politische Einstellungen in der BRD, Frankfurt 1989; H. U. Brinkmann, Wahlverhalten der neuen Mittelschicht in der Bundesrepublik, in: PuZ B 30-31/88, 19-32.

24 H. Klages, Wertorientierungen im Wandel, Frankfurt 1984.

25 In der Forschung werden unterschiedliche Positionen vertreten, wer als Primärträger des Wertewandels anzusehen sei, vgl. u. a. Bürklin, Wählerverhalten; Gabriel, Kultur.

26 Vgl. Schmitt, Konfession, 214.

27 Ebd., Konfession, 193-206.

28 E. Blankenburg, Kirchliche Bindung u. Wahlverhalten, Die sozialen Faktoren bei der Wahlentscheidung in Nordrhein-Westfalen 1961-1966, Olten 1967, 169.

29 Schmitt, Konfession, 305.

30 So K. Schmitt, Inwieweit bestimmt auch heute noch die Konfession das Wahlverhalten? Konfession, Parteien u. politisches Verhalten in der Bundesrepublik, in: H.-G. Wehling Hg., Konfession eine Nebensache? Politische, soziale u. kulturelle Ausprägungen religiöser Unterschiede in Deutschland, Stuttgart 1984, 21-57.

31 Darauf laufen letztlich die Thesen von G. Schmidtchen (Protestanten u. Katholiken, Soziologische Analyse konfessioneller Kultur, Bern 1979²) hinaus.

32 Vgl. Pappi, Party System.

33 Ders., Das Wahlverhalten sozialer Gruppen bei Bundestagswahlen im Zeitvergleich, in: H.-D. Klingemann u. M. Kaase Hg., Wahlen u. poli-

tischer Prozeß. Analysen aus Anlaß der Bundestagswahl 1983, Opladen 1986, 369-84; ders., Sozialstruktur, gesellschaftliche Wertorientierungen u. Wahlabsicht. Ergebnisse eines Zeitvergleichs des deutschen Elektorats 1953 u. 1976, in: M. Kaase Hg., Wahlsoziologie heute, Analysen aus Anlaß der Bundestagswahl von 1976 (PVS-Sonderheft 2/3), Opladen 1977, 195-229.

34 Vgl. Pappi, Wahlverhalten, 369-84, 377. Eine gute Zusammenfassung der Probleme und des aktuellen Forschungsstandes bei R.-O. Schultze, Wählerverhalten u. Parteiensystem, in: Landeszentrale für politische Bildung Baden-Württemberg Hg., Wahlverhalten, Stuttgart 1991, 11-43.

35 U. Beck, Risikogesellschaft. Auf dem Weg in eine andere Moderne, Frankfurt 1989.

36 R. Rose u. a., Voters Begin to Choose. From Closed-Class to Open Elections in Britain, London 1986.

37 R. J. Dalton u. a. Hg., Electoral Change in Advanced Industrial Democraties. Realignment or Dealignment? Princeton 1984.

38 G. A. Almond u. S. Verba, The Civic Culture, Political Attitudes and Democracy in Five Nations, Princeton 1963.

39 H. Kühr Hg., Vom Milieu zur Volkspartei. Funktionen u. Wandlungen der Parteien im kommunalen u. regionalen Bereich, Königstein 1979. Zum Volksparteikonzept vgl. Lehnert, Identität. A. Mintzel, Die Volkspartei, Opladen 1983; H. Kaste u. J. Raschke, Zur Politik der Volkspartei, in: W.-D. Narr Hg., Auf dem Weg zum Einparteienstaat, Opladen 1977, 26-74.

40 O. Kirchheimer, Der Wandel des westeuropäischen Parteiensystems, in: PVS 6. 1965, 20-41.

41 K. H. Naßmacher, Öffentliche Parteienfinanzierung in Westeuropa, in: PVS 28. 1987, 101-25. H. H. v. Arnim, Die Partei, der Abgeordnete und das Geld, Mainz 1991. G. Wewer Hg., Parteienfinanzierung u. politischer Wettbewerb, Opladen 1990.

42 R. Wildenmann, Volksparteien – ratlose Riesen? Baden-Baden 1990; W. Hennis, Überdehnt u. abgekoppelt. An den Grenzen des Parteienstaates, in: C. Graf v. Krockow Hg., Brauchen wir ein neues Parteiensystem? Frankfurt 1983, 28-41; N. Johnson, Party Government u. Parteienstaat, Vergleichende Überlegungen zur Rolle der politischen Parteien in Deutschland u. Großbritannien, in: H. Pogge v. Strandmann u. a. Hg., Deutschland-Großbritannien-Europa, Bochum 1992.

43 A. Mintzel, Der Parteienstaat der Bundesrepublik, Rückblick u. Zukunftsperspektiven in der neuen deutschen Situation 1989/90, in: R. Hettlage Hg., Die Bundesrepublik 40 Jahre nach dem Neuanfang, München 1990.

44 Vgl. Greven, Parteimitglieder.
45 Vgl. H. Kühr, Die CDU in Nordrhein-Westfalen, in: U. v. Alemann, Hg., Parteien u. Wahlen in Nordrhein-Westfalen, Köln 1985. Allg. A. Engel, Regionale politische Traditionen u. die Entwicklung der CDU/CSU, in: Oberndörfer Hg., Parteien u. Traditionen, 89-125.
46 Vgl. A. Mintzel, Großparteien im Parteienstaat der Bundesrepublik, in: PuZ B 11/89, 11.
47 Vgl. U. Feist u. K. Liepelt, Volksparteien auf dem Prüfstand, Die SPD u. ihre regionalen politischen Traditionen, in: Oberndörfer Hg., Parteien und Traditionen, 188-206. U. Feist, Zur politischen Akkulturation der vereinten Deutschen, in: PuZ B 11-12/91, 21-32; U. Feist u. H. J. Hoffmann, Landtagswahlen in der ehemaligen DDR am 14. Oktober 1990. Föderalismus im wiedervereinten Deutschland – Tradition und neue Konturen, in: ZParl 22. 1991, 5-34.
48 Vgl. J. Schmid, Die CDU, Organisationsstrukturen, Politiken u. Funktionsweisen einer Partei im Föderalismus, Opladen 1990, 12.
49 H. Naßmacher, Auf- u. Abstieg von Parteien. Ansätze zur vergleichenden Betrachtung von Etablierung u. Niedergang von Parteien im Wettbewerb, in: ZfP 36. 1989, 169-90.
50 G. Mielke, Sozialer Wandel u. politische Dominanz in Baden-Württemberg. Berlin 1987; ders., Des Kirchturms langer Schatten, in: Der Bürger im Staat, 40. 1990, 157-65.
51 Vgl. H. Glück, Parteien, Wahlen u. Politische Kultur in einer württembergischen Industrieregion. Die Stadt Esslingen u. der mittlere Neckarraum, Diss. Tübingen 1991; ders., Politische Traditionen u. Wahlverhalten, Ein Beitrag zur regionalen politischen Kultur, in: Der Bürger im Staat, 40. 1990, 176-80; Mielke, Wandel; ders., Alter u. neuer Regionalismus, Sozialstruktur, politische Traditionen u. Parteiensystem in Baden-Württemberg, in: Oberndörfer Hg., Parteien u. Traditionen, 299-314.
52 Glück, Parteien; ders., Traditionen, 177-79.
53 Vgl. Th. Hemmert, Konfliktlinien, Sozialismus u. Wahlverhalten. Ein sozialstruktureller Erklärungsversuch der Volkskammerwahl am 18.3.90 in der DDR, Mag. Heidelberg 1991.
54 Zur politischen Kultur der DDR vgl. u. a. C. Lemke, Die Ursachen des Umbruchs. Politische Sozialisation in der ehemaligen DDR, Opladen 1991; R. Rytlewski, Soziale Kultur als politische Kultur: Die DDR, in: Berg-Schlosser u. Schissler Hg., 238-45; L. Probst, Bürgerbewegungen, politische Kultur u. Zivilgesellschaft, in: PuZ B 19/91, 30-35; Feist, Akkulturation; M. Greiffenhagen, Die Bundesrepublik Deutschland 1945-1990, in: PuZ 1-2/91, 16-26; W. Weidenfeld u. K.-R. Korte, Die Deutschen. Profil einer Nation, Stuttgart 1991.
55 Vgl. Feist, Landtagswahlen, 23.

56 So K. Schmitt, Wohin bewegt sich das deutsche Parteiensystem?, in: Pogge v. Strandmann Hg., Deutschland (Ms.).
57 Angaben bei G. Gibowski u. M. Kaase, Auf dem Weg zum politischen Alltag. Eine Analyse der ersten gesamtdeutschen Bundestagswahl vom 2. 12. 1990, in: PuZ B 11-12/91, 3-20, 16-19. Vgl. ferner zu den Wahlen in der DDR: W. Kaltefleiter, Erleichterter Wechsel. Auswirkungen der deutschen Vereinigung auf die Parteienstruktur, in: Die neue Ordnung 4. 1990, 266-74; ders., Die Struktur der deutschen Wählerschaft nach der Vereinigung, in: ZfP 38. 1991, 1-32; K. Schacht, Chancen u. Risiken sozialdemokratischer Politik in einer gesamtdeutschen Gesellschaft, Manuskript 1990; Forschungsgruppe Wahlen, Wahl in der DDR, Eine Dokumentation der Volkskammerwahl vom 18. 3. 1990 (Berichte der Forschungsgruppe Wahlen 59), Mannheim 1990. INFAS, INFAS-Report Wahlen, DDR 1990, Wahl der Volkskammer der DDR vom 18. 3. 1990, Bonn 1990; M. Jung, Parteiensystem u. Wahlen in der DDR. Eine Analyse der Volkskammerwahl vom 18. 3. 1990 und der Kommunalwahl vom 6. 5. 1990, in: PuZ B 27/90, 3-15; D. Roth, Die Wahlen zur Volkskammer in der DDR. Der Versuch einer Erklärung, in: PVS 31. 1990, 369-93; W. G. Gibowski, Demokratischer (Neu-)Beginn in der DDR. Dokumentation und Analyse der Wahl vom 18. 3. 1990, in: ZParl 21. 1990, 5-22; Feist, Landtagswahlen. P. Förster u. G. Roski, DDR zwischen Wende u. Wahl, Berlin 1990; W. Kühnel u. a., Die neuen politischen Gruppierungen auf dem Wege vom politischen Protest zur parlamentarischen Interessenvertretung, Soziale Bewegungen im Umbruch der DDR-Gesellschaft, in: ZParl 21. 1990, 22-37.
58 Vgl. Kaltefleiter, Struktur, 31.
59 Gibowski, Weg, 18.
60 H. J. Veen, Die Grünen als Milieupartei, in: H. Maier u. a. Hg., Festschrift W. Hennis, Stuttgart 1988, 454-76. Vgl. zu den Grünen und neuen sozialen Bewegungen generell u. a. W. Bürklin, Grüne Politik, Opladen 1984; H. Fogt u. P. Uttitz, Die Wähler der GRÜNEN 1980-1983, Systemkritischer neuer Mittelstand, in: ZParl 15. 1984, 210-26; E. Kolinsky Hg., The Greens in West Germany, Organization and Policy Making, Oxford 1989; J. Raschke, Krise der Grünen, Marburg 1991; ders., Soziale Bewegungen, Frankfurt 1985; Dalton, Change; D. Rucht, Zum Verhältnis von sozialen Bewegungen u. politischen Parteien, in: JfS 12. 1987, 297-313, F. U. Pappi, Klassenstruktur u. Wahlverhalten im sozialen Wandel. Neue Soziale Bewegungen und Wahlverhalten in der Bundesrepublik, in: M. Kaase u. H.-D. Klingemann, Hg., Wahlen u. Wähler, Analysen aus Anlaß der Bundestagswahl 1987, Opladen 1989; ders., Die Anhänger der neuen sozialen Bewegungen im

Parteiensystem der Bundesrepublik, in: PuZ B 26/89, 17-27; R. Roth, Neue soziale Bewegungen in der politischen Kultur der Bundesrepublik, in: K.-W. Brand Hg., Neue soziale Bewegungen in Westeuropa u. den USA, Frankfurt 1985, 20-82; ders. u. D. Rucht Hg., Neue soziale Bewegungen in der Bundesrepublik, Frankfurt 1987.

61 Vgl. F. U. Pappi, New Social Movements and the Traditional Party System of the Federal Republic of Germany, in: Rohe Hg., Elections, 203-22, 218. Kritisch dazu Schultze, Wählerverhalten, 41.

Auswahlbibliographie

Vorbemerkung

Die folgende Bibliographie kann angesichts der Komplexität des Themas und einer auswuchernden Literatur weder Vollständigkeit noch Repräsentativität für sich in Anspruch nehmen. Von älteren Standarddarstellungen und immer wieder zitierten »klassischen« Beiträgen zur deutschen Wahl- und Parteiengeschichte abgesehen, beschränkt sie sich im wesentlichen auf Literatur neueren Datums. Dabei wurden vorrangig jene Monographien und Aufsätze genannt, die sich mit der Wählerbasis deutscher Parteien und Parteiensysteme befassen. Das ist ein wenig mißlich, weil die Darstellung von der Grundannahme ausgeht, daß sozial- und ideengeschichtliche, milieu- und elitentheoretische Ansätze verknüpft werden müssen, wenn man zu einer Wahl- und Parteiengeschichte neuen Typs gelangen will. Eine Berücksichtigung all dieser Aspekte in der Auswahlbibliographie hätte jedoch alle vernünftigen Dimensionen gesprengt. Nicht völlig verzichtet werden konnte auf Aufsätze, da einige der innovativsten Beiträge nur in Aufsatzform vorliegen. Ähnliches gilt für englischsprachige Beiträge, von denen wichtige Impulse und Anregungen für eine sozialgeschichtliche Analyse deutscher Parteien und Parteiensysteme ausgegangen sind.

I. Allgemeine und übergreifende Darstellungen

Albertin, L. u. W. Link Hg., Politische Parteien auf dem Weg zur parlamentarischen Demokratie in Deutschland. Entwicklungslinien bis zur Gegenwart, Düsseldorf 1981.

Bauer, C. Hg., Deutscher Katholizismus, Frankfurt 1964.

Becker, W. Hg., Die Minderheit als Mitte. Die Deutsche Zentrumspartei in der Innenpolitik des Reiches 1871-1933, Paderborn 1986.

Best, H. Hg., Politik u. Milieu, Wahl- und Elitenforschung im historischen und interkulturellen Vergleich, St. Katharinen 1989.

Blackbourn, D., Populists and Patricians. Essays in Modern German History, London 1987.

Büsch, O. Hg., Wählerbewegung in der Europäischen Geschichte, Berlin 1980.

Büsch, O. u. P. Steinbach Hg., Vergleichende europäische Wahlgeschichte, Berlin 1983.

Büsch, O. u. a. Hg., Wählerbewegung in der deutschen Geschichte. Reichstagswahlen 1871-1933, Berlin 1978.

Dix, A., Die deutschen Reichstagswahlen 1871-1930, Tübingen 1930.

Dülffer, J., Historische Wahlforschung, in: NPL 33. 1988, 432-40.

Fenske, H., Strukturprobleme der deutschen Parteiengeschichte. Wahlrecht und Parteiensystem vom Vormärz bis heute, Frankfurt 1974.

Fenske, H., Der liberale Südwesten. Freiheitliche u. demokratische Traditionen in Baden u. Württemberg 1790-1933, Stuttgart 1981.

Franz, G., Die politischen Wahlen in Niedersachsen 1867-1949, Bremen 1953².

Fricke, D. Hg., Die bürgerlichen Parteien in Deutschland, Handbuch der Geschichte der bürgerlichen Parteien u. anderer bürgerlicher Interessenorganisationen vom Vormärz bis zum Jahre 1945, 2 Bde., Leipzig 1968-1970.

Fricke, D. u. a. Hg., Lexikon zur Parteiengeschichte, Die bürgerlichen und kleinbürgerlichen Parteien und Verbände in Deutschland 1789-1945, 4 Bde., Leipzig 1983-1984.

Gabler, H., Die Entwicklung der deutschen Parteien auf landschaftlicher Grundlage 1871-1912, Tübingen 1934.

Goch, S., Sozialdemokratische Arbeiterbewegung u. Arbeiterkultur im Ruhrgebiet. Gelsenkirchen 1848-1975, Düsseldorf 1990.

Graf, H., Die Entwicklung der Wahlen u. politischen Parteien in Groß-Dortmund, Hannover 1958.

Günther, W. Hg., Parteien u. Wahlen in Oldenburg, Oldenburg 1983.

Günther, W. Hg., Sozialer u. politischer Wandel in Oldenburg, Oldenburg 1981.

Hofmann-Göttig, J., Emanzipation mit dem Stimmzettel, 70 Jahre Frauenwahlrecht in Deutschland, Bonn 1986.

Huber, E. R., Deutsche Verfassungsgeschichte seit 1789, 7 Bde., Stuttgart 1957-1984.
Immerfall, S., Territorium u. Wahlverhalten, Zur Erklärungskraft geoökonomischer u. geopolitischer Entwicklungsprozesse, Diss. Passau 1989.
Jarausch, K. H. u. L. E. Jones Hg., In Search of a Liberal Germany. Studies in the History of German Liberalism from 1789 to the Present, New York 1990.
Kaack, H., Geschichte u. Struktur des deutschen Parteiensystems, Köln 1971.
Key, V. O., A Theory of Critical Elections, in: JoP 17. 1955, 3-18.
Koshar, R., Social Life, Local Politics, and Nazism: Marburg, 1880-1935, Chapel Hill 1986.
Landeszentrale für Politische Bildung Baden-Württemberg Hg., Wahlverhalten, Stuttgart 1991.
Langewiesche, D., Liberalismus in Deutschland, Frankfurt 1988.
Lavies, R.-R., Nichtwählen als Kategorie des Wahlverhaltens, Düsseldorf 1973.
Lehnert, D., Sozialdemokratie zwischen Protestbewegung u. Regierungspartei 1848-1983, Frankfurt 1983.
Lepsius, M. R., Parteiensystem u. Sozialstruktur. Zum Problem der Demokratisierung der deutschen Gesellschaft, in: G. A. Ritter Hg., Die deutschen Parteien vor 1918, Köln 1973, 56-80.
Lepsius, M. R., Wahlverhalten, Parteien u. politische Spannungen, in: PVS 14. 1973, 293-313.
Lipset, S. u. S. Rokkan Hg., Party Systems and Voter Alignments, Cross-National Perspectives, New York 1967.
Lönne, K.-E., Politischer Katholizismus im 19. u. 20. Jahrhundert, Frankfurt 1986.
Mooser, J., Arbeiterleben in Deutschland 1900-1970. Klassenlagen, Kultur und Politik, Frankfurt 1984.
Naßmacher, H., Auf- u. Abstieg von Parteien. Ansätze zur vergleichenden Betrachtung von Etablierung und Niedergang von Parteien im Wettbewerb, in: ZfP 36. 1989, 169-90.
Neugebauer-Wölk, M., Wählergenerationen in Preussen zwischen Kaiserreich und Republik, Berlin 1987.
Nöcker, H., Der preußische Reichstagswähler in Kaiserreich u. Republik 1912 und 1924, Berlin 1987.
Nuhn, H., Wahlen u. Parteien im ehemaligen Landkreis Hersfeld, Darmstadt 1990.
Oberndörfer, D. u. K. Schmitt Hg., Parteien u. regionale politische Traditionen in der Bundesrepublik Deutschland, Berlin 1989.
Pappi, F. U., Die konfessionell-religiöse Konfliktlinie in der deutschen Wählerschaft, in: D. Oberndörfer u. a. Hg., Wirtschaftlicher Wandel u. Wertwandel, Berlin 1985, 263-90.

Pappi, F. U., Wahlverhalten u. politische Kultur, Meisenheim 1970.
Retallack, J. u. L. E. Jones, Hg. Elections, Mass Politics and Social Change in Modern Germany, New Perspectives, New York 1991.
Ritter, G. A. Hg., Gesellschaft, Parlament u. Regierung, Düsseldorf 1974.
Ritter, G. A., Staat, Arbeiterschaft u. Arbeiterbewegung in Deutschland, Vom Vormärz bis zum Ende der Weimarer Republik, Berlin 1980.
Rohe, K., Politische Gesellschaft u. politische Kultur im Ruhrgebiet 1848-1987, in: D. Petzina u. a. Hg., Das Ruhrgebiet im Industriezeitalter, Bd. 2, Düsseldorf 1990, 419-507.
Rohe, K., Die Vorgeschichte: Das Parteiensystem in den preußischen Westprovinzen u. in Lippe-Detmold 1871-1933, in: U. v. Alemann Hg., Parteien u. Wahlen in Nordrhein-Westfalen, Köln 1985, 22-47.
Rohe, K., Wahlanalyse im historischen Kontext, Zu Kontinuität u. Wandel von Wahlverhalten, in: HZ 234. 1982, 337-357.
Rohe, K., Vom Revier zum Ruhrgebiet, Wahlen – Parteien – Politische Kultur, Essen 1986.
Rüping, S., Parteiensystem u. Sozialstruktur in zwei dominant katholischen und überwiegend ländlichen Regionen 1912-72, Münster 1990.
Schadt, J. u. W. Schmierer Hg., Die SPD in Baden-Württemberg u. ihre Geschichte, Von den Anfängen der Arbeiterbewegung bis heute, Stuttgart 1979.
Schieder, Th., Die geschichtlichen Grundlagen u. Epochen des deutschen Parteiwesens, in: ders. Hg., Staat u. Gesellschaft im Wandel unserer Zeit, Studien zur Geschichte des 19. und 20. Jahrhunderts, München 1970², 133-71.
Schnabel, T., Württemberg zwischen Weimar u. Bonn 1928-1945/46, Stuttgart 1986.
Schuckmann, G. v., Die politische Willensbildung in der Großstadt Köln seit der Reichsgründung im Jahre 1871, Diss. Köln 1965.
Steinbach, P., Historische Wahlforschung, in: AfS 21. 1981, 499-526.
Steinbach, P., Modernisierungstheorie u. politische Beteiligung, in: H. Kaelble u. a. Hg., Arbeit, Mobilität, Partizipation, Protest, Gesellschaftlicher Wandel in Deutschland im 19. u. 20. Jahrhundert, Opladen 1986, 36-65.
Steinbach, P., Regionale Parteigeschichte, historische Wahlforschung u. moderne Landesgeschichte, in: Hessisches Jahrbuch für Landesgeschichte 26. 1976, 200-66.
Thränhardt, D., Wahlen u. politische Strukturen in Bayern 1848-1953, Düsseldorf 1973.
Urwin, D., Germany: Continuity and Change in Electoral Politics, in: R. Rose Hg., Electoral Behavior: A Comparative Handbook, New York 1974, 109-70.
Vogel, B. u. P. Haungs, Wahlkampf u. Wählertradition, Eine Studie zur Bundestagswahl von 1961, Köln 1965.

Anderson, E. N., The Prussian Election Statistics 1862 and 1863, Nebraska 1954.

Anderson, M. L., Interdenominationalism, Clericalism, Pluralism: The »Zentrumstreit« and the Dilemma of Catholicism in Wilhelmine Germany, in: CEH 21. 1988, 350-78.

Aschoff, H.-G., Welfische Bewegung u. politischer Katholizismus 1866-1918, Die Deutschhannoversche Partei u. das Zentrum in der Provinz Hannover während des Kaiserreiches, Düsseldorf 1987.

Bendikat, E., Wahlkämpfe in Europa 1884 bis 1889, Parteiensysteme u. Politikstile in Deutschland, Frankreich u. Großbritannien, Wiesbaden 1988.

Bertram, J., Die Wahlen zum deutschen Reichstag vom Jahre 1912, Düsseldorf 1964.

Blackbourn, D., Class and Politics in Wilhelmine Germany. The Center Party and the Social Democrats in Württemberg, in: CEH 9. 1976, 220-49.

Blackbourn, D., Class, Religion and Local Politics in Wilhelmine Germany. The Centre Party in Württemberg before 1914, Wiesbaden 1980.

Blank, R., Die soziale Zusammensetzung der sozialdemokratischen Wählerschaft Deutschlands, in: ASS 20. 1905, 507-53.

Boldt, W., Die Anfänge des deutschen Parteiwesens, Fraktionen, politische Vereine u. Parteien in der Revolution 1848, Paderborn 1971.

Boll, F., Massenbewegungen in Niedersachsen 1906-1920, Bonn 1981.

Botzenhart, M., Deutscher Parlamentarismus in der Revolutionszeit 1848-1850, Düsseldorf 1977.

Brandt, H., Parlamentarismus in Württemberg 1819-1870, Düsseldorf 1987.

Braun, A., Die Reichstagswahlen von 1898 u. 1903, in: Archiv für soziale Gesetzgebung u. Statistik 18. 1903, 539-63.

Bräunche, E. O., Parteien u. Reichstagswahlen in der Rheinpfalz von der Reichsgründung 1871-1914, Speyer 1982.

Breuilly, J., Liberalismus oder Sozialdemokratie? Ein Vergleich der britischen u. deutschen politischen Arbeiterbewegung zwischen 1850 und 1875, in: J. Kocka Hg., Europäische Arbeiterbewegungen im 19. Jahrhundert, Deutschland, Österreich, England u. Frankreich im Vergleich, Göttingen 1983, 129-66.

Büsch, O., Parteien u. Wahlen in Deutschland bis zum Ersten Weltkrieg, in: W. Heistermann Hg., Abhandlungen aus der Pädagogischen Hochschule, Bd. 1, Berlin 1974, 178-264.

Claggett, W. u. a., Political Leadership and the Development of Political Cleavages, Imperial Germany 1871-1912, in: AJPS 26. 1982, 643-64.

Croon, H., Die gesellschaftlichen Auswirkungen des Gemeindewahlrechts

in den Gemeinden u. Kreisen des Rheinlandes und Westfalens im 19. Jahrhundert, Köln 1960.
Crothers, G. D., The German Elections of 1907, New York 1941.
Dowe, D., Aktion und Organisation. Arbeiterbewegung, sozialistische u. kommunistische Bewegung in der preußischen Rheinprovinz 1820-1852, Hannover 1970.
Ehrle, P. M., Volksvertretungen im Vormärz, Studien zur Zusammensetzung, Wahl und Funktion der deutschen Landtage im Spannungsfeld zwischen monarchischem Prinzip und ständischer Repräsentation, 2 Bde, Frankfurt 1979.
Eisfeld, G., Die Entstehung der liberalen Parteien in Deutschland 1858-1870, Hannover 1969.
Evert, G., Die preußischen Landtagswahlen von 1908 u. aus früheren Jahren, in: Zeitschrift des Königlich Preußischen Statistischen Landesamtes 30. Ergänzungsheft 1909.
Fairbairn, B., The German Elections of 1898 and 1903, Diss. Oxford 1987.
Farr, J., Populism, in the Countryside, The Peasant Leagues in Bavaria in the 1890's, in: R. J. Evans Hg., Society and Politics in Wilhelmine Germany, London 1978, 136-59.
Fesser, G., Linksliberalismus u. Arbeiterbewegung, Die Stellung der Deutschen Fortschrittspartei zur Arbeiterbewegung, 1861-1866, Berlin 1976.
Fricke, D., Der deutsche Imperialismus u. die Reichstagswahlen von 1907, in: Zeitschrift für Geschichtswissenschaft 9. 1961, 538-76.
Grohs, W., Die liberale Reichspartei 1871-74, Frankfurt 1990.
Grünthal, G., Das preußische Dreiklassenwahlrecht, Ein Beitrag zur Genesis u. Funktion des Wahlrechtsoktrois vom Mai 1849, in: HZ 226. 1978, 17-66.
Grünthal, G., Parlamentarismus in Preußen 1848/49-1857/58, Preußischer Konstitutionalismus, Parlament u. Regierung in der Reaktionsära, Düsseldorf 1982.
Hamerow, T., The Social Foundations of German Unification, 2 Bde., Princeton 1972².
Haunfelder, B., Die politischen Wahlen im Regierungsbezirk Münster 1848-1867, Diss. Münster 1982.
Herzig, A., Organisationsprobleme der Sozialdemokratie im Ruhrgebiet im 19. Jahrhundert, in: L. Heid and J. H. Schoeps, Hg., Arbeit u. Alltag im Revier, Duisburg 1985, 6-21.
Hettling, M., Reform ohne Revolution, Bürgertum, Bürokratie u. kommunale Selbstverwaltung in Württemberg 1800-1850, Göttingen 1990.
Hiery, H., Reichstagswahlen im Reichsland, Elsaß-Lothringen 1871-1918, Düsseldorf 1986.
Hirschfelder, H., Die bayerische Sozialdemokratie 1864-1914, 2 Bde., Erlangen 1979.

Hörner, M., Die Wahlen zur badischen Zweiten Kammer im Vormärz 1819-1847, Göttingen 1987.
Hunley, J. D., The Working Classes, Religion and Social Democracy in the Düsseldorf Area 1867-78, in: Societas 4. 1974, 131-49.
Hunt, J. C., The People's Party in Württemberg and Southern Germany 1890-1914, Stuttgart 1975.
Immerfall, S. u. P. Steinbach, Politisierung u. Nationalisierung deutscher Regionen im Kaiserreich, in: D. Berg-Schlosser u. J. Schissler Hg., Politische Kultur in Deutschland, Opladen 1987, 68-79.
Klein, T., Reichstagswahlen u. -Abgeordnete der Provinz Sachsen und Anhalts 1867-1918, Festschrift Zahn, Bd. I, Köln 1968, 65-141.
Klöcker, A., Die Konfession der sozialdemokratischen Wählerschaft 1907, Mönchen-Gladbach 1913.
Langewiesche, D., Liberalismus u. Demokratie in Württemberg zwischen Revolution und Reichsgründung, Düsseldorf 1974.
Langewiesche, D. Hg., Die deutsche Revolution von 1848/49, Darmstadt 1983.
Langewiesche, D., Die Anfänge der deutschen Parteien. Partei, Fraktion u. Verein in der Deutschen Revolution von 1848/1849, in: GG 4. 1978, 324-61.
Levy, R. S., The Downfall of the Anti-Semitic Political Parties in Imperial Germany, New Haven 1975.
Liebert, B., Politische Wahlen in Wiesbaden im Kaiserreich 1867-1918, Wiesbaden 1988.
Lipp, C. u. W. Kaschuba, Wasser u. Brot, Politische Kultur im Alltag der Vormärz- u. Revolutionsjahre, in: GG 10. 1984, 320-51.
Loth, W., Katholiken im Kaiserreich, Der politische Katholizismus in der Krise des wilhelminischen Deutschlands, Düsseldorf 1984.
Loth, W. Hg., Deutscher Katholizismus im Umbruch zur Moderne, Stuttgart 1991.
Loth, W., Soziale Bewegungen im Katholizismus des Kaiserreichs, in: GG 17. 1991, 279-310.
Mann, B., Biographisches Handbuch für das Preußische Abgeordnetenhaus 1867-1918, Düsseldorf 1988.
Mayer, G., Die Trennung der proletarischen von der bürgerlichen Demokratie in Deutschland, 1863-1870, ND in: ders., Radikalismus, Sozialismus und Bürgerliche Demokratie, Frankfurt 1969, 108-78.
McLeod, H., Protestantism and the Working Class in Imperial Germany, in: European Studies Review 12. 1982, 323-44.
Michels, R., Die deutsche Sozialdemokratie, Parteimitgliedschaft und soziale Zusammensetzung, in: ASS 23. 1906, 471-556.
Milatz, A., Reichstagswahlen u. Mandatsverteilung 1871 bis 1918, in: G. A. Ritter Hg., Gesellschaft, Parlament u. Regierung, Düsseldorf 1974, 207-23.

Mittmann, U., Fraktion u. Partei, Ein Vergleich von Zentrum u. Sozialdemokratie im Kaiserreich, Düsseldorf 1976.

Mommsen, W. J., Der autoritäre Nationalstaat. Verfassung, Gesellschaft und Kultur des deutschen Kaiserreiches, Frankfurt 1990.

Müller, K., Zentrumspartei u. agrarische Bewegung im Rheinland 1882-1903, in: Festgabe M. Braubach, Münster 1964, 828-57.

Müller, P., Liberalismus in Nürnberg 1800-1871, Nürnberg 1990.

Na'aman, S., Der deutsche Nationalverein. Die politische Konstituierung des deutschen Bürgertums 1859-1867, Düsseldorf 1987.

Niehuss, M., Parteien, Wahlen u. Arbeiterbewegung in München 1890-1910, in: F. Prinz u. M. Krauss Hg., München – Musenstadt mit Hinterhöfen, Die Prinzregentenzeit 1886-1912, München 1988, 44-53.

Nipperdey, T., Deutsche Geschichte 1866-1918, Bd. 1: Arbeitswelt u. Bürgergeist, München 1990.

Nipperdey, T., Die Organisation der deutschen Parteien vor 1918, Düsseldorf 1961.

Nolan, M., Social Democracy and Society. Working-Class Radicalism in Düsseldorf 1890-1920, Cambridge 1981.

Nolte, P., Gemeindeliberalismus. Zur lokalen Entstehung und sozialen Verankerung der liberalen Partei in Baden 1831-55, in: HZ 252. 1991, 57-93.

Obenaus, H., Anfänge des Parlamentarismus in Preußen bis 1848, Düsseldorf 1984.

Offermann, T., Arbeiterbewegung u. liberales Bürgertum in Deutschland, 1850-1863, Bonn 1979.

Offermann, T., Die regionale Ausbreitung der frühen deutschen Arbeiterbewegung 1848/49-1860/64, in: GG 13. 1987, 419-47.

Padtberg, B.-C., Rheinischer Liberalismus in Köln während der politischen Reaktion in Preußen nach 1848/49, Köln 1985.

Pflanze, O. Hg., Innenpolitische Probleme des Bismarck-Reiches, München 1983.

Pollmann, K. E., Arbeiterwahlen im Norddeutschen Bund 1867-1870, in: GG 15. 1989, 164-95.

Pollmann, K. E., Parlamentarismus im Norddeutschen Bund 1867-1870, Düsseldorf 1985.

Pulzer, P., Die Entstehung des politischen Antisemitismus in Deutschland und Österreich 1867-1914, Gütersloh 1966; engl 2. Aufl. The Rise of Political Anti-Semitism in Germany and Austria, New York 1988.

Repgen, K., Märzbewegung u. Maiwahlen des Revolutionsjahres 1848 im Rheinland, Bonn 1955.

Ritter, G. A. Hg., Der Aufstieg der deutschen Arbeiterbewegung. Sozialdemokratie u. freie Gewerkschaften im Parteiensystem u. Sozialmilieu des Kaiserreichs, München 1990.

Ritter, G. A., Die Sozialdemokratie im Deutschen Kaiserreich in sozialgeschichtlicher Perspektive, in: HZ 249. 1989, 295-362.

Ritter, G. A. Hg., Die deutschen Parteien vor 1918, Köln 1973.
Ritter, G. A., Die sozialistischen Parteien in Deutschland zwischen Kaiserreich u. Republik, in: Festschrift W. Bussmann, Stuttgart 1979, 100-55.
Ritter, G. A., Die Arbeiterbewegung im wilhelminischen Reich. Die Sozialdemokratische Partei und die Freien Gewerkschaften 1890-1900, Berlin 1959.
Ritter, G. A., Die deutschen Parteien 1830-1914. Parteien u. Gesellschaft im konstitutionellen Regierungssystem, Göttingen 1985.
Ritter, G. A., Wahlgeschichtliches Arbeitsbuch, Materialien zur Statistik des Kaiserreiches 1871-1918, München 1980.
Ritter, G. A. u. K. Tenfelde, Arbeiter im Deutschen Kaiserreich 1871-1914, Geschichte der Arbeiter und Arbeiterbewegungen in Deutschland seit dem Ende des 18. Jahrhunderts, Köln 1991.
Rohe, K., Die Ruhrgebietssozialdemokratie im wilhelminischen Kaiserreich u. ihr politischer und kultureller Kontext, in: G. A. Ritter Hg., Der Aufstieg der deutschen Arbeiterbewegung, München 1990, 317-44.
Rohe, K., Die verspätete Region. Thesen u. Hypothesen zur Wahlentwicklung im Ruhrgebiet vor 1914, in: P. Steinbach Hg., Probleme politischer Partizipation im Modernisierungsprozeß, Stuttgart 1982, 231-52.
Rohkrämer, T., Der Militarismus der »kleinen Leute«, Die Kriegervereine im Deutschen Kaiserreich 1871-1914, München 1990.
Ross, R. J., Enforcing the Kulturkampf in the Bismarckian State and the Limits of Coercion in Imperial Germany, in: JMH 56. 1984, 456-82.
Ross, R. J., Beleaguered Tower. The Dilemma of Political Catholicism in Wilhelmine Germany, London 1976.
Roth, G., The Social Democrats in Imperial Germany: A Study in Working Class Isolation and National Integration, Totowa 1963.
Runge, G., Die Volkspartei in Württemberg 1864-1871, Stuttgart 1970.
v. Saldern, A., Auf dem Wege zum Arbeiter-Reformismus, Parteialltag in sozialdemokratischer Provinz Göttingen 1870-1920, Frankfurt 1984.
v. Saldern, A., Vom Einwohner zum Bürger, Zur Emanzipation der städtischen Unterschicht Göttingens 1890-1920, Berlin 1973.
Schadt, J., Die sozialdemokratische Partei in Baden, 1868-1900, Hannover 1971.
Schieder, W., Religion und Gesellschaft im 19. Jahrhundert, Stuttgart 1992.
Schloßmacher, N., Düsseldorf im Bismarckreich, Politik u. Wahlen, Parteien u. Vereine, Düsseldorf 1985.
Schmierer, W., Von der Arbeiterbildung zur Arbeiterpolitik, Die Anfänge der Arbeiterbewegung in Württemberg 1862/63-1878, Hannover 1970.
Schneiderheinze, M., Arbeiterbewegung in der preußischen Provinz Sachsen. Zum Kampf des deutschen Proletariats vom Abschluß der Reaktionsperiode bis zur Gründung der Sozialistischen Arbeiterpartei Deutschlands 1875, Diss. Halle 1988.

Schulte, W., Struktur u. Entwicklung des Parteisystems im Königreich Württemberg, Diss. Mannheim 1970.
Schwab, H., Aufstieg u. Niedergang der Nationalliberalen Partei, Zur Geschichte des Nationalliberalismus in Deutschland 1864-1880, Habil. Jena 1969.
Schwentker, W., Konservative Vereine u. Revolution in Preußen 1848 und 1849. Zur Konstituierung des Konservativismus als Partei, Düsseldorf 1988.
Sedatis, H., Liberalismus u. Handwerk in Südwestdeutschland, Wirtschafts- und Gesellschaftskonzeptionen des Liberalismus u. die Krise des Handwerks im 19. Jahrhundert, Stuttgart 1979.
Sepaintner, F. L., Die Reichstagswahlen im Großherzogtum Baden, Frankfurt 1983.
Sheehan, J. J., German History 1770-1866, Oxford 1989.
Sheehan, J. J., Klasse u. Partei im Kaiserreich, Einige Gedanken zur Sozialgeschichte der deutschen Politik, in: O. Pflanze Hg., Innenpolitische Probleme des Bismarck-Reiches, München 1983, 1-24.
Sheehan, J. J., Der deutsche Liberalismus, Von den Anfängen im 18. Jahrhundert bis zum Ersten Weltkrieg 1770-1914, München 1983.
Sheehan, J. J., Liberalism and the City in Nineteenth-Century Germany, in: Past and Present 51. 1971, 116-37.
Siemann, W., Die deutsche Revolution von 1848 u. 1849, Frankfurt 1985.
Specht, F. u. P. Schwabe, Die Reichstagswahlen 1867-1903, Berlin 1904².
Sperber, J., Popular Catholicism in 19th Century Germany, Princeton 1984.
Steinbach, P., Die Zähmung des politischen Massenmarktes. Wahlen u. Wahlkämpfe im Bismarckreich im Spiegel der Hauptstadt- u. Gesinnungspresse, Passau 1990.
Steinbach, P., Die Politisierung der Region, Reichs- u. Landtagswahlen im Fürstentum Lippe 1866-81, Passau 1989.
Steinbach, P., Wahlen im deutschen Kaiserreich, Studien zur Mobilisierung u. Politisierung der Wählerschaft im 19. Jahrhundert, Habil.-Schrift, Berlin 1978.
Stoltenberg, G., Der Deutsche Reichstag 1871-1873, Düsseldorf 1955.
Suval, S., Electoral Politics in Wilhelmine Germany, Chapel Hill 1985.
Vascik, G., Rural Politics and Sugar in the German Kaiserreich. A Comparative Study of the National Liberal Party in Hannover and Prussian Saxony, 1871-1914, Diss. Ann Arbor 1987.
Vierhaus, R., Wahlen u. Wählerverhalten in Ostwestfalen u. Lippe 1867-1913, in: Westfälische Forschungen 21. 1968, 54-68.
Volkov, S., The Rise of Popular Antimodernism in Germany. The Urban Master Artisans, 1873-1896, Princeton 1978.
Wahl, A., Cultures et mentalités en Allemagne, 1918-1960, Paris 1988.
Weber, P., Sozialismus als Kulturbewegung, Frühsozialistische Arbeiterbewegung u. das Entstehen zweier feindlicher Brüder: Marxismus und Anarchismus, Düsseldorf 1989.

Wehler, H.-U., Deutsche Gesellschaftsgeschichte, 2 Bde., München 1987/1989².
Weidner, R., Wahlen u. soziale Strukturen in Ludwigshafen am Rhein 1871-1914, Ludwigshafen 1984.
Wettengel, M., Die Revolution von 1848/49 im Rhein-Main-Raum, Politische Vereine u. Revolutionsalltag im Großherzogtum Hessen, Herzogtum Nassau u. in der Freien Stadt Frankfurt, Wiesbaden 1989.
White, D. S., The Splintered Party. National Liberalism in Hessen and the Reich 1867-1918, Cambridge 1976.
Willner, K., Die Kriegervereine im System der politischen Organisation der bürgerlichen Gesellschaft 1890-1914, Diss. Jena 1988.
Wolf, S. P., Konservativismus im liberalen Baden, Studie zur badischen Innen-, Kirchen- u. Agrarpolitik sowie zur süddeutschen Parteiengeschichte 1860-1893, Karlsruhe 1990.
Wölk, M., Der preußische Volksschulabsolvent als Reichstagswähler 1871-1912, Berlin 1980.
Zangerl, C., Courting the Catholic Vote. The Center Party in Baden, in: CEH 10. 1976, 228-29.
Zeender, J. K., The German Center Party: 1890-1906, Philadelphia 1976.
Zwahr, H., Die deutsche Arbeiterbewegung im Länder- u. Territorienvergleich 1875, in: GG 13. 1987, 448-507.

III. Weimarer Republik und Nationalsozialismus

Allen, W. S., The Nazi Seizure of Power. The Experience of a Single German Town, 1930-1945, New York (1966) 1984².
Aretz, J., Katholische Arbeiterbewegung u. Nationalsozialismus, Der Verband katholischer Arbeiter- u. Knappenvereine Westdeutschlands 1923-1945, Mainz 1978.
Backes, U. u. a. Hg., Die Schatten der Vergangenheit. Impulse zur Historisierung des Nationalsozialismus, Frankfurt am Main 1990.
Böhnke, W., Die NSDAP im Ruhrgebiet 1920-1933, Bonn 1974.
Bräunche, E. O., Die Entwicklung der NSDAP in Baden bis 1932/33, in: Zeitschrift für die Geschichte des Oberrheins 125. 1977, 331-75.
Broszat, M. u. E. Fröhlich Hg., Bayern in der NS-Zeit, Bd. 2, München 1979.
Buchloh, I., Die nationalsozialistische Machtergreifung in Duisburg, Duisburg 1980.
Burnham, W. D., Political Immunization and Political Confessionalism, The United States and Weimar Germany, in: Journal of Interdisciplinary History 4. 1973, 1-30.
Childers, T. Hg. The Formation of the Nazi Constituency 1919-1933, London 1986.

Childers, T., The Social Bases of the National Socialist Vote, in: Journal of Contemporary History 11. 1976, 17-42.
Childers, T., The Nazi Voter, The Social Foundations of Fascism in Germany 1919-1933, Chapel Hill 1983.
Dix, A., Die deutsche Reichstagswahl von 1930 und die Wandlungen der Volksgliederung (1930), z. T. ND in: O. Büsch u. a. Hg., Wählerbewegung in der deutschen Geschichte, Berlin 1978, 225-35.
Evans, R. J. u. D. Geary Hg., The German Unemployed. Experiences and Consequences of Mass Unemployment from the Weimar Republic to the Third Reich, London 1987.
Falter, J. W., Hitlers Wähler, München 1991.
Falter, J. W. u. a., Wahlen u. Abstimmungen in der Weimarer Republik, Materialien zum Wahlverhalten 1919-1933, München 1986.
Fischer, C., The German Communists and the Rise of Nazism, London 1991.
Fischer, C., Turning the Tide? The KPD and Right Radicalism in German Industrial Relations, 1925-28, in: Journal of Contemporary History 24. 1989, 575-97.
Fischer, C., Workers, the Middle Classes, and the Rise of National Socialism, in: German History 9, 1991, 357-73.
Franke, V., Der Aufstieg der NSDAP in Düsseldorf, Essen 1987.
Gotto, K. u. K. Repgen Hg., Kirche, Katholiken u. Nationalsozialismus, Mainz 1980.
Grill, J. H., The Nazi Movement in Baden 1920-1945, Chapel Hill 1983.
Guttsman, W. L., Workers' Culture in Weimar Germany. Between Tradition and Commitment, Oxford 1990.
Haag, V., Politische Wahlen in Bonn 1919-1933, Diss. Bonn 1989.
Hamilton, R. F., Hitler's Electoral Support, in: Canadian Journal of Sociology 11. 1986, 1-34.
Hamilton, R. F., Who Voted for Hitler? Princeton 1982.
Hayward, N. F. u. D. S. Morris, The First Nazi Town, Aldershot 1988.
Hänisch, D., Sozialstrukturelle Bestimmungsgründe des Wahlverhaltens in der Weimarer Republik. Reichstagswahlen 1924-1933, Duisburg 1983.
Heberle, R., Landbevölkerung u. Nationalsozialismus, Stuttgart 1963.
Heinacher, P., Der Aufstieg der NSDAP im Stadt- u. Landkreis Flensburg 1919-33, Flensburg 1986.
Hennig, E. Hg., Hessen unterm Hakenkreuz. Studien zur Durchsetzung der NSDAP in Hessen, Frankfurt 1983.
Hennig, E. u. M. Kieserling, Zwischen Fabrik u. Hof – zwischen Republik u. Dorf, Zur Wahlentwicklung u. politischen Kultur des Landkreises Kassel in der Weimarer Republik, Kassel 1990.
Hennig, E., Die Wahlentwicklung im Landkreis Kassel 1928-1933, in: Zeitschrift des Vereins für hessische Geschichte und Landeskunde 92. 1987.

Hoffmann, H., Im Gleichschritt in die Diktatur? Die nationalsozialistische Machtergreifung in Heidelberg u. Mannheim 1930-35, Frankfurt 1985.
Horstmann, J., Katholiken u. Reichstagswahlen 1920-1933, in: JCSW 26. 1985, 63-95.
Horstmann, J., Katholiken, Reichspräsidentenwahlen u. Volksentscheide. Zum Wahlverhalten der Katholiken in der Weimarer Republik in: JCSW 27. 1986, 61-93.
Jamin, M., Zwischen den Klassen. Zur Sozialstruktur der SA-Führerschaft, Wuppertal 1984.
Jones, L., The Dissolution of the Bourgeois Party System in the Weimar Republic, in: R. Bessel u. E. J. Feuchtwanger Hg., Social Change and Political Development in Weimar Germany, London 1981.
Kater, M. H., The Nazi Party. A Social Profile of Members and Leaders 1919-1945, Cambridge Mass. 1983.
Kater, M. H., Generationskonflikt als Entwicklungsfaktor in der NS-Bewegung vor 1933, in: GG 11. 1985, 217-43.
Kaufmann, D., Katholisches Milieu in Münster 1928-1933, Düsseldorf 1984.
Kieserling, M., Faschisierung u. gesellschaftlicher Wandel. Mikroanalyse eines nordhessischen Kreises 1928-35, Wiesbaden 1991.
Koshar, R., From Stammtisch to Party, Nazi Joiners and the Contradictions of Grass Roots Fascism in Weimar Germany, in: JMH 59. 1987, 1-24.
Koshar, R., Two »Nazisms«, The Social Context of Nazi Mobilization in Marburg and Tübingen, in: Social History 7. 1982, 27-42.
Kühr, H., Parteien u. Wahlen im Stadt- und Landkreis Essen in der Zeit der Weimarer Republik, Düsseldorf 1973.
Larsen, S. U. u. a. Hg., Who Were the Fascists? Social Roots of European Fascism, Oslo 1980.
Lehnert, D. u. K. Megerle Hg., Politische Identität u. nationale Gedenktage. Zur politischen Kultur in der Weimarer Republik, Opladen 1989.
Lehnert, D. u. K. Megerle Hg., Politische Teilkulturen zwischen Integration u. Polarisierung. Zur politischen Kultur in der Weimarer Republik, Opladen 1990.
Lepsius, M. R., Extremer Nationalismus. Strukturbedingungen vor der nationalsozialistischen Machtergreifung, Stuttgart 1966.
Lösche, P. u. W. Franz, Zur Organisationskultur der sozialdemokratischen Arbeiterbewegung in der Weimarer Republik, Niedergang der Klassenkultur oder solidargemeinschaftlicher Höhepunkt? in: GG 4. 1989, 511-536.
Lucas, E., Zwei Formen von Radikalismus in der deutschen Arbeiterbewegung, Frankfurt 1976.
Manstein, P., Die Mitglieder und Wähler der NSDAP 1919-33, Frankfurt 1988.

Martiny, M., Sozialdemokratie u. junge Generation am Ende der Weimarer Republik, in: W. Luthardt Hg., Sozialdemokratische Arbeiterbewegung u. Weimarer Republik, 1927-1933, Bd. 1, Frankfurt 1978, 56-64.
Meckstroth, T. W., Conditions of Partisan Realignments, Diss. Minnesota, 1971.
Menk, G., Das Ende des Freistaates Waldeck, Arolsen 1989.
Milatz, A., Wähler u. Wahlen in der Weimarer Republik, Bonn 1965.
Mommsen, H., Die verspielte Freiheit, Der Weg der Republik von Weimar in den Untergang 1918-1933, Frankfurt 1989.
Morsey, R., Die katholische Volksminderheit u. der Aufstieg des Nationalsozialismus 1930-33 in: K. Gotto u. K. Repgen Hg., Die Katholiken und das Dritte Reich, Mainz 1983, 9-23.
Mühlberger, D. W., The Rise of National Socialism in Westphalia 1920-1933, Diss. London 1975.
Mühlberger, D., Hitler's Followers, Studies in the Sociology of the Nazi Movement, London 1991.
Noakes, J., The Nazi Party in Lower Saxony, London 1971.
Passchier, N., The Electoral Geography of the Nazi Landslide, The Need for Community Studies, in: S. U. Larsen u. a. Hg., Who were the Fascists? Oslo 1980, 283-300.
Paul, J., Vom Volksrat zum Volkssturm, Bergisch-Gladbach u. Bensberg 1918-45, Bergisch-Gladbach 1988.
Plum, G., Gesellschaftsstruktur u. politisches Bewußtsein in einer katholischen Region 1928-1933 (Aachen), Stuttgart 1972.
Prinz, M. u. R. Zitelmann, Hg., Nationalsozialismus und Modernisierung, Darmstadt 1991.
Rauh-Kühne, C., Ettlingen 1918-1939. Diss. Tübingen 1989.
Rosenhaft, E., Beating the Fascists? The German Communists and Political Violence 1929-1933, Cambridge 1983.
Ruppert, K., Der Politische Katholizismus im Rheinland u. in Westfalen zur Zeit der Weimarer Republik, in: K. Düwell u. W. Köllmann Hg., Vom Ende der Weimarer Republik bis zum Land Nordrhein-Westfalen, Wuppertal 1984, 76-97.
Rüther, M., Arbeiterschaft in Köln 1928-1945, Köln 1990.
Schaap, K., Die Endphase der Weimarer Republik im Freistaat Oldenburg 1928-1933, Düsseldorf 1978.
Schauff, J., Das Wahlverhalten der deutschen Katholiken im Kaiserreich u. der Weimarer Republik (1928) ND Mainz 1975.
Schnabel, T. Hg., Die Machtergreifung in Südwestdeutschland. Das Ende der Weimarer Republik in Baden und Württemberg 1928-1933, Stuttgart 1982.
Schnabel, T. Hg., Lokalmodelle nationalsozialistischer Machtergreifung, Heidelberg 1983.
Schnabel, T., Wer wählte Hitler? in: GG 8. 1982, 116-33.

Schumacher, M., Land u. Politik, Eine Untersuchung über politische Parteien u. agrarische Interessen 1914-1923, Düsseldorf 1978.
Schumacher, M., Wahlen u. Abstimmungen 1918-1933, Düsseldorf 1976.
Schüren, U., Der Volksentscheid zur Fürstenenteignung 1926, Düsseldorf 1978.
Shiveley, W. P., Party Identification, Party Choice and Voting Stability. The Weimar Case, in: APSR 66. 1972, 1203-25.
Smula, H.-J., Milieus u. Parteien. Landkreis Lüdinghausen 1919-33, Münster 1987.
Stokes, L. D. Hg., Kleinstadt u. Nationalsozialismus. Eutin 1918-1945, Neumünster 1984.
Stoltenberg, G., Politische Strömungen im Schleswig-Holsteinischen Landvolk 1918-1933, Düsseldorf 1962.
Tenfelde, K., Proletarische Provinz, Radikalisierung u. Widerstand in Penzberg/Oberbayern 1900-1945, München 1982.
Urschat, K., Die Arbeiterbewegung in Mecklenburg im Kampf gegen die Errichtung einer faschistischen Diktatur in Deutschland 1931/2, 2 Bde., Diss. Rostock 1990.
Vogel, W., Katholische Kirche u. nationale Kampfverbände in der Weimarer Republik, Mainz 1989.
Wickham, J., Working-Class Movement and Working-Class Life, Frankfurt During the Weimar Republic, in: Social History 8. 1983, 315-43.
Winkler, H. A., Der Schein der Normalität, Arbeiter u. Arbeiterbewegung in der Weimarer Republik 1924-1930, Berlin 1985.
Winkler, H. A., Der Weg in die Katastrophe, Arbeiter u. Arbeiterbewegung in der Weimarer Republik 1930-1933, Berlin 1987.
Winkler, H. A., Von der Revolution zur Stabilisierung, Arbeiter u. Arbeiterbewegung in der Weimarer Republik 1918-1924, Berlin 1985[2].
Winkler, H. A., Mittelstand, Demokratie u. Nationalsozialismus, Die politische Entwicklung von Kleinhandel und Handwerk in der Weimarer Republik, Köln 1972.
Zimmermann, H., Wählerverhalten u. Sozialstruktur im Kreis Herzogtum Lauenburg 1918-1933, Neumünster 1978.
Zofka, Z., Die Ausbreitung des Nationalsozialismus auf dem Land, München 1979.

IV. Bundesrepublik

Adenauer-Stiftung, Hg., Kommunales Wahlverhalten. Studien zur Kommunalpolitik, Bonn 1976.
v. Alemann, U. Hg., Parteien u. Wahlen in Nordrhein-Westfalen, Köln 1985.

Baer, C.-C. u. E. Faul Hg., Das deutsche Wahlwunder, Frankfurt 1953.

Baker, K. L. u. a., Germany Transformed. Political Culture and the New Politics, Cambridge 1981.

Barnes, S. H. u. a., Political Action. Mass Participation in Five Western Democracies, Beverly Hills 1979.

Becker, W., CDU u. CSU 1945-1950, Mainz 1987.

Blankenburg, E., Kirchliche Bindung u. Wahlverhalten, Nordrhein-Westfalen 1961-1966, Olten 1967.

Bluck, C. u. H. Kreikenbom, Die Wähler in der DDR. Nur issue-orientiert oder auch parteigebunden?, in: ZParl 22. 1991, 495-502.

Brand, K.-W. u. H. Honolka, Ökologische Betroffenheit, Lebenswelt u. Wahlentscheidung (Bundestagswahl 1983), Opladen 1987.

Brinkmann, H. U., Wahlverhalten der neuen Mittelschicht in der Bundesrepublik, in: PuZ 30/31. 1988, 19-32.

Buchhaas, D., Die Volkspartei. Programmatische Entwicklung der CDU 1950-1973, Düsseldorf 1981.

Buchhaas-Birkholz, D. Hg., Zum politischen Weg unseres Volkes – Politische Leitbilder und Vorstellungen im deutschen Protestantismus 1945-1952, Düsseldorf 1989.

Bürklin, W. P., Grüne Politik, Opladen 1984.

Bürklin, W. P., Wählerverhalten u. Wertewandel, Opladen 1988.

Conradt, D. P., The West German Party System – An Ecological Analysis of the Social Structure and Voting Behavior 1961-1969, Beverly Hills 1973.

Crewe, I. u. D. Denver Hg., Electoral Change in Western Democracies. Patterns and Sources of Electoral Volatility, London 1986.

Daalder, H. u. P. Mair Hg., Western European Party Systems, London 1983.

Dalton, R. J., Politics in West Germany, Glenview 1989.

Dalton, R. J. u. a., Electoral Change in Advanced Industrial Democracies, Realignment or Dealignment, Princeton 1984.

Dittberner, J., FDP-Partei der zweiten Wahl, Opladen 1987.

Döring, H. u. G. Smith, Party Government and Political Culture in Western Germany, London 1982.

Döring, H., Wählen Industriearbeiter zunehmend konservativ? Die Bundesrepublik Deutschland im westeuropäischen Vergleich, in: AfS 29. 1989, 225-71.

Engel, A., Wahlen u. Parteien im lokalen Kontext. 24 nordhessische Kreisparteiorganisationen von CDU, FDP und SPD, Frankfurt 1988.

Falke, W., Die Mitglieder der CDU. Mitglieder- u. Organisationsstruktur der CDU 1971-1977, Berlin 1982.

Falter, J. W. u. a. Hg., Wahlen u. politische Einstellungen in der BRD, Frankfurt 1989.

Falter, J. W. u. a. Hg., Politische Willensbildung u. Interessenvermittlung, Opladen 1984.

Falter, J. W., Faktoren der Wahlentscheidung. Saarländische Landtagswahl 1970, Köln 1973.
Falter, J. W., Kontinuität u. Neubeginn. Die Bundestagswahl 1949 zwischen Weimar u. Bonn, in: PVS 22. 1981, 236-63.
Faul, E. Hg., Wahlen u. Wähler in Westdeutschland, Villingen 1960.
Feist, U. u. K. Liepelt, Modernisierung zu Lasten der Großen. Wie die deutschen Volksparteien Integrationskraft verlieren, in: JfS 12. 1987, 277-95.
Feist, U. u. H.-J. Hoffmann, Die nordrhein-westfälische Landtagswahl vom 13. 5. 90, in: ZParl 21. 1990, 429-49.
Feist, U. u. H.-J. Hoffmann, Landtagswahlen in der ehemaligen DDR am 14. 10. 90, in: ZParl 22. 1991, 5-34.
Feist, U., Zur politischen Akkulturation der vereinten Deutschen, in: PuZ 11/12. 1991, 21-32.
Fischer, C. A., Wahlhandbuch für die Bundesrepublik, Daten zu Bundestags-, Landtags- und Europawahlen in der Bundesrepublik Deutschland, in den Ländern u. in den Kreisen 1946-1989, 2 Hbde., Paderborn 1990.
Friedrich, W. u. H. Griese Hg., Jugend u. Jugendforschung in der DDR, Opladen 1991.
Gabriel, O. W., Politische Kultur, Postmaterialismus und Materialismus in der BRD, Opladen 1986.
Gauly, T. M., Katholiken. Machtanspruch u. Machtverlust, Bonn 1991.
Gauly, T. M., Konfessionalismus u. politische Kultur in Deutschland, in: PuZ 20. 1991, 45-53.
Gibowski, W. G. u. M. Kaase, Auf dem Weg zum politischen Alltag. Eine Analyse der ersten gesamtdeutschen Bundestagswahlen, in: PuZ 11/12, 1991, 3-20.
Gibowski, W. G., Demokratischer (Neu-)Beginn in der DDR, Dokumentation u. Analyse der Wahl vom 18. 3. 90, in: ZParl 21. 1990, 5-22.
Gluchowski, P., Lebensstile u. Wandel der Wählerschaft in der Bundesrepublik Deutschland, in: PuZ 12. 1987, 18-32.
Greven, M. T., Parteimitglieder. Ein empirischer Essay über das Alltagsbewußtsein in Parteien, Opladen 1987.
Greven, M. T., Entwicklungsphasen des Parteiensystems in der Bundesrepublik Deutschland, in: Gegenwartskunde 38. 1989, 167-79.
Güllner, M., Daten zur Mitgliederstruktur der SPD: Von der Arbeiterelite zu den Bourgeoissöhnchen, in: Transfer 2. 1977, 91-106.
Haungs, P. u. E. Jesse Hg., Parteien in der Krise? Köln 1987.
Haungs, P., Parteiendemokratie in der Bundesrepublik Deutschland, Berlin 1981.
Heidenheimer, A. J., Adenauer and the CDU, The Rise of the Leader and the Integration of the Party, Den Haag 1960.
Hein, D., Zwischen liberaler Milieupartei u. nationaler Sammlungsbewe-

gung. Gründung, Entwicklung u. Struktur der Freien Demokratischen Partei 1945-1949, Düsseldorf 1985.
Heitzer, H., Die CDU in der britischen Besatzungszone. Gründung, Organisation, Programm u. Politik 1945-1949, Düsseldorf 1988.
Hirsch-Weber, W. u. K. Schütz, Wähler u. Gewählte. Bundestagswahl 1953, Berlin 1957.
Hofmann-Göttig, J., Emanzipation mit dem Stimmzettel, Bonn 1986.
Hofmann-Göttig, J., Die jungen Wähler, Zur Interpretation der Jungwählerdaten der repräsentativen Wahlstatistik für Bundestag, Landtag u. Europaparlament 1953-1984, Frankfurt 1984.
Holtmann, E., Politik u. Nichtpolitik. Lokale Erscheinungsformen Politischer Kultur im frühen Nachkriegsdeutschland: Unna u. Kamen, Opladen 1989.
Holtmann, E., Die neuen Lassalleaner. SPD u. HJ-Generation nach 1945, in: M. Broszat u. a. Hg., Von Stalingrad zur Währungsreform, Zur Sozialgeschichte des Umbruchs in Deutschland, München 1988, 169-210.
Hoschka, P. u. H. Schunck, Stabilität regionaler Wählerstrukturen in der Bundesrepublik, in: M. Kaase, Hg., Wahlsoziologie heute, Analysen aus Anlaß der Bundestagswahl 1976 (PVS-Sonderheft 2/3), Opladen 1977, 279-300.
Jesse, E., Wahlrecht zwischen Kontinuität u. Reform, Eine Analyse der Wahlrechtsdiskussion u. der Wahlrechtsänderungen in der Bundesrepublik Deutschland 1949-1983, Düsseldorf 1985.
Jung, M., Parteiensystem u. Wahlen in der DDR, Eine Analyse der Volkskammerwahlen vom 18. 3. 90 u. der Kommunalwahlen vom 6. 5. 90, in: PuZ 27. 1990, 3-15.
Kaack, H., Geschichte u. Struktur des deutschen Parteiensystems, Opladen 1971.
Kaase, M. Hg., Wahlsoziologie heute, Analysen aus Anlaß der Bundestagswahl von 1976 (PVS-Sonderheft 2/3), Opladen 1977.
Kaase, M. u. H.-D. Klingemann Hg., Wahlen und Wähler, Analysen aus Anlaß der Bundestagswahl 1987, Opladen 1990.
Kaase, M. u. H.-D. Klingemann Hg., Wahlen u. politisches System: Analysen aus Anlaß der Bundestagswahl 1980, Opladen 1983.
Kaltefleiter, W., Die Struktur der deutschen Wählerschaft nach der Vereinigung, in: ZfP 38. 1991, 1-32.
Kaltefleiter, W., Die Entwicklung des deutschen Parteiensystems in der Ära Adenauer, in: D. Blumenwitz u. a. Hg., K. Adenauer u. seine Zeit, Bd. II, Stuttgart 1976, 285-93.
Kaltefleiter, W., Eine kritische Wahl, Anmerkungen zur Bundestagswahl 1983, in: PuZ 14. 1983, 3-17.
Kaltefleiter, W., Wirtschaft u. Politik in Deutschland. Konjunktur als Bestimmungsfaktor des Parteiensystems, Köln 1968^2.

Kaltenbrunner, G.-K., Volksparteien ohne Zukunft? Die Krise des Parteienstaates, Freiburg 1988.

Kaste, H. u. J. Raschke, Zur Politik der Volkspartei, in: W.-D. Narr Hg., Auf dem Weg zum Einparteienstaat, Opladen 1977, 26-74.

Klein, J. K., Die BRD als Parteienstaat, Zur Mitwirkung der politischen Parteien an der Willensbildung des Volkes 1945-49, Frankfurt 1990.

Klingemann, H.-D. u. M. Kaase Hg., Wahlen u. politischer Prozeß, Analysen aus Anlaß der Bundestagswahl 1983, Opladen 1986.

Klotzbach, K., Der Weg zur Staatspartei, Programmatik, praktische Politik u. Organisation der deutschen Sozialdemokratie 1945-1965, Berlin 1982.

v. Krockow, C. u. P. Lösche Hg., Parteien in der Krise, Das Parteiensystem der Bundesrepublik u. der Aufstand des Bürgerwillens, München 1986.

Küchler, M., Was leistet die empirische Wahlsoziologie? in: M. Kaase Hg., Wahlsoziologie heute, Analysen aus Anlaß der Bundestagswahl von 1976 (PVS-Sonderheft 2/3.), Opladen 1977, 145-69.

Kühr, H. Hg., Vom Milieu zur Volkspartei, Königstein 1979.

Kühr, H. u. K. Simon, Lokalpartei u. vorpolitischer Raum, Melle 1982.

Landeszentrale für politische Bildung Baden-Württemberg, Hg., Wahlverhalten, Stuttgart 1991.

Lepsius, M. R., Die Bundesrepublik Deutschland in der Kontinuität u. Diskontinuität historischer Entwicklungen, in: W. Conze und M. R. Lepsius Hg., Sozialgeschichte der Bundesrepublik Deutschland, Stuttgart 1983, 11-19.

Lepsius, M. R., Wahlverhalten, Parteien u. politische Spannungen: Vermutungen u. Hypothesen zur Untersuchung der Bundestagswahl 1972, in: PVS 14. 1973, 293-313.

Linz, J., Cleavage and Consensus in West German Politics. The Early Fifties, in: S. M. Lipset u. S. Rokkan Hg., Party Systems and Voter Alignments. Cross-National Perspectives, New York 1967, 283-321.

Linz, J., The Social Bases of German Politics, Diss. New York 1958.

Marciniak, F., Wahlverhalten in Nordrhein-Westfalen 1848-1970, Köln 1978.

Menges, W., Wandel u. Auflösung von Konfessionszonen, in: E. Lemberg u. F. Edding Hg., Die Vertriebenen in Westdeutschland, Ihre Eingliederung und ihr Einfluß auf Gesellschaft, Wirtschaft, Politik u. Geistesleben, Bd. 3, Kiel 1959, 1-22.

Mielke, G., Sozialer Wandel u. politische Dominanz in Baden-Württemberg, Berlin 1987.

Mintzel, A. u. H. Oberreuter Hg., Parteien in der Bundesrepublik Deutschland, Bonn 1989.

Mintzel, A., Die Volkspartei, Opladen 1983.

Mintzel, A., Großparteien im Parteienstaat der Bundesrepublik, in: PuZ 11. 1989, 3-14.

Mintzel, A., Die CSU. Anatomie einer konservativen Partei 1945-1972, Opladen 1978[2].
Mooser, J., Abschied von der Proletarität. Sozialstruktur u. Lage der Arbeiterschaft in der Bundesrepublik in historischer Perspektive, in: W. Conze u. M. R. Lepsius Hg., Sozialgeschichte der Bundesrepublik Deutschland, Stuttgart 1983, 143-86.
Müller-Rommel, F., Zum Verhältnis von neuen sozialen Bewegungen u. neuen Konfliktdimensionen in den politischen Systemen Westeuropas, in: JfS 24. 1984, 441-54.
Müller-Rommel, F., Innerparteiliche Gruppierungen in der SPD, 1969-1980, Opladen 1982.
Naßmacher, H., Auf- u. Abstieg von Parteien, in: ZfP 36. 1989, 169-90.
Naßmacher, K. H., Parteien im Abstieg, Wiederbegründung u. Niedergang der Bauern- und Bürgerparteien in Niedersachsen, Opladen 1989.
Niedermayer, O., Innerparteiliche Partizipation, Opladen 1989.
Oberndörfer, D. u. G. Mielke Hg., Stabilität u. Wandel in der westdeutschen Wählerschaft, 1976-1987, Freiburg 1990.
Oberndörfer, D. Hg., Wählerverhalten in der Bundesrepublik Deutschland. Bundestagswahl 1976, Berlin 1978.
Oberndörfer, D. u. a. Hg., Wirtschaftlicher Wandel, religiöser Wandel u. Wertwandel. Berlin 1985.
Oberreuter, H., Parteien – Zwischen Nestwärme u. Funktionskälte, Zürich 1983.
Pappi, F. U., Die Anhänger der neuen sozialen Bewegungen im Parteiensystem der Bundesrepublik, in: PuZ 26. 1989, 17-27.
Pappi, F. U., Konstanz u. Wandel der Hauptspannungslinien in der Bundesrepublik, in: J. Matthes Hg., Sozialer Wandel in Westeuropa, Frankfurt 1979, 465-79.
Pappi, F. U., Parteiensystem u. Sozialstruktur in der Bundesrepublik, in: PVS 14. 1973, 191-213.
Pappi, F. U., Sozialstruktur, gesellschaftliche Wertorientierungen u. Wahlabsicht, in: PVS 18. 1977, 195-229.
Pappi, F. U., Das Wahlverhalten sozialer Gruppen bei Bundestagswahlen im Zeitvergleich, in: H.-D. Klingemann u. M. Kaase Hg., Wahlen u. politischer Prozeß. Bundestagswahl 1983, Opladen 1986, 369-94.
Pappi, F. U., Wahrgenommenes Parteiensystem und Wahlentscheidung in Ost- und Westdeutschland. Zur Interpretation der ersten gesamtdeutschen Bundestagswahl, in: PuZ 44. 1991, 15-26.
Raschke, J., Krise der Grünen, Marburg 1991.
Raschke, J., Soziale Bewegungen, Frankfurt 1985.
Rattinger, H., Wirtschaftliche Konjunktur u. politische Wahlen in der Bundesrepublik Deutschland, Berlin 1980.
Reigrotzki, E., Soziale Verflechtungen in der Bundesrepublik, Elemente

der sozialen Teilnahme in Kirche, Politik, Organisationen u. Freizeit, Tübingen 1956.
Ritter, G. A. u. M. Niehuss, Wahlen in der Bundesrepublik Deutschland, Bundestags- u. Landtagswahlen 1946-1987, München 1987.
Rohe, K., Vom sozialdemokratischen Armenhaus zur Wagenburg der SPD. Politischer Strukturwandel in einer Industrieregion nach dem Zweiten Weltkrieg, in: GG 13. 1987, 508-33.
Roth, D., Die Wahlen zur Volkskammer der DDR, in: PVS 31. 1990, 369-93.
Roth, D., Sind die Republikaner die fünfte Partei? Sozial- u. Meinungsstruktur der Wähler der Republikaner, in: PuZ 41/42. 1989, 10-20.
Rothmund, P. u. K. R. Wiehn Hg., Die FDP/DVP in Baden-Württemberg u. ihre Geschichte, Stuttgart 1979.
Rucht, D., Zum Verhältnis von sozialen Bewegungen u. politischen Parteien, in: JfS 12. 1987, 297-313.
Rudzio, W., Wahlverhalten u. kommunalpolitisches Personal in ausgewählten Oldenburger Gemeinden, in: W. Günther Hg., Sozialer u. politischer Wandel in Oldenburg. Studien zur Regionalgeschichte vom 17. bis 20. Jahrhundert, Oldenburg 1981, 253-97.
Sahner, H., Politische Tradition, Sozialstruktur u. Parteiensystem in Schleswig-Holstein, Meisenheim 1972.
Sarcinelli, U., Symbolische Politik. Zur Bedeutung symbolischen Handelns in der Wahlkampfkommunikation der Bundesrepublik Deutschland, Opladen 1987.
Schacht, K., Wahlentscheidung im Dienstleistungszentrum. Analysen zur Frankfurter Kommunalwahl vom 22. März 1981, Opladen 1986.
Scheuch, E. K. u. R. Wildenmann Hg., Zur Soziologie der Wahl, in: Kölner Zeitschrift für Soziologie und Sozialpsychologie, Sonderheft 9, Köln 1968^2.
Schindler, P., Datenhandbuch zur Geschichte des Deutschen Bundestages 1949-1982, Bonn 1983.
Schmidt, U., Zentrum oder CDU. Politischer Katholizismus zwischen Tradition und Anpassung, Opladen 1987.
Schmidtchen, G., Protestanten und Katholiken. Soziologische Analyse konfessioneller Kultur, Bern 1979^2.
Schmitt, K., Konfession u. Wahlverhalten in der BRD, Berlin 1989.
Schmitt, K. Hg., Wahlen, Parteieliten, politische Einstellungen, Frankfurt 1989.
Schoof, P., Wahlbeteiligung u. Sozialstruktur in der Bundesrepublik Deutschland. Wahlbeteiligung bei Bundes- u. Landtagswahlen zwischen 1972 u. 1976, Frankfurt 1980.
Schultze, R.-O., Wählerverhalten u. Parteiensystem in der Bundesrepublik Deutschland, in: H.-G. Wehling Hg., Westeuropas Parteiensysteme im Wandel, Stuttgart 1983, 9-44.

Steffani, W., Parteien als soziale Organisation, in: ZParl 19. 1988, 549-60.
Stöss, R., Die extreme Rechte in der BRD, Opladen 1989.
Stöss, R. Hg., Parteien-Handbuch, Die Parteien der Bundesrepublik Deutschland 1945-1980, 2 Bde., Opladen 1983-1984.
Sywotteck, A., Flüchtlingseingliederung in Westdeutschland, in: PuZ 51. 1989, 38-46.
Veen, H.-J. u. P. Gluchowski, Sozialstrukturelle Nivellierung bei politischer Polarisierung – Wandlungen u. Konstanten in den Wählerstrukturen der Parteien 1953-1987, in: ZParl 19. 1988, 225-48.
Veen, H.-J. u. P. Gluchowski, Tendenzen der Nivellierung u. Polarisierung in den Wählerschaften von CDU/CSU u. SPD 1959-1983, in: ZParl 14. 1983, 545-55.
Veen, H.-J. u. J. Hoffmann, Die Grünen zu Beginn der neunziger Jahre. Profil und Defizite einer fast etablierten Partei, Bonn 1992.
Veiders, W. W., Großstadt u. Umland. Wahlverhalten im Großraum Köln/Bonn, Diss. Freiburg 1978.
Vogel, B. u. P. Haungs, Wahlkampf u. Wählertradition. Bundestagswahl 1961, Köln 1965.
Weber, H., Traditionslinien u. Neubeginn der deutschen Parteien 1945 – am Beispiel der Arbeiterparteien, in: M. Kaase Hg., Politische Wissenschaft u. politische Ordnung, Wiesbaden 1986, 305-38.
Weinacht, P.-L. Hg., Die CDU in Baden-Württemberg u. ihre Geschichte, Stuttgart 1978.
Wieck, H. G., Die Entstehung der CDU u. die Wiedergründung des Zentrums im Jahre 1945, Düsseldorf 1953.
Wiesendahl, E., Parteien u. Demokratie, Opladen 1980.
Wildenmann, R. u. a. Hg., Volksparteien – ratlose Riesen? Ein deutsches Problem, Baden-Baden 1990.
Wildenmann, R., Die soziale Basis der Herrschaft K. Adenauers, in: D. Blumenwitz u. a. Hg., K. Adenauer u. seine Zeit, Bd. 2, Stuttgart 1976, 275-84.
Winter, T. v., Das politische Verhalten der neuen Mittelklasse, in: ZParl 20. 1989, 494-504.

Tabellarischer Anhang

Verzeichnis der Abbildungen und Tabellen

Abb. 1: Die Entwicklung des Lager- und Parteiensystems 1848–193

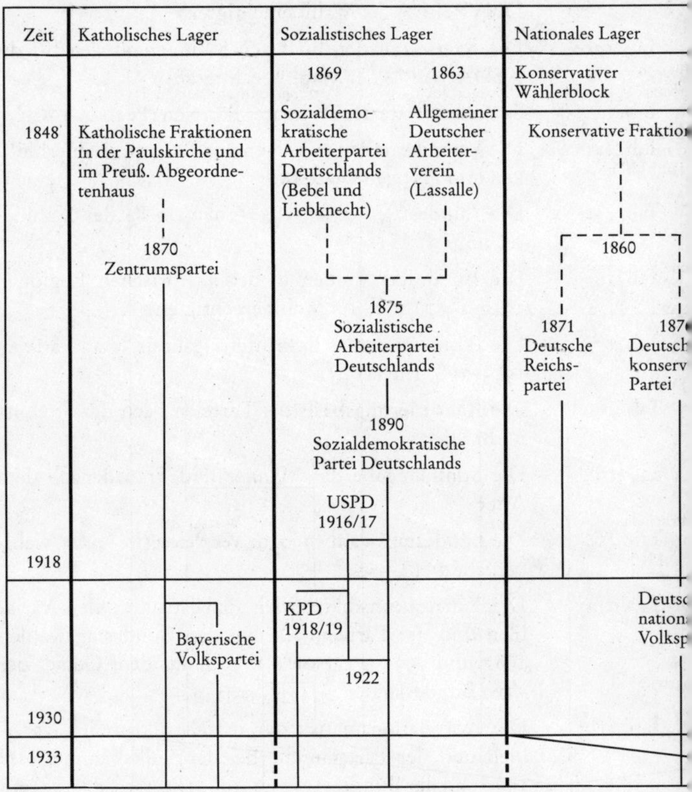

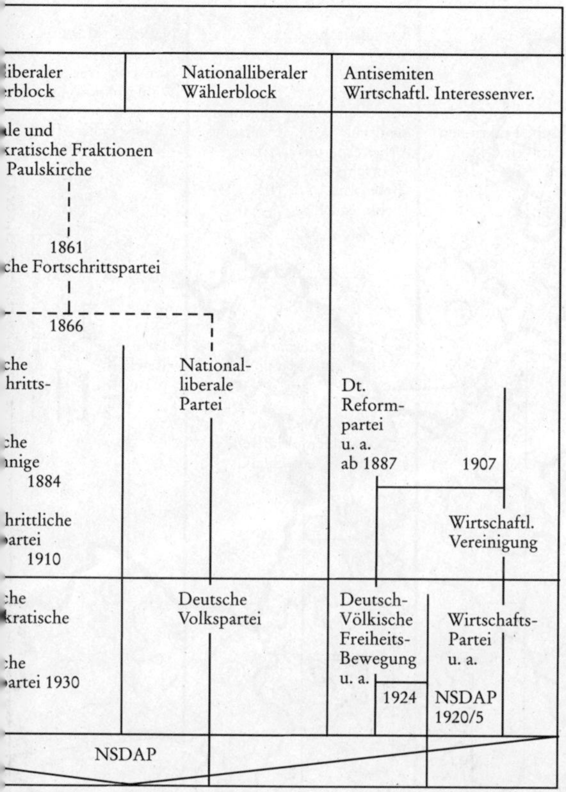
iberaler
rblock
Nationalliberaler
Wählerblock
Antisemiten
Wirtschaftl. Interessenver.
le und
kratische Fraktionen
Paulskirche
1861
che Fortschrittspartei
1866
che
hritts-
National-
liberale
Partei
Dt.
Reform-
partei
u. a.
ab 1887
1907
che
nige
1884
hrittliche
artei
1910
Wirtschaftl.
Vereinigung
che
kratische
Deutsche
Volkspartei
Deutsch-
Völkische
Freiheits-
Bewegung
u. a.
Wirtschafts-
Partei
u. a.
che
artei 1930
1924
NSDAP
1920/5
NSDAP

Abb. 2:
Die Länder und
Regionen 1871–1933

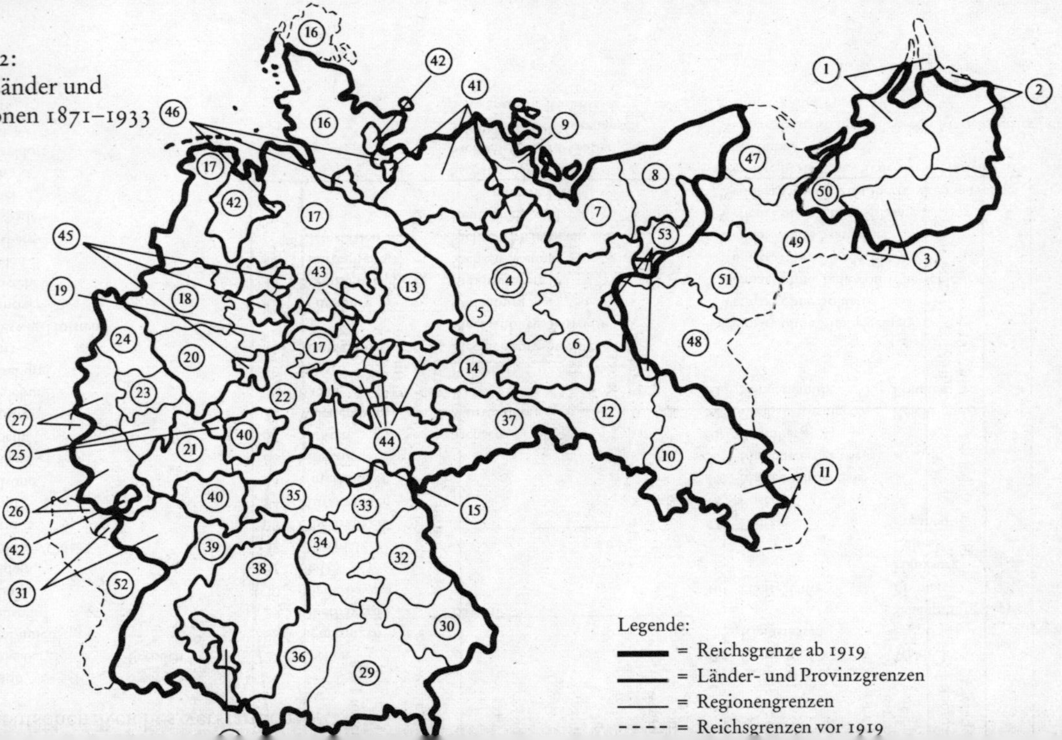

des Deutschen Reiches verstanden.

Nr.	Region	Staat/Land
1	Königsberg[1]	Preußen
2	Gumbinnen[1]	"
3	Allenstein[2]	"
4	Berlin	"
5	Potsdam	"
6	Frankfurt/Oder	"
7	Stettin	"
8	Köslin	"
9	Stralsund	"
10	Breslau	"
11	Oppeln[3]	"
12	Liegnitz	"
13	Magdeburg	"
14	Merseburg	"
15	Erfurt	"
16	Schleswig-Holstein[4]	"
17	Hannover	"
18	Münster	"
19	Minden	"
20	Arnsberg	"
21	Wiesbaden	"
22	Kassel	"
23	Köln	"
24	Düsseldorf	"
25	Koblenz	"
26	Trier[5]	"
27	Aachen[6]	"
28	Sigmaringen	"
29	Oberbayern	Bayern
30	Niederbayern	"
31	Pfalz[5]	"
32	Oberpfalz	"
33	Oberfranken	"
34	Mittelfranken	"
35	Unterfranken	"
36	Schwaben	"
37	Sachsen	Sachsen
38	Württemberg	Württemberg
39	Baden	Baden
40	Hessen	Hessen
41	Mecklenburg	Mecklenburg-Strelitz Mecklenburg-Schwerin
42	Oldenburg	Oldenburg
43	Braunschweig	Braunschweig
44	Thüringische Kleinstaaten	Sachsen-Weimar Sachsen-Meiningen Reuß ältere und jüngere Linie Sachsen-Altenburg Sachsen-Coburg-Gotha[7] Schwarzburg-Sonderhausen Schwarzburg-Rudolstadt Anhalt
45	Restliche Kleinstaaten	Waldeck Lippe Schaumburg-Lippe
46	Hansestädte	Bremen Hamburg Lübeck
47	Danzig	Preußen
48	Posen	"
49	Marienwerder (alt)	"
50	Marienwerder (neu)[8]	"
51	Bromberg	"
52	Elsaß-Lothringen	Reichsland
53	Schneidemühl[9]	Preußen

[1] Weimar: ohne Memelgebiet
[2] Weimar: ohne Soldau
[3] Weimar: ohne Teile von Oberschlesien
[4] Weimar: ohne Nordschleswig
[5] Weimar: ohne Saargebiet
[6] Weimar: ohne Eupen-Malmedy
[7] Weimar: Coburg zu Oberfranken gerechnet
[8] Weimar: besteht aus Teilen von Marienwerder (alt) und Danzig
[9] Weimar: besteht aus Teilen von Marienwerder (alt), Bromberg und Posen

Tab. 1: Das jeweils stärkste Lager und die im entsprechenden Lager stärkste Partei in den Regionen 1871-1933

Nr.	Regionen/RTW	1871	1874	1877	1878	1881	1884	1887	1890	1893	1898	1903	1907	1912	1919	1920	1924 I	1924 II	1928	1930	1932 I	1932 II	1933
1	Königsberg	31	33	31	31	34	31	31	31	31	31	31	31	31	21	31	31	31	31	35	35	35	35
2	Gumbinnen	31	34	34	31	31	31	31	31	31	31	31	31	31	21	31	31	31	31	35	35	35	35
3	Allenstein	34	34	34	31	34	31	31	31	31	31	31	31	31	21	31	31	31	31	35	35	35	35
4	Berlin	34	34	34	34	34	34	34	21	21	21	21	21	21	21	22	31	21	21	23	21	23	23
5	Potsdam	31	31	32	34	34	31	31	31	31	31	31	31	21	21	22	31	31	21	21	35	35	35
6	Frankfurt/O	31	33	31	31	31	31	31	31	31	31	31	31	31	21	31	31	31	31	35	35	35	35
7	Stettin	31	33	31	31	31	31	31	31	31	31	31	31	31	31	31	31	31	31	35	35	35	35
8	Köslin	31	31	31	31	31	31	31	31	31	31	31	31	31	31	31	31	31	31	31	35	35	35
9	Stralsund	32	32	32	32	34	32	32	32	32	31	34	34	31	34	31	31	31	31	35	–	–	–
10	Breslau	32	32	32	32	32	32	32	34	31	31	31	31	31	21	21	31	31	21	35	35	35	35
11	Oppeln	32	11	11	11	11	11	11	11	11	11	11	01	11	11	11	11	11	11	11	35	11	35
12	Liegnitz	33	33	33	33	34	34	34	34	34	34	34	34	34	21	31	31	31	21	21	35	35	35
13	Magdeburg	31	33	33	33	34	34	33	33	33	33	33	21	21	21	21	31	31	21	21	35	35	35
14	Merseburg	33	33	33	32	34	34	34	34	32	32	32	34	34	22	22	31	31	23	23	35	35	35
15	Erfurt	32	32	32	32	34	34	32	34	31	34	34	33	31	22	31	31	31	21	21	35	35	35

18	Münster	11	11	11	11	11	11	11	11	11	11	11	11	11	11	11	11	11	11	11	11	11	11
19	Minden	31	33	31	31	31	31	31	31	31	31	31	31	31	31	31	31	31	21	21	35	35	35
20	Arnsberg	34	34	11	11	11	33	33	33	33	33	33	33	21	21	21	23	21	21	21	23	23	35
21	Wiesbaden	34	33	34	34	34	34	34	34	33	34	33	33	34	21	21	31	31	21	21	35	35	35
22	Kassel	33	33	33	33	31	31	31	31	35	35	35	35	33	21	31	31	31	21	21	35	35	35
23	Köln	11	11	11	11	11	11	11	11	11	11	11	11	11	11	11	11	11	11	11	11	23	35
24	Düsseldorf	11	11	11	11	11	11	11	11	11	11	11	11	11	21	22	23	11	23	23	35	23	35
25	Koblenz	11	11	11	11	11	11	11	11	11	11	11	11	11	11	11	11	11	11	11	11	11	11
26	Trier	32	11	11	11	11	11	11	11	11	11	11	11	11	11	11	11	11	11	11	11	11	11
27	Aachen	11	11	11	11	11	11	11	11	11	11	11	11	11	11	11	11	11	11	11	11	11	11
28	Sigmaringen	33	11	11	11	11	11	11	11	11	11	11	11	11	11	11	11	11	11	11	11	11	11
29	Oberbayern	11	11	11	11	11	11	11	11	11	11	11	11	11	21	12	12	12	12	12	12	12	35
30	Niederbayern	11	11	11	11	11	11	11	11	11	11	11	11	11	12	12	12	12	12	12	12	12	35
31	Pfalz	33	33	33	33	33	33	33	33	33	33	33	33	33	21	33	21	33	21	21	35	35	35
32	Oberpfalz	11	11	11	11	11	11	11	11	11	11	11	11	11	12	12	12	12	12	12	12	12	12
33	Oberfranken	33	33	33	33	34	33	33	34	33	33	11	33	34	21	22	31	31	31	21	35	35	35
34	Mittelfranken	34	34	34	33	34	33	33	33	34	34	34	34	21	21	31	31	31	31	21	35	35	35
35	Unterfranken	11	11	11	11	11	11	11	11	11	11	11	11	11	12	12	12	12	12	12	12	12	12
36	Schwaben	11	11	11	11	11	11	11	11	11	11	11	11	11	12	21	12	12	12	12	12	12	35
37	Sachsen	33	33	33	33	31	31	33	31	31	21	21	33	21	21	22	31	21	21	21	35	35	35

Tab. 1: Fortsetzung

Nr.	Regionen/RTW	1871	1874	1877	1878	1881	1884	1887	1890	1893	1898	1903	1907	1912	1919	1920	1924 I	1924 II	1928	1930	1932 I	1932 II	1933
38	Württemberg	33	33	32	32	32	33	33	33	33	33	33	33	34	34	31	31	31	21	21	35	35	35
39	Baden	33	33	33	33	33	33	33	33	33	33	11	33	33	11	11	11	11	11	35	35	35	35
40	Hessen	33	33	33	33	34	33	33	33	33	33	33	33	33	21	21	21	21	21	21	35	35	35
41	Mecklenburg	33	33	33	31	31	31	31	31	31	31	31	31	31	34	21	31	31	21	21	35	35	35
42	Oldenburg	33	33	33	33	34	34	33	34	34	34	21	34	34	34	33	31	31	33	35	35	35	35
43	Braunschweig	33	33	33	33	33	33	33	34	33	33	21	21	21	21	22	31	33	21	21	35	35	35
44	Thüring. Kleinst.	33	33	33	33	34	33	33	33	33	21	33	33	21	–	22	21	21	21	21	35	35	35
45	Restl. Kleinst.	34	34	34	33	31	34	33	34	31	34	34	34	34	34	31	31	31	21	21	35	35	35
46	Hansestädte	33	33	33	33	34	33	33	21	21	21	21	21	21	21	21	31	31	21	21	21	21	21
47	Danzig	33	33	01	33	34	31	31	31	31	31	31	31	32									
48	Posen	01	01	01	01	01	01	01	01	01	01	01	01	C1									
49	Marienwerder (alt)	33	33	01	31	33	31	31	31	31	32	33	33	32									
50	Marienwerder (neu)														34	31	31	31	31	31	35	35	35
51	Bromberg	01	01	01	01	01	01	01	01	01	01	01	01	31									
52	Elsaß-Lothr.		11	02	02	02	02	02	02	02	02	02	02	02									

In den Regionen Danzig und Marienwerder (alt) sind die Polen regelmäßig die stärkste Partei, aber zumeist schwächer als das nationale Lager insgesamt.

– = keine Angaben

Legende:

Minderheiten:	01	= Polen
	02	= Elsaß-Lothringer
Katholisches Lager:	11	= Zentrum
	12	= Bayerische Volkspartei
Sozialist. Lager:	21	= SPD
	22	= Unabhängige Sozialdemokratische Partei Deutschlands
	23	= KPD
Nationales Lager:	31	= Deutschkonservative/Deutschnationale Volkspartei
	32	= Reichskonservative
	33	= Nationalliberale/Deutsche Volkspartei
	34	= Linksliberaler Wählerblock/Deutsche Demokratische Partei bzw. Deutsche Staatspartei
	35	= Antisemiten/NSDAP

Quellen: Zusammenstellung auf der Grundlage des Datensatzes Steinbach, Universität Passau, und des Datensatzes Falter, Freie Universität Berlin.

Tab. 2a: Die Wahlbeteiligung in den preußischen Regierungsbezirken bei den Landtagswahlen 1849-1866 (jeweils die drei Extremwerte)

Regbez./LTW	1849	1849	1855	1855	1858	1858	1861	1861	1862	1862	1863	1863	1866	1866
	H[2]	T[2]	H	T	H	T	H	T	H	T	H	T	H	T
Gumbinnen			22,5											
Danzig													49,1	
Marienwerder	49,4													
Köslin			24,7											
Posen	53,6				43,1		57,1		54,0		52,1			
Bromberg	57,5				43,2		56,7		59,5		55,4		48,7	
Berlin			38,8		43,3		42,1		62,6		61,8		48,7	
Arnsberg				6,6		10,4				19,7				19,4
Münster		8,8		6,4		7,7		10,1		12,3		11,0		11,6

Aachen		7,5		6,5				12,1		19,2		15,4		12,5
Düsseldorf						11,1		12,9						
Koblenz												15,6		
Trier[1]		9,2												
Preußen		31,9		16,0		22,6		27,2		34,3		30,9		30,4

Anmerkungen:

[1] inkl. Luxemburg

[2] H = höchste Wahlbeteiligung im ∅ aller drei Wahlabteilungen
T = niedrigste Wahlbeteiligung im ∅ aller drei Wahlabteilungen

Quelle: Zeitschrift des Königlich Preußischen Statistischen Bureaus, 2.1862, 77-120. ebd., 5.1865, 41-86. ebd., 7.1867, 236-242.

Tab. 2b: Die Wahlbeteiligung in den preußischen Regierungsbezirken bei den Reichstagswahlen 1867-77 und 1912 (jeweils die drei Extremwerte)

Regbez./RTW	1867[1]	1867	1867[2]	1867	1871	1871	1874	1874	1877	1877	1912	1912
	H[3]	T[3]	H	T	H	T	H	T	H	T	H	T
Marienwerder	81,7		61		66,4		77,8		75,2		89,6	
Posen	85,3		71,2		70,9				74,6			
Bromberg	89		71,6		68,1				74,3		89,2	
Magdeburg											88,9	
Wiesbaden							77,2					
Koblenz							80,6					
Oppeln												73,9
Frankfurt/O.						38,8						
Stettin						35,3				43,7		

Berlin						26,1		32				
Potsdam								42,2				
Magdeburg										42,5		
Merseburg								41,7		40,7		
Münster		48,5		22,6								
Aachen		42,7		23,7								78,1
Düsseldorf		53										
Köln				25								80
Preußen	64,9		40,5		48,7		58,9		58		84,5	

Anmerkungen:

1 Februarwahl zum Norddeutschen Reichstag
2 Augustwahl zum Norddeutschen Reichstag
3 H = höchste Wahlbeteiligung
T = niedrigste Wahlbeteiligung

Quellen: K.E. Pollmann, Parlamentarismus im Norddeutschen Bund 1867-1870, Düsseldorf 1985, Anhang. G.A. Ritter u. M. Niehuss, Wahlgeschichtliches Arbeitsbuch, Materialien zur Statistik des Kaiserreiches 1871-1918, München 1980, 42.

Tab. 3: Die Entwicklung der Lager und Wählerblöcke bei den Reichstagswahlen 1871-1912 (in % der Wahlberechtigten)

Wahldatum	Kath. Lager	Sozial. Lager	Nationales Lager	Liberaler Wählerblock	Linkslib. Wählerblock	Nationallib. Wählerblock	Konserv. Wählerblock
1871	9,5	1,6	31,7	20	4,7	15,3	11,7
1874	17,5	4,2	30,7	22,6	5,3	17,3	8,1
1877	15,5	5,7	32,3	21,7	5,3	16,4	10,7
1878	15,1	4,9	36,4	19,6	4,9	14,7	16,8
1881	13	3,4	33,3	19,9	12,8	7,1	13,9
1884	13,6	5,9	35,7	22,3	11,7	10,6	13,4
1887	15,5	7,9	47,3	28,8	10,9	17,2	19,2
1890	13	13,7	37,8	24	12,6	11,4	13,3
1893	13,8	16,8	36,1	19,7	10,3	9,4	13,9
1898	12,7	18,2	29	16	7,5	8,5	10,5
1903	14,9	24,1	29,8	17,4	7	10,4	10,4
1907	16,3	24,4	34,2	21,5	9,3	12,2	11,5
1912	13,5	28,9	32,5	21,6	10,3	11,3	10

Anmerkung:
Definition des Nationalen Lagers: Deutschkonservative, Reichskonservative, Nationalliberale, Liberale, Deutsche Fortschrittspartei, Deutsche Volkspartei, Liberale Vereinigung bzw. Fortschrittliche Volkspartei und Antisemiten.

Quelle: Datensatz Steinbach, Universität Passau.

Tab. 4: Vergleich der Wahlergebnisse der politischen Lager 1877 und 1912

	1877	1912	Veränderungen
Wahlberechtigte in Millionen	8,943	14,442	+ 5,499
Wahlbeteiligung in %	60,6	84,9	+ 24,3
Sozialistisches Lager			
abs. Stimmenzahl in Millionen	0,493	4,250	+ 3,757
Stimmenanteil in % Wahlbeteiligte	9,44	34,69	+ 25,25
Stimmenanteil in % Wahlberechtigte	5,73	28,94	+ 23,21
Katholisches Lager[1]			
abs. Stimmenzahl in Millionen	1,341	1,997	+ 0,656
Stimmenanteil in % Wahlbeteiligte	25,57	16,21	− 9,36
Stimmenanteil in % Wahlberechtigte	15,51	13,53	− 1,98
Nationales Lager[2]			
abs. Stimmenzahl in Millionen	3,020	4,656	+ 1,636
Stimmenanteil in % Wahlbeteiligte	53,33	38,99	− 14,34
Stimmenanteil in % Wahlberechtigte	32,34	32,53	+ 0,19

Anmerkungen:

1 Katholisches Lager 1877: Zentrum ohne die Stimmen in Elsaß-Lothringen, da die dort gewählten Abgeordneten nicht zur Zentrumfraktion gehörten (Hospitantenstatus). 1912: Von den ca. 118000 Stimmen des Zentrums in Elsaß-Lothringen bzw. des elsaß-lothringischen Zentrums wurden in der Reichsstatistik nur etwa 19000 Stimmen dem Zentrum zugerechnet. Vgl. Ritter, Parteien 1830, 100, Anm. 76.

2 Definition des Nationalen Lagers: Deutschkonservative, Reichskonservative, Nationalliberale, Liberale, Deutsche Fortschrittspartei, Deutsche Volkspartei bzw. 1912: Fortschrittliche Volkspartei und Antisemiten.

Quellen: Ritter, Arbeitsbuch, 38, 42. Die Prozentuierungen wurden dem Datensatz Steinbach, Universität Passau, entnommen. Abweichungen in der Datenbasis führen zu geringfügigen Unterschieden zwischen dem Datensatz und der Reichsstatistik.

Tab. 5: Das sozialstrukturelle Profil einiger Parteien in den Jahren 1893 und 1907 (Pearson r)

	Z	SPD	Kons.	Nat. Lib.
Evang. Konf.				
1893	−0,85	0,46	0,41	0,3
1907	−0,86	0,87	0,44	0,5
Kath. Konf.				
1893	0,85	−0,46	−0,4	−0,29
1907	0,87	−0,87	−0,42	−0,5
Land-Besch.				
1893	0,22	−0,75	0,31	−0,02
1907	0,36	−0,77	0,54	−0,1
Gewerb. Besch.				
1893	−0,13	0,65	−0,24	0,16
1907	−0,3	0,68	−0,51	0,11
Dienstl. Besch.				
1893	−0,27	0,57	−0,3	−0,16
1907	−0,3	0,56	−0,45	−0,03

Anmerkung:

Der »Produkt-Moment-Korrelationskoeffizient« von Pearson (r) ist ein Zusammenhangsmaß, das angibt, in welchem Ausmaß die Schwankungen einer Variable (z.B. SPD-Stimmenanteil) mit den Schwankungen einer zweiten Variablen (z.B. Evang. Konfessionsanteil) parallel verlaufen. Seine Ausprägungen reichen von −1 kleiner gleich r kleiner gleich +1.

Quelle: St. Immerfall, Wahlverhalten und Parteiensystem im Kaiserreich, in: H. Best Hg., Politik u. Milieu, Wahl- und Elitenforschung im historischen u. interkulturellen Vergleich, St. Katharinen 1989, 52-55.

Tab. 6: Das durchschnittliche sozialstrukturelle Profil der Lager und Parteien 1893-1912 (Pearson r)

	Kath. Lager	Sozial. Lager	Dt.-kons.	Reichs-kons.	Kons. W.block	Fort-schr.	Frei-sinn	Demo-kraten	Linkslib. W.block	Nat.-Lib.	Anti-semiten	Nat. Lager
Katholische Konfes.	0,79	−0,53	−0,33	−0,11	−0,37	−0,37	−0,22	−0,02	−0,45	−0,16	−0,21	−0,72
Gewerb. Beschäftigte	−0,12	0,68	−0,29	−0,05	−0,3	0,12	−0,08	−0,03	0,05	0,16	0,03	−0,12
Land. Beschäftigte	0,17	−0,75	0,29	0,07	0,32	−0,17	−0,01	0,06	−0,12	−0,13	−0,02	0,11
Bevölkerungszahl	−0,09	0,4	−0,1	−0,07	−0,13	0,04	−0,04	−0,05	−0,01	0,04	−0,05	−0,1
Sozialistisches Lager	−0,48		−0,13	−0,05	−0,15	0,25	0,04	−0,05	0,21	0,1	0,04	0,06
Katholisches Lager		−0,48	−0,33	−0,15	−0,39	−0,32	−0,18	−0,02	−0,39	−0,14	−0,15	−0,68
Nationales Lager	−0,68	0,06	0,59	0,19	0,66	0,37	0,26	0,07	0,5	0,16	0,23	

Quelle: Datensatz Steinbach, Universität Passau. Die Berechnungen wurden von St. Immerfall durchgeführt.

Tab. 7: Die Zusammensetzung der Wählerschaft der Parteien und Lager nach Ortsgrößenklassen 1898 und 1912 in %

Einwohner							
Lager/Parteien	RTW	unter 2000	2-10000	10-100000	über 100000	gesamt/absolut	%
Wahlberechtigtenanteil in %	1898	52,1	17,5	15,3	15		100
	1912	39,7	18,5	21,9	19,9		100
Nationales Lager	1898	55,4	16,4	16,5	11,6	3036690	100
	1912	45,5	17	18,8	18,7	4653137	100
Konservative	1898	73,7	11,5	9,9	4,9	859222	100
	1912	75,1	11,3	8,1	5,4	1126270	100
Reichspartei	1898	65	17,4	16,2	1,3	343642	100
	1912	60,9	15,9	12,5	10,6	367156	100
Nationalliberale	1898	48,4	18,6	20,3	12,6	971302	100
	1912	37,4	20,2	22,5	19,9	1662670	100

[illegible]	[illegible]	[illegible]	[illegible]	[illegible]	[illegible]	862524	100
	1912	28,6	18	24,1	29,3	1497041	100
Katholisches Lager	1898	63,8	17,9	12,2	6,1	1455139	100
	1912	49,8	22,2	15,6	12,4	1996848	100
Sozialistisches Lager	1898	26,8	20,8	22,9	29,6	2107076	100
	1912	21,7	18,9	23,8	35,7	4250399	100
Sonstige	1898	–	–	–	–	1153788	100
	1912	–	–	–	–	1307248	100

Anmerkung:

Die Kategorie der Gemeinden von 10-100000 Einwohnern wurde aus den in der amtlichen Statistik nachgewiesenen Angaben für alle Städte mit mehr als 10000 Einwohnern abzüglich der Großstädte errechnet.

Quellen: Eigene Berechnungen auf der Basis von: Statistik der Reichstagswahlen von 1898, Teil2, in: Ergänzungsheft zu den Vierteljahresheften zur Statistik des Deutschen Reiches, Teil I, Berlin 1899, 96-101. Die Reichstagswahlen von 1912, in: Statistik des Deutschen Reiches, Bd. 250, H. 3, Berlin 1913, 104f., 118-125.

Tab. 8: Die Entwicklung der Lager, Wählerblöcke und Parteien bei den Reichstagswahlen 1920-1933 (in % der Wahlberechtigten)

Wahl-datum	Kath. Lager	Sozial. Lager	SPD	USPD	KPD	Nationa-les L.[1]
1920	13,5	32,6	17	14	1,6	29,2
1924 I	12,3	26	15,7	0,7	9,6	31,2
1924 II	13,1	27,4	20,2	0,3	6,9	31,6
1928	11,3	30,1	22,2	–	7,9	22,7
1930	12,1	30,6	20	–	10,7	27,3
1932 I	13,1	30	20,4	–	15,4	37,8
1932 II	12	29,8	18,2	–	17	35,4
1933	12,3	26,9	16,1	–	10,9	47,4

Anmerkungen:

1 Definition des Nationalen Lagers: NSDAP, DVFB, DNVP bzw. Kampffront Schwarz-Weiß-Rot, DVP, DDP bzw. DSP.

2 Kampffront Schwarz-Weiß-Rot

Quelle: Datensatz Falter, Freie Universität Berlin.

Liberaler Wählerblock	DDP/DSP	DVP	DNVP	NSDAP	Wirtsch.-partei
17,4	6,5	10,9	11,8	–	–
11,2	4,3	6,9	15	–	–
12,7	4,9	7,8	15,9	–	–
10,1	3,7	6,5	10,6	2	3,4
6,7	3,1	3,7	5,7	14,9	3,2
1,8	1,1	1,2	5	28,2	0,4
2,2	1	2	7,2	23,7	0,3
1,7	0,7	1	7[2]	38,7	–

Tab. 9: Parteiübergänge von 1912 auf 1919/20

	SPD	FV	PL	Z	NL	WV	RP	DK	NW
1919[1]									
USPD	48	4	−32	−40	11	−32	− 3	−22	
SPD	46	10	−38	−70	17	4	2	6	
DDP	28	60	−19	−67	34	13	18	24	
Z	−64	−40	53	95	−33	− 8	−15	−28	
DVP	1	5	− 8	−35	21	− 5	−20	−10	
DNVP	− 4	33	24	−55	14	45	54	71	
1920[2]									
KPD	11	−11	18	−20	7	−21	−25	−12	3
USPD	64	2	−38	−50	24	−33	5	−28	−23
SPD	37	21	−23	−59	3	7	2	11	−41
DDP	40	55	−39	−55	26	5	20	−10	−37
Z	−61	−40	57	95	−38	− 9	−17	−27	36
BVP	−69	−66	–	91	−62	1	–	−49	43
DVP	44	15	−51	−64	33	5	−13	− 2	−36
DNVP	− 9	37	−14	−53	19	67	55	83	−12
NW	−33	− 8	46	9	−15	16	− 6	− 6	49

Anmerkungen:

Pearson r × 100 der Stimmenanteile

1 Prozentuierungsbasis: Gültige Stimmen (1912/20).

2 Prozentuierungsbasis: Wahlberechtigte (1912/20).

Legende:

FV = Fortschrittliche Volkspartei
PL = Polen
Z = Zentrum
NL = Nationalliberale Partei
WV = Wirtschaftliche Vereinigung
RP = Reichpartei
DK = Deutschkonservative
NW = Nichtwähler

Quelle: J.W. Falter u.a., Wahlen u. Abstimmungen in der Weimarer Republik, Materialien zum Wahlverhalten 1919-1933, München 1986, 138.

Tab. 10: Die parteipolitische Entwicklung in den Parteihochburgen des Jahres 1912 bei den Wahlen 1919 und 1920 (in % der gültigen Stimmen)

Die Entwicklung in den Hochburgen des Zentrums von 1912								
		Z	CVP	Z	Soz[1]	Soz[2]	DNVP	DNVP
Wahlkreisgebiete	Regionen	1912	1919	1920	1919	1920	1919	1920
Daun-Prüm-Bitburg	Trier	97	89,4	89,3	5,4	6,7	0,2	0,1
Paderborn-Büren	Minden	96,5	83,3	79,9	9,3	11	3,1	3,2
Braunsberg-Heilsberg	Königsberg	96,1	80	77	13,2	11,4	1,2	4
Geilenk.-Heinsberg	Aachen	96	90,6	88	5,9	7,2	2,4	1,5
Bergheim-Euskirchen	Köln	94,6	78,4	62,5	18,1	29,1	0,6	2,8
Die Entwicklung in den Hochburgen der SPD von 1912								
		SPD	SPD	SPD	USPD	USPD	DVP	DVP
Wahlkreisgebiete	Regionen	1912	1919	1920	1919	1920	1919	1920
Berlin	Berlin	75,3	36,4	17,5	27,3	42,7	5,7	14,1
Niederbarnim	Potsdam	71,6	38,1	19	29,5	40,3	7,5	16,8
Meerane-Glauchau	Sachsen	63,6	64,6	34,5	3,8	19	0	8,7
Sonneberg-Saalfeld	Thüringen	62,3	65,2	30,4	2,5	24,8	2,8	14,3
Hamburg	Hansestädte	61,3	51,3	38,3	6,7	15,1	11,7	15

Tab. 10: Fortsetzung

Die Entwicklung in den Hochburgen der FV von 1912

		FV	DDP	DDP	DVP	DVP	DNVP	DNVP
Wahlkreisgebiete	Regionen	1912	1919	1920	1919	1920	1919	1920
Reutlingen-Tübingen	Württemberg	48,9	33,7	19,9	0	6,2	10,2	23,5
Lippe	Rest. Kleinst.	45,9	23,5	11,6	2,2	20,4	20,9	24,4
Schönau-Hirschberg	Liegnitz	44,3	34,5	19,8	0	10,5	10,3	19,1
Lübeck	Hansestädte	43,9	30,5	10,5	0,5	23,4	10,1	10,9
Heiligenb-Pr. Eylau	Königsberg	43,8	20,5	4,1	4,1	8,4	24,5	45,5

Die Entwicklung in den Hochburgen der Nationalliberalen von 1912

		NL	DVP	DVP	DDP	DDP	DNVP	DNVP
Wahlkreisgebiete	Regionen	1912	1919	1920	1919	1920	1919	1920
Thorn-Kulm	Marienwerder	51,8	0	–	44,1	–	35,2	–
Angerburg-Lötzen	Gumbinnen	50,4	5,6	16,8	20,9	7,3	11,5	33,4
Sorau	Frankfurt/O.	49,8	1,3	15,8	25,9	12,1	12,9	20,5
Memel-Heydekrug	Königsberg	47,5	5,5	8,5	28,9	6,3	6,4	42,5

		Kon[3]	DNVP	DNVP	DDP	DDP	SPD	SPD
Wahlkreisgebiete	Regionen	1912	1919	1920	1919	1920	1919	1920
Holland-Mohrungen	Königsberg	88	28,4	56,6	19,4	2,5	46	22,4
Ostpriegnitz	Potsdam	84,4	21,7	33,4	39,7	12,5	34,7	18,2
Ost.-Weststernberg	Frankfurt/O.	76,1	22,9	31	22,6	9,4	45,7	17,9
Marienburg-Elbing	Danzig	69,8	15,9	39,3	26,5	8	48,5	24,3
Belgard-Schivelbein	Köslin	67,5	38,4	54	18,4	3	33,8	13,1

Anmerkungen:

1 Soz = USPD/SPD
2 Soz = USPD/SPD/KPD
3 Kon = Deutschkonservative/Reichspartei/Deutsche Reformpartei/Wirtschaftspartei

Quelle: J. Winkler, Kontinuität u. Diskontinuität des deutschen Parteiensystems 1912-1920 unter besonderer Berücksichtigung der Wahl zur Nationalversammlung und zum 1. Reichstag 1920, wiss. Arbeit, Berlin 1988, 86f.

Tab. 11: Stimmabgabe von Männern und Frauen in ausgewählten Wahlgebieten bei den Reichstagswahlen 1924/28 und 1930 (in % der gültigen Stimmen)

Untersuchungsgebiet	Wahlbeteiligung zusammen	Wahlbeteiligung nach Geschlecht		SPD	DNVP	Z/BVP	KPD	DVP	DDP	NSDAP	Wahldatum
Ragnit (Ostpr.) 7783 Einwohner	69,7	m	77,7	14,1	14,1	0,5	39,4	9,0	4,8	14,5	1924 II
		w	62,2	12,1	20,1	0,8	32,0	10,8	6,2	13,1	
	78,6	m	83,3	17,3	6,6	0,4	47,8	4,7	3,7	11,6	1930
		w	73,3	16,9	8,4	0,8	36,0	6,9	5,0	11,4	
Stadtkreis Köln 0,700 Mill. Einwohner	59,5	m	67,2	23,3	7,3	27,3	15,1	12,0	5,0	1,3	1924 II
		w	52,7	16,2	7,1	44,0	7,7	11,8	4,4	0,7	
	[illegible]	m	79,6	20,8	1,8	18,1	20,7	6,2	4,5	19,8	1930

Weilheim (Oberbay.) 6114 Einwohner	69,5	m	75,1	19,4	15,5	28,1	2,2	1,4	9,4	5,1	1924 II
		w	66,2	9,8	13,8	45,4	0,4	1,8	7,9	3,9	
	72,2	m	78,5	19,0	2,5	23,1	5,7	0,8	5,3	21,4	1930
		w	66,9	12,1	3,5	41,2	2,0	0,8	5,0	14,9	
Stadt Berlin (6 Bezirke, 1,966 Mill. Einw.)	78,9	m	83,1	33,4	13,7	2,6	32,7	4,2	6,8	1,6	1928
		w	75,5	34,8	17,5	4,0	26,8	4,4	6,7	1,2	
	80,2	m	83,8	27,0	10,6	2,8	36,9	1,9	4,3	13,3	1930
		w	78,5	28,8	13,6	4,3	29,5	2,5	4,2	12,3	

Anmerkung:
Berlin wurde 1928 erstmals in diese Untersuchung mit einbezogen.

Quelle: G. Schulz Hg., Ploetz Weimarer Republik, Freiburg 1987, 166.

Tab. 12a: Die Kreise mit den höchsten Stimmenanteilen für die DNVP (in % der Wahlberechtigten)

Stimmenanteil	Jahr	Kreis	Region	rk	Arb	Land	SeMi	Alos
51 %	1920	Ansbach	Mittelfranken	5	20	78	56	3
51 %		Dinkelsbühl	Mittelfranken	15	20	78	65	5
51 %		Marbach	Württemberg	1	25	66	63	5
53 %		Gunzenhausen	Mittelfranken	18	18	77	62	4
63 %		Rothenburg	Mittelfranken	6	21	88	65	2
54 %	1924 I	Saatzig	Stettin	2	38	81	44	4
55 %		Belgard	Koeslin	1	39	66	36	8
55 %		Stolp	Koeslin	1	34	81	49	5
55 %		Schlawe	Koeslin	1	30	73	49	6
59 %		Rothenburg	Mittelfranken	6	21	88	65	2
50 %	1928	Uffenheim	Mittelfranken	6	24	77	58	4
51 %		Stolp	Koeslin	1	34	81	49	5
52 %		Dinkelsbühl	Mittelfranken	15	20	78	65	5
56 %		Ansbach	Mittelfranken	5	20	78	56	3

31 %		Kolberg-Kör.	Koeslin	1	34	81	48	5
33 %		Regenwalde	Stettin	2	47	70	31	5
34 %		Stolp	Koeslin	1	34	81	49	5
38 %		Schlawe	Koeslin	1	30	73	49	6
25 %	1932 II	Regenwalde	Stettin	2	47	70	31	5
26 %		Saatzig	Stettin	2	38	81	44	4
27 %		Naumburg	Merseburg	4	32	5	18	23
27 %		Stolp	Koeslin	1	34	81	49	5
28 %		Schlawe	Koeslin	1	30	73	49	6

Legende:
rk = römisch-katholischer Konfessionsanteil
Arb = Arbeiteranteil
Land = Beschäftigtenanteil Landwirtschaft
SeMi = Selbständiger Mittelstand
Alos = Arbeitslosenanteil

Quelle: Falter, Abstimmungen, 132f.

Tab. 12b: Die Kreise mit den höchsten Stimmenanteilen für die NSDAP (in % der Wahlberechtigten)

Stimmenanteil	Jahr	Kreis	Region	rk	Arb	Land	SeMi	Alos
27 %	1924 I	Wittmund	Hannover	1	25	71	60	6
31 %		Weißenburg	Mittelfranken	22	40	10	22	23
32 %		Coburg	Oberfranken	8	33	2	19	21
33 %		Ansbach	Mittelfranken	21	33	4	14	16
34 %		Neustadt	Oberfranken	0	59	4	21	40
16 %	1928	Bayreuth	Oberfranken	16	37	4	15	15
19 %		Wittmund	Hannover	1	25	71	60	6
20 %		Coburg	Oberfranken	8	33	2	19	21
22 %		Kulmbach	Oberfranken	14	44	4	17	10
28 %		Neustadt	Oberfranken	0	59	4	21	40
29 %	1930	Kehl	Baden	14	26	58	53	9
29 %		Diepholz	Hannover	1	22	79	67	5
34 %		Wittmund	Hannover	1	25	71	60	6
37 %		Norder-dithmarschen	Schleswig	1	30	52	46	10

61 %		Alsfeld	Hessen	5	27	70	54	7
63 %		Lauterbach	Hessen	6	24	68	57	6
66 %		Schotten	Hessen	1	20	72	64	7
69 %		Rothenburg	Mittelfranken	6	21	88	65	2

Legende:

rk = römisch-katholischer Konfessionsanteil
Arb = Arbeiteranteil
Land = Beschäftigtenanteil Landwirtschaft
SeMi = Selbständiger Mittelstand
Alos = Arbeitslosenanteil

Quelle: Falter, Abstimmungen, 132f.

Tab. 13: Sozialkorrelate der Weimarer Parteien (Pearson r × 100)

Reichstagswahl	1920	1928	1930	1932 I	1933		1920	1928	1930	1932 I	1933
NSDAP						DNVP					
% Katholiken	–	– 9	– 53	– 71	– 55		– 59	– 43	– 36	– 47	– 55
% Stadtbewohner	–	– 2	– 4	– 20	– 29		– 21	– 14	– 15	– 14	– 11
% Agrarbevölkerung	–	– 7	– 2	20	43		34	26	18	11	4
% Arbeiter	–	– 10	0	– 7	– 24		– 5	– 9	– 3	– 6	– 1
% Angestellte	–	4	2	– 22	– 39		– 28	– 12	– 2	3	8
% Beamte	–	16	15	– 4	– 15		– 17	– 2	7	12	17
% Selbständige	–	8	– 4	16	37		18	1	– 10	– 8	– 12
% Arbeitslose	–	–	13	– 9	– 38		–	–	– 1	– 6	– 3
DVP						DDP					
% Katholiken	– 56	– 50	– 40	– 28	– 32		– 46	– 47	– 32	– 35	– 34
% Stadtbewohner	13	25	33	22	31		7	25	18	29	31
% Agrarbevölkerung	– 40	– 48	– 47	– 37	– 46		– 22	– 42	– 31	– 26	– 39
% Arbeiter	11	19	18	2	9		– 2	– 1	– 8	– 5	– 3
% Angestellte	39	45	46	38	49		25	54	42	39	55
% Beamte	38	37	34	34	34		25	38	32	23	32
% Selbständige	– 33	– 38	– 40	– 20	– 28		– 3	– 21	– 8	– 8	– 17

% Katholiken	−48	−66	−66	−66	−62		− 7	−25	−21	−17	26
% Stadtbewohner	16	17	14	19	20		2	35	37	40	41
% Agrarbevölkerung	−20	−41	−38	−44	−48		−20	−59	−63	−64	−69
% Arbeiter	25	41	36	36	39		30	62	68	72	71
% Angestellte	12	29	28	36	37		8	49	49	47	53
% Beamte	9	21	22	27	27		9	12	12	10	13
% Selbständige	−25	−46	−40	−45	−45		−27	−65	−69	−71	−70
% Arbeitslose	–	–	37	45	42		–	–	45	65	73
Z/BVP											
% Katholiken	92	92	92	93	93						
% Stadtbewohner	− 9	−10	−11	− 9	− 8						
% Agrarbevölkerung	25	25	27	25	21						
% Arbeiter	−28	−29	−31	−30	−27						
% Angestellte	−24	−24	−25	−23	−21						
% Beamte	−16	−15	−16	−15	−14						
% Selbständige	29	29	31	29	26						
% Arbeitslose	–	–	−28	−32	−23						

Quellen: J.W. Falter, War die NSDAP die erste deutsche Volkspartei?, in: M. Prinz u. R. Zitelmann Hg., Nationalsozialismus u. Modernisierung, Darmstadt 1991, 35. ders., Abstimmungen, 163-69.

Tab. 14: Die Veränderungen zwischen den Lagern, Wählerblöcken und Parteien 1920-1933

Wahlpaar	20-24 I	24 I-II	24 II-28	28-30	30-32 I	32 I-II	32 II-33
(A) Haltequoten von Wahl zu Wahl[1]							
Sozial. Lager[2]	40	66	72	65	61	67	71
Kath. Lager	50	70	55	66	65	63	74
Nationales Lager[3]	25	60	44	35	11	34	33
Liberaler W.block	30	66	45	31	6	15	12
DNVP	48	70	51	27	20	49	49
(B) Lagerübergreifende Wählerwanderungen							
Sozial. Lager	39	19	18	22	22	18	19
Kath. Lager	33	20	32	30	30	28	20
Nationales Lager[3]	34	17	25	41	66	37	51
Nationales Lager[4]	34	16	23	19	19	17	9
[illegible]	[illegible]	[illegible]	[illegible]	[illegible]	[illegible]	[illegible]	[illegible]

Sozial. Lager	13:00	4:20	3:22	15:21	21:04	10:08	15:03
Kath. Lager	1:00	2:18	2:12	9:09	10:04	6:04	3:01
Liberaler W.block	7:00	3:09	3:11	26:05	36:01	4:01	23:01
DNVP	8:00	2:29	1:10	31:03	33:05	0:03	34:03
Nichtwähler	3:00	1:07	2:22	14:11	19:00	2:06	42:02

Anmerkungen: Individualbeziehungen geschätzt mit Hilfe sogenannter ökologischer Regressionen auf Gemeindeebene (1920-1930) bzw. Kreisebene (1930-1933)

1 in Prozent der Parteianhänger der jeweils ersten Wahl jedes Wahlpaares
2 ohne USPD
3 DDP, DVP, DNVP und Sonstige (ohne NSDAP)
4 DDP, DVP, DNVP und Sonstige (mit NSDAP)
5 In Prozent der Anhänger der jeweils ersten Wahl;
Spalte 1: Zur NSDAP;
Spalte 2: Von der NSDAP zum Lager, Wählerblock oder Partei

Quellen: J. W. Falter, Die Wählerpotentiale politischer Teilkulturen 1920-1933, in: D. Lehnert u. K. Megerle Hg., Politische Identität u. nationale Gedenktage in der Weimarer Republik, Opladen 1989, 290; ders., Hitlers Wähler, München 1991, 115.

Tab. 15: Die Bundestagswahlen 1949-1987 (in % der Wahlberechtigten)

Wahl/Partei	CDU/CSU	SPD	FDP	Grüne	Sonstige
1949	23,6	22,2	7,7	–	22,6
1953	37,5	23,9	7,9	–	13,7
1957	42,4	26,8	6,5	–	8,8
1961	38,2	30,5	10,8	–	4,8
1965	40,3	33,3	8	–	3,1
1969	39,3	36,4	4,9	–	4,7
1972	40,5	41,4	7,6	–	0,8
1976	43,7	38,3	7,1	–	0,8
1980	39,1	37,6	9,3	1,3	0,4
1983	43,1	33,7	6,1	4,9	0,5
1987	37	30,9	7,6	6,9	1,1

Anmerkungen:

1949/53 ohne das Saarland.
Ab 1953 in % der Zweitstimmen.
Seit 1953 gilt die »5%-Klausel«.

Quelle: Eigene Berechnungen auf der Grundlage von: C.A. Fischer Hg., Wahlhandbuch für die Bundesrepublik Deutschland, 1. Hbd., Paderborn 1990.

Tab. 16: Die Bundestagswahlen in den historischen Regionen 1949-1987 (in % der Wahlberechtigten)

Region	Partei	1949	1953	1957	1961	1965	1969	1972	1976	1980	1983	1987
Schleswig-Holstein[1]	CDU	25,3	40,4	40	32,7	37,6	36,8	38,3	40,2	34,7	41,5	35,4
	SPD	23,4	22,3	26,3	28,8	30,2	34,2	43,2	41,4	40,9	36,6	33,2
	FDP	5,4	4	4,6	11	7,4	4	7,7	8	11,4	5,7	8
	Grüne									1,2	4,7	6,7
Hannover[2]	CDU	–	29,3	32,3	30,9	36,4	36,3	36,2	41,1	35,3	40,5	34,9
	SPD	–	26	28,6	31,8	32,3	35,1	40,7	41	41,8	36,9	35,1
	FDP	–	5,4	4,7	10,3	8,4	4,2	6,8	7	9,9	6,2	7,5
	Grüne									1,5	5,1	6,3
Braunschweig	CDU	–	32,4	34,2	30	32,4	31,9	31,8	37,4	33,2	39,7	35,1
	SPD	–	30,7	33,3	36,5	36,4	40	44,7	44,6	44,4	39,1	36,7
	FDP	–	3,5	4,8	9,7	8,8	4,4	7,2	7	9,7	5,2	6,6
	Grüne									1,2	4,4	5,7
Münster	CDU	29,2	45,1	50,4	45,6	43,9	40,7	38,8	43,3	38,8	42,7	36
	SPD	22,2	25,2	27,4	29,8	34,2	37,5	43,6	42,4	41,2	37,2	37,1
	FDP	3	4,2	3,5	7,3	4,5	3,2	5	5,4	7,9	4,8	5,9
	Grüne									1,1	4,7	6,2

Tab. 16: Fortsetzung

Region	Partei	1949	1953	1957	1961	1965	1969	1972	1976	1980	1983	1987
Minden	CDU	27,9	38,8	43,4	38,6	39,2	38,7	40,2	45,7	40,8	45,3	38,1
	SPD	27	29	30,4	31,9	33,3	35,3	39,5	37,9	37	32,8	32,9
	FDP	4,5	9,3	6	11,2	7,4	4,7	6,7	7,6	9,8	6,5	7,4
	Grüne									1,2	4,9	6,4
Arnsberg	CDU	27,1	37,5	41,3	35,1	35,2	33	32,5	37,3	33,2	37,7	31,9
	SPD	28,3	30,7	33,5	36,8	41	43,3	48,6	47	45,5	41,9	40,9
	FDP	7,4	7,8	5,4	9,2	5,7	4,1	6,1	6,4	8,7	4,8	5,8
	Grüne									1	4,5	5,9
Wiesbaden	CDU	20	32	37,1	29,3	30,9	32	35,3	42,1	37,1	40,4	36,1
	SPD	22	24,7	29,5	31,5	33,5	36,9	39,1	38,6	38,3	34,4	29,5
	FDP	17,2	14	8	12,5	9,1	5,8	9,5	8,5	10,3	7,2	8,3
	Grüne									1,6	5,5	8,3
Kassel	CDU	15,8	27	32,7	27,8	30,2	32	34,3	40,5	36,4	39,9	34,6
	SPD	25	29,5	34,1	36,3	38,5	41	43,6	44,2	43,8	39,8	36,7
	FDP	22,2	18	6,7	11,7	9,5	4,8	6,9	6,5	8,1	5,9	6,8
	Grüne									1,6	4,7	7,1
Köln	CDU	32,8	44,3	49,8	41,7	40,1	35,1	36,6	41,3	36,5	40,7	34,3
	SPD	22	22,5	23,6	25,5	30,5	37,8	41,6	38,6	37,6	35,2	32,3
	FDP	9,4	7,6	5,7	10,8	6,9	5,3	9,1	8,8	11,7	7,1	9,4

	[illegible]	[illegible]	[illegible]	[illegible]	[illegible]	[illegible]	[illegible]	[illegible]	[illegible]	[illegible]	[illegible]	[illegible]
	SPD	23,1	26,1	29	32	37	40,3	46,8	43,7	42,3	39,6	37,5
	FDP	7,8	6,9	5,5	10,2	6,5	4,8	7,4	7,5	10,2	5,7	7,2
	Grüne									1,1	4,4	6,2
Koblenz	CDU	44	51,5	53,3	47,7	48,5	45,6	45	48,1	43,1	46,9	41
	SPD	17,6	18,9	22,2	24,4	28,5	32,4	38,1	35,7	35,7	32,2	30,4
	FDP	12,4	9,4	8,3	11,4	8,4	5,4	7,4	7	9,1	6,3	8,1
	Grüne									1,1	3,7	5,8
Trier	CDU	–	–	49,7	43,7	43,3	41,6	41,7	46,9	41,7	44,2	38,4
	SPD	–	–	18,1	22,5	27,7	29	37,8	37,6	38,7	34,7	33,5
	FDP	–	–	11,8	9,9	6,8	5	5,7	5,8	6,9	5,3	6,5
	Grüne									1	4	6
Aachen	CDU	44,1	53	58,8	50,6	47,8	44,9	42,8	48,7	43,3	46,9	40,2
	SPD	20,3	19,8	21,1	23,2	27,6	31,1	37,1	37	36,5	32,9	32,3
	FDP	3,1	6	4	7,8	5,4	3,7	5	5,5	8	5,4	7,1
	Grüne									1,1	4	5,8

Tab. 16: Fortsetzung

Region	Partei	1949	1953	1957	1961	1965	1969	1972	1976	1980	1983	1987
Sigmaringen	CDU	55,3	69,3	62,3	57	56,5	56,1	58,5	58,8	58,8	62,9	50,7
	SPD	7,7	7,2	9,8	11,9	14,8	16,5	20,5	17,9	19,7	15,4	14,7
	FDP	7	5,6	6,1	8,1	7,1	3,7	4,5	4,4	6,2	5,8	8
	Grüne									1,5	4,7	6,3
Niederbayern	CSU	22,1	43,9	53	56,1	56,6	54,6	57,3	60,4	56,8	57,6	47,8
	SPD	11,8	13,5	16,4	18,5	21,5	20	26	22,5	22	19,4	18,1
	FDP	2,8	1,9	1,3	3,3	2,9	1,4	2,5	3	3,7	4	4,7
	Grüne									1	2,8	4,2
Oberbayern	CSU	17,9	34,7	43	41,9	42,4	41	46,9	52	48,2	49,1	43,1
	SPD	16,7	19,2	24,1	26,4	28,9	31,2	34,4	28,4	27,7	25,5	20
	FDP	6	4,1	3,3	7,4	6,6	4	6,9	7,5	9	6,7	8,2
	Grüne									1,2	4,8	7,7
Pfalz	CDU	–	–	39,3	35,3	35,9	36,1	37,7	42,2	37,8	41,3	36,9
	SPD	–	–	29,8	32,5	35,2	36,8	43,9	41,2	41	36,8	34,1
	FDP	–	–	8,6	10,1	8,3	5	6,9	6,5	8,2	5,8	7
	Grüne									1,3	4,2	6,3
Oberpfalz	CSU	29,2	47,1	55,8	54,5	54,7	52,7	54,2	58,2	54,8	55,4	46,3
	SPD	19,1	18,9	21,2	23	25,3	24,8	30,5	26,6	26,9	23,6	23,9
	FDP	3,7	2,9	2,7	4,8	4	2,2	3	3,2	4,2	4	4,5

Oberfranken	CSU	19,9	35,1	46,9	44	45,9	41,7	46,8	51,1	48,3	51,3	45,4
	SPD	23	24,4	25,8	30,3	32,5	32,3	37,8	34,4	33,5	28,9	26,6
	FDP	8,9	6,8	3,8	6,5	5,7	2,9	4,1	3,8	4,8	4,1	4,6
	Grüne									0,9	2,8	4,4
Mittelfranken	CSU	18,1	32,9	44,1	40,3	40	38,7	40,8	45,4	42,4	45,6	39
	SPD	23,5	24,6	26,4	26,8	29,8	33	39,7	35,7	34	29,9	26,3
	FDP	13	8,8	6,2	11	8,1	4,7	7,3	6,6	8,2	5,7	7,2
	Grüne									1,3	4,8	7,3
Unterfranken	CSU	35,8	47,7	53,6	50,7	50,9	50,9	53	56,6	52,9	54,9	48,9
	SPD	16	17,8	20	23,6	25,3	27,2	31,8	28,7	28,3	24,5	22,4
	FDP	4,9	6	4,8	7,4	6,7	3,2	5	4,8	5,9	4,9	5,9
	Grüne									1,2	3,9	5,5
Schwaben	CSU	28,6	48,1	53,5	47,7	49,4	49,5	52,6	56,5	53	55,3	47,4
	SPD	15,6	15,6	18	23,8	25,9	26,3	30,7	26,3	25,1	21,6	18,6
	FDP	5,6	4,4	3,7	7,8	6,1	3,2	4,9	5,2	6,3	5,4	6,6
	Grüne									1,2	3,9	5,8

Tab. 16: Fortsetzung

Region	Partei	1949	1953	1957	1961	1965	1969	1972	1976	1980	1983	1987
Württemberg	CDU	25,4	40,2	39,2	32,9	37,6	39,2	41,8	42,9	41,7	46,1	38,2
	SPD	15,4	18,2	19,7	25,2	25,6	28,7	32,5	29,4	31,4	26,9	23,9
	FDP	13,3	11,8	12,8	14,1	11,1	6,1	9	7,8	11,3	8,6	10,8
	Grüne									1,5	5,9	8,1
Baden	CDU	28	42,1	40,4	35,1	38,1	38,8	40,7	41,6	40,9	45,5	38,1
	SPD	17,5	18,4	20,8	24,4	25,7	28,1	33	30,1	32,7	27,7	24,5
	FDP	10,6	8,2	9	10,9	8,6	5,1	7,5	6,5	9,3	7,1	8,8
	Grüne									1,6	6,1	8,3
Hessen	CDU	16,5	26,8	34,3	28,6	31,2	31,8	34,5	40,2	35,6	39,3	34,6
	SPD	24,6	30	34,4	36,1	38,4	41	43,4	42,5	42,2	37,5	32,8
	FDP	19,5	15	6,9	11,3	9,2	5,3	8,9	7,8	9,6	6,9	8,1
	Grüne									1,6	5,5	8,3
Oldenburg[3]	CDU	–	36,5	39	35,7	39,3	38,2	37,8	41,9	36,2	41,4	35,2
	SPD	–	19,1	23,2	26,4	27	30,7	38	37,1	38	33,9	32,2
	FDP	–	12,8	8	12,9	10,1	5,5	7,6	8,5	10,9	6,7	8,2
	Grüne									1,5	5,4	6,6

Restl. Kleinstaaten	CDU	–	23,3	27,3	23,9	31,4	33,1	35,5	41,2	35,9	40	43
	SPD	–	27,1	29,8	32,4	33,1	35,2	40,5	40,6	40,1	36,3	35,5
	FDP	–	14,3	10,1	17	12,4	6,7	7,9	8,6	11,1	7,9	8,5
	Grüne									1,3	4,9	6,2
Hansestädte[4]	CDU	15,6	29,8	31,8	26,7	31,4	29,4	29,8	31,9	27,1	32,7	29,1
	SPD	30,3	32,1	38,8	40	40,5	45,9	50,5	47,7	45,6	41,9	35,2
	FDP	12	7,7	7,1	12,9	8,3	5,9	10	9,4	12,4	5,5	7,6
	Grüne									2	7,3	9,6

Anmerkungen:

1 Einschließlich des früheren oldenburgischen Gebietes, aber ohne Altona.
2 Ohne Harburg.
3 Ohne die früheren holsteinischen Besitzungen.
4 Einschließlich des früher zu Hannover gehörenden Harburg und des früher zu Schleswig-Holstein gehörenden Altona.

Quelle: Datensatz Schmitt, Universität Köln. Die Umrechnungen wurden von K. Schmitt durchgeführt.

Tab. 17: Die konfessionelle Rekrutierungsbasis der Parteien 1953-1987 (in %)

	1953	1958	1961	1965	1969	1972	1976	1980	1983	1987
CDU/CSU Protestanten	36	35	37	40	32	41	41	38	38	37
Katholiken	62	64	61	59	67	56	57	59	59	59
Sonstige	2	1	2	2	1	3	3	3	4	4
Diff. Kath./Prot.	26	29	24	19	35	15	16	21	21	22
SPD Protestanten	57	61	60	64	62	58	61	59	62	56
Katholiken	37	33	34	31	32	35	34	33	29	37
Sonstige	6	6	6	5	6	6	5	8	9	7
Diff. Prot./Kath.	20	28	26	33	30	23	27	26	33	19
FDP Protestanten	67	79	65	67	73	65	64	59	45	56
Katholiken	29	13	28	29	27	24	28	34	48	36
Sonstige	4	8	7	4	0	11	8	7	6	8
Diff. Prot./Kath.	38	66	37	38	46	41	36	25	–3	20

Anmerkung: Die Grundlage der Berechnungen bilden Umfragedaten.

Quellen: K. Schmitt, Konfession u. Wahlverhalten in der Bundesrepublik Deutschland, Berlin 1989, 214.

Tab. 18: Die Rekrutierungsbasis der Parteien nach der Stellung im Beruf

1953	Selbst.	Landw.	Ang./Beamte	Arb.
CDU-Wähler	17,9	14,6	32,3	35,2
CSU-Wähler	12,7	28,6	27,3	31,4
SPD-Wähler	7,3	1,8	20,6	70,2
FDP-Wähler	33,3	14,4	32	20,3
1982	Selbst.	Landw.	Ang./Beamte	Arb.
CDU-Wähler	13,7	3,4	49	33,9
CSU-Wähler	15	5,5	40	39,5
SPD-Wähler	4,3	0,8	39,8	55,1
FDP-Wähler	11,2	2,2	59,9	26,6

Anmerkung: Die Grundlage der Berechnungen bilden Umfragedaten.

Quelle: Schmitt, Konfession, 330.

Tab. 19: Die Stimmabgabe der Männer und Frauen nach dem Alter

		Wahl-ergebnis	21-29 J.		30-59 J.		ab 60 J.	
			M	F	M	F	M	F
1953	SPD	28,8	34,3	29,0	32,9	28,3	30,1	24,7
1957		31,8	37,9	31,3	35,8	29,5	31,8	25,3
1961		36,2	41,0	34,8	40,7	33,7	35,9	29,7
1953	CDU/	45,2	41,4	48,4	37,0	45,4	42,2	51,4
1957	CSU	50,2	46,1	53,1	43,2	52,2	47,1	57,4
1961		45,3	43,0	49,5	38,2	47,9	43,4	53,7
1953	FDP	9,5	10,0	9,5	12,3	10,9	11,4	9,6
1957		7,7	7,5	7,0	9,1	7,8	8,2	6,7
1961		12,8	12,2	11,9	14,4	12,8	12,9	10,9

		Wahl-ergebnis	21-29 J.		30-44 J.		45-59 J.		ab 60 J.	
			M	F	M	F	M	F	M	F
1965	SPD	39,3	43,0	36,6	47,9	39,5	43,0	36,0	40,7	32,8
1969		42,7	48,1	44,8	48,6	43,5	43,8	39,0	41,5	36,5
1965	CDU/	47,6	46,1	52,7	38,9	48,0	40,7	51,0	44,1	56,0
1969	CSU	46,1	39,6	46,7	38,6	47,1	39,8	50,9	44,9	55,6
1965	FDP	9,5	7,9	8,4	9,3	9,6	10,9	9,8	10,4	8,5
1969		5,8	6,9	6,0	6,0	5,8	6,2	5,4	5,5	4,4

		Wahl-ergebnis	18-24 J.		25-34 J.		35-44 J.		45-59 J.		ab 60 J.	
			M	F	M	F	M	F	M	F	M	F
1972	SPD	45,8	54,3	55,0	48,1	47,5	48,4	47,3	45,0	43,6	42,5	42,0
1976		42,6	49,4	50,2	45,3	44,5	41,4	40,9	42,7	42,1	42,0	42,0
1980		42,9	47,6	50,3	46,4	47,9	40,3	40,7	42,2	42,5	41,2	42,6
1983		38,2	37,6	40,6	38,3	40,4	35,7	36,4	39,7	39,6	39,9	39,7
1987		37,0	37,5	38,7	39,0	39,0	37,6	36,6	39,4	38,1	38,0	37,2
1972	CDU/	44,9	34,8	35,9	40,5	41,9	41,5	43,8	44,4	47,9	49,3	51,7
1976	CSU	48,6	40,3	40,2	43,3	44,2	48,8	50,0	48,4	49,9	51,2	52,5
1980		44,5	35,6	33,0	37,6	35,6	45,7	44,6	46,9	50,5	50,6	49,3
1983		48,8	42,0	40,3	43,1	42,8	50,3	50,9	49,2	50,9	50,9	53,5
1987		44,3	37,0	34,8	34,7	34,4	40,6	42,5	45,2	47,4	50,1	53,5
1972	FDP	8,4	9,6	8,5	10,5	10,1	8,9	8,3	8,9	7,7	6,7	5,7
1976		7,9	8,5	8,6	10,3	10,7	9,0	8,7	7,7	7,4	5,7	5,2
1980		10,6	10,9	11,9	12,8	13,9	12,6	13,6	9,7	10,1	7,1	7,5
1983		7,0	5,4	5,2	6,3	6,2	8,8	8,3	8,0	6,7	6,8	5,4
1987		9,1	8,6	8,0	7,9	7,3	10,7	10,5	10,3	9,4	7,9	6,9
1980	Grüne	1,5	5,3	4,3	2,6	2,4	0,9	0,8	0,6	0,6	0,4	0,3
1983		5,6	14,2	13,5	11,5	10,1	4,7	4,1	2,4	2,4	1,5	1,1
1987		8,3	14,5	16,5	16,9	17,9	9,9	9,3	3,7	3,9	2,2	1,6

Anmerkungen: Gültige Zweitstimmen ohne Stimmen der Briefwähler. 1953 ohne Rheinland-Pfalz, Bayern und Saarland, 1957 ohne Saarland. In der Spalte »Wahlergebnis« wird das tatsächliche amtliche Wahlergebnis aufgeführt, das geringfügig von dem Ergebnis der Repräsentativauszählung abweicht.

Die Angaben addieren sich jeweils nach Wahljahren spaltenweise zu 100%.

Quelle: G. A. Ritter u. M. Niehuss, Wahlen in der Bundesrepublik Deutschland, Bundestags- und Landtagswahlen 1946-1987, München 1987, 170f.

Tab. 20: Die Bundestagswahl 1990 im Vergleich (in % der Wahlberechtigten)

	BTW 1990 gesamt	West	Ost	Volkskammer 1990
Wahlbeteiligung (in %)	77,8	78,5	74,5	93,4
CDU[1]/CSU/DSU	33,9	34,3	32,6	46,6
SPD	25,7	27,9	17,4	20,3
FDP[2]	8,5	8,2	9,8	5,3
GRÜNE	2,9	3,7	–[3]	1,8[4]
Bündnis '90	0,9	–[3]	4,4	2,7
PDS	1,9	0,2	7,3	15,2
Republikaner	1,6	1,8	0,9	–[5]
Sonstige	1,5	1,6	1,1	1,3

Anmerkungen:
Ostdeutschland inkl. Berlin
1 CDU = CDU + Demokratischer Aufbruch + Demokratische Bauernpartei
2 FDP = FDP + Liberal Demokratische Partei + Deutsche Forumpartei + National-Demokratische Partei
3 nicht angetreten
4 GRÜNE (Ost)
5 Nicht zugelassen

Quellen: Eigene Berechnungen auf der Grundlage von: Statistisches Bundesamt Hg., Wahl zum 12. Deutschen Bundestag, Fachserie 1, [1], Stuttgart 1990.

Tab. 21a: Die Korrelationsmatrix der sozialstrukturellen Variablen und der Parteianteile bei den Bundestagswahlen 1987 und 1990 (Pearson r × 100) auf dem Gebiet der alten Bundesländer

	Bevd.	Kathol.	Arbeit.	Ang. + Be.	Selbst.	CDU 87	CDU 90
Bevd.	100	−27	−41	56	−44	−50	−44
Kathol.	−27	100	23	−34	32	67	53
Arbeit.	−41	23	100	−93	− 7	23	24
Ang. + Be.	56	−34	−93	100	−29	−45	−44
Selbst.	−44	32	− 7	−29	100	63	58
CDU 87	−50	67	23	−45	63	100	94
CDU 90	−44	53	24	−44	58	94	100
SPD 87	29	−51	11	11	−59	−86	−81
SPD 90	25	−42	5	15	−56	−85	−86
FDP 87	−16	− 9	−45	37	19	5	− 4
FDP 90	17	−33	−65	64	− 4	−26	−27
Grü 87	50	−27	−61	63	−15	−36	−39
Grü 90	42	−23	−53	55	−11	−30	−34
PDS 90	69	−42	−41	49	−28	−45	−38
Rep 90	2	33	18	−26	23	50	40

Legende:
Bevd. = Bevölkerungsdichte
Kathol. = Katholiken
Arbeit. = Arbeiter
Ang. + Be. = Angestellte + Beamte
Selbst. = Selbständige
INDUST. = Beschäftigte Industrie
LDWIRT = Beschäftigte Landwirtschaft
HA + VER = Beschäftigte Handel + Versicherungen
VKW = Volkskammerwahl 1990
L90 = Landtagswahlen Ost 1990

Anmerkung:
Basis: 256 Wahlkreise

Tab. 21a: Fortsetzung

SPD 87	SPD 90	FDP 87	FDP 90	Grü 87	Grü 90	PDS 90	Rep 90
29	25	−16	17	50	42	69	2
−51	−42	− 9	−33	−27	−23	−42	33
11	5	−45	−65	−61	−53	−41	18
11	15	37	64	63	55	49	−26
−59	−56	19	− 4	−15	−11	−28	23
−86	−85	5	−26	−36	−30	−45	50
−81	−86	− 4	−27	−39	−34	−38	40
100	96	−40	−13	−11	−15	17	−55
96	100	−31	−12	− 4	−10	14	−58
−40	−31	100	85	37	36	−12	− 2
−13	−12	85	100	48	46	15	−21
−11	− 4	37	48	100	96	74	5
−15	−10	36	46	96	100	72	10
17	14	−12	15	74	72	100	− 6
−55	−58	− 2	−21	5	10	− 6	100

Quelle: Forschungsgruppe Wahlen, Bundestagswahlen 1990, Eine Analyse der ersten gesamtdeutschen BTW am 2. 12. 1990, Mannheim 1990, 126.

Tab. 21b: Die Korrelationsmatrix der sozialstrukturellen Variablen und der Parteianteile bei der Volkskammerwahl 1990 und der Bundestagswahl 1990 (Pearson r × 100) auf dem Gebiet der neuen Bundesländer

	IN-DUST	LD-WIRT	HA + VER	CDU VKW	CDU L 90	CDU 90	SPD VKW
INDUST	100	−45	−52	44	59	55	−57
LDWIRT	−45	100	−28	37	06	20	04
HA+VER	−52	−28	100	−53	−47	−52	44
CDU VKW	44	37	−53	100	77	82	−74
CDU L 90	59	06	−47	77	100	96	−89
CDU 90	55	20	−52	82	96	100	−87
SPD VKW	−57	04	44	−74	−89	−87	100
SPD L 90	−52	21	31	−59	−85	−74	92
SPD 90	−58	27	33	−57	−86	−76	92
FDP VKW	30	−17	−10	13	14	02	−26
FDP L 90	12	10	−12	32	−04	−10	−05
FDP 90	29	−13	−14	27	12	−02	−18
B90 VKW	−36	−55	57	−83	−64	−70	51
B90 L 90	−61	−21	57	−75	−79	−76	64
B90 90	−40	−48	59	−70	−58	−65	47
PDS VKW	−60	−15	48	−81	−71	−70	56
PDS L 90	−50	−33	48	−84	−76	−79	62
PDS 90	−52	−34	52	−84	−72	−75	58
DSU L 90	72	−34	−39	42	68	62	−74

Anmerkung:
Basis: 72 Wahlkreise

Legende: Vgl. bei Tab. 21a.

Quelle: Forschungsgruppe Wahlen, 127.

Tab. 21b: Fortsetzung

SPD L 90	SPD 90	FDP VKW	FDP L 90	FDP 90	B 90 VKW	B 90 L 90	B 90 90	PDS VKW	PDS L 90	PDS 90	DSU L 90
-52	-58	30	12	29	-36	-61	-40	-60	-50	-52	72
21	27	-17	10	-13	-55	-21	-48	-15	-33	-34	-34
31	33	-10	-12	-14	57	57	59	48	48	52	-39
-59	-57	13	32	27	-83	-75	-70	-81	-84	-84	42
-85	-86	14	-04	12	-64	-79	-58	-71	-76	-72	68
-74	-76	02	-10	-02	-70	-76	-65	-70	-79	-75	62
92	92	-26	-05	-18	51	64	47	56	62	58	-74
100	98	-29	-07	-28	38	58	34	46	44	41	-73
98	100	-34	-07	-30	33	59	31	51	48	45	-77
-29	-34	100	74	84	-13	-35	-15	-35	-29	-33	19
-07	-07	74	100	92	-33	-34	-26	-42	-35	-41	-03
-28	-30	84	92	100	-25	-41	-21	-48	-34	-40	17
38	33	-13	-33	-25	100	83	92	67	79	80	-27
58	59	-35	-34	-41	83	100	84	76	78	80	-51
34	31	-15	-26	-21	92	84	100	56	65	68	-26
46	51	-35	-42	-48	67	76	56	100	92	94	-52
44	48	-29	-35	-34	79	78	65	92	100	99	-45
41	45	-33	-41	-40	80	80	68	94	99	100	-43
-73	-77	19	-03	17	-27	-51	-26	-52	-45	-43	100

314/1/6.90

314/2/6.90

Neue Historische Bibliothek in der edition suhrkamp

Sieder, Reinhard: Sozialgeschichte der Familie. NHB. es 1276

Siemann, Wolfram: Die deutsche Revolution von 1848/49. NHB. es 1266

– Gesellschaft im Aufbruch. Deutschland 1849-1871. NHB. es 1537

Staritz, Dietrich: Geschichte der DDR 1949-1985. NHB. es 1260

Thränhardt, Dietrich: Geschichte der Bundesrepublik Deutschland. NHB. es 1267

Ullmann, Hans-Peter: Interessenverbände in Deutschland. NHB. es 1283

Wehler, Hans-Ulrich: Grundzüge der amerikanischen Außenpolitik 1750-1900. Von den englischen Küstenkolonien zur amerikanischen Weltmacht. NHB. es 1254

Wippermann, Wolfgang: Europäischer Faschismus im Vergleich 1922-1982. NHB. es 1245

Wirz, Albert: Sklaverei und kapitalistisches Weltsystem. NHB. es 1256

Wunder, Bernd: Geschichte der Bürokratie in Deutschland. NHB. es 1281

Ziebura, Gilbert: Weltwirtschaft und Weltpolitik 1922/24-1931. Zwischen Rekonstruktion und Zusammenbruch. NHB. es 126

314/3/6.90

316/1/6.90

edition suhrkamp
Eine Auswahl

316/2/6.90

Neue Bücher 1. Halbjahr 1992

Suhrkamp Literatur

Ernst Augustin · Augustin Baumgartner
Ulla Berkéwicz · Elisabeth Borchers · Volker Braun
Bertolt Brecht · Guillermo Cabrera Infante
Paul Celan · Esther Dischereit · Tankred Dorst
Hans Magnus Enzensberger · Peter Handke
A. F. Th. van der Heijden · Hermann Hesse · Ludwig Hohl
Uwe Johnson · Ursula Krechel · Karl Krolow
Robert Mächler · Patrick Modiano · Sławomir Mrożek
Cees Nooteboom · Ernst Penzoldt · Ingrid Puganigg
Marcel Proust · João Ubaldo Ribeiro · Friederike Roth
Robert Schindel · Hans-Ulrich Treichel
Mario Vargas Llosa · Martin Walser · María Zambrano
Bibliothek Suhrkamp · edition suhrkamp
Spectaculum

Peter Handke

Tankred Dorst

Hans Magnus Enzensberge

Peter Handke
Die Stunde da wir nichts voneinander wußten

Ein Schauspiel
Etwa 64 Seiten. Engl. Broschur
ca. DM 28,–
(März 92)

Im Jahre 1969 schrieb Peter Handke ein Stück mit dem Titel *Das Mündel will Vormund sein*, ein Stück ohne Worte. Mehr als zwanzig Jahre später knüpft der Autor an diese Form an. Der Hauptakteur des neuen Stücks ist ein Platz, und Leser und Betrachter erleben ihn als den Ort eines Schau-Spiels im wörtlichen Sinn.

Tankred Dorst
Fernando Krapp hat mir diesen Brief geschrieben

Ein Versuch über die Wahrheit
Mitarbeit Ursula Ehler
Theaterstück nach der Erzählung
»Nada meno que todo un hombre«
von Miguel de Unamuno
Etwa 96 Seiten. Engl. Broschur
ca. DM 25,–
(März 92)

Der sehr energische und reiche Fernando Krapp schreibt an Julia: »Wertes Fräulein. Sie sind die Schönste. Ich werde Sie h raten.« Die Ehe gestaltet sich recht eige artig, Krapp zeigt wenig Interesse f seine schöne Frau, die sich eher zu nem gebildeten und feinsinnigen Graf hingezogen fühlt. Es beginnt ein verw rendes Spiel der Gefühle, in dem F nando Krapp der Inszenator ist.

Hans Magnus Enzensberge
Die Tochter der Luft

Ein Schauspiel
Nach dem Spanischen des
Calderón de la Barca
140 Seiten. Engl. Broschur. DM 28,–

Hans Magnus Enzensbergers Schauspi ist keine Übersetzung. Er übernimmt d geniale dramatische Struktur, die Cald rón erfunden hat. Doch befreit er d Stück von seiner konventionellen Rhet rik, seinem barocken Apparat. Seine lak nische Version verschärft die politisch und erotischen Konflikte und führt s auf ihren unlösbaren Kern zurück, d Willen zur Macht.

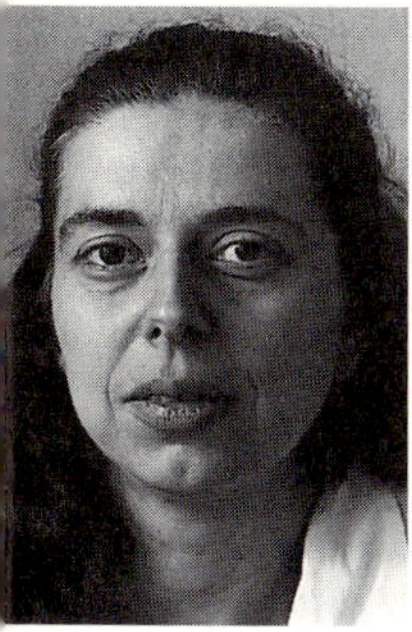

Esther Dischereit

Ingrid Puganigg

Robert Schindel

Esther Dischereit
Merryn

Etwa 120 Seiten. Gebunden
ca. DM 28,–
(März 92)

Merryn – ein Entwicklungsroman in Fragmenten? Die Entwicklung wird von Merryn, einem 16jährigen jüdischen Mädchen, schmerzhaft erfahren als ein Fliehen und Suchen, das durch lauter gewaltsame Berührungen mit Familie, Staat und Betrieb, durch Berührungen mit Männern getrieben und zugrunde gerichtet wird.

Ingrid Puganigg
Hochzeit. Ein Fall

Etwa 152 Seiten. Gebunden
ca. DM 28,–
(März 92)

In Ingrid Puganiggs neuer, aufregend provozierender Prosa *Hochzeit. Ein Fall* liefert ein Paar sich in rückhaltloser Unbedingtheit einander aus – in einem lustvoll-zerstörerischen Spiel komplizenhafter Erotik und in einem maßlosen Krieg der Worte. »Das Mordinstrument war Sprache. Wir waren beide neugierig, wie weit wir mit Wörtern gehen können.«

Robert Schindel
Gebürtig

Roman
360 Seiten. Gebunden. ca. DM 38,–
(März 92)

Daß alle Verständigung und Sehnsucht nach Liebe zwischen den Gebürtigkeiten, zwischen Juden und Nichtjuden, erdrückt werden von einer niemals vergehenden Vergangenheit – davon erzählt *Gebürtig*, der erste Roman des als Lyriker bekannt gewordenen Robert Schindel.
Gebürtig ist ein kunstvoll breites, episches Personengeflecht voll stiller Dramatik und bezwingender Dialogdramaturgie.

Hans-Ulrich Treichel
Von Leib und Seele

Berichte
88 Seiten. Engl. Broschur. ca. DM 25,–
(März 92)

Hans-Ulrich Treichel berichtet von den Mißständen seines Lebens, vom Versuch, sie zu bewältigen, vom Erkennen auch, daß der Wille, sie zu überwinden, nicht ausreicht. Also setzen sich die Desaster fort, der Autor bewältigt sie sarkastisch, ironisch, indem er Distanz zu sich hält, obwohl er nicht von sich absieht.

Kleine Reihe

Volker Braun
Iphigenie in Freiheit

Etwa 40 Seiten. Bütten-Broschur
DM 19,80
(März 92)

Volker Brauns *Iphigenie in Freiheit* ist die Iphigenie von Euripides, Sophokles, Goethe und – Volker Braun.
Eine Welt der Nach-Wende-Zeit, der Noch- und Nicht-mehr-DDR, der Noch-nicht- und Schon-BRD.
Volker Brauns szenischer Text ist ein blitzgescheites, listiges, entwaffnendes Stück Literatur.

Augustin Baumgartner
Auf den Spuren Thomas Bernhards

Mit etwa 50 vierfarbigen Abbildungen
Etwa 100 Seiten. Gebunden
ca. DM 48,–
(März 92)

Der Fotograf Augustin Baumgartner spürt mit seinen Fotografien dem Verhältnis von *fact* und *fiction* im Werk von Thomas Bernhard nach. Zusammen mit den Texten kann der Leser die Verwandlungsleistungen des Übertreibungskünstlers Thomas Bernhard verfolgen.

Bertolt Brecht · Werke

Große kommentierte Berliner und Frankfurter Ausgabe
30 Bände
(Frühjahr 92)

Band 8: Stücke 8

Bearbeitet von Klaus-Detlef Müller
Etwa 520 Seiten

Der Band enthält folgende Stücke und Stückbearbeitungen Brechts in chronologischer Reihenfolge:

Der kaukasische Kreidekreis (1949)
Der kaukasische Kreidekreis (1954)
Die Antigone des Sophokles
Die Tage der Kommune
Der Hofmeister
Biberpelz und roter Hahn

Band 9: Stücke 9

Bearbeitet von Carl Wege
Etwa 450 Seiten

Dieser Band enthält Stücke und Stückbearbeitungen Brechts, die sämtlich nach seiner Rückkehr aus dem Exil in Berlin entstanden sind.
Der umfangreiche Kommentarteil, ergänzt durch zahlreiche Mitschriften seiner damaligen Mitarbeiterinnen, erschließt vor allem Brechts Theaterarbeit am Berliner Ensemble bis zu seinem Tod 1956.

Leinen je Band ca. DM 48,–
(bei Bestellung der Gesamtausgabe),
sonst ca. DM 64,–
Leder je Band ca. DM 148,–
(bei Bestellung der Gesamtausgabe),
sonst ca. DM 164,–

Ludwig Hohl
Mut und Wahl

Aufsätze zur Literatur
Im Auftrag der Ludwig-Hohl-Stiftung herausgegeben von Johannes Beringer
Etwa 200 Seiten. Leinen. ca. DM 32,–
(Mai 92)

Einer Aufforderung nachkommend, schrieb Ludwig Hohl 1939 erstmals auch Rezensionen, in die er Bruchstücke seiner Werke einfließen ließ: All diese Arbeiten – über Karl Kraus, Cézanne, Katherine Mansfield, Lichtenberg, Kleist, Gide, Albin Zollinger und sich selbst – werden hier zum ersten Mal zusammengefaßt vorgestellt und bilden eine Art Autobiographie von Ludwig Hohls Lesen und Schreiben.

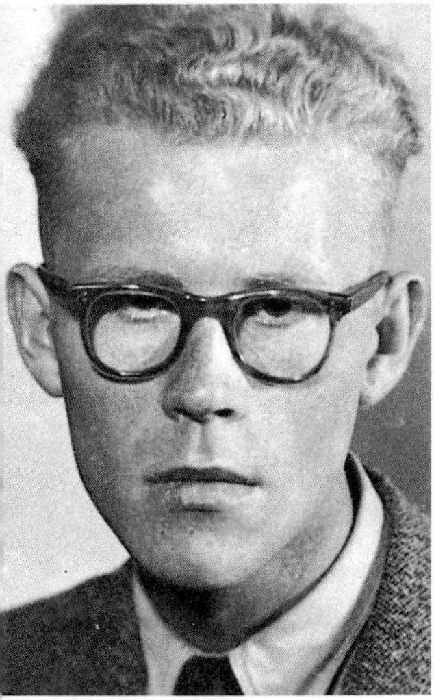

Uwe Johnson: »Entwöhnung von einem Arbeitsplatz«

Mit einem philologisch-biographischen Essay
Herausgegeben von Bernd Neumann
Schriften des Uwe Johnson-Archivs, Band 3
Etwa 168 Seiten. Mit Abbildungen
Engl. Broschur. ca. DM 28,–
(März 92)

n *Entwöhnung von einem Arbeitsplatz* childert Uwe Johnson, wie er nach einer »Kraftprobe« mit den Behörden sein Dilom-Examen in Germanistik bei Hans Mayer in Leipzig ablegen konnte, danach ber in keinem Verlag der DDR eine Lekorenstelle fand. In dieser Situation des ußenstehenden konnte er das, was um hn herum passierte, genauer registrieren und diese Beobachtung in seine Prosaveruche, die bereits 1952 entstanden, einließen lassen.

Uwe Johnson: »Wo ist der Erzähler auffindbar?«

Gutachten für Verlage 1956–1958
Mit einem Nachwort herausgegeben von Bernd Neumann
Schriften des Uwe Johnson-Archivs, Band 4
Etwa 200 Seiten. Mit Abbildungen
Engl. Broschur. ca. DM 28,–
(März 92)

Um seinen Lebensunterhalt in der DDR zu verdienen, die er zum damaligen Zeitpunkt nicht verlassen wollte, war Uwe Johnson als Außenlektor für mehrere DDR-Verlage tätig. Er schrieb Gutachten zu eingereichten Manuskripten, nahm Stellung, ob ein Roman aus dem Englischen übersetzt werden sollte, und verfaßte ein umfangreiches Herausgeber-Exposé für eine geplante Ausgabe der Werke von Franz Werfel und Frank Wedekind.
Im Januar 1958 schreibt Uwe Johnson, er wolle nun endgültig auf alle eigenen schriftstellerischen Arbeiten verzichten. Im Februar 1958 beginnt er jedoch mit der Niederschrift von *Mutmassungen über Jakob*, wissend, daß dieser Roman in der DDR nicht würde erscheinen können.

Robert Mächler Das Leben Robert Walsers

Eine dokumentarische Biographie
Etwa 270 Seiten. Mit Abbildungen
Leinen. ca. DM 36,–
(Mai 92)

Dieses Lebensbild von Robert Walser erschien erstmals 1966, gemeinsam mit der ersten Gesamtausgabe der Werke des Dichters, und lieferte die Grundlage für die rapide Entwicklung der Robert-Walser-Forschung der letzten Jahre. Diese »dokumentarische Biographie« wird nun vom Verfasser revidiert und auf den aktuellen Stand der Forschung gebracht.

Paul Celan
Gesammelte Werke
in fünf Bänden

Herausgegeben von Beda Allemann
und Stefan Reichert
unter Mitwirkung von Rolf Bücher
5 Bände. Jeder Band enthält Faksimiles
sowie einen editorischen Anhang
2624 Seiten. Leinen. DM 320,–
Leder. DM 680,–
Neuauflage
(Mai 92)

Die Ausgabe der Werke Paul Celans vereinigt in fünf Bänden das lyrische Œuvre (Bde. 1–3), Prosa und Reden (Bd. 3) sowie die Übertragungen aus sieben Sprachen mit den zugrundeliegenden Originaltexten (Bde. 4 und 5). Es werden damit die bisher einzeln erschienenen Teile des Gesamtwerks versammelt, die Celan noch selbst für die Veröffentlichung bestimmt hat.

Hermann Hesse
Die Welt im Buch

Rezensionen und Aufsätze 1911–1916
Zweiter Band
In Zusammenarbeit mit Heiner Hesse
herausgegeben von Volker Michels
Etwa 600 Seiten. Leinen. ca. DM 84,–
(Juli 92)

Dies ist der zweite von fünf Bänden, die den unbekanntesten Teil von Hesses Werk und den gewiß interessantesten Bereich des umfangreichen Nachlasses erstmalig vollständig erschließen: seine nahezu 3000 Besprechungen und Empfehlungen guter Bücher.

Hermann Hesse
Die Gedichte

Herausgegeben und mit einem Nachwort versehen von Volker Michels
Etwa 848 Seiten. Leinen. ca. DM 24,80
(Juli 92)

Wie bei Hesses bildnerischen Versuche das Aquarell, so war beim Schreiben fü ihn das Gedicht die Ausdrucksform, di es ihm erlaubte, am spontansten einzu fangen, was ihn jeweils bewegte.

Hermann Hesse
als Maler

44 Aquarelle mit Texten
von Hermann Hesse
Ausgewählt und mit einem Nachwort
versehen von Volker Michels
Etwa 124 Seiten. Leinen. ca. DM 98,–
(Juli 92)

Hesse dichtet mit Farben wie mit Worter Die Wirkung seiner Malerei harmonier mit der seiner Dichtungen erstaunlic gut, weil er auch hier nicht der naturali stischen, sondern der poetischen Wahr heit nachgeht.

Ernst Penzoldt
Gesammelte Schriften
in sieben Bänden

Herausgegeben von Ulla Penzoldt
und Volker Michels
Etwa 2600 Seiten. In Kassette
Leinen. ca. DM 160,–
Einzeln Bd. 1: etwa 320 S. ca. DM 24,–
Einzeln Bd. 2: etwa 224 S. ca. DM 24,–
Einzeln Bd. 3: etwa 464 S. ca. DM 28,–
Einzeln Bd. 4: etwa 352 S. ca. DM 24,–
Einzeln Bd. 5: etwa 328 S. ca. DM 24,–
Einzeln Bd. 6: etwa 400 S. ca. DM 28,–
Einzeln Bd. 7: etwa 500 S. ca. DM 28,–
(Mai 92)

Aus Anlaß des 100. Geburtstages vo Ernst Penzoldt erscheint eine Jubiläums ausgabe in sieben Bänden. Sie enthäl alle Romane, seine wichtigsten Erzählun gen, Gedichte, autobiographische Schrif ten sowie eine Auswahl seiner zeitlose Betrachtungen zu allen Bereichen de täglichen Lebens. Die Ausgabe enthäl auch bisher unveröffentlichtes Materia aus dem Nachlaß.

·her Blick von den aufklärerischen Auf-abben der früheren Zeit befreit und funk-oniert als satirische Sensibilität, die auf lle Phänomene des Lebens anwendbar ;t.

Lyrisches Quintett Fünf Themen der polnischen Dichtung

Herausgegeben und aus dem Polnischen übertragen von Karl Dedecius
Etwa 320 Seiten. Leinen. ca. DM 34,–
(März 92)

ieses Lesebuch will mehr sein als eine ammlung thematisch gruppierter Ge-ichte: ein lyrisches Psychogramm gleich-am der polnischen Nation, erstellt an-and von fünf grundlegenden, das Han-eln wie die bewußte und unbewußte Vor-ellungswelt der Polen leitenden Dimen-ionen. Der von Karl Dedecius gespannte ogen umfaßt 50 Jahre polnische Exi-tenz: vom Ausbruch des Zweiten Welt-rieges 1939 bis zum Ende des Kalten nd des Bürgerkrieges 1989.

Marcel Proust Frankfurter Ausgabe Werke I Band 3 Essays, Chroniken und andere Schriften

Herausgegeben von Luzius Keller
Übersetzt von Henriette Beese, Luzius Keller und Helmut Scheffel
Etwa 650 Seiten. Leinen. ca. DM 68,–
Subskriptionspreis ca. DM 58,–
Leder. ca. DM 160,–
(Mai 92)

Der vorliegende Band, der die Erste Abteilung der Frankfurter Proust-Ausgabe beschließt, veranschaulicht die Anfänge und die verschiedenen Etappen der Entwicklung Marcel Prousts als Schriftsteller und Essayist.
Nachvollziehbar wird zugleich auch die Entwicklung eines Künstlers, der in der Auseinandersetzung mit den künstlerischen Ideen der anderen zu einem geschärften Bewußtsein seiner eigenen künstlerischen Mittel gelangt.

Spectaculum 53

Sechs moderne Theaterstücke und Materialien
Etwa 300 Seiten. Gebunden. ca. DM 36,–
Im Abonnement ca. DM 32,–
(Mai 92)

Tankred Dorst: ›Karlos‹ · Bernard Marie Koltès: ›Roberto Zucco‹
Friederike Mayröcker: ›Nada. Nichts‹ · Lars Norén: ›Rachearie‹
Gaston Salvatore: ›Lektionen der Finsternis‹
George Tabori: ›Weismann und Rotgesicht‹

Bibliothek Suhrkamp

Hans Mayer: Frisch und Dürrenmatt
BS 1098. ca. DM 19,80 (März 92)

Paul Valéry: Über Mallarmé
BS 1101. ca. DM 16,80 (März 92)

Max Frisch: Fragebogen
BS 1095. ca. DM 14,80 (Mai 92)

Bohumil Hrabal: Die Katze Autitschko
BS 1097. ca. DM 14,80 (Mai 92)

Gennadij Ajgi: Beginn der Lichtung
BS 1103. ca. DM 16,80 (Mai 92)

Isabel Allende:
Eine Rache und andere Geschichten
BS 1099. ca. DM 14,80 (Juni 92)

Wolfgang Hildesheimer:
Mitteilungen an Max über den Stand der Dinge und anderes
BS 1100. ca. DM 14,80 (Juli 92)

Marie Nimier: Die Giraffe
BS 1102. ca. DM 19,80 (Juli 92)

Carlo Emilio Gadda: La Meccanica
BS 1096. ca. DM 22,80 (August 92)

Jorge Ibargüengoitia: Augustblitze
BS 1104. ca. DM 18,80 (August 92)

Silvio d'Arzo: Des Andern Haus
BS 1105. ca. DM 14,80 (August 92)

Werner Koch: Altes Kloster
BS 1106. ca. DM 19,80 (September 92)

Gesualdo Bufalino:
Der Ingenieur von Babel
BS 1107. ca. DM 19,80 (September 92)

Manuel Puig: Der Kuß der Spinnenfrau
BS 1108. ca. DM 24,80 (September 92)

Gershom Scholem: Judaica 5
BS 1111. ca. DM 14,80 (Oktober 92)

Marieluise Fleißer: Das Mädchen Yella
BS 1109. ca. DM 16,80 (Oktober 92)

Raymond Queneau: Ein strenger Winter
BS 1110. ca. DM 16,80 (Oktober 92)

edition suhrkamp

Eine Auswahl literarischer Titel

Ginka Steinwachs: G-L-Ü-C-K
es 1711. ca. DM 12,– (Mai 92)

Wolfgang Stauch:
Eine schlechte Geschichte
es 1712. ca. DM 16,– (Mai 92)

Norbert Bleisch: Viertes Deutschland
es 1719. ca. DM 12,– (Mai 92)

Kurt Drawert: Spiegelland
es 1715. ca. DM 14,– (Juni 92)

Ursula Krechel:
Mit dem Körper des Vaters spielen
es 1716. ca. DM 16,– (September 92)

Ulrich Holbein: Ozeanische Sekunde
es 1771. ca. DM 16,– (September 92)

Robert Schindel:
Ein Feuerchen im Hintennach
es 1775. ca. DM 12,– (September 92)

Bianca Döring: Schnee und Niemand
es 1779. ca. DM 12,– (Oktober 92)

Fotonachweis: Jerry Bauer (Peter Handke), Barbara Klemm (Esther Dischereit), Renate von Mangoldt (Hans Magnus Enzensberger/Ursula Krechel), Isolde Ohlbaum (Tankred Dorst/Robert Schindel), Ruth Puganigg (Ingrid Puganigg), Jacques Robert (Patrick Modiano), Simone Sassen (Cees Nooteboom), Hilde Zemann (Ulla Berkéwicz);
weitere Nachweise über das Bildarchiv des Suhrkamp Verlags

Suhrkamp Verlag, 6000 Frankfurt/M. 1. Preisänderungen vorbehalten. 1/92 (99421)

edition suhrkamp
Eine Auswahl

Ditlevsen: Wilhelms Zimmer. es 1076
Doi: Amae – Freiheit in Geborgenheit. es 1128
Dröge / Krämer-Badoni: Die Kneipe. es 1380
Dubiel: Was ist Neokonservatismus? es 1313
Duerr: Traumzeit. es 1345
Duras: Eden Cinéma. es 1443
– La Musica Zwei. es 1408
– Sommer 1980. es 1205
– Vera Baxter oder Die Atlantikstrände. es 1389
Eco: Zeichen. es 895
Eich: Botschaften des Regens. es 48
Elias: Humana conditio. es 1384
Norbert Elias über sich selbst. es 1590
Enzensberger: Blindenschrift. es 217
– Einzelheiten I. es 63
– Einzelheiten II. es 87
– Die Furie des Verschwindens. es 1066
– Landessprache. es 304
– Palaver. es 696
– Das Verhör von Habana. es 553
Esser: Gewerkschaften in der Krise. es 1131
Faszination der Gewalt. es 1141
Feminismus. Inspektion der Herrenkultur. es 1192
Feyerabend: Erkenntnis für freie Menschen. es 1011
– Wissenschaft als Kunst. es 1231
Fortschritte der Naturzerstörung. es 1489
Foucault: Psychologie und Geisteskrankheit. es 272
Frank: Gott im Exil. es 1506
Frank, M.: Der kommende Gott. es 1142
– Motive der Moderne. es 1456
– Die Unhintergehbarkeit von Individualität. es 1377
– Was ist Neostrukturalismus? es 1203
Frevert: Frauen- Geschichte. NHB. es 1284
Frisch: Biedermann und die Brandstifter. es 41
– Die Chinesische Mauer. es 65
– Don Juan oder Die Liebe zur Geometrie. es 4
– Frühe Stücke. es 154
– Graf Öderland. es 32
Gerhard: Verhältnisse und Verhinderungen. es 933
Geyer: Deutsche Rüstungspolitik 1860-1980. NHB. es 1246
Goetz: Krieg/Hirn. es 1320
Goffman: Asyle. es 678
– Geschlecht und Werbung. es 1085
Gorz: Der Verräter. es 988
Gstrein: Einer. es 1483
Habermas: Eine Art Schadensabwicklung. es 1453
– Legitimationsprobleme im Spätkapitalismus. es 623
– Die nachholende Revolution. es 1663
– Die Neue Unübersichtlichkeit. es 1321
– Technik und Wissenschaft als Ideologie. es 287
– Theorie des kommunikativen Handelns. es 1502
Hänny: Zürich, Anfang September. es 1079

316/3/6.90

edition suhrkamp
Eine Auswahl

Handke: Die Innenwelt der Außenwelt der Innenwelt. es 307
– Kaspar. es 322
– Langsam im Schatten. es 1600
– Phantasien der Wiederholung. es 1168
– Publikumsbeschimpfung und andere Sprechstücke. es 177
Happel: Grüne Nachmittage. es 1570
Henrich: Konzepte. es 1400
Hentschel: Geschichte der deutschen Sozialpolitik 1880-1980. NHB. es 1247
Hesse: Tractat vom Steppenwolf. es 84
Die Hexen der Neuzeit. es 743
Irigaray: Speculum. es 946
Jahoda / Lazarsfeld / Zeisel: Die Arbeitslosen von Marienthal. es 769
Jakobson: Kindersprache, Aphasie und allgemeine Lautgesetze. es 330
Jasper: Die gescheiterte Zähmung. NHB. es 1270
Jauß: Literaturgeschichte als Provokation. es 418
Johnson: Begleitumstände. es 1019
– Der 5. Kanal. es 1336
– Jahrestage. es 1500
– Porträts und Erinnerungen. es 1499
– Versuch, einen Vater zu finden. Marthas Ferien. es 1416
Jones: Frauen, die töten. es 1350
Joyce: Werkausgabe in sechs Bänden. es 1434-1439
– Finnegans Wake. es 1524
– Penelope. es 1106
Kenner: Ulysses. es 1104
Kiesewetter: Industrielle Revolution in Deutschland 1815-1914. NHB. es 1539
Kindheit in Europa. es 1209
Kipphardt: In der Sache J. Robert Oppenheimer. es 64
Kirchhoff: Body-Building. es 1005
Kluge, A.: Gelegenheitsarbeit einer Sklavin. es 733
– Lernprozesse mit tödlichem Ausgang. es 665
– Neue Geschichten. Hefte 1-18. es 819
– Schlachtbeschreibung. es 1193
Kluge, U.: Die deutsche Revolution 1918/1919. NHB. es 1262
Koeppen: Morgenrot. es 1454
Kolbe: Bornholm II. es 1402
– Hineingeboren. es 1110
Konrád: Antipolitik. es 1293
– Stimmungsbericht. es 1394
Kriegsursachen. es 1238
Krippendorff: Staat und Krieg. es 1305
– »Wie die Großen mit den Menschen spielen.« es 1486
Kristeva: Geschichten von der Liebe. es 1482
– Die Revolution der poetischen Sprache. es 949
Kroetz: Bauern sterben. es 1388
– Furcht und Hoffnung der BRD. es 1291
– Heimarbeit. Hartnäckig. Männersache. es 473
– Mensch Meier. Der stramme Max. Wer durchs Laub geht … es 753

316/4/6.90

edition suhrkamp
Eine Auswahl

Kroetz: Nicht Fisch nicht Fleisch. Verfassungsfeinde. Jumbo-Track. es 1094
– Oberösterreich. Dolomitenstadt Lienz. Maria Magdalena. Münchner Kindl. es 707
– Stallerhof. Geisterbahn. Lieber Fritz. Wunschkonzert. es 586
Krolow: Ausgewählte Gedichte. es 24
Laederach: Fahles Ende kleiner Begierden. es 1075
– Der zweite Sinn. es 1455
Lehnert: Sozialdemokratie zwischen Protestbewegung und Regierungspartei 1848-1983. NHB. es 1248
Lem: Dialoge. es 1013
Lenz, H.: Leben und Schreiben. es 1425
Leroi-Gourhan: Die Religionen der Vorgeschichte. es 1073
Leutenegger: Lebewohl, Gute Reise. es 1001
– Das verlorene Monument. es 1315
Lévi-Strauss: Das Ende des Totemismus. es 128
– Mythos und Bedeutung. es 1027
Die Listen der Mode. es 1338
Löwenthal: Mitmachen wollte ich nie. es 1014
Lohn: Liebe. es 1225
Lukács: Gelebtes Denken. es 1088
Maeffert: Bruchstellen. es 1387
Marcus: Umkehrung der Moral. es 903
Marcuse: Ideen zu einer kritischen Theorie der Gesellschaft. es 300
– Konterrevolution und Revolte. es 591
– Kultur und Gesellschaft 1. es 101
– Kultur und Gesellschaft 2. es 135
– Versuch über die Befreiung. es 329
Maruyama: Denken in Japan. es 1398
Mattenklott: Blindgänger. es 1343
Mayer: Anmerkungen zu Brecht. es 143
– Gelebte Literatur. es 1427
– Versuche über die Oper. es 1050
Mayröcker: Magische Blätter. es 1202
– Magische Blätter II. es 1421
McKeown: Die Bedeutung der Medizin. es 1109
Meckel: Von den Luftgeschäften der Poesie. es 1578
Medienmacht im Nord-Süd-Konflikt: Die neue Internationale Informationsordnung. Friedensanalysen Bd. 18. es 1166
Meier, Chr.: Die Ohnmacht des allmächtigen Dictators Caesar. es 1038
Menninghaus: Paul Celan. es 1026
Menzel / Senghaas: Europas Entwicklung und die Dritte Welt. es 1393
Miłosz: Zeichen im Dunkel. es 995
Mitscherlich: Freiheit und Unfreiheit in der Krankheit. es 505

316/5/6.90

edition suhrkamp
Eine Auswahl

Mitscherlich: Krankheit als Konflikt. es 237
– Die Unwirtlichkeit unserer Städte. es 123
Mitterauer: Sozialgeschichte der Jugend. NHB. es 1278
Möller: Vernunft und Kritik. NHB. es 1269
Moser: Eine fast normale Familie. es 1223
– Der Psychoanalytiker als sprechende Attrappe. es 1404
– Romane als Krankengeschichten. es 1304
Muschg: Literatur als Therapie? es 1065
Mythos ohne Illusion. es 1220
Mythos und Moderne. es 1144
Nakane: Die Struktur der japanischen Gesellschaft. es 1204
Die neue Friedensbewegung. es 1143
Ngũgĩwa Thiong'o: Der gekreuzigte Teufel. es 1199
Nizon: Am Schreiben gehen. es 1328
Oehler: Pariser Bilder I (1830-1848). es 725
– Ein Höllensturz der Alten Welt. es 1422
Oppenheim: Husch, husch, der schönste Vokal entleert sich. es 1232
Paetzke: Andersdenkende in Ungarn. es 1379
Paley: Ungeheure Veränderungen in letzter Minute. es 1208
Paz: Der menschenfreundliche Menschenfresser. es 1064
– Suche nach einer Mitte. es 1008
– Zwiesprache. es 1290
Petri: Schöner und unerbittlicher Mummenschanz. es 1528
Politik der Armut und Die Spaltung des Sozialstaats. es 1233
Populismus und Aufklärung. es 1376
Powell: Edisto. es 1332
– Eine Frau mit Namen Drown. es 1516
Psychoanalyse der weiblichen Sexualität. es 697
Pusch: Alle Menschen werden Schwestern. es 1565
– Das Deutsche als Männersprache. es 1217
Raimbault: Kinder sprechen vom Tod. es 993
Ribeiro, D.: Unterentwicklung, Kultur und Zivilisation. es 1018
– Wildes Utopia. es 1354
Ribeiro, J. U.: Sargento Getúlio. es 1183
Rodinson: Die Araber. es 1051
Roth: Die einzige Geschichte. es 1368
– Das Ganze ein Stück. es 1399
– Krötenbrunnen. es 1319
Rubinstein: Nichts zu verlieren und dennoch Angst. es 1022
– Sterben kann man immer noch. es 1433
Rühmkorf: agar agar – zaurzaurim. es 1307
Russell: Probleme der Philosophie. es 207
– Wege zur Freiheit. es 447
Schedlinski: die rationen des ja und des nein. es 1606
Schindel: Geier sind pünktliche Tiere. es 1429
– Im Herzen die Krätze. es 1511

316/6/6.90

edition suhrkamp
Eine Auswahl

316/7/6.90

edition suhrkamp
Eine Auswahl

Weiss, P.: Die Ästhetik des Widerstands. es 1501
– Die Besiegten. es 1324
– Fluchtpunkt. es 125
– Das Gespräch der drei Gehenden. es 7
– Der neue Prozeß. es 1215
– Notizbücher 1960-1971. es 1135
– Notizbücher 1971-1980. es 1067
– Rapporte. es 276
– Rapporte 2. es 444
– Der Schatten des Körpers des Kutschers. es 53
– Stücke I. es 833
– Stücke II. 2 Bde. es 910
– Verfolgung … Marat/Sade. es 68
Sinclair (P. Weiss): Der Fremde. es 1007
Peter Weiss im Gespräch. es 1303
Die Wiederkehr des Körpers. es 1132
Wippermann: Europäischer Faschismus im Vergleich 1922-1982. NHB. es 1245
Wirz: Sklaverei und kapitalistisches Weltsystem. NHB. es 1256
Wissenschaft im Dritten Reich. es 1306
Wittgenstein: Tractatus logico-philosophicus. es 12
Wünsche: Der Volksschullehrer Ludwig Wittgenstein. es 1299
Ziviler Ungehorsam im Rechtsstaat. es 1214

316/8/6.90